▶ 데이터 과학자 DATA SCIENTISTS

R을 활용한 회귀 분석

REGRESSION ANALYSIS USING R

고승곤 지음

2025년도 대한민국학술원 선정 교육부 우수학술도서

KYOWOO

The purpose of all data analysis is to uncover insights into the data-generating process.

모든 데이터 분석의 목적은 데이터를 생성한 프로세스에 대한 통찰력의 확보이다.

Regression analysis is only as good as the data used.

회귀 분석은 사용된 데이터 만큼만 좋다.

시작하며

최근 빅 데이터(Big Data)가 한동안 회자되었다. IT 분야의 눈부신 발전으로 데이터의 양은 급속하게 늘었고, 데이터를 바라보는 시각도 긍정적인 방향으로 다양해졌다. 데이터 분석 분야에서도 큰 변화가 있다. 다양한 데이터 분석 기술에 대한 접근성이 높아지고 실시간 데이터 처리와 분석 능력이 크게 향상되면서, 통계 전공자가 아니더라도 일상적으로 데이터 분석에 참여하는 경우가 점점 늘어나고 있다.

이러한 변화는 표준적인 상용 소프트웨어 - SAS, SPSS, Minitab 등 - 를 이용한 전문적이고 심도 있는 분석 활동을 오픈 소스(open source) 프로그래밍 - **R**, Python 등 - 을 활용한 신속하고 일상적인 분석 활동으로 빠르게 전환시켜가고 있다. 이러한 변화로 더 많은 사람들이 데이터 분석에 참여하게 되었고, 이들은 급변하는 현상에 대한 즉각적인 대응 능력을 요구받고 있다. 이러한 추세는 교육과 실무 현장에서의 더 많은 변화를 요구하고 있다.

데이터로부터 얻는 통찰은 통계학에 대한 이해도와 비례한다. 통계학은 데이터에 대한 학문이기 때문이다. 통계학에 대한 이해는 복잡한 이론의 숙지가 아니라, 통계적 사고에 기초한 통계 분석 도구와 방법에 대한 이해와 구현 능력이다. 따라서, 핵심적인 주제에 대해서 기본 개념과 이론 그리고 다양한 사례를 연습하여 구현 능력을 향상시킬 수 있어야 한다.

회귀 분석(Regression Analysis)은 데이터 간의 관계를 규명하고 예측하기 위하여 거의 모든 분야에서 광범위하게 활용되는 통계적 방법이다. 이는 전통적이면서도 최신의 주제이며, 실무 데이터 분석에서 필수 불가결한 요소 중의 하나이다. 이를 구성하는 체계적인 논리와 다양한 응용, 그리고 유용성은 아무리 강조해도 지나치지 않다. 이 책은 회귀 분석을 구성하는 다양한 방법들에 대하여 (1) 반드시 이해해야 할 수리적 결과 (2) **R**을 활용한 다양한 사례 그리고 (3) 결과에 대한 상세한 해석에 중점을 두었다. 이를 통하여 통계 전공자 그리고 데이터 분석에 참여하고 있는 많은 실무자들의 구현 능력 향상에 도움이 되기를 기대한다.

R을 처음 사용하는 학생 또는 실무자들도 [부록]의 내용을 천천히 실행해 보고 본문을 학습한다면 큰 문제가 없을 것이라 생각한다. 이 책을 대학 강의에 사용한다면, 1학기 또는 충분한 실습과 함께 2학기 정도가 적당할 것이라 생각된다. 실무에서 데이터 관련 업무를 하는 분들은 각 장으로 구분하여 세미나 등을 통해 학습하면 짧은 시간 안에 내용을 소화할 수 있을 것이라 생각된다. 단, 책의 목차를 차례대로 학습할 것 그리고 수리적 이론보다는 예제의 실행과 해석 기준을 심도있게 논의해 볼 것을 권장한다.

매번 느끼는 것이지만 책을 적는다는 것은 긴 시간 동안의 극심한 노동을 필요로 한다. 이번 작업은 R을 활용한 통계 분석 작업과 함께 진행되었지만, 비교적 짧은 시간에 책의 편집을 마무리할 수 있었다. 아마도 작업에 몰입도와 RMarkdown과 Bookdown에 대한 숙련도가 영향을 주었을 것이다. 다시 한번, 이러한 기술의 개발에 기여해 주신 많은 개발자분들께 깊이 감사드리며, 이를 사용하며 느낀 감탄과 환희를 언젠가 꼭 전해 드리고 싶다. 극심한 노동과 노력 뒤에 출간한 책이라고 할지라도 부족한 점과 뜻하지 않은 실수가 존재할 수 있다. 이는 꾸준히 보완해 나갈 것임을 약속드리며, 최종본의 내용 검토에 주말 시간을 할애해 준 LG전자(주) 박현진 책임 그리고 높은 출판 비용에도 흔쾌히 출판을 허락해 주신 교우사 오판근 사장님과 출판 관계자 분들께 깊은 감사를 드린다.

2024. 6. 25.
저자 고승곤

차례

그림 차례

표 차례

1 개요 Introduction

귀납적 추론은 새로운 지식이 세상에 들어오는 유일한 과정이다 - G. E. Box

회귀 분석(Regression Analysis)이란 단일 연속형 반응 변수(y)와 하나 이상의 설명 변수($x's$)간의 관계를 모형화(modeling)하는 통계적 방법이다[1]. 여기서, **모형화**란 복잡한 대상을 이해하고 설명하며 예측하기 위하여, 실무적인 현상, 시스템 또는 프로세스 등을 수학적, 물리적 또는 논리적으로 추상화하여 표현하는 과정을 말한다. 이는 크게 과학적 모형 설정(Scientific Model Building; SMB)과 경험적 모형 설정(Empirical Model Building; EMB)으로 구분된다. SMB는 이론적 지식과 과학적 원리에 기반하여 현상을 모형화하고, 이를 실험이나 관찰된 데이터와 비교하여 모형의 적합성을 검증한다. 반면, EMB는 관찰된 데이터에 기반하여 새로운 모형을 정의하는 방법으로 객관적이고 해석 가능한 근사적 관계(approximated relationships) 도출을 목표로 한다.

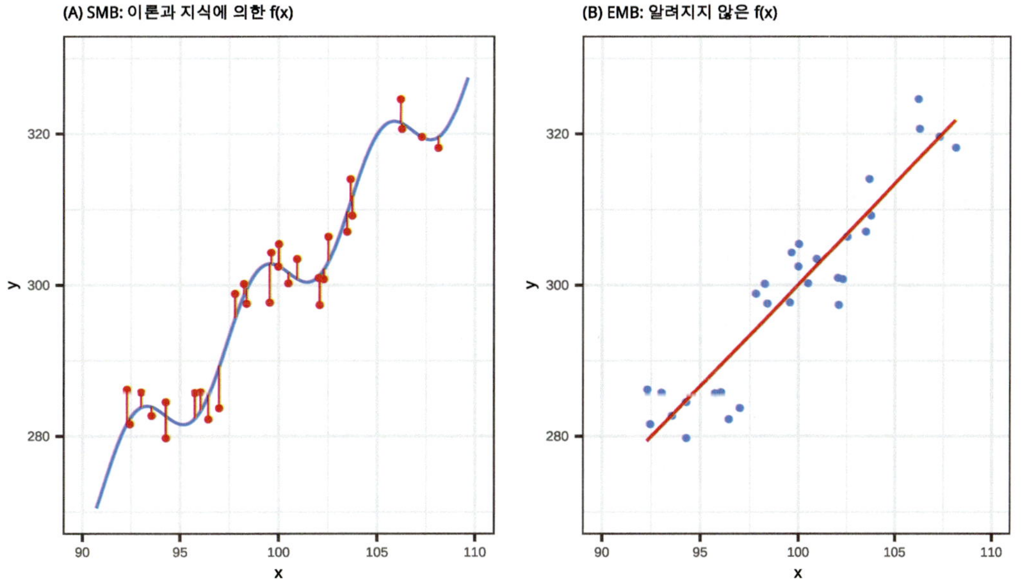

그림 1.1: 과학적 모형 설정(SMB)과 경험적 모형 설정(EMB)

[1] 설명 변수를 예측자(predictors) 또는 회귀자(regressors)라고도 부른다.

[그림 1.1]에서 (A)는 이론적 모형 $f(x)$가 이미 알려져 있고, 관찰된 데이터를 통해 그 적합성을 검증하는 SMB 방법의 예이다. 이 방법은 이론적 모형과 관찰된 데이터 간의 일치 여부를 평가하는 데 중점을 둔다. 반면, (B)는 $f(x)$가 알려지지 않은 상황에서 데이터를 기반으로 근사적이고 해석 가능한 새로운 $f(x)$를 도출하는 EMB 방법의 예이다. 이 과정에서는 현상을 대표할 수 있는 올바른 데이터를 선택하고 충분한 데이터를 수집해야 하며, 다양한 통계적 조건들을 고려해야 한다.

(A)와 (B)는 상호 보완적이다. (A)의 이론적 $f(x)$는 적용 현장의 환경 변화 또는 x의 관심 범위 변경이 있을 때 (B) 방법으로 교정되거나 새롭게 정의될 수 있다. 또한,(B)에서 도출된 근사식은 해당 분야의 기술적 지식과 경험을 통하여 새롭게 조정될 수 있다. 즉, SMB와 EMB는 서로 순환적으로 보완하며 현상에 대한 이해를 돕는다.

1.1 회귀 모형의 이해 Understanding Regression Models

EMB의 핵심 도구인 회귀 분석에서는 반응 변수(response; y)와 설명 변수(explanatory; $x's$)를 사전에 명확히 구분해야 한다. 이는 반응 변수 y와 설명 변수 $(x_1, x_2, \ldots, x_k)$, $k \geq 1$ 간에 나타나는 현상을 단순화하고, 이를 통하여 반응 변수 y를 설명하고 예측하는 것을 목적으로 한다. 회귀 분석은 다음의 선형 회귀 모형을 기반으로 다양한 형태로 확장된다.

선형 회귀 모형(Linear Regression Models)

$$y_i = f(x_1, x_2, \ldots, x_k)_i + \epsilon_i,$$
$$\text{여기서 } \epsilon_i \sim iid\, N(0, \sigma^2),\ \ i = 1, 2, \ldots, n$$

- $f(\cdot)$ 는 선형(linear) 함수를 가정
  - y는 연속형 반응 변수 그리고 $x_1, x_2, \ldots, x_k$, $k \geq 1$ 는 (연속형) 설명 변수들
  - 설명 변수는 임의 오차(random error) 없이 측정됨을 가정
- $\epsilon_i \sim iid\, N(0, \sigma^2)$, $i = 1, 2, \ldots, n$
  - 독립성(Independence): 오차는 상호 독립이며
  - 정규성(Normality): 평균은 0인 동일한 정규 분포(normal distribution)를 따르고
  - 등분산성(Homoscedasticity): 알려지지 않은 동일한 분산 σ^2을 갖는다.

선형 회귀 모형(Linear Regression Models)이란 반응 변수 y가 설명 변수 $x's$의 선형 조합으로 표현되는 모형을 말한다. 즉, 선형 모형은 $f(\cdot)$가 설명 변수들의 선형 조합(linear combination)으로 구성되고, 여기에 오차항(ϵ)을 더하여 최종 모형을 정의한다. 이때, 오차항은 통계적 가정 $\epsilon_i \sim iid\, N\left(0, \sigma^2\right),\ i = 1, 2, \ldots, n$을 만족해야 한다.

반응 변수 y는 연구자가 설명 또는 예측하고자 하는 관심 변수이며, 설명 변수 $x's$는 반응 변수에 영향을 줄 것이라고 판단된 변수(들)로 임의 오차(random error) 없이 측정됨을 가정한다. [그림 1.2]는 설명 변수가 1개인 경우, 동일한 데이터에 $y = f(x) + \epsilon$ 모형과 $x = g(y) + \epsilon^*$ 모형을 적용한 결과이다. 두 변수 (x, y) 중에서 무엇이 반응 변수인지 여부에 따라 서로 다른 선형 함수를 추정함을 확인할 수 있다. 예를 들어, $y = f(x)$의 함수가 있을 때, 이의 역 함수(Inverse Function)은 수학적으로 $x = f^{-1}(y)$로 표현할 수 있다. 그러나 x를 설명 변수로, y를 반응 변수로 다시 설정하여 추정한 함수 $x = g(y)$는 일반적으로 $f^{-1}(y)$와 동일하지 않다. 즉, $f^{-1}(y) \neq g(y)$이다. 따라서, 완벽한 수학적 함수 관계가 아닌 경우에는 역 회귀(Inverse Regression), 즉 $x = f^{-1}(y)$ 또는 $y = g^{-1}(x)$를 적용할 수 없다. 이는 선형 회귀 모형에서 반응 변수와 설명 변수가 사전에 명확히 정의되어야 하는 이유 중의 하나이다.

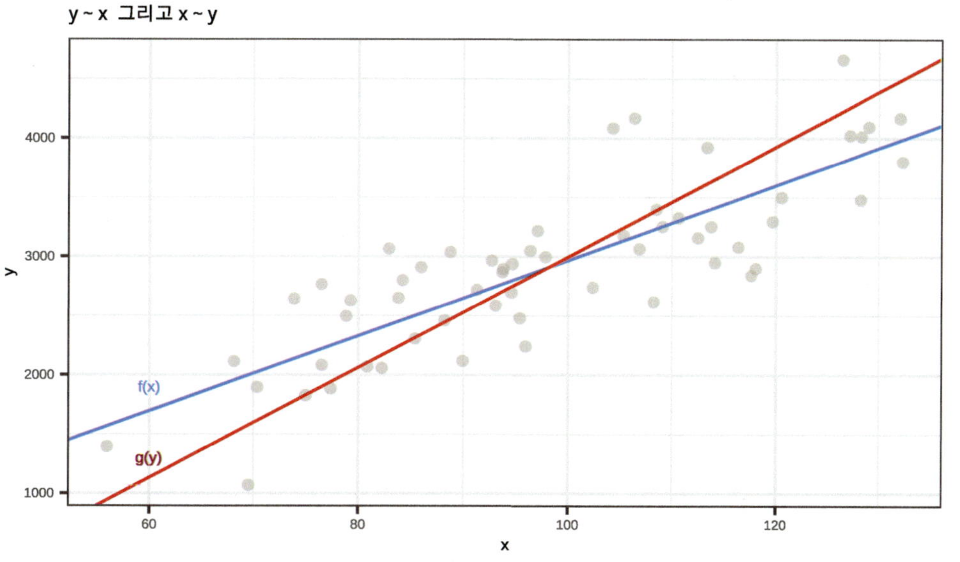

그림 1.2: $y = f(x) + \epsilon$과 $x = g(y) + \epsilon^*$

회귀 분석에서 모형에서 가정된 오차항의 조건은 추정된 회귀선의 유용성을 결정한다. [그림 1.3]은 설명 변수가 1개인 경우, 오차항이 $\epsilon_i \sim iid\, N\left(0, \sigma^2\right),\ i = 1, 2, \ldots, n$을 따르는 가정에 대한 예이다. 독립성(Independence)은 각 관찰값의 오차가 다른 관찰값의 오차에 영향을 미치지 않아야 함을 의미한다. 이는 데이터 수집 단계에서 랜덤 추출 여부에 의하여 결정되며, 데이터가 수집된 이후에는 이의 만족 여부만 검토할 수 있다. 랜덤하게 수집되지 않은 데이터가 반드시 독립성을 위배하는 것은 아니지만, 랜덤하게 수집된 데이터는 독립성을 만족할 가능성이 높다. 독립성 가정을 만족하지 못하면, 선형 회귀 모형을 통한 추정값은 왜곡될 수 있고 재현성을 기대할 수 없다. 정규성(Normality)은 오차항들이 정규 분포를 따르는지를 평가한다. 즉, 모형의 추정선을 중심으로 좌우 대칭, 종형의 오차를 갖는지 여부에 따라 결정된다. 모형에서 올바른 회귀선을 추정하였다면, 정규성을 충족할 가능성이 높다. 만일 위배된다면, 다양한 통계적 추론 결과가 올바르지 않을 수 있다. 등분산성(Homoscedasticity)은 오차항의 분산이 설명 변수의 모든 값에서 일정한지를 평가한다. 즉, 관찰된 데이터의 변동이 추정된 회귀선의 전체 영역에서 일정한가 여부에 의해 결정된다. 만일 등분산성이 위배된다면, 추정된 회귀선은 현상을 올바로 설명하거나 예측하지 못한다. [그림 1.3]에서 독립성은 주어진 산점도에서 확인할 수 없고, 정규성과 등분산성에 문제가 없어 보인다.

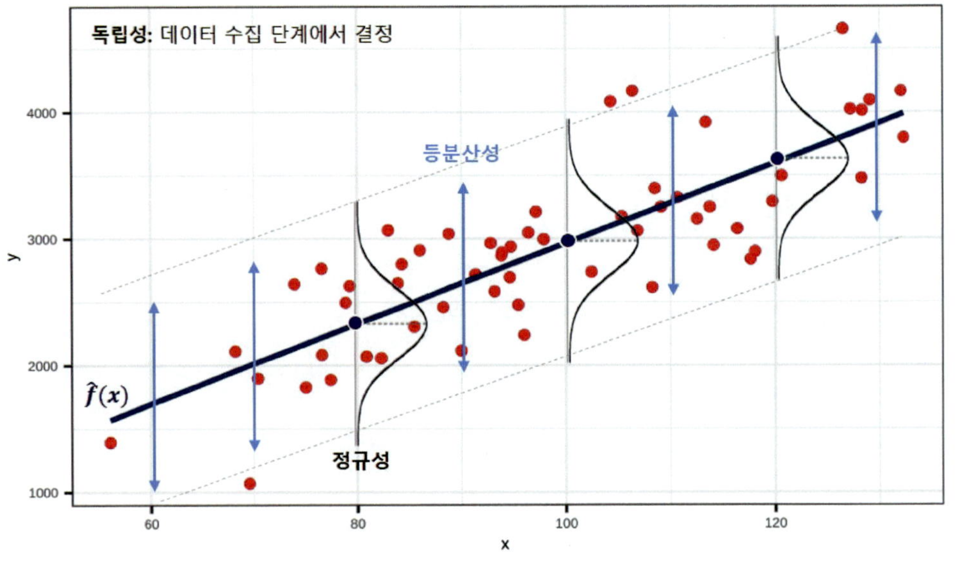

그림 1.3: $\epsilon_i \sim \text{iid}\, N(0, \sigma^2)$, $i = 1, 2, \dots, n$를 따르는 가정에 대한 예

선형 회귀 모형은 설명 변수의 수에 따라 단순 선형 회귀(Simple Linear Regression; x)와 다중 선형 회귀(Multiple Linear Regression; $x_1, x_2, \dots, x_k$, $k \geq 2$)로 구분되고, 반응 변수의 유형, 설명 변수들의 관계와 범주형 설명 변수의 포함 여부 그리고 가정되는 $f(\cdot)$의 형태에 따라 다양하게 확장된다. [그림 1.4]는 다양한 실무적 상황에서 고려할 수 있는 회귀 분석의 종류이다. 각각의 방법은 상호 조합되어 적용될 수 있다.

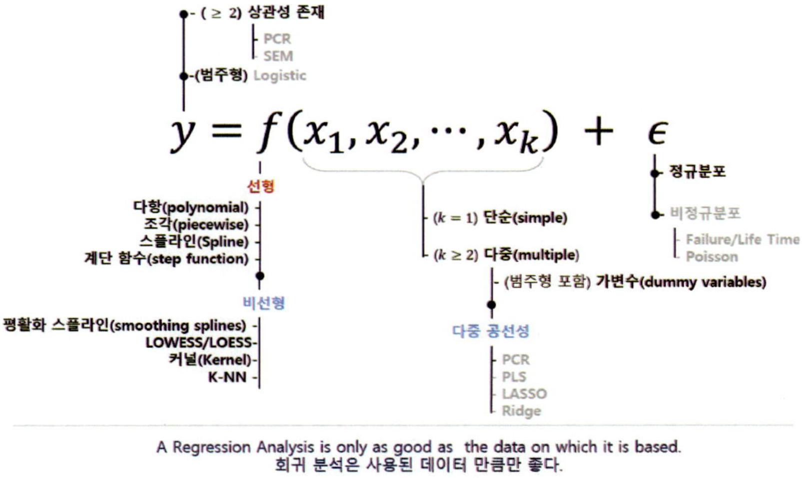

그림 1.4: 회귀 분석의 종류

1.2 회귀 분석의 적용 Applications of Regression Analysis

설명 변수가 1개인 단순 회귀 분석에서는 산점도(scatter plot)를 이용하여 반응 변수와의 관계의 선형성을 시각적으로 확인할 수 있지만, 설명 변수가 2개 이상인 다중 회귀 분석에서는 반응 변수와 설명 변수들 간의 관계를 시각적으로 명확히 파악하기 어렵다. 따라서, 모형 선택 과정에서 시행 착오(Trial-and-Error)적 접근이 필요할 수 있다.

다중 회귀 분석의 설명 변수들은 상호 독립(mutually independent)일 때, 각 설명 변수가 반응 변수에 미치는 영향을 개별적으로 평가할 수 있다. 만일 선택한 설명 변수들이 상호 독립성을 만족하지 못하고 밀접한 선형 관계를 갖는다면, 이를 다중 공선성(multicollinearity)이라고 한다. 이는 설명 변수가 많을수록 그 가능성이 높아진다. 만일 다중 공선성이 존재하는 설명 변수들을 회귀 분석에 적용한다면, 회귀 계수는 불안정해 지고 통계적 검정 결과는 왜곡될 수 있다[2].

다중 공선성의 발생 원인

- 데이터 수집 방법
  - 소급/관찰 연구인 경우 변수들이 서로 연관되거나 비슷한 특성을 측정하는 경우
- 모집단 또는 모형의 제약 조건
  - 모집단 또는 모형의 특정 영역에서 물리적 또는 논리적으로 제한이 존재하는 경우
  - 모형에서 고려된 변수들이 서로 종속적이거나 다양성이 부족한 경우

[2] 다중 공선성이 존재해도 반응값 y의 예측은 가능하다. 하지만 대규모 데이터에서 훈련(training set)과 시험(test set) 데이터를 통한 모형 검증인 경우, 다중 공선성은 훈련 데이터에 과적합(overfitting) 가능성을 높인다.

- 설명 변수의 선택
  - 상호 연관된 불필요한 많은 변수들을 검토 없이 포함하는 경우
- 과적합(Overfitting) 모형의 사용
  - 모형에 포함된 변수의 수가 데이터의 수보다 많은 경우

[그림 1.5]는 데이터 수집 방법에 따라 발생할 수 있는 다중 공선성의 예이다. (A)는 과거의 데이터를 수집하는 소급 연구(Retrospective Studies; RS) 또는 현상을 있는 그대로 반영하여 데이터를 수집하는 관찰 연구(Observational Studies; OS)의 예이다. 일반적으로, 소급 또는 관찰 연구에서는 설명 변수들과 그 범위를 정교하게 선택하지 못하는 경우가 많아 다중 공선성이 발생할 가능성이 높다. (B)는 일정한 환경 변수를 통제하고, 관심 변수들을 체계적으로 조정하여 수집한 실험(Design of Experiments; DoE) 데이터이다. 실험에서는 설계 단계에서 설명 변수들의 다중 공선성이 발생하지 않도록 수집 계획에 반영한다. 다중 공선성 문제를 해결하기 위해서는 변수 선택(Variable Selection), 변수 간 결합을 통한 새로운 변수 생성, 또는 설명 변수들에 주성분 분석(Principal Components Analysis; PCA)을 사전 적용하여 설명 변수들을 상호 독립인 소수의 잠재 변수들로 전환 등의 방법을 고려할 수 있다[3].

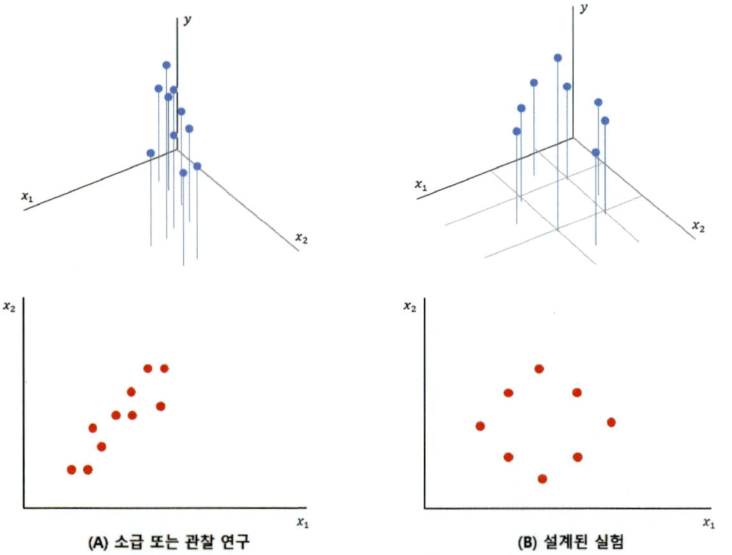

그림 1.5: 데이터 수집 방법에 따른 다중 공선성 발생 가능성(예)

[3] 빅 데이터(Big Data)는 많은 변수들에 대한 소급 연구로 볼 수 있으며, 따라서 다중 공선성의 발생이 필연적이다. 이러한 이유로, 해당 분야에서는 다중 공선성의 영향을 줄이기 위해 LASSO, Ridge Regression 등과 같은 통계 학습(Statistical Learning) 방법이 주로 적용된다. 이들 방법 역시 선형 회귀 모형의 응용에 해당한다.

회귀 분석은 관찰된 데이터에 기반하며, 그 결과는 **데이터의 수집 범위 내(Interpolation Range)**에 적용하는 것을 원칙으로 한다. [그림 1.6]은 동일한 회귀 모형에서 $n = 50$개의 데이터를 랜덤 추출하여 $m = 100$번 시뮬레이션한 결과를 보여준다. 여기서 데이터의 수집 범위는 [30, 70]이며, 추정된 개별 회귀선(노란색 선)은 [0, 100]까지 적용하였다. 결과적으로, 데이터의 수집 범위 내에서는 회귀선들 간의 차이가 크지 않지만, 범위를 벗어난 [0, 30]과 [70, 100] 구간에서는 회귀선들 간의 변동이 증가하는 것을 확인할 수 있다. 특히, 데이터 수집 범위에서 멀어질수록 이러한 변동은 점점 더 증가한다. 이러한 현상을 **외삽(extrapolation)에 의한 회귀선의 왜곡**이라고 한다. 따라서, 추정된 회귀선의 해석은 데이터의 수집 범위 내(Interpolation Range)로 제한하여 적용하는 것이 바람직하다[4].

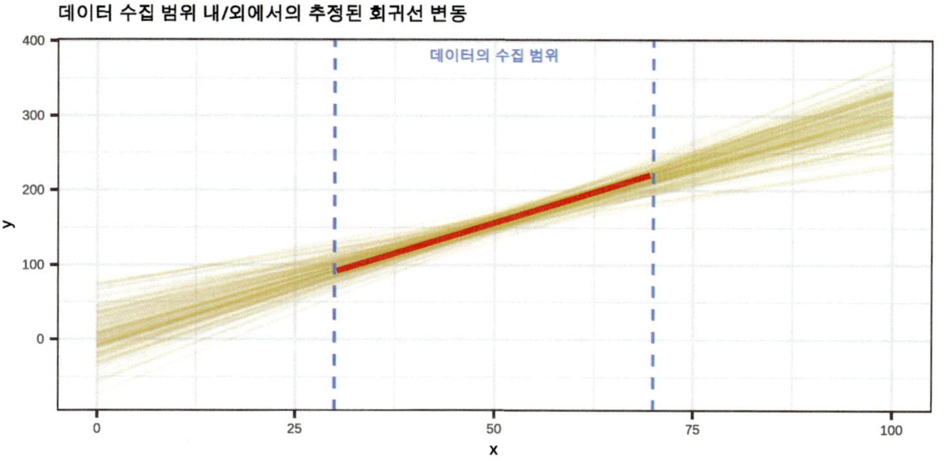

그림 1.6: [시뮬레이션 m = 100] 회귀선의 변동

회귀 분석은 다음의 절차를 체계적으로 반영할 때 현상에 대한 올바른 결과를 도출할 수 있다. 이 절차는 단순 회귀 모형과 다중 회귀 모형에 모두 적용되며, 각 단계의 결과에 따라 반복적이며 시행착오적(trial-and-error) 방식으로 실행된다. 다중 회귀 모형에만 적용되는 절차는 [다중 회귀]를 표기하여 구별하였다.

회귀 분석의 적용 절차

[1] 반응 변수와 설명 변수의 선택

[2] 표본의 선택 방법과 데이터 수 결정

[3] 데이터의 타당성 검토

[4] [다중 회귀] 변수 선택(Variable Selection)

[4] **내삽(Interpolation)**은 데이터의 수집 범위 내에서 새로운 값을 추정하거나 예측하는 방법을 의미하고, **외삽(Extrapolation)**은 데이터의 수집 범위를 벗어난 영역에서 값을 예측하는 방법을 말한다.

[5] [다중 회귀] 다중 공선성(multicollinearity) 검토

[6] 회귀 계수(Regression Coefficients)의 추정

[7] 회귀 계수의 유의성 검정(significance tests)

[8] 잔차 진단(Residual Diagnostics)

[8-1] 오차의 가정 검토

[8-2] 이상점(Outliers)과 영향점(Influential Points)의 분류 및 검토

[9] 결정 계수(Coefficient of Determination) 검토

[10] 추정된 회귀선의 해석과 반응값의 예측

[1] ~ [3]은 실무적인 검토 사항이다. 연속형 반응 변수와 이를 잘 설명할 수 있는 설명 변수를 선택하는 것은 성공적인 회귀 분석의 가장 중요한 전제 조건이다. 또한, 대표성을 갖춘 표본을 선택하고 충분한 데이터 수를 확보하는 것은 회귀 분석의 신뢰성과 유용성을 높이는 필수적인 조건이다. 분석 대상 데이터의 타당성을 검토하는 것은 모든 데이터 분석에서 반드시 거쳐야 할 단계이다. [4] ~ [9]는 통계적인 검토 사항으로, 이들은 상호 보완적이며 반복적인 시행착오적(Trial-and-Error) 방식을 필요로 한다. 예를 들어, 잔차 진단의 결과가 만족스럽지 않으면 데이터를 변환하거나 수정/제거한 후, 회귀 계수를 다시 추정하고 유의성 검정을 재실행해야 한다. [4] ~ [9] 중 일부 조건이 만족된다고 해서 올바른 회귀선을 얻었다고 주장할 수는 없다. 모든 조건을 충분히 만족시켜야만 올바른 회귀선을 도출할 수 있다. 마지막으로 [10]에서는 [4] ~ [9]을 통하여 추정된 회귀선을 이용하여 데이터가 수집된 현상에 대하여 해석하고 반응값을 예측한다. 이때, 추정된 회귀선의 구간 추정(Interval Estimations) 결과는 실무적으로 유용한 기준을 제공한다.

지금까지의 내용을 기초로 올바른 회귀 분석의 활용을 위한 실무적 고려 사항을 정리하면 다음과 같다.

실무적 고려 사항

[1] 데이터 수집 방법에 대한 명확한 계획을 수립한다.

- 대표성 있는 표본, 충분한 데이터의 수, 데이터의 타당성 검토 등

[2] 가능한 한 적은 수의 상호 독립적인 설명 변수들을 선택한다.

[3] 모든 통계적 가정을 만족하는 회귀선을 도출한다.

[4] 데이터의 수집 범위 내(Interpolation Range)에서 예측 및 해석한다.

- 외삽(Extrapolation)은 예측의 불확실성을 높인다.

[5] 최종 해석은 구간 추정(Interval Estimation) 결과를 적용한다.

- 완벽한 수학적 함수가 아닌 경우, 역 회귀 $x = f^{-1}(y)$를 적용하지 않는다.

2 단순 선형 회귀 분석
Simple Linear Regression Analysis

반응 변수(y)와 설명 변수(x)를 명확히 구분한다[1].

단순 선형 회귀 분석(Simple Linear Regression Analysis)은 단일 반응 변수(response variable)와 단일 설명 변수(predictor) 간의 관계를 선형(linear)으로 가정한 모형에 대한 분석 방법이다.

단순 선형 회귀 모형(Simple Linear Regression Models)[2]

$$(x_i, y_i),\ i = 1, 2, \dots, n \quad \rightarrow \quad (\beta_0,\ \beta_1,\ \sigma^2)$$

$$\begin{aligned} y_i =& \beta_0 + \beta_1 x_i + \epsilon_i, \\ & \text{여기서 } \epsilon_i \sim \text{iid}\ N\left(0, \sigma^2\right),\ \ i = 1, 2, \dots, n \end{aligned}$$

- y는 연속형 반응 변수
- x는 오차 없이 측정되는 (연속형) 변수
- β_0와 β_1는 모집단 회귀 계수
- $\epsilon_i \sim iid\ N(0, \sigma^2)$
  - 독립성(Independence): 오차는 상호 독립이며
  - 정규성(Normality): 평균은 0인 동일한 정규 분포(normal distribution)를 따르고
  - 등분산성(Homoscedasticity): 알려지지 않은 동일한 분산 σ^2을 갖는다.

단순 회귀 분석은 데이터로 부터 회귀 계수 β_0, β_1 그리고 오차 분산 σ^2을 추정하고, 이를 이용하여 추정된 회귀선(estimated regression equation)과 잔차(residuals)를 도출한다.

[1] 설명 변수(explanatory variable)를 예측자(predictor) 또는 회귀자(regressor)라고 부른다. 여기서는 가정 널리 사용되는 영문 predictor로 표기한다.

[2] 여기서 선형(linear)이란 모형의 회귀 계수들이 선형 조합(linear combination)으로 정의됨을 의미하며, **iid**는 **i**ndependently **i**dentically **d**istributed의 약자이다.

○○ 추정된 회귀선(estimated regression equation)과 잔차(residuals)

- 추정된 회귀선, $\hat{y}$

$$\hat{y} = \hat{\beta}_0 + \hat{\beta}_1 x, \quad x \in [x_{\text{min}}, x_{\text{max}}]$$

여기서

$$\hat{\beta}_0 = \bar{y} - \hat{\beta}_1 \bar{x} \text{ 그리고 } \hat{\beta}_1 = \frac{S_{xy}}{S_{xx}},$$

$$S_{xx} = \sum_{i=1}^{n} (x_i - \bar{x})^2, \quad S_{xy} = \sum_{i=1}^{n} (y_i - \bar{y})(x_i - \bar{x})$$

[해석]

$\hat{y}$는 주어진 설명 변수 값에 대한 반응 변수의 평균 반응량(mean response)

- 잔차, e_i, $i = 1, 2, \dots, n$

  - 모든 관찰값에서 y_i와 추정된 회귀선 $\hat{y}_i$의 차이

$$e_i = y_i - \hat{y}_i = y_i - \left(\hat{\beta}_0 + \hat{\beta}_1 x_i\right), \ i = 1, 2, \dots, n$$

- 추정된 오차 분산, $\hat{\sigma}^2$

$$\hat{\sigma}^2 \equiv s_e^2 = MSE = \frac{SSE}{n-2}, \quad \text{여기서 } SSE = \sum_{i=1}^{n} e_i^2$$

2.1 회귀 계수의 추정 Estimation of Regression Coefficients

선형 회귀 모형에서 모수인 회귀 계수는 최소 제곱법(Ordinary Least Squares; OLS)과 최우 추정법(Maximum Likelihood Methods; ML)에 의해 추정된다. 최소 제곱법은 관찰된 데이터와 모형의 예측값 간의 차이를 최소화하는 회귀 계수를 찾는 방법으로, 잔차(residuals)의 제곱합(Sum of Squares; SS)을 최소화하여 주어진 데이터에 가장 적합한 회귀 계수를 추정한다. 이러한 최소 제곱법의 해로 정의되는 회귀 계수를 최소 제곱 추정량(Least Squares Estimator; LSE)이라 하고, 이는 관찰된 데이터가 모집단을 잘 대표한다고 가정할 때, 참값에 가장 근접한 추정값이라고 할 수 있다. 이와 비교할 때, 최우 추정법은 주어진 데이터의 관찰될 확률을 최대화하는 추정량을 찾는 방법으로, 다양한 통계 모형의 해를 찾는데 사용된다. 오차항의 분포를 정규 분포로 가정한 선형 회귀 모형에서는 최소 제곱법과 최우 추정법은 동일한 결과를 제공한다.

최소 제곱법(LS)의 목적 함수[3]

$$\arg\min_{\beta_0,\,\beta_1} L(\beta_0, \beta_1) \quad \text{여기서} \quad L(\beta_0, \beta_1) = \sum_{i=1}^{n} (y_i - \beta_0 - \beta_1 x_i)^2$$

[그림 2.1]의 (A)는 목적 함수 $L(\beta_0, \beta_1)$의 등고선도와 이를 최소로 하는 $(\hat{\beta}_0, \hat{\beta}_1)$을 보여주고, (B)는 이를 반영한 회귀식과 데이터를 함께 보여준다. 추정된 회귀 계수 $\hat{\beta}_0$는 가정된 선형 관계의 절편(intercept)으로 $x = 0$일 때의 평균 반응량 $\hat{y}$로 해석한다. 그리고 $\hat{\beta}_1$은 가정된 선형 함수의 기울기(slope)로 설명변수 x가 평균 반응량 $\hat{y}$에 미치는 영향을 정량적으로 표현한다. 추정된 회귀 계수 $\hat{\beta}_0$와 $\hat{\beta}_1$은 데이터의 선형 관계를 직관적으로 표현한다.

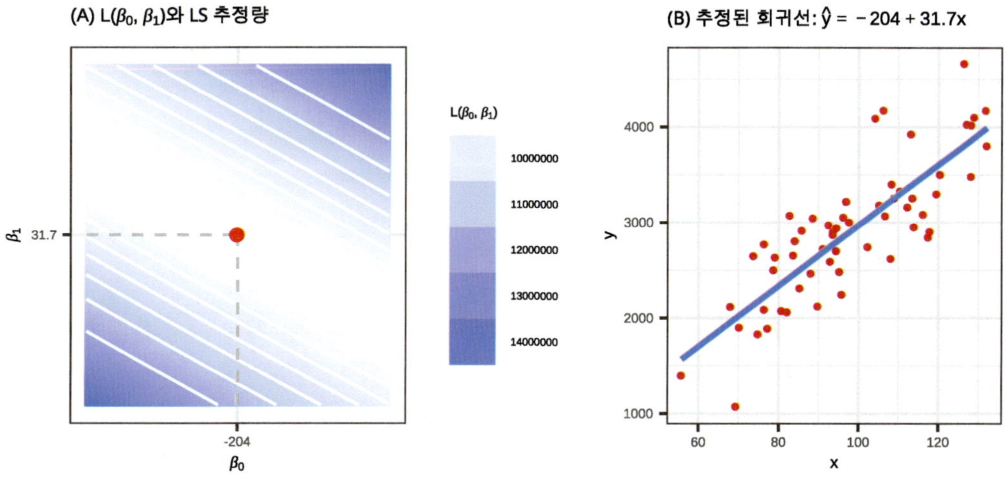

그림 2.1: 최소 제곱 추정량과 추정된 회귀선

최소 제곱법의 장점 중 하나는 주어진 최소화 문제를 수치적 최적화 방법(예: 뉴턴-랍슨(Newton-Raphson) 방법 등)을 사용하지 않고도 수리적 유도를 통해 직접 계산할 수 있다는 점이다. $L(\beta_0, \beta_1)$을 최소화하기 위해서는 (1) β_0와 β_1에 대해 각각 편 미분(Partial Differentiation)을 적용한 후, 최소화 조건을 만족하도록 편 미분식을 0으로 설정한다. (2) 이를 간단히 하여 정규 방정식(Normal Equation)을 도출한다[4]. (3) 정규 방정식의 해를 구하여 각각 $\hat{\beta}_0$와 $\hat{\beta}_1$로 정의한다.

[3] argmin은 주어진 함수의 최소값을 달성하는 정의역의 값을 말한다. 즉, 함수 $f(x)$에 대하여 $f(x)$가 최소값을 가지는 x의 값을 $\arg\min_x$로 표현한다.

[4] 정규 방정식(normal equation)은 특정 조건을 만족하는 최적해를 구하기 위한 방정식으로, 일반적으로 행렬 방정식의 형태로 표현된다. 이 방정식은 특히 최소 제곱 문제에서 선형 시스템의 해를 구하는 데 유용하다.

◗ 최소 제곱 추정량의 도출

- 편 미분(Partial Differentiation)과 최소화 조건 설정

$$\left.\frac{\partial L}{\partial \beta_0}\right|_{\beta_0,\,\beta_1} = -2\sum_{i=1}^{n}(y_i - \beta_0 - \beta_1 x_i) = 0$$

그리고

$$\left.\frac{\partial L}{\partial \beta_0}\right|_{\beta_0,\,\beta_1} = -2\sum_{i=1}^{n}(y_i - \beta_0 - \beta_1 x_i)\,x_i = 0$$

- 편미분 결과로 부터의 최소 제곱 정규 방정식(Least-Squares Normal Equation)

$$\begin{aligned} n\beta_0 + \beta_1\sum_{i=1}^{n}x_i &= \sum_{i=1}^{n}y_i \\ \beta_0\sum_{i=1}^{n}x_i + \beta_1\sum_{i=1}^{n}x_i^2 &= \sum_{i=1}^{n}y_i x_i \end{aligned} \tag{2.1}$$

- 정규 방정식 (2.1)의 해 계산

$\bar{y} = \frac{1}{n}\sum_{i=1}^{n}y_i$ 그리고 $\bar{x} = \frac{1}{n}\sum_{i=1}^{n}x_i$ 라고 할 때, (2.1)의 해 $\hat{\beta}_0$ 와 $\hat{\beta}_1$ 은 (2.2)과 같다.

$$\hat{\beta}_0 = \bar{y} - \hat{\beta}_1\bar{x} \quad \text{그리고} \quad \hat{\beta}_1 = \frac{\sum_{i=1}^{n}y_i x_i - \frac{(\sum_{i=1}^{n}y_i)(\sum_{i=1}^{n}x_i)}{n}}{\sum_{i=1}^{n}x_i^2 - \frac{(\sum_{i=1}^{n}x_i)^2}{n}} \tag{2.2}$$

(2.2)의 표현을 간단히 하기 위하여 S_{xx} 와 S_{yy} 를 다음과 같이 정의한다.

$$S_{xx} = \sum_{i=1}^{n}x_i^2 - \frac{\left(\sum_{i=1}^{n}x_i\right)^2}{n} = \sum_{i=1}^{n}(x_i - \bar{x})^2$$

$$S_{xy} = \sum_{i=1}^{n}y_i x_i - \frac{\left(\sum_{i=1}^{n}y_i\right)\left(\sum_{i=1}^{n}x_i\right)}{n} = \sum_{i=1}^{n}(y_i - \bar{y})(x_i - \bar{x})$$

따라서 최소 제곱 추정량은 (2.3)와 같다.

$$\hat{\beta}_0 = \bar{y} - \hat{\beta}_1\bar{x} \text{ 그리고 } \hat{\beta}_1 = \frac{S_{xy}}{S_{xx}} \tag{2.3}$$

□

최소제곱법에 의해 추정된 최소 제곱 추정량은 최량 선형 불편 추정량(BLUE)이다[5]. 여기서, 최량(Best)이란 모든 추정량 중에서 최소 분산(minimum variance)을 갖는 추정량이라는 의미로 가장 안정적인 추정값을 제공함을 보장하고, 선형(Linear)이란 반응 변수 y의 선형 조합으로 표현되어, 해석이 용이하고 다양한 통계적 방법을 적용할 수 있음을 의미한다. 불편(Unbiased)이란 모든 가능한 추정량의 평균이 실제 모수와 같아지는 특성을 말한다.

[그림 2.2]는 $y = 3 + 5x$의 함수 관계를 갖는 모집단으로 부터 5,000번의 확률 난수($N(0, 10^2)$) 시뮬레이션을 통해 추정된 회귀 계수 $\hat{\beta}_0$와 $\hat{\beta}_1$의 히스토그램이다. 두 경우 모두 좌우 대칭과 종형의 형태를 갖고, 가능한 추정량들(파란색 막대)의 평균이 실제 모수(빨간색 선)와 같아지는 것을 확인할 수 있다. 추정량의 이러한 특성을 불편성(unbiasedness)이라 하고 통계적으로 (2.4)와 같이 표현한다.

$$E(\hat{\beta}_i) = \beta_i, \;\; i = 0, 1 \tag{2.4}$$

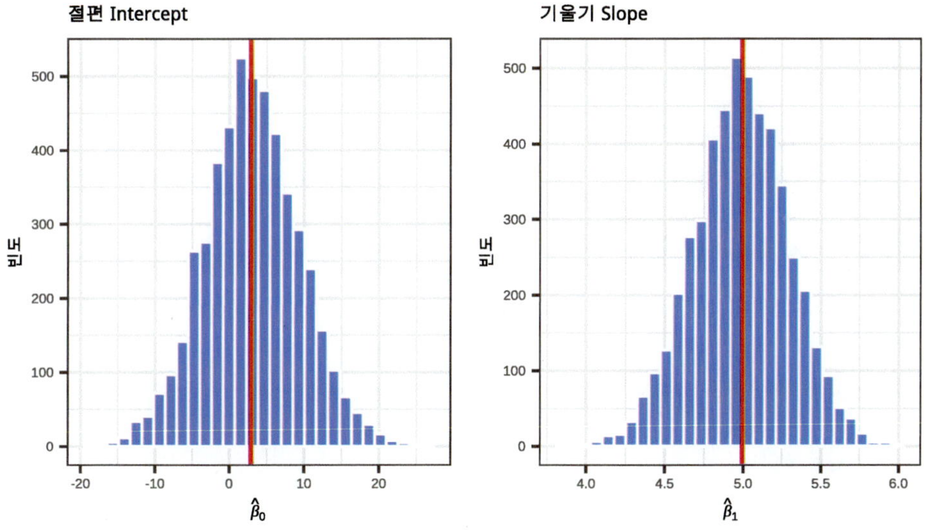

그림 2.2: 5,000번 반복된 임의 표본에서의 회귀 계수(들)

또한, 최소 제곱법에 의해 추정된 회귀 계수는 표본의 수(n)가 증가함에 따라 실제 모수와 가까워지는 특성을 갖는다. 이를 추정량의 일치성(consistency)이라 하고, 통계적으로 (2.5)로 표현한다. [그림 2.3]은 각 회귀 계수의 최소 제곱 추정량이 일치성을 만족함을 보여 준다.

$$\lim_{n \to \infty} \hat{\beta}_{i(n)} = \beta_i, \;\; i = 0, 1 \tag{2.5}$$

[5]BLUE는 Best Linear Unbiased Estimator의 약자이다. 이는 최소 제곱법으로 구한 회귀 계수가 주어진 가정 하에서 가장 신뢰할 수 있는 추정량이라는 의미이며, 이론적 근거는 가우스-마르코프 정리(Gauss-Markov Theorem)이다. Mood, A. M. (1974). Introduction to the Theory of Statistics, 3rd Edition, McGraw-Hill, 1974.

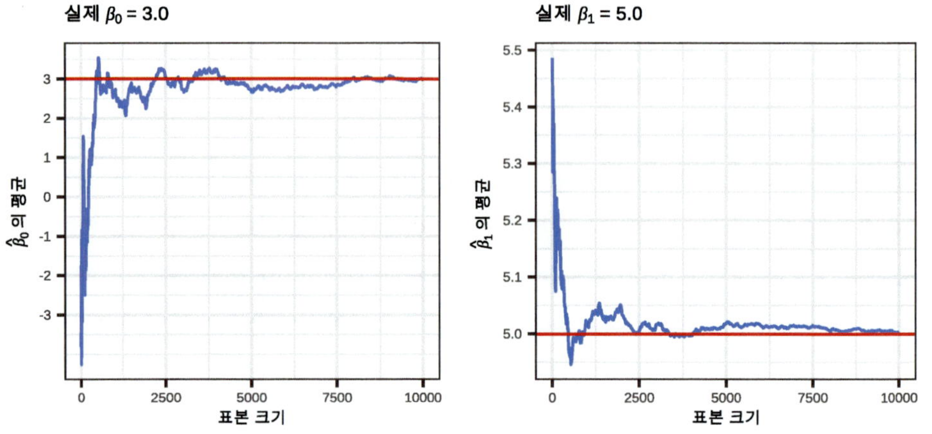

그림 **2.3:** 표본 크기에 따른 회귀 계수의 일치성

추정된 회귀선의 특징

- 추정된 회귀선은 $(\bar{x}, \bar{y})$의 점을 통과한다.

  - 회귀선이 전체 데이터의 중심 경향을 잘 반영하고 적합도가 높음을 의미한다.

- 추정된 반응값의 합은 관찰된 반응값의 합과 동일하다.

$$\sum_{i=1}^{n} \hat{y}_i = \sum_{i=1}^{n} y_i$$

  - 회귀선이 데이터의 정보를 보존하면서 적합됨을 보장한다.

- 잔차의 합은 0이다.

$$\sum_{i=1}^{n} e_i = \sum_{i=1}^{n} (y_i - \hat{y}_i) = 0$$

  - 회귀선이 전반적으로 편향되지 않았고, 예측이 과대 또는 과소 평가되지 않음을 보장한다.

- 설명 변수 및 추정값에 대한 잔차의 가중합은 0이다.

$$\sum_{i=1}^{n} x_i e_i = 0 \quad \text{그리고} \quad \sum_{i=1}^{n} \hat{y}_i e_i = 0$$

  - 회귀선이 전체적으로 균형을 이루고 있으며, 설명 변수 또는 추정값이 잔차와 상관성이 없음을 나타낸다.

추정된 회귀선의 특징을 증명해 보세요. (고승곤 et al., 2003)[6]

(1)

$$\begin{aligned}\hat{y}_i = \hat{\beta}_0 + \hat{\beta}_1 x_i &= \left(\hat{\beta}_0 + \hat{\beta}_1 \bar{x}\right) + \hat{\beta}_1 \left(x_i - \bar{x}\right)\\ &= \left(\bar{y} - \hat{\beta}_1 \bar{x} + \hat{\beta}_1 \bar{x}\right) + \hat{\beta}_1 \left(x_i - \bar{x}\right)\\ &= \bar{y} + \hat{\beta}_1 \left(x_i - \bar{x}\right) \quad (x_i = \bar{x}\text{이면 } \bar{y})\end{aligned}$$

(2)

$$\begin{aligned}\sum_{i=1}^{n} \hat{y}_i = \sum_{i=1}^{n} \left(\hat{\beta}_0 + \hat{\beta}_1 x_i\right) &= \sum_{i=1}^{n} \hat{\beta}_0 + \sum_{i=1}^{n} \hat{\beta}_1 x_i\\ &= n\hat{\beta}_0 + \hat{\beta}_1 \sum_{i=1}^{n} x_i\\ &= n\left(\bar{y} - \hat{\beta}_1 \bar{x}\right) + \hat{\beta}_1 n\bar{x}\\ &= n\bar{y}\\ &= \sum_{i=1}^{n} y_i\end{aligned}$$

(3)

$$\sum_{i=1}^{n} e_i = \sum_{i=1}^{n} (y_i - \hat{y}_i) = \sum_{i=1}^{n} y_i - \sum_{i=1}^{n} \hat{y}_i = 0 \quad (\because (2))$$

(4)

$$\begin{aligned}\sum_{i=1}^{n} x_i e_i = \sum_{i=1}^{n} x_i \left(y_i - \hat{y}_i\right) &= \sum_{i=1}^{n} x_i y_i - \sum_{i=1}^{n} x_i \hat{y}_i\\ &= \sum_{i=1}^{n} x_i y_i - \sum_{i=1}^{n} x_i \left(\hat{\beta}_0 + \hat{\beta}_1 x_i\right)\\ &= \sum_{i=1}^{n} x_i y_i - \hat{\beta}_0 \sum_{i=1}^{n} x_i - \hat{\beta}_1 \sum_{i=1}^{n} x_i^2\\ &= 0 \quad (\because p.26\text{의 } (2.1))\end{aligned}$$

$$\begin{aligned}\sum_{i=1}^{n} \hat{y}_i e_i = \sum_{i=1}^{n} (\hat{\beta}_0 + \hat{\beta}_1 x_i) e_i &= \hat{\beta}_0 \sum_{i=1}^{n} e_i + \hat{\beta}_1 \sum_{i=1}^{n} x_i e_i\\ &= 0 \quad (\because (3)\text{과 } (4))\end{aligned}$$

□

[6] 고승곤, 오현숙, 양완연(2003). 새 일반통계학. 교우사, pp. 378-379.

practice tools 연습 1. 회귀 계수의 추정 <확률 난수 생성>

알려진 함수의 확률 난수를 생성하여 추정된 회귀 계수를 비교한다.

데이터 생성: $y = 3 + 5x + \epsilon,\ \epsilon \sim iidN(0, \sigma^2)$

- set.seed()를 지정하면, 매 실행마다 동일한 난수를 생성한다.
- runif(n, min, max)는 균일 분포로 부터 n개의 확률 난수를 생성한다.
- rnorm(n, mean, sd)는 정규 분포로 부터 n개의 확률 난수를 생성한다.

```
set.seed(311)                                  # 재현성을 위한 난수 시드 설정
n <- 50                                        # 데이터의 수
x <- runif(n, min = 0, max = 10)               # 설명 변수 x 생성
y <- 3 + 5 * x + rnorm(n, mean = 0, sd = 5)    # 반응 변수 생성(오차의 표준편차 = 5)
data_1 <- data.frame(x = x, y = y)             # 데이터프레임 저장
str(data_1)                                    # 데이터 구조 확인
```

```
# 'data.frame': 50 obs. of  2 variables:
#  $ x: num  7.73 8.27 7.46 9.53 2.98 ...
#  $ y: num  38.7 50.4 40.1 55 26.3 ...
```

최소 제곱 추정량의 계산

- round(x, digits = k)는 유효 숫자를 k로 반올림한다.

```
x <- data_1$x
y <- data_1$y
Sxy <- sum((x - mean(x))*(y - mean(y)))
Sxx <- sum((x - mean(x))^2)
Syy <- sum((y - mean(y))^2)
#
hat_beta1 <- Sxy / Sxx
hat_beta0 <- mean(y) - hat_beta1*mean(x)
round(c(hat_beta0, hat_beta1), 2)
```

```
# [1] 3.15 5.06
```

회귀 계수 $\widehat{\beta_0} = 3.15$ 그리고 $\widehat{\beta_1} = 5.06$로 계산되었고, 이는 가정된 참인 관계에서의 $\beta_0 = 3.0$ 그리고 $\beta_1 = 5.0$과 매우 유사한 값을 갖는다.

결과 시각화

- `geom_abline(intercept, slope)`는 기울기와 절편을 이용하여 선을 그릴 수 있다.

```
ggplot(data, aes(x = x, y = y)) +
  geom_point(color = "blue") +
  geom_abline(intercept = 3, slope = 5, color = "green") +
  geom_abline(intercept = 3.06, slope = 5.02, color = "red") +
  labs(title = "y = 3 + 5x + N(0, 2^2)의 확률 난수에서의 회귀 추정선",
       x = "x",
       y = "y") +
  theme_bw()
```

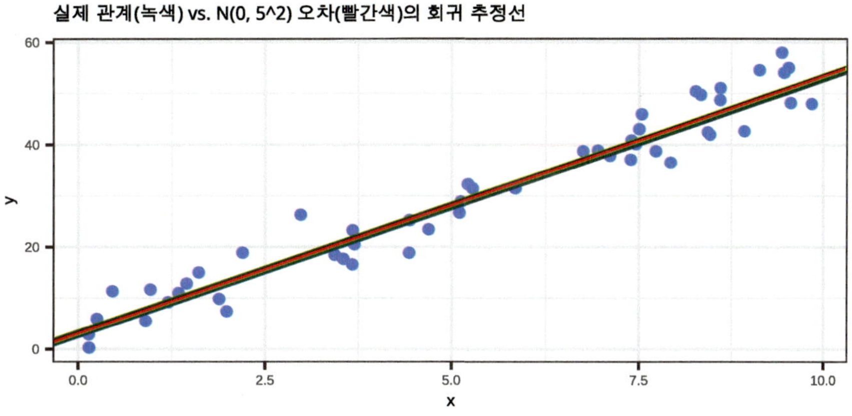

산포가 커지는 경우의 추정된 회귀선; $\sigma = 5,\ 10,\ 15$

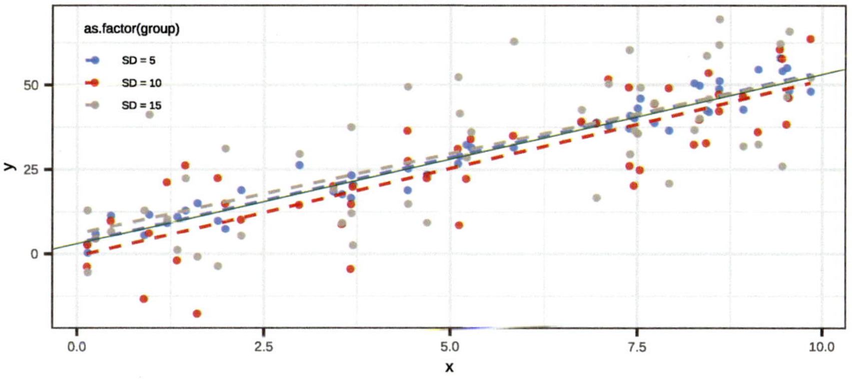

반응 변수와 설명 변수의 관계가 명확하고 통계적 가정을 만족하는 경우, 산포의 크기는 추정된 회귀선 자체에 큰 영향을 주지 않는다. 산포의 크기를 올바로 반영하기 위해서는 추정된 회귀선뿐만 아니라, 모형의 적합성(예: R^2 등) 등의 통계적 고려 사항을 반드시 반영해야 한다.

2.2 잔차 진단 Residuals, Standardized Residuals, Studentized Residuals

단순 회귀 분석은 주어진 데이터를 회귀선의 추정값인 적합치(fitted values, $\hat{f}(x_i)$)와 회귀선에 의하여 설명되지 않는 잔차(residuals)로 구분한다. 이때, 추정된 회귀값은 주어진 x_i 에서의 y_i 의 평균 반응량 그리고 잔차는 이를 제외한 나머지 정보를 포함한다.

$$\begin{aligned} \text{데이터} &= \text{적합치} + \text{잔차} \\ &= \hat{f}(x_i) + \text{잔차} \\ y_i &= \hat{y}_i + (y_i - \hat{y}_i) \qquad i = 1, 2, \ldots, n \end{aligned}$$

[그림 2.4]의 (A)는 추정된 회귀선과 개별 잔차들을 보여준다. (B)는 잔차의 형태를 확인할 수 있는 잔차 그림(residual plots) 중의 하나로 적합치(회귀 추정값)와 잔차와의 관계를 표현한다. (B)는 (A)의 추정된 회귀선이 데이터의 전 범위에서 대표성 있게 추정되었는지를 확인하는 기준이 된다. 만일 (A)의 추정된 회귀선이 데이터의 전 범위에서 대표성있게 추정되었다면, (B)는 랜덤 산점의 형태이어야 한다.

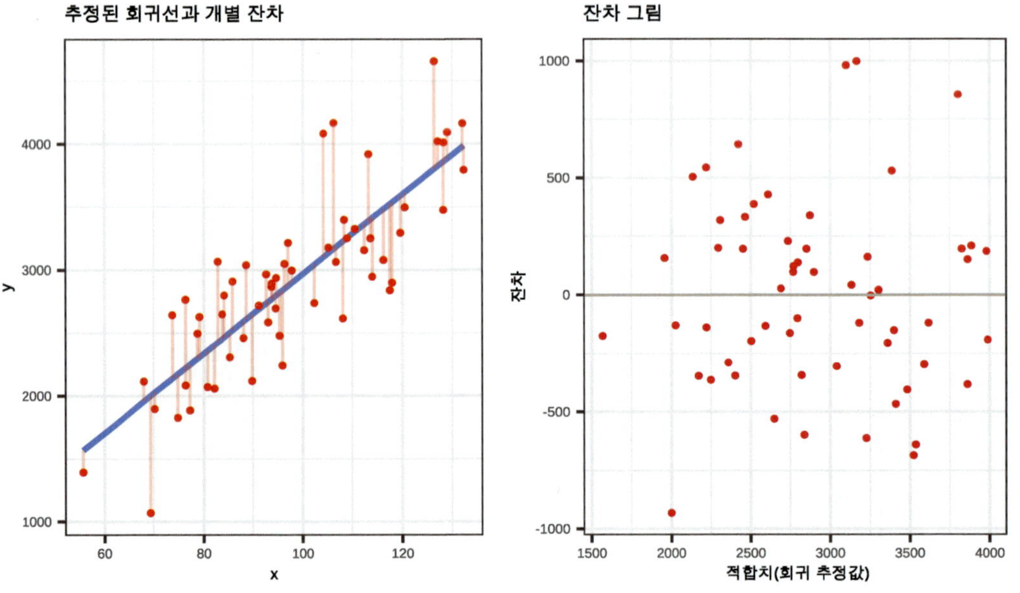

그림 2.4: 추정된 회귀선과 잔차 그림

σ^2 이 알려져 있지 않은 경우, 잔차를 이용하여 추정해야 한다. 추정된 오차 분산 $\hat{\sigma}^2$ 을 평균 오차 변동(Mean Squared Error; MSE)이라고 하고 s_e^2 으로 표기한다[7].

[7] MSE는 가정된 모형과 적합된 예측값 $\hat{y}$에 따라 그 유용성이 결정되므로, 모형-종속(model-dependent) 추정값이라고 한다.

오차 분산의 추정값, MSE

$$\hat{\sigma}^2 = MSE \equiv s_e^2 = \frac{SSE}{n-2}$$

여기서

$$SSE = \sum_{i=1}^{n} e_i^2 = \sum_{i=1}^{n} (y_i - \hat{y}_i)^2, \text{ 여기서 } \hat{y}_i = \hat{\beta}_0 + \hat{\beta}_1 x_i, \forall\, i$$

잔차는 $(y_i - \hat{y}_i)$로 계산되므로 연속형 변수 y의 측정 단위에 영향을 받는다. 따라서, 잔차의 값은 절대적인 대소 관계를 판단할 수 없고, 잔차들의 상대적인 크기만을 확인할 수 있다. 실제 잔차의 크기를 객관적으로 확인하기 위하여 표준화(standardization)를 이용한 표준화(standardized) 잔차 또는 스튜던트화(studentized) 잔차를 고려한다.

표준화(standardized) 잔차와 스튜던트화(studentized) 잔차[8]

만일 n이 충분히 크다면,

- 표준화 잔차

$$r_i = \frac{e_i}{s_e\sqrt{1-h_{ii}}} \approx N(0,1)$$

여기서

$$e_i = y_i - \hat{y}_i \quad \text{그리고} \quad h_i = \frac{1}{n} + \frac{(x_i - \bar{x})^2}{S_{xx}}, \quad i = 1, 2, \ldots, n$$

- 스튜던트화 잔차

$$d_i = \frac{e_i}{s_{e_{(i)}}\sqrt{1-h_i}} \quad \sim \quad t_{(n-3)}$$

여기서

$$s_{e_{(i)}}^2 = s_e \frac{(n-2) - r_i^2}{n-3}$$

[그림 2.5]는 잔차, 표준화 잔차, 스튜던트화 잔차를 비교한 것이다. (A)의 잔차 그림에서는 상대적인 크기만을 비교할 수 있고, (B)의 표준화 잔차와 (C)의 스튜던트화 잔차 그림에서는 표준 정규 분포 또는 t-분포의 확률을 이용하여 전체 중에서 일정 비율(예; 5%)로 패턴을 벗어나는 값들을 확인 할수 있는 객관

[8] 스튜던트화 잔차(Studentized residuals)는 표준화 잔차의 단점을 보완한 잔차이다. 표준화 잔차는 잔차 e_i를 전체 데이터로부터 계산된 잔차의 표준 오차 s_e^2으로 나누어 산출하는데, 이 과정에서 해당 관찰값이 표준 오차의 계산에 포함되어 잔차의 크기를 과소평가할 수 있다는 단점이 있다. 이를 보완하기 위하여 스튜던트화 잔차는 해당 관찰값을 제외한 상태에서 추정된 잔차의 표준 오차 $s_{e_{(i)}}$를 사용하여 잔차를 계산한다. 스튜던트화 잔차를 deleted residuals 또는 cross-validatory residuals라고도 부른다.

적인 기준(예: ±2 등)을 반영할 수 있다. [그림 2.6]에서 확인할 수 있듯이, (B)와 (C)는 $[-2, 2]$ 내에서는 값들의 차이가 크지 않지만, 이를 벗어나는 경우 (C)의 스튜던트화 잔차가 더 크게 또는 작게 표현됨을 확인할 수 있다. 이는 패턴을 벗어나는 점들을 확인하는데 스튜던트화 잔차가 더 유용하다는 것을 보여준다.

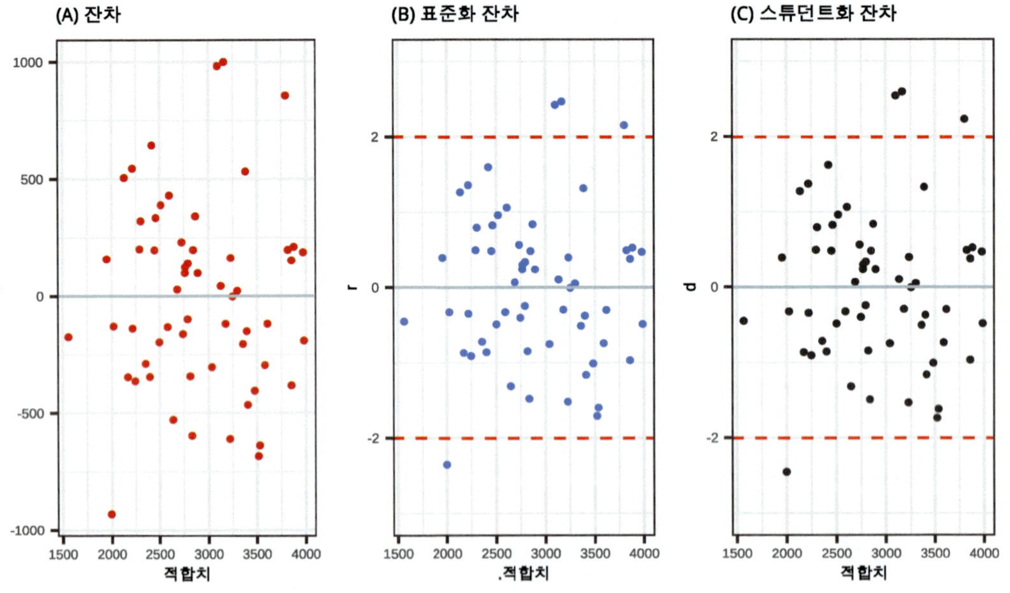

그림 **2.5:** 잔차, 표준화 잔차, 스튜던트화 잔차

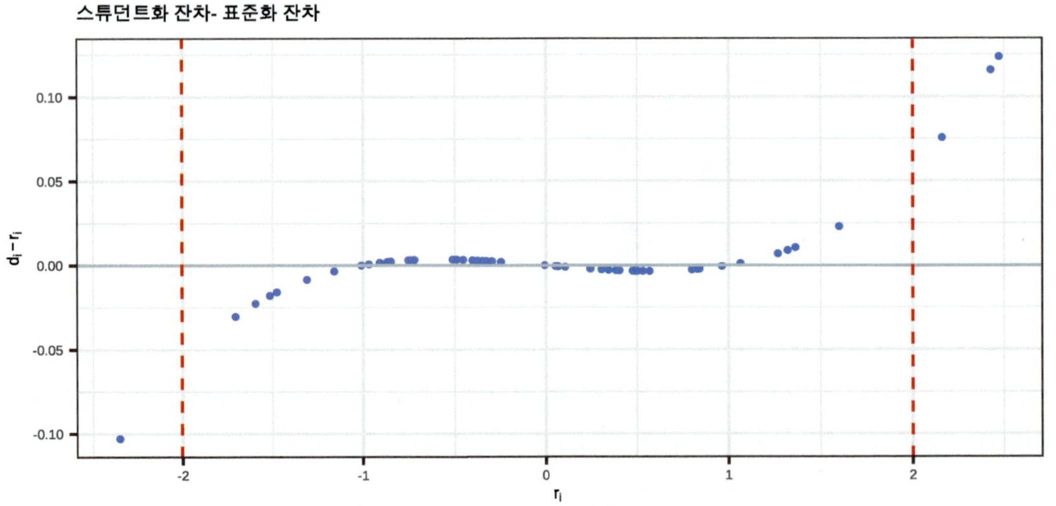

그림 **2.6:** 스튜던트화 잔차와 표준화 잔차의 비교

올바른 회귀신을 추정하였다면, 잔차는 오차의 추정값이다. 따라서 잔차를 이용하여 오차에 대한 통계적 가정을 진단할 수 있다. 이를 잔차 진단(diagnostics)이라 하고, 표준화 잔차 또는 스튜던트화 잔차를 이용하여 [표 2.1]의 기준으로 진단한다[9]. 만일 잔차 진단의 결과가 만족스럽지 못하다면 (1) 모형의 재설정 (2) 데이터 재측정 또는 변수의 재선택 (3) 오차 가정의 각 조건별 통계적 교정 - 정규성 교정 또는 분산 안정화 변환 등 - 을 고려할 수 있다.

잔차 진단

표 2.1: 잔차를 이용한 오차의 가정 진단

오차의 가정	진단 방법	만족 기준
정규성	잔차의 히스토그램	좌우 대칭과 종형 형태
	잔차의 확률 그림	기준선과 비슷한 형태
등분산성	(회귀 추정값, 잔차)의 산점도	랜덤 산점 형태
독립성	(데이터 수집 순서, 잔차)의 선그림	랜덤 산점 형태

practice tools 연습 2. 잔차의 계산과 분산의 추정 <확률 난수 생성>

[연습 1]의 데이터를 이용하여 잔차와 오차의 추정값을 **R**을 이용하여 계산해 본다.

잔차, e_i, $i = 1, 2, \dots, n$

```
x <- data_1$x
y <- data_1$y
residuals_1 <- y - (hat_beta0 + hat_beta1*x)
residuals_1
```

```
#  [1] -3.5943  5.3903 -0.8266  3.5924  8.0509  2.0020  5.8807  2.9522
#  [9] -2.3054 -1.3668  7.0173  4.3576 -3.4536  1.8574  4.6028 -5.7921
# [17] -5.7578 -3.6014 -3.4033  3.7254 -2.8537  3.6358 -1.3301 -1.3056
# [25]  1.4952  5.1124 -6.8395  0.1754  1.0514 -6.7241  4.5983  4.3195
# [33] -5.0463 -4.0574 -0.0463 -3.4424  1.3577 -3.5381 -2.2014 -0.2172
# [41]  0.4738  2.3576 -2.0804 -0.9897 -0.3819 -5.1262  2.6730 -3.4237
# [49]  1.4910  1.5352
```

[9] 이는 ANOVA의 통계적 가정에 대한 진단 방법과 동일하다.

⚙ 오차 분산의 추정값(Mean Squared Error; MSE)

✿ paste("char", x, sep = " ")를 이용하여 결과 값에 간단한 설명을 추가할 수 있다[10].

- \n은 문자열에서 줄바꿈(newline)을 실행하는 제어 문자이다.

```
hat_y <- hat_beta0 + hat_beta1 * x
e <- y - hat_y
n <- length(e)
s2_e <- round(sum(e^2) / (n - 2), 2)          # 오차 분산의 추정값
s_e <- round(sqrt(s2_e), 2)                   # 오차 표준편차의 추정값
cat("오차 분산의 추정값 =", s2_e, "\n")
```

```
# 오차 분산의 추정값 = 14.7
```

```
cat("오차 표준편차의 추정값 =", s_e, "\n")
```

```
# 오차 표준편차의 추정값 = 3.83
```

확률 난수 생성을 위하여 가정된 $\sigma = 5$이고, 추정된 $\hat{\sigma} = 3.83$이다. 이 차이는 가정된 모형과 고려한 표본의 수에 영향을 받는다. 지금까지 직접 계산된 다양한 추정량들은 **R**의 함수를 이용하여 회귀 모형을 적합한 후, 결과 객체로 부터 호출하여 사용할 수 있다.

⚙ R 함수의 사용; lm()

✿ lm(y ~ x, data)는 선형 회귀 모형을 적합하고, 결과를 객체로 반환한다.

- names(object)는 객체에 저장된 리스트 요소 이름을 반환한다.
- summary(object)는 회귀 분석의 중요한 결과를 요약하여 반환한다.

✿ residuals(), rstandard(), rstudent()는 각각 잔차, 표준화 잔차, 스튜던트화 잔차를 반환한다.

```
model <- lm(y ~ x, data_1)                            # 선형 회귀 모델 적합
residuals <- residuals(model)                         # 잔차
standardized_residuals <- rstandard(model)            # 표준화 잔차
studentized_residuals <- rstudent(model)              # 스튜던트화 잔차
residuals_all <- data.frame(Residuals = residuals,
                            StdResiduals = standardized_residuals,
                            StudentizedResiduals = studentized_residuals
                            )
hat_variance <- summary(model)$sigma^2              # 오차 분산의 추정값
```

[10] paste0()를 적용하면, 빈칸이 없는 sep ="" 와 동일한 결과를 제공한다.

```r
#
cat("오차 분산의 추정값 =", hat_variance, "\n")
```

```
# 오차 분산의 추정값 = 14.7
```

```r
head(residuals_all)
```

```
#   Residuals StdResiduals StudentizedResiduals
# 1    -3.594       -0.953               -0.952
# 2     5.390        1.434                1.451
# 3    -0.827       -0.219               -0.217
# 4     3.592        0.965                0.965
# 5     8.051        2.135                2.220
# 6     2.002        0.534                0.530
```

2.3 이상점과 영향점 Outliers and Influential Points

이상점(outliers)이란 패턴을 벗어난 소수의 관찰값을 말한다. 추정된 회귀선은 평균 반응값을 의미하므로, 평균이 극단값의 영향을 많이 받는 것과 같이 추정된 회귀선 역시 이상점에 영향을 많이 받는다. 이상점은 가정된 모형에 따라 서로 다르게 나타날 수 있다. 따라서, 최종적인 회귀 모형의 표준화 잔차 또는 스튜던트화 잔차로 판단한다.

이상점(outliers)의 탐지

- 이상점 여부에 대한 검토 대상

$$|r_i| > 2 \quad \text{또는} \quad |d_i| > 3(\text{또는 } 2)$$

Tips

- 데이터의 수가 많다면, 판단 기준인 2 또는 3 보다 더 큰 값을 고려할 필요가 있다.
- 이상점으로 분류된 관찰값은 데이터 레쥬메(Data Resume) 또는 측정 환경에 대한 검토를 통하여 제거 또는 수정 보완한다.
- $|r_i|$ 또는 $|d_i|$가 극단적으로 큰 값을 갖지 않는다면, 실무적 근거 없이 통계적 이유만으로 제거하는 것은 바람직하지 않다.

영향점(influential points)은 관찰 값 중에서 회귀 모형 적합에 영향을 크게 주는 관찰값을 말한다. 일반적으로 데이터 구름의 중심에서 멀리 떨어져 있거나 해당 관찰값을 포함한 경우와 해당 관찰값을 제외한 경우의 추정값의 차이가 크다면 영향점으로 분류한다.

영향점(influential points)의 탐지[11]

- 영향점 여부에 대한 검토 대상

$$|\mathrm{DFFITS}_i| = \left| \frac{\hat{y}_i - \hat{y}_{(-i)}}{s_{(-i)}\sqrt{h_i}} \right| > 2\sqrt{\frac{3}{n}}$$

여기서, $\hat{y}_{(-i)}$ 은 관측값 y_i 를 제외하고 추정된 반응값,

$s_{(-i)}$ 은 관측값 y_i 를 제외하고 계산된 표준 오차 그리고

h_i 는 i 번째 지렛값(leverage value)을 의미한다.

Tips

- 데이터의 수가 많거나 복잡한 모형에서는 $2\sqrt{\frac{3}{n}}$ 보다 더 큰 값을 고려할 필요가 있다.
- 영향점으로 분류된 관찰값은 데이터 레쥬메(Data Resume) 또는 측정 환경에 대한 검토를 통하여 제거 또는 수정 보완한다.
- $|\mathrm{DFFITS}_i|$ 가 극단적으로 큰 값을 갖지 않는다면, 실무적 근거 없이 통계적 이유만으로 제거하는 것은 바람직하지 않다.

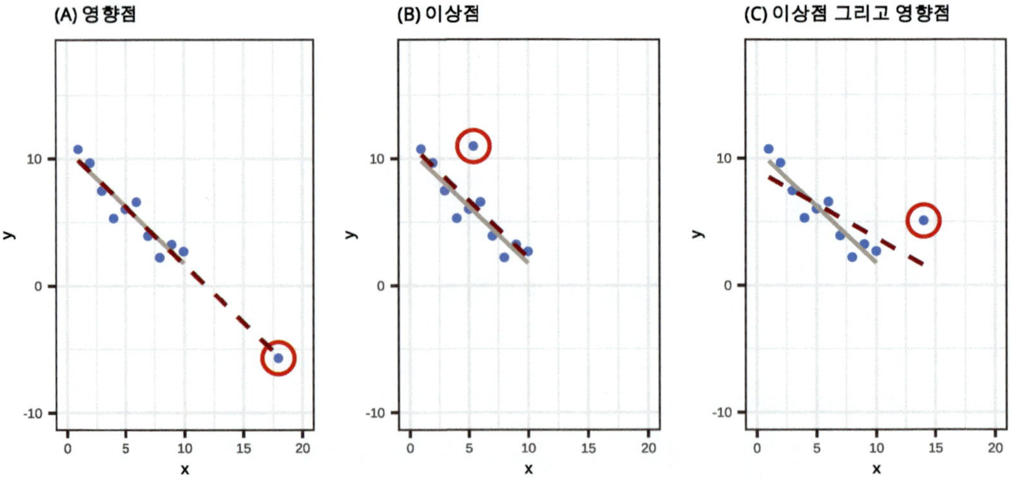

그림 2.7: 추정된 회귀선에 대한 영향점과 이상점의 영향(예)

[11] 영향점 진단 통계량은 Hi, Cook's Distance, DFBetas 등 다양하지만, 단순 회귀에서는 모형이 단순하고 개별 관찰값이 추정값에 미치는 영향을 직접적으로 표현하므로 DFFITS가 가장 직관적이다. 하지만, 모형이 복잡한 다른 회귀 모형에서는 다양한 영향점 진단 통계량을 동시에 적용하여 종합적으로 판단해야 한다.

특정 관찰값은 동시에 이상점과 영향점으로 판단될 수 있다. [그림 2.7]은 영향점과 이상점이 추정된 회귀선에 미치는 영향을 예시한 것이다. (A)의 경우에는 추정된 회귀선이 거의 영향을 받지 않지만, 데이터의 중심에서 멀리 떨어져 있어 영향점으로 분류하고, (B)의 경우에는 잔차가 큰 값으로 회귀선의 절편에 영향을 주는 이상점에 해당한다. (C)의 경우는 기존의 회귀선(회색)의 절편과 기울기에 큰 영향을 주어 새로운 회귀선(빨간 점선)으로 변화시킨다. 이때, 해당 점(원안의 점)은 잔차가 큰 값이므로 이상점 그리고 회귀선에 영향을 많이 주었으므로 영향점으로 동시에 분류된다.

이상점과 영향점의 탐지와 대책은 모든 데이터 분석에서 중요한 단계이다. 이의 탐지는 최종 모형을 기준으로 적용해야 하며, 입력 오류이거나 분석 목적과 관계가 없는 값인 경우 제거하거나 수정할 수 있다. 만일 탐지된 값의 제거 여부를 결정할 수 없는 경우에는 (1) 이상점의 영향에 둔감한 강건(Robust) 회귀를 적용하거나 (2) 영향점의 가중치를 낮추는 가중(Weighted) 회귀를 적용해 볼 수 있다. 또한 (3) 선형 모형 이외의 모형을 적용(예: 비선형 모형 등)하여 이상점 또는 영향점의 영향을 줄일 수 있다.

2.4 결정 계수 Coefficient of Determination

결정 계수(Coefficient of Determination)는 데이터의 총 변동 중에서 추정된 회귀식에 의하여 설명되는 비율을 [0, 1] 또는 [0, 100]%로 수량화 한 값으로 추정된 회귀식의 **설명력** 또는 **적합도**로 해석한다. 이는 데이터의 총 변동(Sum of Squared Total; SST)을 추정된 회귀선에 의한 변동(Sum of squared Regression; SSR)과 오차에 의한 변동(Sum of Squared Error; SSE)으로 **직교 분해(Orthogonal Decomposition)**하여 계산한다[12]. [그림 2.8]은 SST, SSR, SSE을 계산하는 방법에 대한 예시이다.

총 변동의 직교 분해

$$\mathrm{SST} = \mathrm{SSE} + \mathrm{SSR}$$

여기서

$$\mathrm{SST} \equiv \sum_{i=1}^{n} (y_i - \bar{y})^2, \quad \mathrm{SSR} \equiv \sum_{i=1}^{n} (\hat{y}_i - \bar{y})^2 \quad \text{그리고} \quad \mathrm{SSE} \equiv \sum_{i=1}^{n} (y_i - \hat{y}_i)^2$$

[12] 직교 분해(orthogonal decomposition)는 통계 이론에서 중요한 개념으로, 전체 변동을 서로 독립적인(직교) 성분들로 나누는 것을 의미한다. 이는 각 성분 간의 상관성을 제거하고, 각각의 변동을 독립적으로 측정할 수 있게 한다. 이는 회귀 분석, 분산 분석(ANOVA), 주성분 분석(PCA) 등 다양한 통계적 방법에서 중요한 역할을 한다.

직교 분해

- 편차(deviation)의 분해

$$y_i - \bar{y} = (y_i - \hat{y}_i) + (\hat{y}_i - \bar{y})$$

- 제곱합(sum of squares)의 계산

$$\sum_{i=1}^{n} (y_i - \bar{y})^2 = \sum_{i=1}^{n} (y_i - \hat{y}_i)^2 + \sum_{i=1}^{n} (\hat{y}_i - \bar{y})^2 \tag{2.6}$$

왜냐하면, 다음의 교차항은 0이 된다.

$$\sum_{i=1}^{n} (y_i - \hat{y}_i)(\hat{y}_i - \bar{y}) = \sum_{i=1}^{n} \hat{y}_i e_i - \bar{y} \sum_{i=1}^{n} e_i = 0$$

- (2.6)의 개별 항 정의

$$\text{SST} \equiv \sum_{i=1}^{n} (y_i - \bar{y})^2, \quad \text{SSR} \equiv \sum_{i=1}^{n} (\hat{y}_i - \bar{y})^2 \quad \text{그리고} \quad \text{SSE} \equiv \sum_{i=1}^{n} (y_i - \hat{y}_i)^2$$

□

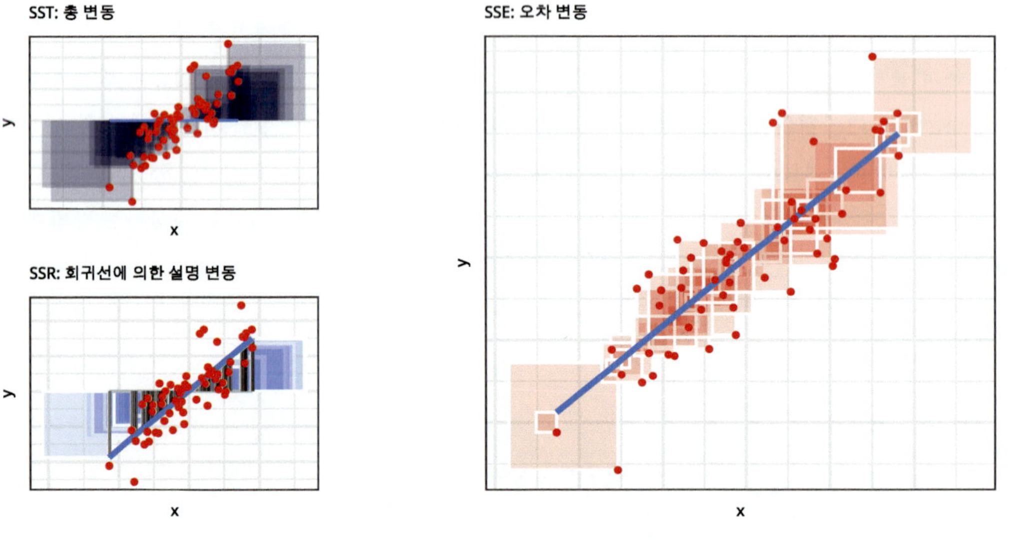

그림 2.8: 총 변동의 직교 분해: SST = SSR + SSE(예)

결정 계수는 총 변동의 직교 분해에 기초하여 다음과 같이 정의한다.

결정 계수, R^2

$$\begin{aligned} R^2 &= \frac{\text{SSR}}{\text{SST}} &&= \frac{\sum_{i=1}^{n}(\hat{y}_i - \bar{y})^2}{\sum_{i=1}^{n}(y_i - \bar{y})^2} \\ &= \frac{\text{SST} - \text{SSE}}{\text{SST}} &&= 1 - \frac{\sum_{i=1}^{n}(y_i - \hat{y}_i)^2}{\sum_{i=1}^{n}(y_i - \bar{y})^2} \\ &= 1 - \frac{\text{SSE}}{\text{SST}} &&= 1 - \frac{\sum_{i=1}^{n} e_i^2}{\sum_{i=1}^{n}(y_i - \bar{y})^2} \end{aligned}$$

- [해석]
  - 총 변동 중에서 추정된 회귀식에 의하여 설명되는 변동의 정도를 나타낸다.
  - $R^2 \to 1$ 일수록 추정된 회귀식이 데이터를 더 잘 설명한다.
  - 모형의 **설명력** 또는 회귀선의 **적합도**로 해석할 수 있다.

R^2 해석 시 주의 사항

- 모형에 포함되는 설명 변수가 많을수록 R^2 값은 커지는 경향을 갖는다.
- 1개 이상의 x_i 에서 반복이 있고, 이의 y_i 의 값이 서로 다른 경우, $R^2 = 1$ 이 될 수 없다.
- R^2 가 크다고 해서, $|\beta_1|$ 이 크다고 할 수 없고 추정된 회귀식이 타당하다고 할 수 없다.
- 충분한 R^2 를 결정하는 통계적 기준값(예: 0.64 이상 등)은 없다.

또한 R^2 와 함께 추정된 회귀식의 예측력을 판단하기 위한 예측 결정 계수 R^2_{pred} 를 고려하기도 한다. 이는 R^2 의 응용으로 R^2 와 동일한 해석 기준을 적용한다.

예측 결정 계수(Predicted Coefficient of Determination)

$$R^2_{pred} = 1 - \frac{PRESS}{SST}, \quad PRESS = \sum_{i=1}^{n}\left(y_i - \hat{y}_{(i)}\right)^2$$

여기서 $\hat{y}_{(i)}$ 는 i^{th} 반응값을 제외하고 추정한 평균 반응량

[그림 2.9]는 이상점 유무에 따른 R^2 와 R^2_{pred} 그리고 SSE와 PRESS를 보여준다. (A-1)과 (A-2)는 이상점이 존재하지 않는 경우이다. $(R^2, R^2_{pred}) = (0.92, 0.91)$ 로 거의 비슷하며, 모든 관찰값의 PRESS가 SSE 보다 약간 큰 값을 갖는다. (B-1)과 (B-2)는 동일한 데이터에 하나의 이상점(**31**)이 포함된 경우이다. $(R^2, R^2_{pred}) = (0.36, 0.03)$ 로 감소하고, 특히 R^2_{pred} 가 크게 감소한다. 이때, 이상점에서의 PRESS값이 SSE 값보다 더 큰 영향을 받는 것을 확인할 수 있다.

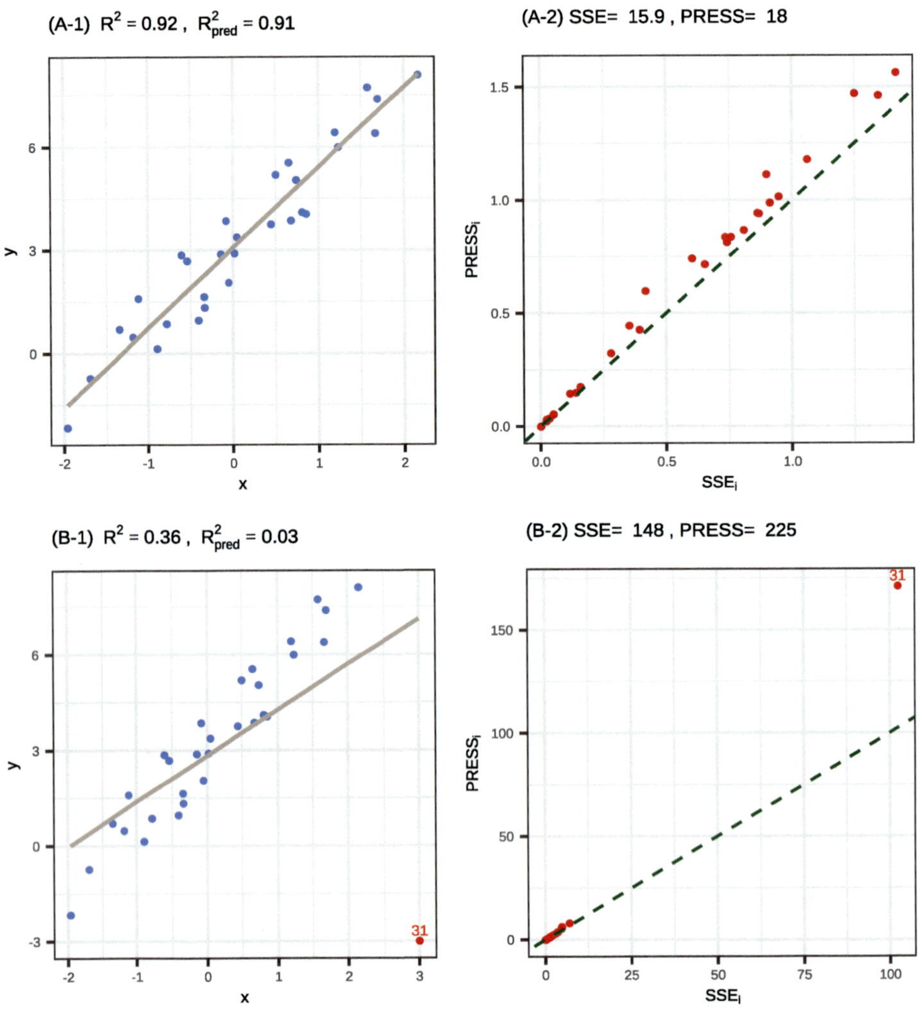

그림 2.9: 이상점 유무에 따른 (R^2, R^2_{pred}) 그리고 $(SSE_i, PRESS_i)$

[그림 2.10]은 anscombe가 제시한 4 가지 상황에 대하여 추정된 회귀식과 R^2이다(Anscombe, 1973)[13]. 4가지 경우 모두 추정된 회귀식 $\hat{y} = 3.0 + 0.5x$과 $R^2 = 0.667$가 동일하다. 하지만, [Case I]을 제외하고는 올바른 회귀식이라고 할 수 없다. [Case II]는 가정된 선형 모형 대신에 다른 모형(예: 다항 모형)을 적용한다면 더 큰 R^2를 기대할 수 있고, [Case III]은 단일 이상점을 제거한다면, 올바른 회귀선과 함께 $R^2 = 1$을 달성할 수 있을 것으로 보인다. [Case IV]는 설명 변수의 수준이 단 2개만 존재하므로 단순 회귀 모형을 적용하는 것은 부적절하다. 따라서, R^2 만으로 올바른 회귀식의 여부를 판단할 수 없다.

[13] Anscombe, F. J. (1973). Graphs in statistical analysis. The american statistician, 27(1), 17-21.

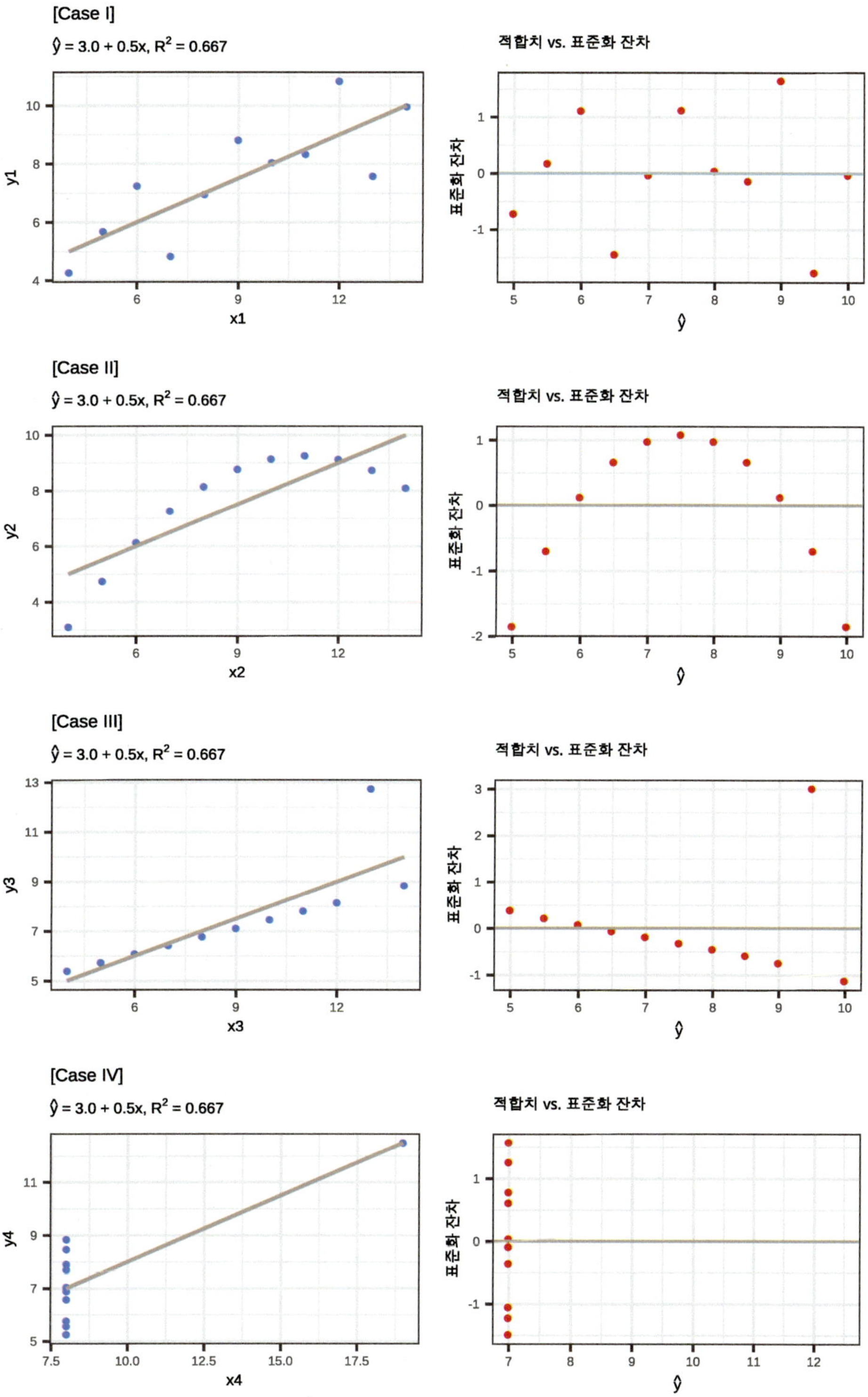

그림 2.10: (예시) 동일한 회귀식과 R^2를 갖는 4 가지 경우(anscombe, 1973)

practice tools 연습 3. 결정 계수의 계산 <확률 난수 생성>

[연습 1]과 [연습 2]의 데이터와 **R**을 이용하여 결정 계수를 계산해 본다.

제곱합(Sum of Squares; SS)

- c()를 이용하여 vector의 각 원소별로 name을 부여할 수 있다.

```
x <- data_1$x
y <- data_1$y
SST  <- sum((y - mean(y)) ^ 2)
SSR  <- sum((hat_y - mean(y)) ^ 2)
SSE  <- sum((y - hat_y) ^ 2)
c(SST = SST, SSR = SSR, SSE = SSE)
```

```
#   SST   SSR   SSE
# 12949 12245   705
```

결정 계수, R^2

```
R2 <- SSR / SST
paste("R^2 =", round(R2, 2), sep = " ")
```

```
# [1] "R^2 = 0.95"
```

lm() 함수의 활용

결정 계수 R^2와 예측 결정 계수 R^2_{pred} 역시 lm() 함수의 회귀 적합 결과를 이용하여 구할 수 있다[14].

```
model <- lm(y ~ x, data = data_1)                        # 모형 적합
summary_model <- summary(model)                # 결과 요약약
R2 <- summary_model$r.squared                  # R^2 값 추출
cat("R^2 =", R2, "\n")                         # 결과 확인
```

```
# R^2 = 0.946
```

[14] R^2_{pred}는 lm() 함수에서 자동 계산되지 않는다. 이는 통계 학습(statistical learning) 방법을 구현하는 caret:: 또는 boot:: 패키지에서는 모델 성능 지표로 제공된다.

```r
h <- lm.influence(model)$hat                    # 영향값 hat 값(leverage)
residuals <- resid(model)                       # 잔차 계산
PRESS <- sum((residuals / (1 - h))^2)           # PRESS 계산
SST <- sum((y - mean(y))^2)                     # 총변동 계산
R2_pred <- 1 - PRESS / SST                      # 예측 R^2 계산
cat("Predicted R^2 =", R2_pred, "\n")           # 결과 확인
```

```
# Predicted R^2 = 0.941
```

R^2는 계산이 간단하고 해석이 직관적이므로 실무적 활용도가 높다. 하지만, 단순히 R^2 값이 일정 값 이상 크다고 해서 올바른 회귀식이라고 판단할 수 없다. 올바른 회귀선의 추정을 위해서는 회귀 계수의 추정과 함께 (1) 유의성 검정, (2) 잔차 진단 그리고 (3) 이상점 선별 및 교정을 중심으로 반복적인 적합 절차를 필요로 한다. 그리고 결정 계수 R^2를 이용하여 최종 결정된 회귀선이 데이터를 얼마나 잘 설명하는가를 판단하는 것이 올바른 절차이다.

2.5 회귀 계수의 통계적 추론 Statistical Inference

추정된 회귀선은 표본(sample)의 결과이다. 따라서 표본 변이(sample variation)와 표본의 수(n)에 따라 그 결과가 달라진다. **통계적 추론(statistical inference)**이란 표본으로 부터 측정된 데이터 또는 데이터로 부터 생성된 정보를 기초로 관심 대상이 되는 모집단에 대한 의미있는 결론을 도출하는 과정을 말한다. 통계적 추론을 위한 추정된 회귀 계수의 표본 분포(Sampling Distributions)는 다음과 같다.

회귀 계수의 표본 분포

$$\frac{\hat{\beta}_0 - \beta_0}{\mathrm{SE}\left(\hat{\beta}_0\right)} \sim t(n-2) \quad \text{그리고} \quad \frac{\hat{\beta}_1 - \beta_1}{\mathrm{SE}\left(\hat{\beta}_1\right)} \sim t(n-2)$$

여기서

$$\mathrm{SE}\left(\hat{\beta}_0\right) = s_e\sqrt{\frac{1}{n} + \frac{\bar{x}^2}{S_{xx}}} \quad \text{그리고} \quad \mathrm{SE}\left(\hat{\beta}_1\right) = \frac{s_e}{\sqrt{S_{xx}}}$$

[그림 2.11]은 표준 정규 분포와 서로 다른 자유도 (degree of freedom; df)를 갖는 t-분포의 형태를 보여 준다. t-분포와 표준 정규 분포 모두 0을 중심으로 좌우 대칭(symmetric)이며 종 모양(bell-shaped)의 형태를 갖는다. t-분포는 데이터의 수(n)의 함수인 자유도(df)에 따라 그 형태가 다르지만, 데이터의 수가 충분히 큰 경우에는 표준 정규 분포로 수렴한다.

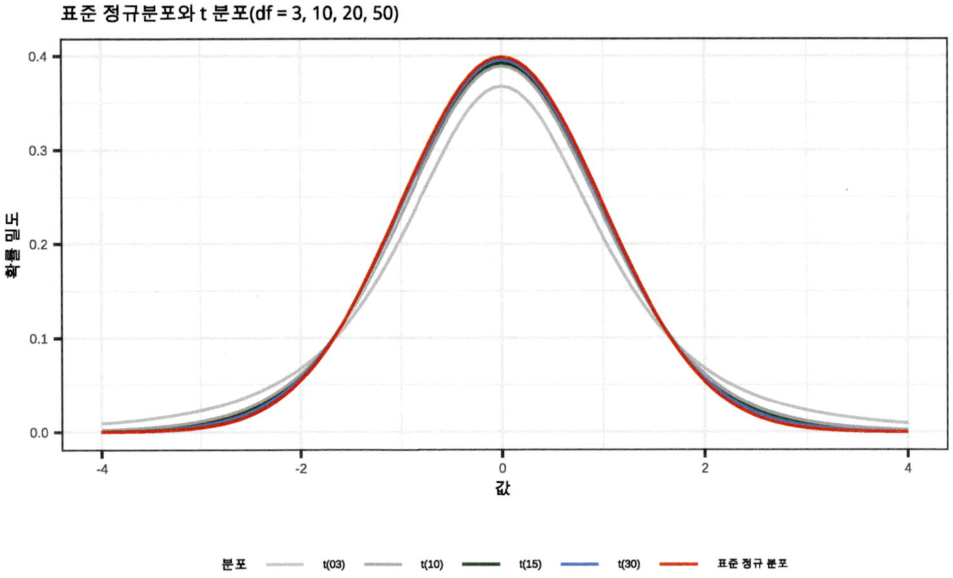

그림 **2.11:** 표준 정규 분포와 t 분포(df = 3, 10, 15, 30)

고려하는 표본 분포가 좌우 대칭이므로 한쪽 극단 확률인 상위 누적 확률 `0.025`를 갖는 분포의 임계값 (critical value)을 비교해 보면 [그림 2.12]와 같다. 데이터의 수가 증가하면서 표준 정규 분포와 t-분포의 임계값들이 점점 비슷해 지는 것을 확인할 수 있다. 이는 데이터가 충분히 큰 경우 표준 정규 분포를 이용하여 t-분포의 확률을 근사적으로 계산할 수 있음을 의미한다.

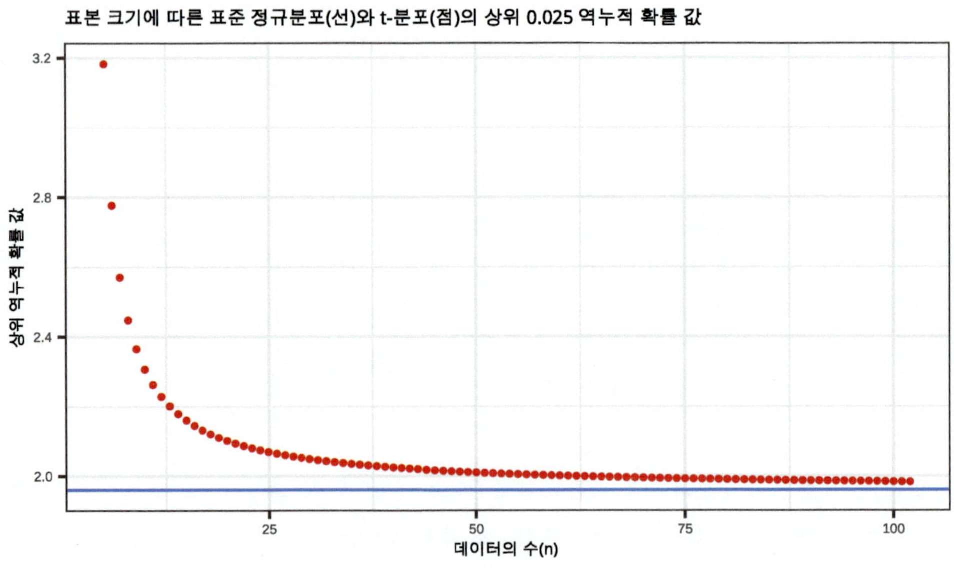

그림 **2.12:** 표준 정규 분포와 t 분포의 상위 역누적 확률값($p = 0.025$)

회귀 계수의 표본 분포 도출

- 추정량의 평균, 분산 그리고 이론적 표준 오차(standard error; SE)

(1) $\hat{\beta}_1$

$$\hat{\beta}_1 = \frac{S_{xy}}{S_{xx}} = \sum_{i=1}^{n} c_i y_i, \text{ 여기서 } c_i = (x_i - \bar{x})/S_{xx}$$

$$\begin{aligned}
E\left(\hat{\beta}_1\right) &= E\left(\sum_{i=1}^{n} c_i y_i\right) = \sum_{i=1}^{n} c_i E(y_i) \\
&= \sum_{i=1}^{n} c_i(\beta_0 + \beta_1 x_i) \quad (\because E(\epsilon_i) = 0) \\
&= \beta_0 \sum_{i=1}^{n} c_i + \beta_1 \sum_{i=1}^{n} c_i x_i \\
&= \beta_1 \quad (\because \sum_{i=1}^{n} c_i = 0, \ \sum_{i=1}^{n} c_i x_i = 1)
\end{aligned}$$

$$\begin{aligned}
\operatorname{Var}\left(\hat{\beta}_1\right) &= \operatorname{Var}\left(\sum_{i=1}^{n} c_i y_i\right) = \sum_{i=1}^{n} c_i^2 \operatorname{Var}(y_i) \\
&= \sigma^2 \sum_{i=1}^{n} c_i^2 \quad (\because Var(y_i) = \sigma^2) \\
&= \frac{\sigma^2 \sum_{i=1}^{n} (x_i - \bar{x})^2}{S_{xx}^2} \\
&= \frac{\sigma^2}{S_{xx}}
\end{aligned}$$

$$SE\left(\hat{\beta}_0\right) = \sqrt{\frac{\sigma^2}{S_{xx}}}$$

(2) $\hat{\beta}_0$

$$E(\hat{\beta}_0) = E(\bar{y}) - E(\hat{\beta}_1 \bar{x}) = \beta_0 + \beta_1 \bar{x} - \beta_1 \bar{x} = \beta_0$$

$$\begin{aligned}
\operatorname{Var}\left(\hat{\beta}_0\right) &= \operatorname{Var}\left(\bar{y} - \hat{\beta}_1 \bar{x}\right) \\
&= \operatorname{Var}(\bar{y}) + \bar{x}^2 \operatorname{Var}\left(\hat{\beta}_1\right) - 2\bar{x} \operatorname{Cov}\left(\bar{y}, \hat{\beta}_1\right) \\
&= \operatorname{Var}(\bar{y}) + \bar{x}^2 \operatorname{Var}\left(\hat{\beta}_1\right), \quad (\because \operatorname{Cov}\left(\bar{y}, \hat{\beta}_1\right) = 0) \\
&= \sigma^2 \left(\frac{1}{n} + \frac{\bar{x}^2}{S_{xx}}\right)
\end{aligned}$$

$$SE\left(\hat{\beta}_1\right) = \sqrt{\sigma^2 \left(\frac{1}{n} + \frac{\bar{x}^2}{S_{xx}}\right)}$$

여기서

$$
\begin{aligned}
\operatorname{Cov}\left(\bar{y}, \hat{\beta}_1\right) &= \frac{1}{nS_{xx}} \operatorname{Cov}\left(\sum y_i, \sum (x_i - \bar{x})\, y_i\right) \\
&= \frac{1}{nS_{xx}} \sum (x_i - \bar{x}) \operatorname{Cov}(y_i, y_i) \\
&= \frac{\sigma^2}{nS_{xx}} \sum (x_i - \bar{x}) \\
&= 0
\end{aligned}
$$

따라서

$$
\begin{aligned}
\operatorname{Cov}\left(\hat{\beta}_0, \hat{\beta}_1\right) &= \operatorname{Cov}\left(\bar{y} - \hat{\beta}_1 \bar{x}, \hat{\beta}_1\right) \\
&= \operatorname{Cov}\left(\bar{y}, \hat{\beta}_1\right) - \bar{x} \operatorname{Cov}\left(\hat{\beta}_1, \hat{\beta}_1\right) \\
&= 0 - \bar{x} \frac{\sigma^2}{S_{xx}} \\
&= -\frac{\bar{x}}{S_{xx}} \sigma^2
\end{aligned}
$$

- 추정된 회귀 계수의 분포

$$
\hat{\beta}_0 \sim N\left(\beta_0, \sigma^2\left(\frac{1}{n} + \frac{\bar{x}^2}{S_{xx}}\right)\right) \quad \text{그리고} \quad \hat{\beta}_1 \sim N\left(\beta_1, \frac{\sigma^2}{S_{xx}}\right)
$$

- 추정된 회귀 계수의 표준화 분포

$$
\frac{\hat{\beta}_0 - \beta_0}{\operatorname{sd}\left[\hat{\beta}_0\right]} \sim N(0,1), \quad \text{여기서} \quad \operatorname{sd}\left[\hat{\beta}_0\right] = \sigma\sqrt{\frac{1}{n} + \frac{\bar{x}^2}{S_{xx}}}
$$

그리고

$$
\frac{\hat{\beta}_1 - \beta_1}{\operatorname{sd}\left[\hat{\beta}_1\right]} \sim N(0,1), \quad \text{여기서} \quad \operatorname{sd}\left[\hat{\beta}_1\right] = \frac{\sigma}{\sqrt{S_{xx}}}
$$

- 분산 σ^2 의 추정

σ 이 알려져 있지 않은 경우, 데이터로 부터 추정한다. 추정된 표준편차, $\hat{\sigma} = s_e$ 라고 할 때 추정된 회귀 계수의 표준 오차(standard error; SE)는 다음과 같다.

$$
\operatorname{SE}\left[\hat{\beta}_0\right] = s_e\sqrt{\frac{1}{n} + \frac{\bar{x}^2}{S_{xx}}} \quad \text{그리고} \quad \operatorname{SE}\left[\hat{\beta}_1\right] = \frac{s_e}{\sqrt{S_{xx}}}
$$

- 회귀 계수의 표본 분포

  추정된 오차 분산 s_e^2의 분포는 (2.7)과 같고, $Z \sim N(0,1)$일 때 (2.8)이 성립한다.

$$\frac{\text{SSE}}{\sigma^2} = \frac{(n-2)s_e^2}{\sigma^2} \sim \chi^2_{n-2} \tag{2.7}$$

$$T = \frac{Z}{\sqrt{\frac{\chi^2_{n-2}}{n-2}}} \sim t(n-2) \tag{2.8}$$

  따라서 회귀 계수의 표본 분포(Sampling Distributions)를 다음과 같이 정의할 수 있다.

$$\begin{aligned}
\frac{\hat{\beta}_1 - \beta_1}{\text{SE}\left[\hat{\beta}_1\right]} &= \frac{\hat{\beta}_1 - \beta_1}{s_e/\sqrt{S_{xx}}} \\
&= \frac{\hat{\beta}_1 - \beta_1}{s_e/\sqrt{S_{xx}}} \cdot \frac{\sigma/\sqrt{S_{xx}}}{\sigma/\sqrt{S_{xx}}} \\
&= \frac{\hat{\beta}_1 - \beta_1}{\sigma/\sqrt{S_{xx}}} \cdot \frac{\sigma/\sqrt{S_{xx}}}{s_e/\sqrt{S_{xx}}} \\
&= \frac{\hat{\beta}_1 - \beta_1}{\sigma/\sqrt{S_{xx}}} \Big/ \sqrt{\frac{s_e^2}{\sigma^2}} \\
&= \frac{\hat{\beta}_1 - \beta_1}{\text{sd}\left[\hat{\beta}_1\right]} \Big/ \sqrt{\frac{(n-2)s_e^2}{\sigma^2}} \sim \frac{Z}{\sqrt{\frac{\chi^2_{n-2}}{n-2}}} \equiv t(n-2)
\end{aligned}$$

  동일한 방법으로 다음을 확인할 수 있다.

$$\frac{\hat{\beta}_0 - \beta_0}{\text{SE}\left[\hat{\beta}_0\right]} \sim t(n-2)$$

□

회귀 계수의 표본 분포에서 표준 오차(Standard Error;SE)는 (1) 선택된 표본의 분산의 추정값이 작고 (2) 설명 변수의 범위가 충분히 크며 (3)표본 크기가 큰 경우에 작아진다. 유의성 검정에서 표준 오차가 작을수록 더 정밀한 검정 결과를 얻을 수 있다.

2.5.1 유의성 검정 Significant Test

회귀 계수의 표본 분포를 이용한 회귀 계수의 유의성 검정(Significant Test) 방법은 다음과 같다[15].

회귀 계수의 유의성 검정

[1] 회귀 계수 β_0에 대한 가설

$$H_0 : \beta_0 = 0 \quad \text{vs} \quad H_1 : \beta_0 \neq 0$$

검정통계량

$$t_0 = \frac{\hat{\beta}_0}{\text{SE}\left(\hat{\beta}_0\right)} = \frac{\hat{\beta}_0}{s_e\sqrt{\frac{1}{n} + \frac{\bar{x}^2}{S_{xx}}}} \sim t(n-2)$$

[2] 회귀 계수 β_1에 대한 가설

$$H_0 : \beta_1 = 0 \quad \text{vs} \quad H_1 : \beta_1 \neq 0$$

검정통계량

$$t_0 = \frac{\hat{\beta}_1}{\text{SE}\left(\hat{\beta}_1\right)} = \frac{\hat{\beta}_1}{s_e/\sqrt{S_{xx}}} \sim t(n-2)$$

- 의사 결정

$$p - value < \alpha \text{ 이면, } H_0 \text{ 기각}$$

[1]과 [2]는 절편과 설명 변수가 종속변수의 변동을 설명하는데 도움이 되는가 여부를 검정한다. 일반적으로 [1]의 β_0가 유의하지 않더라도, 이를 모형에서 제거하지 않는다. 이는 만일 유의하지 않다고 해서 이를 모형에서 제거한다면, [그림 2.13]의 (A)와 같이 관심 범위의 데이터를 올바로 추정하지 못할 수 있기 때문이다. 유의하지 않은 β_0를 모형에서 제거하지 않는다면,(B)와 같이 관심 범위의 데이터를 올바로 추정할 수 있다. 단, 이때 절편은 유의하지 않으므로 해석하지 않는다. 이는 (C)와 같이 설명 변수의 범위가 0과 충분히 멀리 정의되는 경우, 관심 범위 밖에서의 관계를 고려하지 않고 관심 범위 내의 데이터에 대한 올바른 관계 추정을 위한 방법 중의 하나이다. 만일 x = 0일 때 y = 0임과 동시에 x = 0일 때의 반응값이 실무적으로 의미가 있다면, 이때는 유의성 결과를 반영해야 한다[16].

[15] 회귀 모형에 대한 가설 검정은 변동 분해에 의한 F-검정을 적용하고 개별 회귀 계수에 대한 가설 검정은 표본 분포에 의한 t-검정을 적용한다. 단순 회귀의 경우에는 회귀 모형에 대한 가설 검정은 β_1의 가설 검정과 동일한 결과를 제공하므로 생략한다.

[16] 이러한 경우에는 **원점을 통과하는 회귀 모형**을 고려한다.

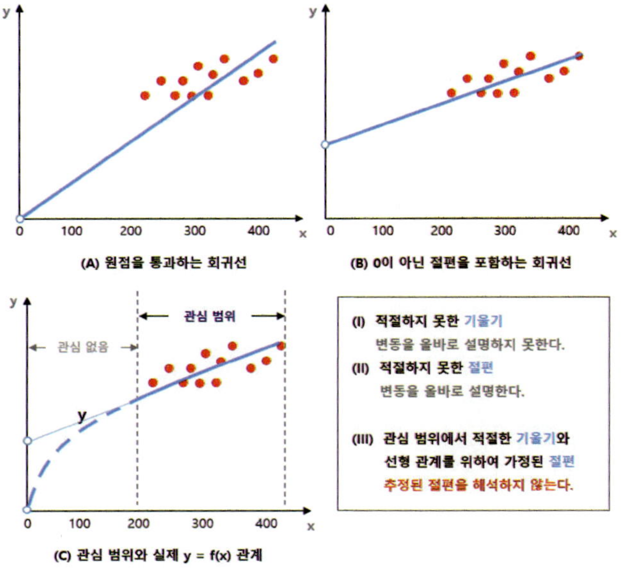

그림 2.13: 단순 회귀 모형의 절편에 대한 해석

회귀 계수 β_1의 유의성 검정 결과의 타당성은 가정된 모형의 타당성에 종속된다. [그림 2.14]의 (A-1)과 (A-2)에서와 같이 설명 변수와 반응 변수의 관계가 선형인 경우에는 유의성 검정 결과는 데이터에 대한 올바른 정보를 제공한다. 하지만, (B-1)과 (B-2)와 같이 모형을 올바로 가정하지 않은 경우에는 β_1의 유의성 검정 결과는 데이터에 대한 올바른 정보를 제공하지 못한다.

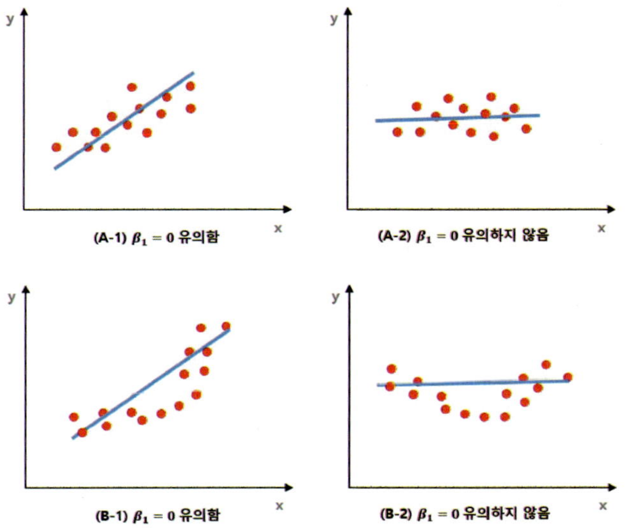

그림 2.14: 모형의 타당성에 따른 β_1의 유의성 검정 결과

2.5.2 회귀 계수의 구간 추정 Interval Estimation

구간 추정(Interval Estimation)은 가설 검정을 이용한 유의성 검정과 달리 실제 회귀 계수가 포함될 범위를 특정 신뢰 수준 - 일반적으로 95% - 하에서 계산해 준다. 단순 회귀 분석에서 고려하는 회귀 계수들의 $(1-\alpha)100\%$ 신뢰 구간을 구하는 방법은 다음과 같다.

구간 추정: $(1-\alpha)100\%$ 신뢰 구간

$$\hat{\beta}_0 \pm t_{\alpha/2}(n-2)\cdot s_e\sqrt{\frac{1}{n}+\frac{\bar{x}^2}{S_{xx}}} \quad \text{그리고} \quad \hat{\beta}_1 \pm t_{\alpha/2}(n-2)\cdot \frac{s_e}{\sqrt{S_{xx}}}$$

여기서 $t_{\alpha/2}(n-2)$는 $Pr\left(t(n-2) > t_{\alpha/2,n-2}\right) = \alpha/2$를 만족하는 임계값

practice tools 연습 4. 유의성 검정과 구간 추정 <확률 난수 생성>

[연습 1] ~ [연습 2]에서 고려된 데이터와 **R**을 이용하여 회귀 계수의 유의성 검정과 구간 추정 방법을 연습한다.

회귀 계수의 유의성 검정

- summary(object)는 회귀 계수의 유의성 검정 결과를 반환한다.
  - (Intercept)로 표현되는 β_0의 유의성 검정 결과는 해석하지 않는다.

```
model <- lm(y~x, data = data_1)
summary(model)
```

```
#
# Call:
# lm(formula = y ~ x, data = data_1)
#
# Residuals:
#    Min     1Q Median     3Q    Max
# -6.840 -3.419 -0.132  2.882  8.051
#
# Coefficients:
#             Estimate Std. Error t value             Pr(>|t|)
# (Intercept)    3.149      1.079    2.92               0.0053 **
# x              5.060      0.175   28.87 <0.0000000000000002 ***
```

```
# ---
# Signif. codes:  0 '***' 0.001 '**' 0.01 '*' 0.05 '.' 0.1 ' ' 1
#
# Residual standard error: 3.83 on 48 degrees of freedom
# Multiple R-squared:  0.946,	Adjusted R-squared:  0.944
# F-statistic:  834 on 1 and 48 DF,  p-value: <0.0000000000000002
```

추정된 회귀 계수 $\hat{\beta}_1 = 5.06$이고, 이의 $p - value = 0.000 < \alpha = 0.05$이므로 $H_0 : \beta_1 = 0$을 기각한다. 이때, 회귀 모형에 대한 유의성 검정인 F-검정의 결과는 $H_0 : \beta_1 = 0$의 결과와 동일하다[17].

회귀 계수의 구간 추정

- confint(object, level)는 회귀 계수의 구간 추정 결과를 반환한다.
  - level에 신뢰 수준을 지정한다. (예) 0.90, 0.99 등

```r
confint(model, level = 0.95)
```

```
#             2.5 % 97.5 %
# (Intercept) 0.979   5.32
# x           4.708   5.41
```

회귀 계수 β_1의 95% 신뢰 구간은 [4.708, 5.41]이다. 이는 실제 회귀 계수 β_1이 최소 4.708 그리고 최대 5.41까지 나타날 수 있음을 의미한다.

2.6 추정된 회귀식의 활용 Predict Responses

개별적인 회귀 계수가 추정되고 그 타당성이 확인되었다면, 이를 적용한 회귀식은 설명 변수 x에서의 반응값 $\hat{y}(x)$을 예측하는데 활용할 수 있다. 이때 고려 할 수 있는 구간 추정 방법으로는 평균 반응값에 대한 $(1-\alpha)100\%$ 신뢰 구간 그리고 새로운 반응값에 대한 $(1-\alpha)100\%$ 예측 구간이 있다. 예측 구간(prediction interval)은 항상 신뢰 구간(confidence interval) 보다 넓거나 같으며, 가능한 모든 x 값에 대하여 구한 결과는 각각 신뢰대(confidence bands)와 예측대(prediction bands)라고 부른다.

평균 반응값 $\hat{y}(x) = \hat{\beta}_0 + \hat{\beta}_1 x$의 구간 추정: $(1-\alpha)100\%$ 신뢰 구간

$$\hat{y}(x) \pm t_{\alpha/2}(n-2) \cdot s_e \sqrt{\frac{1}{n} + \frac{(x-\bar{x})^2}{S_{xx}}}$$

[17] 단순 회귀 분석에서의 F-검정 통계량 F_0는 t 통계량 t_0의 제곱과 동일하다. $F_0 = t_0^2$

평균 반응값 $\hat{y}(x)$의 표본 분포

- $\hat{y}(x)$의 평균, 분산 그리고 이론적 표준 오차

  추정된 회귀 계수가 불편성을 만족하므로, 추정된 반응값 $\hat{y}(x)$ 역시 불편성을 만족한다.

$$E[\hat{y}(x)] = \beta_0 + \beta_1 x$$

  또한 $\hat{y}(x)$는 $\hat{\beta}_0$ 와 $\hat{\beta}_1$ 의 선형 조합이므로 다음이 성립한다.

$$\begin{aligned}\mathrm{Var}(\hat{y}(x)) = \mathrm{Var}\left(\hat{\beta}_0 + \hat{\beta}_1 x\right) &= \mathrm{Var}\left(\hat{\beta}_0\right) + x^2 \cdot \mathrm{Var}\left(\hat{\beta}_1\right) \\ &= \sigma^2\left(\frac{1}{n} + \frac{\bar{x}^2}{S_{xx}}\right) + x^2 \cdot \frac{\sigma^2}{S_{xx}} \\ &= \sigma^2\left(\frac{1}{n} + \frac{(x-\bar{x})^2}{S_{xx}}\right)\end{aligned}$$

  그리고

$$\mathrm{SE}[\hat{y}(x)] = \sigma\sqrt{\frac{1}{n} + \frac{(x-\bar{x})^2}{S_{xx}}}$$

- $\hat{y}(x)$의 분포

  $\hat{\beta}_0$ 와 $\hat{\beta}_1$ 이 정규 분포를 따르는 확률 변수 y의 선형 조합이므로, $\hat{y}(x)$ 역시 정규 분포를 따른다.

$$\hat{y}(x) \sim N\left(\beta_0 + \beta_1 x, \sigma^2\left(\frac{1}{n} + \frac{(x-\bar{x})^2}{S_{xx}}\right)\right)$$

- $\hat{y}(x)$의 표준화 분포

$$Z = \frac{\hat{y}(x) - (\beta_0 + \beta_1 x)}{\sigma\sqrt{\frac{1}{n} + \frac{(x-\bar{x})^2}{S_{xx}}}} \sim N(0,1)$$

- 분산 σ^2의 추정: $\hat{\sigma} = s_e$

$$\mathrm{SE}[\hat{y}(x)] = s_e\sqrt{\frac{1}{n} + \frac{(x-\bar{x})^2}{S_{xx}}}$$

- $\hat{y}(x)$의 표본 분포

  추정된 오차 분산 s_e^2의 분포는 (2.9)와 같고, $Z \sim N(0,1)$ 일 때 (2.10)이 성립한다.

$$\frac{\mathrm{SSE}}{\sigma^2} = \frac{(n-2)s_e^2}{\sigma^2} \;\sim\; \chi^2_{n-2} \tag{2.9}$$

$$T = \frac{Z}{\sqrt{\frac{\chi^2_{n-2}}{n-2}}} \;\sim\; t(n-2) \tag{2.10}$$

따라서 $\hat{y}(x)$의 표본 분포(Smapling Distribution)는 다음과 같이 정의할 수 있다.

$$T = \frac{\hat{y}(x) - (\beta_0 + \beta_1 x)}{s_e\sqrt{\frac{1}{n} + \frac{(x-\bar{x})^2}{S_{xx}}}} \;\sim\; t(n-2)$$

□

새로운 반응값 $\hat{y}_{new} = \hat{\beta}_0 + \hat{\beta}_1 x_{new}$의 구간 추정: $(1-\alpha)100\%$ 예측 구간

$$\hat{y}_{new} \pm t_{\alpha/2}(n-2)\cdot s_e\sqrt{1 + \frac{1}{n} + \frac{(x_{new}-\bar{x})^2}{S_{xx}}}$$

새로운 반응값의 표본 분포에는 회귀 분석에 사용되지 않은 새로운 값의 변동이 반영되어야 한다.

새로운 반응값 $\hat{y}_{new}$의 표본 분포

- $\hat{y}_{new}$의 평균, 분산 그리고 이론적 표준 오차

  설명 변수 x_{new}에서의 평균 반응량을 $\hat{y}(x_{new})$라고 할 때, $\hat{y}_{new}$는 다음과 같다.

$$\hat{y}_{new} = \hat{y}(x_{new}) + \epsilon$$

  따라서

$$E(\hat{y}_{new}) = E[\hat{y}(x_{new}) + \epsilon] = E[\hat{y}(x_{new})] + E[\epsilon] = \beta_0 + \beta_1 x_{new}$$

$$\begin{aligned}\mathrm{Var}[\hat{y}_{new}] = \mathrm{Var}[\hat{y}(x_{new}) + \epsilon] &= \mathrm{Var}[\hat{y}(x_{new})] + \mathrm{Var}[\epsilon] \\ &= \sigma^2\left(\frac{1}{n} + \frac{(x_{new}-\bar{x})^2}{S_{xx}}\right) + \sigma^2 \\ &= \sigma^2\left(1 + \frac{1}{n} + \frac{(x_{new}-\bar{x})^2}{S_{xx}}\right)\end{aligned}$$

  그리고

$$\mathrm{SE}[\hat{y}_{new}] = \sigma\sqrt{1 + \frac{1}{n} + \frac{(x_{new}-\bar{x})^2}{S_{xx}}}$$

- $\hat{y}_{new}$의 분포

$$\hat{y}_{new} \sim N\left(\beta_0 + \beta_1 x_{new},\; \sigma^2\left(1 + \frac{1}{n} + \frac{(x_{new}-\bar{x})^2}{S_{xx}}\right)\right)$$

- $\hat{y}_{new}$ 의 표준화 분포

$$Z = \frac{\hat{y}_{new} - (\beta_0 + \beta_1 x_{\text{new}})}{\sigma\sqrt{1 + \frac{1}{n} + \frac{(x_{\text{new}} - \bar{x})^2}{S_{xx}}}} \sim N(0,1)$$

- 분산 σ^2 의 추정: $\hat{\sigma} = s_e$

$$\text{SE}[\hat{y}_{new}] = s_e\sqrt{1 + \frac{1}{n} + \frac{(x_{new} - \bar{x})^2}{S_{xx}}}$$

- $\hat{y}_{new}$ 의 표본 분포
  추정된 오차 분산 s_e^2 의 분포는 (2.11)과 같고, $Z \sim N(0,1)$ 일 때 (2.12)가 성립한다.

$$\frac{\text{SSE}}{\sigma^2} = \frac{(n-2)s_e^2}{\sigma^2} \sim \chi^2_{n-2} \tag{2.11}$$

$$T = \frac{Z}{\sqrt{\frac{\chi^2_{n-2}}{n-2}}} \sim t(n-2) \tag{2.12}$$

따라서 $\hat{y}_{new}$ 의 표본 분포(Smapling Distribution)는 다음과 같이 정의할 수 있다.

$$T = \frac{\hat{y}_{\text{new}} - (\beta_0 + \beta_1 x_{\text{new}})}{s_e\sqrt{1 + \frac{1}{n} + \frac{(x_{\text{new}} - \bar{x})^2}{S_{xx}}}} \sim t(n-2)$$

□

practice tools 연습 5. 반응값의 예측 <랜덤 난수 생성>

[연습 1] ~ [연습 4]에서 고려된 데이터와 **R**을 이용하여 반응값을 예측한다.

예측

- predict(object)는 모형 적합에 사용된 설명 변수 값에서 예측된 반응값을 반환한다.
- 새로운 데이터는 설명 변수의 데이터를 newdata에 지정한다.

```
model <- lm(y ~ x, data = data_1)
pred_values <- predict(model)                    # 기존 데이터에 대한 반응값 예측
head(pred_values)
```

```
#    1    2    3    4    5    6
# 42.3 45.0 40.9 51.4 18.2 46.7
```

```
new_data <- data.frame(x = c(7, 7.5, 8, 8,5, 9))   # 새로운 데이터 정의
pred_new <- predict(model, newdata = new_data)      # 새로운 데이터에 대한 반응값 예측
pred_new
```

```
#    1    2    3    4    5    6
# 38.6 41.1 43.6 43.6 28.5 48.7
```

신뢰대와 예측대의 계산과 시각화

- interval = "confidence", "predcition"을 지정하여 신뢰 구간 또는 예측 구간을 계산한다.

```
# 단순 회귀 모형 생성
model <- lm(y ~ x, data = data_1)
# 신뢰 구간, 예측 구간 계산
conf <- predict(model, newdata = data_1, interval = "confidence")
pred <- predict(model, newdata = data_1, interval = "prediction")
head(conf, 3)
```

```
#    fit  lwr  upr
# 1 42.3 40.9 43.7
# 2 45.0 43.5 46.5
# 3 40.9 39.6 42.2
```

```
head(pred, 3)
```

```
#    fit  lwr  upr
# 1 42.3 34.4 50.1
# 2 45.0 37.1 52.8
# 3 40.9 33.1 48.7
```

신뢰대와 예측대 모두 적합치(fit)와 하한(lower; lwr) 그리고 상한(upper; upr)을 제공한다.

```
data_p <- cbind(data_1,
                fit = conf[, "fit"],                  # 추정된 반응값
                lwr_conf = conf[, "lwr"],             # 신뢰 하한
                upr_conf = conf[, "upr"],             # 신뢰 상한
```

```r
                lwr_pred = pred[, "lwr"],                      # 예측 하한
                upr_pred = pred[, "upr"])                      # 예측 상한
# 시각화
ggplot(data_p, aes(x = x, y = y)) +
  geom_point(size = 2, color = "blue") +                        # 산점도
  geom_line(aes(y = fit), color = "red") +                      # 회귀선
  geom_ribbon(aes(ymin = lwr_conf, ymax = upr_conf),            # 신뢰대
              alpha = 0.2,
              fill = "yellow") +
  geom_ribbon(aes(ymin = lwr_pred, ymax = upr_pred),            # 예측대
              alpha = 0.1,
              fill = "gray") +
  labs(title = "선형 회귀 분석의 결과: 95% 신뢰대와 95% 예측대",
       x = "X",
       y = "Y") +
  theme_bw()
```

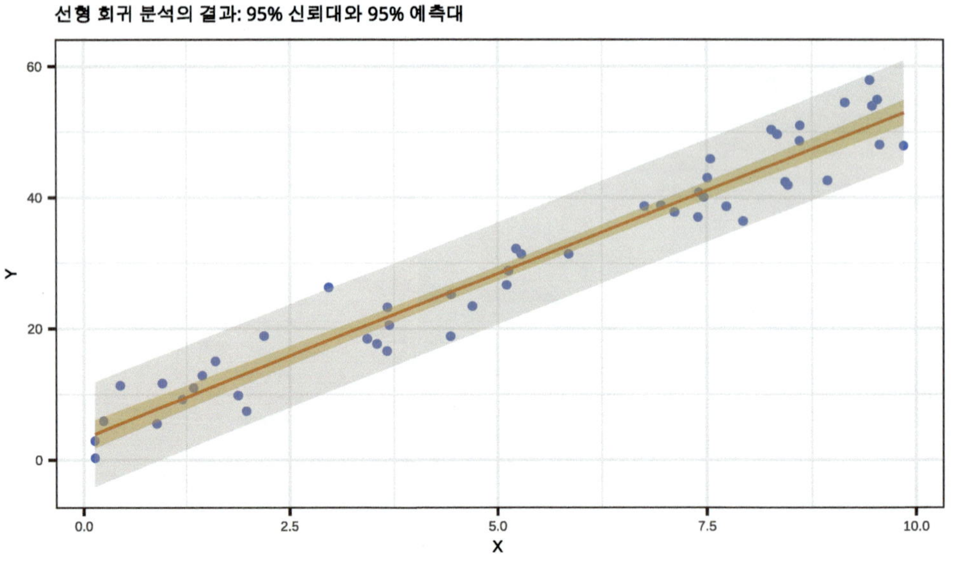

도출된 95% 예측대(회색)는 95% 신뢰대(노란색) 보다 넓고, $(\bar{x}, \bar{y})$ 에서 가장 좁고 양쪽 끝으로 갈수록 넓어진다.

practice tools 연습 6. 배송 화물의 중량과 부피간의 기준 설정 <small.cargo.csv>

무게에 의하여 운송 요금을 결정하는 소형 화물들 중에서 임의로 선택된 58개의 무게(x; weight)와 부피(y; volume)를 조사하였다. 이를 이용하여 중량과 부피간의 관계를 결정하여 새로운 차량 화물 적재 기준을 제시하고자 한다.

데이터 로딩

```
cargo <- read.csv(paste0(data_path, "small.cargo.csv"))
str(cargo)
```

```
# 'data.frame': 58 obs. of  2 variables:
#  $ x: num  80.9 84.2 127.2 78.9 95.5 ...
#  $ y: num  2070 2799 4021 2496 2478 ...
```

n = 58개의 데이터에서 x(무게)와 y(부피)가 기록되어 있다.

결측값(missing values)의 검토

- is.na()는 결측 여부를 TRUE/FALSE로 반환한다.

```
sapply(cargo, function(x) sum(is.na(x)))
```

```
# x y
# 0 0
```

로딩된 데이터의 두 변수에는 결측값이 없다. 만일 존재한다면, 다음을 이용하여 각 열별 결측값 비율과 위치를 확인할 수 있다.

```
# 각 열별 결측값 비율
sapply(cargo, function(x) mean(is.na(x)))
# 결측값 위치
which(is.na(cargo), arr.ind = TRUE)
```

데이터의 선형성 검토

```
cargo %>% ggplot(aes(x, y)) +
 geom_point(color = "blue", size  = 1) +
 labs(title = "무게와 부피의 산점도", x = "무게", y = "부피") +
 theme_bw()
```

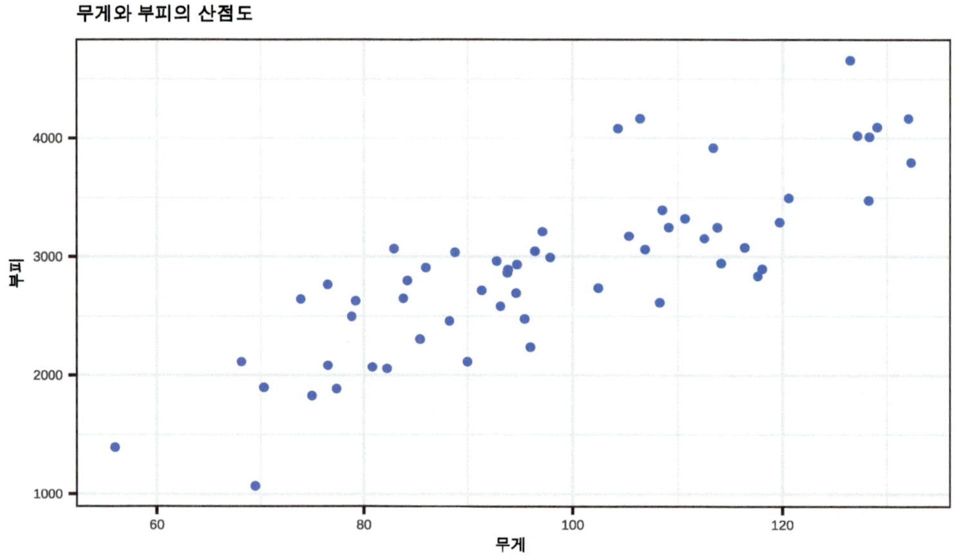

무게와 부피는 선형 관계를 갖는다. 따라서 단순 회귀 분석을 적용해 볼 수 있다.

기초 분석

- `stats::lm()`은 다양한 회귀 분석 결과를 제공한다.
  - 모형은 `formula`로 지정한다.
- `names(objects)`는 객체에 포함된 리스트의 이름을 반환한다.
  - `coeff()`, `fitted()`, `resid()`를 이용하여 추정된 회귀 계수, 적합치 그리고 잔차를 추출할 수 있다.

```
cargo_fit <- lm(y ~ x, data = cargo)
names(cargo_fit)
```

```
#  [1] "coefficients"  "residuals"     "effects"       "rank"
#  [5] "fitted.values" "assign"        "qr"            "df.residual"
#  [9] "xlevels"       "call"          "terms"         "model"
```

회귀 계수(coefficients), 잔차(residuals) 그리고 회귀 추정값(적합치, `fitted.values`) 등이 저장되어 있다.

- `summary(objects)`는 분석 결과를 요약된 형태로 반환한다.

```
summary(cargo_fit)
```

```
#
```

```
# Call:
# lm(formula = y ~ x, data = cargo)
#
# Residuals:
#    Min     1Q Median     3Q    Max
# -930.9 -293.1   10.2  200.2 1000.0
#
# Coefficients:
#             Estimate Std. Error t value          Pr(>|t|)
# (Intercept)   -204.1      289.9    -0.7              0.48
# x               31.7        2.9    10.9 0.0000000000000016 ***
# ---
# Signif. codes:  0 '***' 0.001 '**' 0.01 '*' 0.05 '.' 0.1 ' ' 1
#
# Residual standard error: 409 on 56 degrees of freedom
# Multiple R-squared:  0.681,	Adjusted R-squared:  0.675
# F-statistic:  120 on 1 and 56 DF,  p-value: 0.00000000000000162
```

제공된 분석 결과로 부터 다음을 확인할 수 있다.

- 회귀 모형의 유의성 검정 결과(F-statistic's p-value)는 $p-value = 0.000 < \alpha = 0.05$ 이므로 $H_0 : \beta_0 = \beta_1 = 0$을 기각한다.
- 회귀 계수 $H_0 : \beta_0 = 0$의 유의성 검정 결과((Intercept)의 Pr(>|t|))는 $p-value = 0.48 > \alpha = 0.05$ 이므로 $H_0 : \beta_0 = 0$를 기각하지 못한다. 따라서 추정된 회귀 계수 $\hat{\beta}_0$는 해석하지 않는다.
- 회귀 계수 $H_1 : \beta_1 = 0$의 유의성 검정 결과(x의 Pr(>|t|))는 $p-value = 0.000 < \alpha = 0.05$ 이므로 $H_0 : \beta_1 = 0$를 기각하고, 추정된 회귀 계수는 $\hat{\beta}_1 = 31.7$이다.
- 결정 계수는 $R^2 = 0.681$이다. 현재 모형이 타당하다면, 현재 추정된 회귀선은 반응 변수의 전체 변동 중에서 68.1(%)를 설명한다.

표준화 잔차와 스튜던트화 잔차의 계산

rstandard()와 rstudent() 함수를 적용하여 계산할 수 있다.

```
rsd_cargo <- rstandard(cargo_fit)
head(rsd_cargo)
```

```
#      1      2      3      4      5      6
# -0.717  0.830  0.497  0.501 -0.844 -0.487
```

```
rst_cargo <- rstudent(cargo_fit)
head(rst_cargo)
```

```
#      1      2      3      4      5      6
# -0.713  0.828  0.494  0.498 -0.841 -0.484
```

잔차 진단

- 사용자 정의 함수 `reg_residuals(model, data, type)`
  - `type = c("rstandard", "rstudent")`을 통하여 잔차의 종류를 지정한다.

```
# 사용자 정의 함수
reg_residuals <- function(model, data, type = c("rstandard", "rstudent")) {
  if (!requireNamespace("ggpubr", quietly = TRUE)) {
    install.packages("ggpubr")
  }
  library(ggpubr)
  if (!requireNamespace("nortest", quietly = TRUE)) {
  install.packages("nortest")
  }
  #
  type <- match.arg(type)

  if (type == "rstandard") {
    rsd <- rstandard(model)
    residual_label <- "Standardized Residuals"
  } else if (type == "rstudent") {
    rsd <- rstudent(model)
    residual_label <- "Studentized Residuals"
  }

  fit <- fitted.values(model)
  data_after <- cbind(data, rsd, fit)

  # 정규성 검정: Anderson-Darling Test
  ad_test <- ad.test(rsd)
  ad_p_value <- round(ad_test$p.value,3)

  # 스타일 조정정
  style_m <- theme_bw() +
    theme(axis.text.x = element_text(size = 10),
          axis.title.x = element_text(size = 8),
          axis.title.y = element_text(size = 8)
          )

  # 확률도
  r1 <- data_after %>%
```

```
  ggplot(aes(sample = rsd))  +
  stat_qq(color = "blue") +
  stat_qq_line(color = "red") +
  labs(title = "(A-1) 정규성",x = residual_label,
       y = "Standard Normal Probability"
       ) + style_m +
  annotate("text", x = -Inf, y = Inf,
           label = paste("AD Test p-value:", ad_p_value),
           hjust = -0.1, vjust = 1.5, size = 3, color = "black")

# 잔차 vs 적합값
r2 <- data_after %>%
  ggplot(aes(x = fit, y = rsd))  +
  geom_point(color = "blue") +
  geom_hline(yintercept = 0, color = "red") +
  geom_hline(yintercept = c(-2, 2), color = "red", lty = "dashed") +
  labs(title = "(B) 등분산성",x = "Fitted Values",
       y = residual_label
       ) + style_m

# 잔차 히스토그램
r3 <- data_after %>%
  ggplot(aes(x = rsd))  +
  geom_histogram(fill = "blue", color = "gray") +
  geom_vline(xintercept = 0, color = "red") +
  labs(title = "(A-2) 정규성",
       x = residual_label,
       y = "Frequency"
       ) + style_m

# 잔차 순서도
r4 <- data_after %>%
  ggplot(aes(x = as.numeric(row.names(data)), y = rsd))  +
  geom_point(color = "blue") +
  geom_line(color = "blue", alpha = 0.5 ) +
  geom_hline(yintercept = 0, color = "red") +
  labs(title = "(C) 독립성", x = "Order",
       y = residual_label
       ) + style_m

#
mtb <- ggpubr::ggarrange(r1, r2, r3, r4,
                         ncol = 2, nrow = 2)
```

```r
  # 제목 추가
  annotated_mtb <- ggpubr::annotate_figure(mtb,
                          top = text_grob("잔차 진단",
                                          color = "blue",
                                          face = "bold",
                                          size = 12
                                          )
                          )

  return(annotated_mtb)
}
```

```r
reg_residuals(cargo_fit, cargo, type = "rstandard")
```

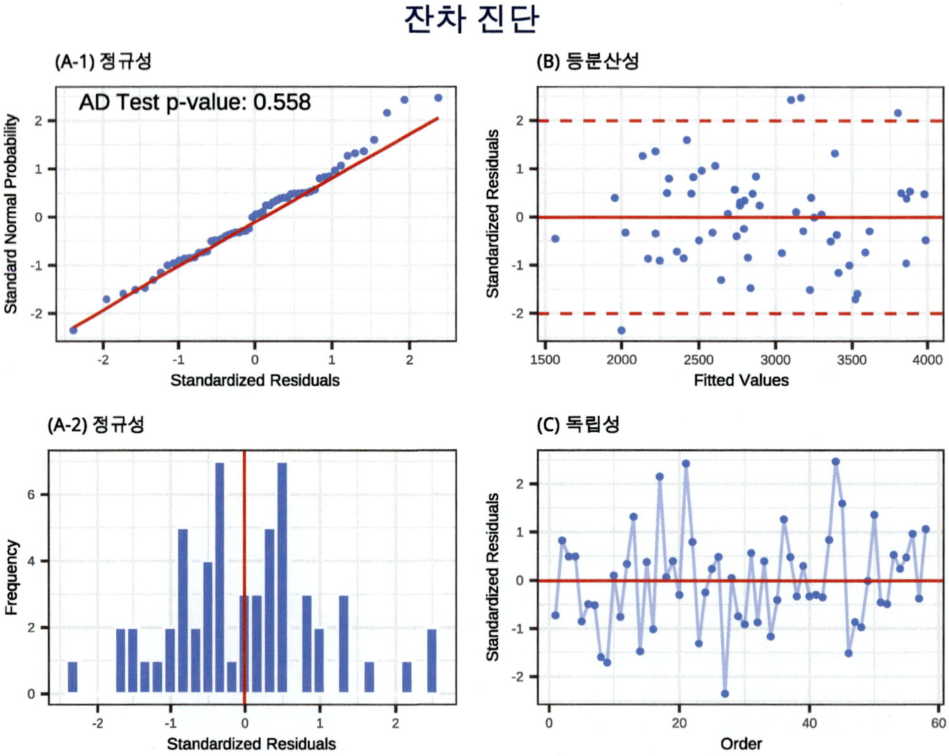

오차의 가정을 검증하기 위한 잔차 진단에서 (1) (A-1)의 확률도와 (A-2)의 히스토그램에서 크게 위배되지 않고, $p-value = 0.558 > \alpha = 0.05$ 이므로 잔차는 정규성을 만족한다. (2) (B)에서 랜덤 산점 형태

이므로 등분산성이 위배된다고 할 수 없다 (3) (C)에서 데이터 수집 순서에 따라 일정한 추세가 존재하지 않으므로 독립성에 위배된다고 할 수 없다.

이상점과 영향점의 진단

- 사용자 정의 함수 `outliers_influential(model, data, type)`
  - `type = c("rstandard", "rstudent")`을 통하여 잔차의 종류를 지정한다.

```
# 사용자 정의 함수
outliers_influential <- function(model, data, type = c("rstandard", "rstudent")) {

  type <- match.arg(type)

  if (type == "rstandard") {
    residuals <- rstandard(model)
    residual_label <- "Standardized Residuals"
    outlier_threshold <- 2
  } else if (type == "rstudent") {
    residuals <- rstudent(model)
    residual_label <- "Studentized Residuals"
    outlier_threshold <- 3
  }

  # DFFITS 임계값
  dffits_threshold <- 2 * sqrt(3 / nrow(data))

  dffits_values <- dffits(model)
  data_after <- cbind(data, residuals, dffits_values)

  # 이상점 진단
  outliers <- data_after %>%
    filter(abs(residuals) > outlier_threshold)

  # 영향점 진단
  influential_points <- data_after %>%
    filter(abs(dffits_values) > dffits_threshold) %>%
    mutate(dffits_diff = abs(dffits_values) - dffits_threshold)

  # 결과 출력
  list(
    outliers = outliers,
    influential = influential_points
```

```
  )
}
```

```
rsd_oi <- outliers_influential(cargo_fit, cargo, type = "rstandard")
names(rsd_oi)
```

```
# [1] "outliers"    "influential"
```

주어진 사용자 정의 함수 outlier_influential() 는 outliers와 influential을 리스트로 제공한다. 이를 이용하여 이상점과 영향점을 진단하면 다음과 같다.

```
rsd_oi$outliers
```

```
#        x    y residuals dffits_values
# 17 126.5 4659      2.16         0.550
# 21 104.3 4083      2.43         0.354
# 27  69.6 1069     -2.35        -0.613
# 44 106.4 4167      2.47         0.376
```

```
rsd_oi$influential
```

```
#        x    y residuals dffits_values dffits_diff
# 17 126.5 4659      2.16         0.550      0.0948
# 27  69.6 1069     -2.35        -0.613      0.1582
```

데이터의 (17, 21, 27, 44) 번째 값은 표준화 잔차가 [-2, 2]를 벗어난다. 따라서 이는 표준화 잔차 기준으로 이상점일 가능성이 있다. 또한 (17, 27) 번째 값은 각각 DFFIT 기준을 0.10, 0.16 초과하여 영향점일 가능성도 존재한다. 필요한 경우, 스튜던트화 잔차 기준으로 이상점을 진단 할 수 있다.

```
rst_oi <- outliers_influential(cargo_fit, cargo, type = "rstudent")
rst_oi$outliers
```

```
# [1] x             y             residuals     dffits_values
# <0 rows> (or 0-length row.names)
```

스튜던트화 잔차를 기준($|d_i| > 3$)으로 이상점은 존재하지 않는다. 이상점은 극단적인 값이 아닌 경우, 실무적인 해석을 통하여 수정 또는 제거되어야 한다. 여기서는 제거하는 방법을 소개하기로 한다.

이상점의 제거 및 재적합

- anti_join()은 두 데이터프레임 간의 일치 하지 않는 행만을 반환한다.
  - 첫번째 df에는 존재하지만, 두번째 df에는 존재하지 않는 행을 반환한다.
  - 특정 조건의 행을 원래 데이터 프레임에서 제거할 때 유용하다.

```
cleaned_cargo <- cargo %>%
  anti_join(rsd_oi$outliers, by = c("x", "y"))
str(cleaned_cargo)
```

```
# 'data.frame': 54 obs. of  2 variables:
#  $ x: num  80.9 84.2 127.2 78.9 95.5 ...
#  $ y: num  2070 2799 4021 2496 2478 ...
```

이상점을 제거한 후, 새로 정의된 cleaned_cargo를 이용하여 재적합하고 잔차 진단 및 이상점/영향점 탐지를 재적용한다.

```
cleaned_cargo_fit <- lm(y ~ x, data = cleaned_cargo)
summary(cleaned_cargo_fit)
```

```
#
# Call:
# lm(formula = y ~ x, data = cleaned_cargo)
#
# Residuals:
#    Min     1Q Median     3Q    Max
# -578.4 -248.5   18.7  244.1  624.8
#
# Coefficients:
#             Estimate Std. Error t value           Pr(>|t|)
# (Intercept)   113.18     240.32    0.47               0.64
# x              28.08       2.41   11.66 0.0000000000000004 ***
# ---
# Signif. codes:  0 '***' 0.001 '**' 0.01 '*' 0.05 '.' 0.1 ' ' 1
#
# Residual standard error: 325 on 52 degrees of freedom
# Multiple R-squared:  0.723,	Adjusted R-squared:  0.718
# F-statistic:  136 on 1 and 52 DF,  p-value: 0.000000000000000397
```

이상점을 제거한 후의 적합에서 회귀 모형과 회귀 계수에 대한 유의성 검정 결과는 동일하며, R^2는 68.1%에서 72.3%로 높아졌다. 이상점을 제거 한 후 잔차 진단과 이상점/영향점 탐지 결과는 다음과 같다.

```
reg_residuals(cleaned_cargo_fit, cleaned_cargo, type = "rstandard")
```

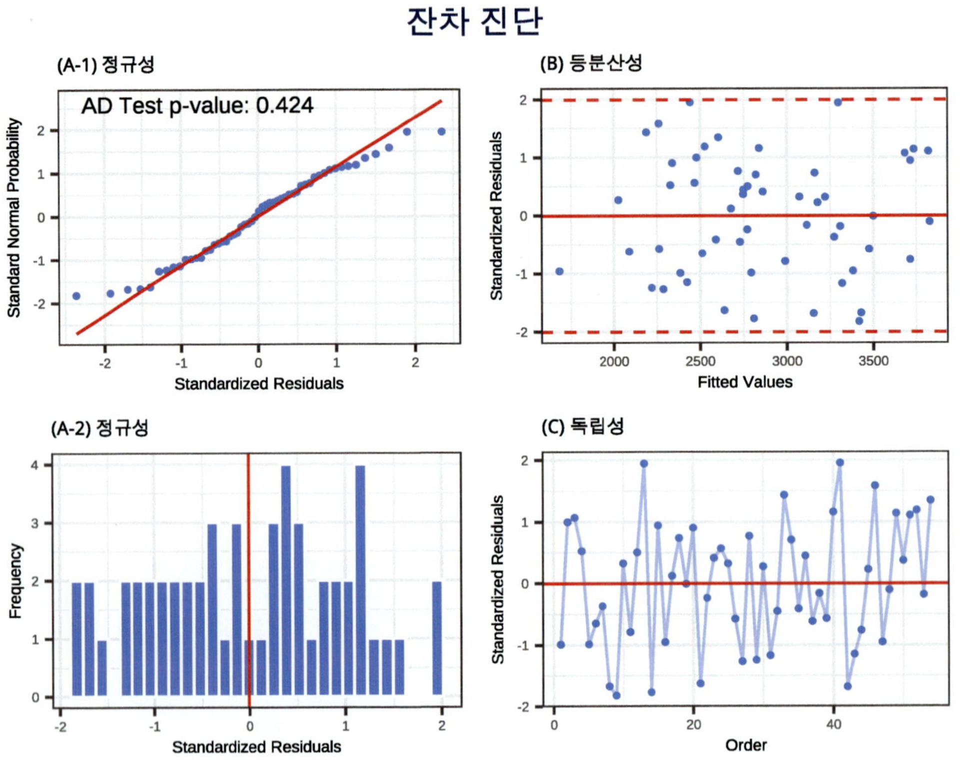


```
rst_oi <- outliers_influential(cleaned_cargo_fit, cleaned_cargo, type = "rstudent")
rst_oi$outliers
```

```
# [1] x              y              residuals      dffits_values
# <0 rows> (or 0-length row.names)
```

```
rst_oi$influential
```

```
# [1] x              y              residuals      dffits_values
# [5] dffits_diff
# <0 rows> (or 0-length row.names)
```

모든 경우에 잔차의 패턴이 향상되었고, 추가적인 이상점과 영향점은 존재하지 않는다.

□

분석 결과의 시각화

다음의 사용자 정의 함수를 적용하여 최종 결과를 시각화할 수 있다. 단, 지금까지 설명된 다양한 회귀 진단 방법을 적용하여 문제가 없는 cleaned_data에 적용해야한다. 이는 원 데이터, 추정된 회귀선과 결정 계수 그리고 95% 신뢰대(confidence bands)와 95% 예측대(prediction bands)를 하나의 그림에 제공한다.

- ggthemes::는 사전 정의된 다양한 그래프 양식 을 제공한다.
  - theme_()를 이용하여 사전 지정된 theme를 지정할 수 있다.
  - 추가 보완 사항은 theme()를 이용하여 개별적으로 지정한다.

ggthemes::에서 제공하는 theme의 종류는 다음과 같다.

```
#  [1] "theme_base"              "theme_calc"
#  [3] "theme_clean"             "theme_economist"
#  [5] "theme_economist_white" "theme_excel"
#  [7] "theme_excel_new"         "theme_few"
#  [9] "theme_fivethirtyeight" "theme_foundation"
# [11] "theme_gdocs"             "theme_hc"
# [13] "theme_igray"             "theme_map"
# [15] "theme_pander"            "theme_par"
# [17] "theme_solarized"         "theme_solarized_2"
# [19] "theme_solid"             "theme_stata"
# [21] "theme_tufte"             "theme_wsj"
```

자주 사용되는 몇 가지 예를 확인해 보면 [그림 2.15]와 같다.

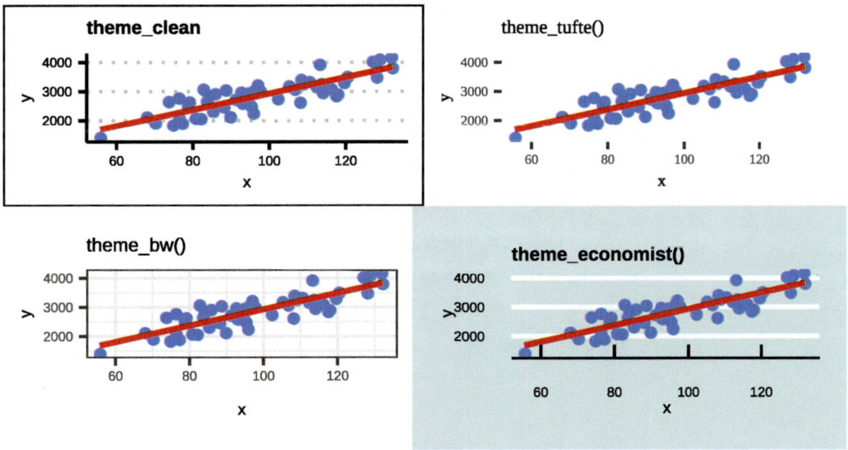

그림 2.15: ggtheme::를 이용한 그래프 지정 형식(예)

사용자 정의 함수 simple_reg(data, x, y, theme)

- 다음의 theme를 지정할 수 있다.

"economist", "solarized", "minimal", "classic", "light"

```
# 사용자 정의 함수
simple_reg <- function(data, x, y, theme = "economist") {

  if (!requireNamespace("ggthemes", quietly = TRUE)) {
  install.packages("ggthemes")
  }
  library(ggthemes)

  formula <- as.formula(paste(y, "~", x))
  model <- lm(formula, data = data)
  model_summary <- summary(model)

  grid <- seq(min(data[[x]]), max(data[[x]]), by = 0.01)

  # 신뢰 구간 및 예측 구간 계산
  c_band <- predict(model, newdata = data.frame(x = grid),
                    interval = "confidence", level = 0.95)
  p_band <- predict(model, newdata = data.frame(x = grid),
                    interval = "prediction", level = 0.95)

  c_band <- as.data.frame(c_band)
  p_band <- as.data.frame(p_band)
  c_band$x <- grid
  p_band$x <- grid

  mean_x <- mean(data[[x]], na.rm = TRUE)
  mean_y <- mean(data[[y]], na.rm = TRUE)

  theme_selected <- switch(theme,
                           "economist" = theme_economist(),
                           "solarized" = theme_solarized(),
                           "minimal" = theme_minimal(),
                           "classic" = theme_classic(),
                           "light" = theme_light(),
                           theme_gray())  # 기본 테마

  # 결과 시각화
  ggplot(data, aes(x = .data[[x]], y = .data[[y]])) +
```

```
    geom_point(color = "blue") +
    geom_smooth(method = "lm", se = TRUE) +
    annotate("point", x = mean_x, y = mean_y,
             color = "gold", size = 3) +
    geom_line(data = c_band, aes(x = x, y = lwr),
              color = "red", linetype = "dashed") +
    geom_line(data = c_band, aes(x = x, y = upr),
              color = "red", linetype = "dashed") +
    geom_line(data = p_band, aes(x = x, y = lwr),
              color = "darkgray", linetype = "dashed") +
    geom_line(data = p_band, aes(x = x, y = upr),
              color = "darkgray", linetype = "dashed") +
    labs(title = "추정된 회귀선과 신뢰대/예측대",
         subtitle = paste(y, "=", round(model$coefficients[1], 2),
                          "+",
                          round(model$coefficients[2], 2),
                          "*",
                          x,
                          ", R^2 =", round(model_summary$r.squared, 2)
                          )
         ) +
    theme_selected +
    scale_color_economist()
}
```

```
simple_reg(cleaned_cargo, "x", "y")
```

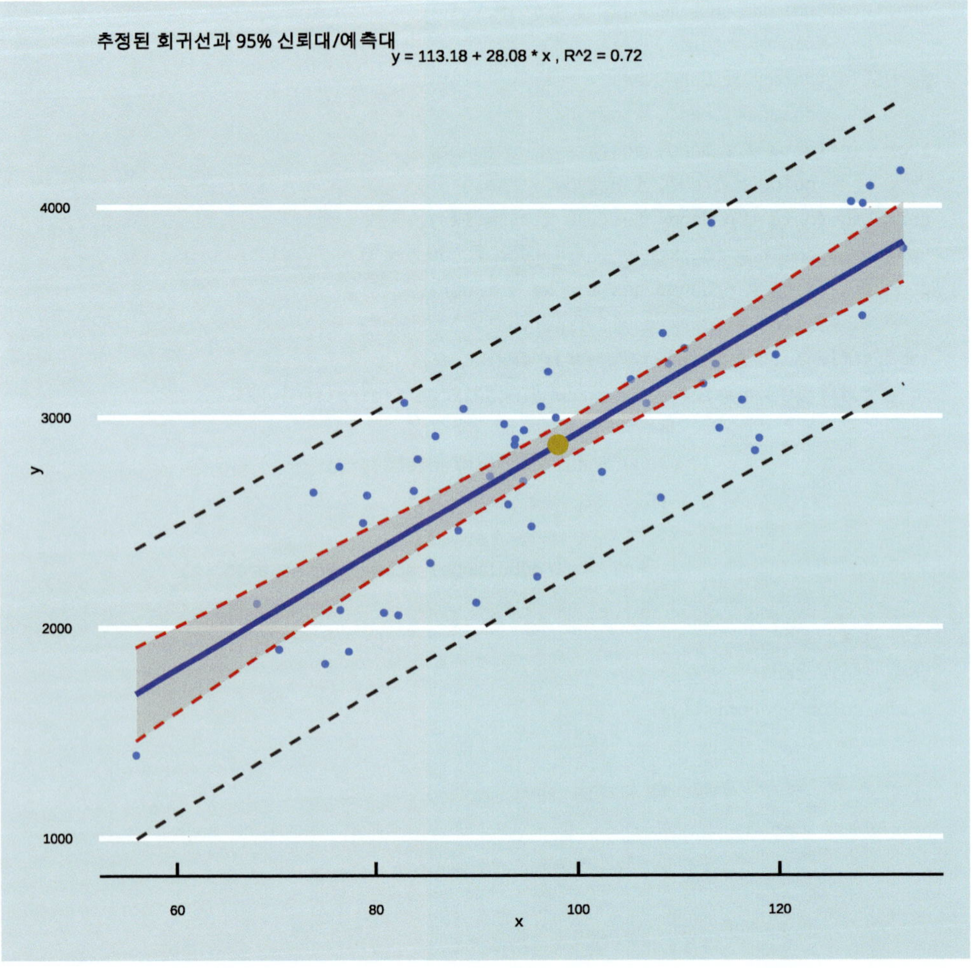

회귀선의 95% 신뢰대(빨간색 점선)는 주어진 x에서 모평균을 포함할 구간을 연결한 것이며, 95% 예측대(회색 점선)는 주어진 x에서 개별값을 포함할 구간을 연결한 것으로 모집단 회귀 모형의 평균 반응량과 개별 반응량에 대한 예측에 대한 정보를 제공한다.

[CHALLENGE] 회귀 분석 결과를 반영한 실무 지침(Guidance)

최종 추정된 회귀 모형을 이용하여 실무자들이 쉽게 참조할 수 있는 표를 만들어 제공할 수 있다.

[OO 유통] 무게 기준 표준 부피 GUIDANCE(2024년 1월 현재)

무게	최소	평균	최대
56	1,464	1,686	1,908
58	1,529	1,742	1,955
60	1,594	1,798	2,003
62	1,659	1,854	2,050
64	1,724	1,911	2,098
66	1,788	1,967	2,145
68	1,853	2,023	2,193
70	1,917	2,079	2,241
72	1,981	2,135	2,289
74	2,045	2,191	2,338
76	2,109	2,248	2,386
78	2,172	2,304	2,435
80	2,235	2,360	2,484
82	2,298	2,416	2,534
84	2,361	2,472	2,584
86	2,422	2,528	2,635
88	2,483	2,585	2,686
90	2,544	2,641	2,738
92	2,604	2,697	2,790
94	2,662	2,753	2,844
96	2,720	2,809	2,899
98	2,777	2,865	2,954
100	2,833	2,922	3,011
102	2,887	2,978	3,068
104	2,941	3,034	3,127
106	2,994	3,090	3,187
108	3,046	3,146	3,247
110	3,097	3,203	3,308
112	3,147	3,259	3,370
114	3,197	3,315	3,432
116	3,247	3,371	3,495
118	3,296	3,427	3,558
120	3,345	3,483	3,621
122	3,394	3,540	3,685
124	3,442	3,596	3,749
126	3,490	3,652	3,813
128	3,538	3,708	3,878
130	3,586	3,764	3,942
132	3,634	3,820	4,007

3 다중 선형 회귀 분석
Multiple Linear Regression Analysis

설명 변수는상호 독립인 변수들로 가능한 한 적게 선택한다.

다중 선형 회귀 분석은 설명 변수가 2개 이상인 다중 선형 회귀 모형에 대한 분석 방법이다. 이는 [제 2 장]에서의 단순 회귀 분석과 동일한 절차를 적용한다. 단, 설명 변수의 수가 2개 이상이므로 통계적 고려 사항인 변수 선택(Variable Selection)과 다중 공선성 진단을 적용해야 한다. 따라서 다중 선형 회귀 분석은 [그림 3.1]의 절차를 따른다(고승곤, 2020)[1].

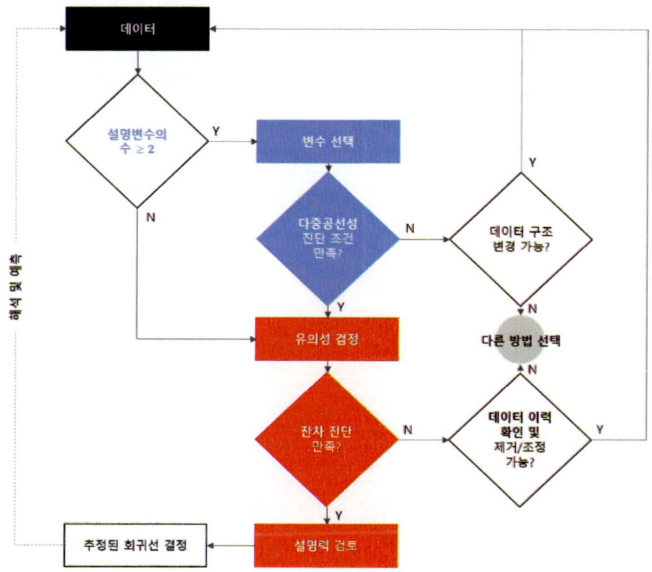

그림 3.1: 다중 선형 회귀 분석의 기본 절차

다중 선형 회귀 모형은 단순 회귀 모형의 확장으로 (3.1)과 같이 나타낼 수 있지만, 일반적으로 간단한 표기와 계산 용이성을 위하여 **행렬 형태**(matrix form)로 정의한다.

$$y_i = \beta_0 + \beta_1 x_{i1} + \beta_2 x_{i2} \cdots + \beta_{(p-1)} x_{1(p-1)} + \epsilon_i,\ \epsilon_i \sim iid\ N(0, \sigma^2),\ \ i = 1, 2, \ldots, n \tag{3.1}$$

[1] 고승곤. (2020). (프로젝트 기반의) 통계적 문제 해결, 교우사.

○○ 다중 선형 회귀 모형(Multiple Linear Regression Models)[2]

$$(x_{i1}, x_{i2}, \dots, x_{i(p-1)},\ y_i),\ i = 1, 2, \dots, n \quad \rightarrow \quad (\beta_0,\ \beta_1, \dots \beta_{(p-1)},\ \sigma^2)$$

$$y_{n\times 1} = X_{n\times p}\beta_{p\times 1} + \epsilon_{n\times 1}, \quad \epsilon_{n\times 1} \sim N(0, \sigma^2 I_{n\times n})$$

여기서

$$y = \begin{bmatrix} y_1 \\ y_2 \\ \vdots \\ y_n \end{bmatrix}, \quad X = \begin{bmatrix} 1 & x_{11} & x_{12} & \cdots & x_{1(p-1)} \\ 1 & x_{21} & x_{22} & \cdots & x_{2(p-1)} \\ \vdots & \vdots & \vdots & & \vdots \\ 1 & x_{n1} & x_{n2} & \cdots & x_{n(p-1)} \end{bmatrix}, \quad \beta = \begin{bmatrix} \beta_0 \\ \beta_1 \\ \beta_2 \\ \vdots \\ \beta_{p-1} \end{bmatrix}, \quad \epsilon = \begin{bmatrix} \epsilon_1 \\ \epsilon_2 \\ \vdots \\ \epsilon_n \end{bmatrix}$$

- y는 연속형 반응 변수 그리고 $x_1, x_2, \dots, x_{(p-1)},\ p \geq 3$ 는 (연속형) 설명 변수들
  - 설명 변수는 임의 오차(random error)없이 측정됨을 가정한다.
- $\epsilon_{n\times 1} \sim N(0, \sigma^2 I_{n\times n})$
  - 독립성(Independence): 오차는 상호 독립이며
  - 정규성(Normality): 평균은 0인 동일한 정규 분포(normal distribution)를 따르고
  - 등분산성(Homoscedasticity): 알려지지 않은 동일한 분산 σ^2 을 갖는다.

다중 선형 회귀 분석은 데이터로 부터 회귀 계수 벡터 β 그리고 오차 분산 σ^2 을 추정하여, 다음의 추정된 회귀식(estimated regression equation)과 잔차(residuals)를 도출한다.

○○ 추정된 회귀식(estimated regression equation)과 잔차(residuals)

- 추정된 회귀식, $\hat{y}$

$$\hat{y} = X\hat{\beta}, \quad \text{여기서} \quad \hat{\beta} = (X^\top X)^{-1} X^\top y$$

[해석] $\hat{y}$는 주어진 설명 변수들의 값에서 반응 변수의 평균 반응량(mean response)

- 잔차 벡터, e

$$e = y - \hat{y}$$

[2] 다중 선형 회귀 모형에서 설명 변수의 수를 $(p-1)$로 표기한 이유는 절편을 포함한 회귀 계수의 수를 p로 정의하기 위함이다.

- 추정된 오차 분산, $\hat{\sigma}^2$

$$s_e^2 = \frac{\sum_{i=1}^{n}(y_i - \hat{y}_i)^2}{n-p} = \frac{e^\top e}{n-p}$$

3.1 회귀 계수의 추정 Estimation of Regression Coefficients

다중 선형 회귀 모형의 모수인 회귀 계수의 추정에서도 최소 제곱법(Ordinary Least Squares; OLS)을 사용한다. 이를 통해 추정된 개별 회귀 계수들은 단순 선형 회귀 모형에서와 같이 최량 선형 불편 추정량(Best Linear Unbaised Estimator; BLUE)이다.

최소 제곱법(OLS)의 목적 함수

$$\text{argmin}_{\beta_0,\beta_1,\cdots\beta_{(p-1)}} L\left(\beta_0, \beta_1, \beta_2, \cdots, \beta_{(p-1)}\right)$$

여기서

$$\begin{aligned} L\left(\beta_0, \beta_1, \beta_2, \cdots, \beta_{(p-1)}\right) &= (y - X\beta)^\top (y - X\beta) \\ &= \sum_{i=1}^{n}\left(y_i - \beta_0 - \beta_1 x_{i1} - \beta_2 x_{i2} \cdots - \beta_{(p-1)} x_{i(p-1)}\right)^2 \end{aligned}$$

행렬 형식의 최소 제곱 추정량[3]

- 목적 함수의 전개

$$\begin{aligned} (y - X\beta)^\top (y - X\beta) &= \left(y^\top - \beta^\top X^\top\right)(y - X\beta) \\ &= y^\top y - y^\top X\beta - \beta^\top X^\top y + \beta^\top X^\top X\beta \\ &= y^\top y - 2\beta^\top X^\top y + \beta^\top X^\top X\beta \end{aligned}$$

여기서 $y^\top X\beta = \beta^\top X^\top y$ 이고 1×1 행렬이다.

[3] 일반적으로 vector/matrix는 단일 값과 구별하기 위하여 bold 형식 - 예를 들면, 단일 값은 y 그리고 vector는 $\mathbf{y}$ - 으로 구별한다. 여기서는 이를 구별하지 않고 사용 한다.

- 편 미분(Partial Differentiation)을 사용한 최소화 조건 설정

$$\begin{aligned}\frac{d}{d\beta}\left((y-X\beta)^\top(y-X\beta)\right)\Big|_{\beta} &= 0-2X^Ty+2X^TX\beta \\ &= 2(X^TX\beta-X^Ty) \\ &= 0\end{aligned}$$

- 편 미분 결과로 얻은 정규 방정식(Least-Squares Normal Equation)

$$X^\top X\beta - X^\top y = 0 \quad \leftrightarrow \quad X^\top X\beta = X^\top y$$

- 정규 방정식의 해 계산[4]

$$\hat{\beta} = (X^\top X)^{-1} X^\top y$$

□

단순 선형 회귀 모형을 행렬 형식으로 표현하고 최소 제곱 추정량을 구해 보세요.

(1) 행렬 형식 정의

$$\begin{bmatrix} y_1 \\ y_2 \\ \vdots \\ y_n \end{bmatrix} = \begin{bmatrix} \beta_0+\beta_1x_1 \\ \beta_0+\beta_1x_2 \\ \vdots \\ \beta_0+\beta_1x_n \end{bmatrix} + \begin{bmatrix} \epsilon_1 \\ \epsilon_2 \\ \vdots \\ \epsilon_n \end{bmatrix} = \begin{bmatrix} 1 & x_1 \\ 1 & x_2 \\ \vdots & \vdots \\ 1 & x_n \end{bmatrix} \begin{bmatrix} \beta_0 \\ \beta_1 \end{bmatrix} + \begin{bmatrix} \epsilon_1 \\ \epsilon_2 \\ \vdots \\ \epsilon_n \end{bmatrix}$$

이는 다음과 동일하다.

$$y_{n\times1} = X_{n\times2}\beta_{2\times1} + \epsilon_{n\times1}, \quad \epsilon_{n\times1} \sim N\left(0, \sigma^2 I_{n\times n}\right)$$

여기서

$$\sigma^2\{\epsilon\}_{n\times n} = \mathrm{Cov}\begin{bmatrix} \epsilon_1 \\ \epsilon_2 \\ \vdots \\ \epsilon_n \end{bmatrix} = \sigma^2\mathbf{I}_{n\times n} = \begin{bmatrix} \sigma^2 & 0 & \cdots & 0 \\ 0 & \sigma^2 & \cdots & 0 \\ \vdots & \vdots & \ddots & \vdots \\ 0 & 0 & \cdots & \sigma^2 \end{bmatrix}$$

[4] AB = BA = I를 만족할 때, A를 정칙(non-singular) 행렬이라고 하고 B를 A의 역행렬이라고 한다.

(2) 정규 방정식의 해 계산

$$X^{\top}X = \begin{bmatrix} 1 & 1 & \cdots & 1 \\ x_1 & x_2 & \cdots & x_n \end{bmatrix} \begin{bmatrix} 1 & x_1 \\ 1 & x_2 \\ \vdots & \vdots \\ 1 & x_n \end{bmatrix} = \begin{bmatrix} n & \sum x_i \\ \sum x_i & \sum x_i^2 \end{bmatrix}$$

$$\begin{aligned} \left(X^{\top}X\right)^{-1} &= \frac{1}{n\sum x_i^2 - \left(\sum x_i\right)^2} \begin{bmatrix} \sum x_i^2 & -\sum x_i \\ -\sum x_i & n \end{bmatrix} \\ &= \frac{1}{nS_{xx}} \begin{bmatrix} \sum x_i^2 & -\sum x_i \\ -\sum x_i & n \end{bmatrix} \end{aligned}$$

$$X^{\top}y = \begin{bmatrix} 1 & 1 & \cdots & 1 \\ x_1 & x_2 & \cdots & x_n \end{bmatrix} \begin{bmatrix} y_1 \\ y_2 \\ \vdots \\ y_n \end{bmatrix} = \begin{bmatrix} \sum y_i \\ \sum x_i y_i \end{bmatrix}$$

따라서, 행렬 형식의 최소 제곱 추정량은 다음과 같다.

$$\begin{aligned} \hat{\beta} = \left(X^{\top}X\right)^{-1} X^{\top}y &= \frac{1}{nS_{xx}} \begin{bmatrix} \sum x_i^2 & -\sum x_i \\ -\sum x_i & n \end{bmatrix} \begin{bmatrix} \sum y_i \\ \sum x_i y_i \end{bmatrix} \\ &= \frac{1}{nS_{xx}} \begin{bmatrix} \left(\sum x_i^2\right)\left(\sum y_i\right) - \left(\sum x_i\right)\left(\sum x_i y_i\right) \\ -\left(\sum x_i\right)\left(\sum y_i\right) + n\sum x_i y_i \end{bmatrix} \\ &= \frac{1}{S_{xx}} \begin{bmatrix} \bar{y}\left(\sum x_i^2\right) - \bar{x}\sum x_i y_i \\ \sum x_i y_i - n\bar{x}\bar{y} \end{bmatrix} \\ &= \frac{1}{S_{xx}} \begin{bmatrix} \bar{y}\left(\sum x_i^2\right) - \bar{y}\left(n\bar{x}^2\right) + \bar{x}(n\bar{x}\bar{y}) - \bar{x}\sum x_i y_i \\ S_{xy} \end{bmatrix} \\ &= \frac{1}{S_{xx}} \begin{bmatrix} \bar{y}S_{xx} - S_{xy}\bar{x} \\ S_{xy} \end{bmatrix} = \begin{bmatrix} \bar{y} - \frac{S_{xy}}{S_{xx}}\bar{x} \\ \frac{S_{xy}}{S_{xx}} \end{bmatrix} = \begin{bmatrix} \hat{\beta}_0 \\ \hat{\beta}_1 \end{bmatrix} \end{aligned}$$

□

연습 7. 회귀 계수의 추정 <practice_m1.csv>

다음은 반응 변수(y)와 4개의 설명 변수(x1, x2, x3, x4)를 측정한 데이터이다.

데이터 로딩

```
data_m1 <- read.csv(paste0(data_path, "practice_m1.csv"))
str(data_m1)
```

```
# 'data.frame': 100 obs. of  5 variables:
#  $ x1: num  57.5 56.6 44.7 33.2 50.3 ...
#  $ x2: num  169.9 171.1 131.3 97.1 153.1 ...
#  $ x3: num  48.1 50.3 52.6 49.6 33.6 ...
#  $ x4: num  115.4 111.7 89.5 66.8 101.6 ...
#  $ y : num  225.4 245.5 206.4 140.9 96.3 ...
```

4개의 설명 변수(x1, x2, x3, x4)와 단일 연속형 반응 변수(y)에 대하여 $n = 100$ 개의 데이터가 수집되었다.

결측값(missing values)의 검토

- is.na()는 결측 여부를 TRUE/FALSE로 반환한다.

```
sapply(data_m1, function(x) sum(is.na(x)))
```

```
# x1 x2 x3 x4  y
#  0  0  0  0  0
```

로딩된 데이터의 모든 변수에는 결측값이 없다. 만일 존재한다면, 다음을 이용하여 각 열별 결측값 비율과 위치를 확인할 수 있다.

```
# 각 열별 결측값 비율
sapply(data_m1, function(x) mean(is.na(x)))
# 결측값 위치
which(is.na(data_m1), arr.ind = TRUE)
```

행렬 형식의 연산

- as.matrix()는 주어진 데이터를 행렬(matrix)로 저장한다.

```
X <- data_m1  %>%
 select(-y) %>%                                        # y 변수 제외
 mutate(intercept = rep(1, nrow(.))) %>%               # 상수항 정의
 relocate(intercept)  %>%                              # 상수항을 제일 앞에 배치
 as.matrix()                                           # 행렬로 정의
#
head(X)
```

```
#      intercept   x1    x2   x3    x4
# [1,]         1 57.5 169.9 48.1 115.4
# [2,]         1 56.6 171.1 50.3 111.7
# [3,]         1 44.7 131.3 52.6  89.5
# [4,]         1 33.2  97.1 49.6  66.8
# [5,]         1 50.3 153.1 33.6 101.6
# [6,]         1 65.9 194.4 62.5 131.1
```

- **행렬(matrix)**의 곱셈(product)은 %*% 연산자를 사용한다.
  - `t(M)`는 행렬의 **전치(transpose)**를 반환한다.
  - `solve(M)`은 **역행렬(inverse matrix)**을 반환한다[5].
  - `diag(M)`은 행렬의 원소 중에서 **대각 원소(diagonal elements)**만 추출하여 반환한다.

```
y <- data_m1$y
beta_hat <- solve(t(X) %*% X) %*% t(X) %*% y        # 최소 제곱 추정량
beta_hat
```

```
#                [,1]
# intercept -321.220
# x1           6.794
# x2           0.832
# x3           6.038
# x4          -2.321
```

다음의 선형 방정식도 동일한 해를 제공한다.

```
A = t(X)%*%X                                        # 선형 방정식 정의
b = t(X) %*% y
beta_hat <- solve(A, b)                             # 동일 결과 제공
beta_hat
```

```
#                [,1]
```

[5] `solve(A, b)`는 Ax = b 선형 방정식의 해를 반환한다.

```
# intercept -321.220
# x1           6.794
# x2           0.832
# x3           6.038
# x4          -2.321
```

평균 반응량 $\hat{y}$와 잔차 e 그리고 오차 분산의 추정량 $\hat{\sigma^2}$은 다음과 같이 계산한다.

```
y_hat <- X %*% beta_hat
head(y_hat)
```

```
#      [,1]
# [1,]  233
# [2,]  250
# [3,]  202
# [4,]  129
# [5,]  115
# [6,]  361
```

```
#
e  <- y - y_hat                                          # 잔차의 계산
head(e)
```

```
#        [,1]
# [1,]  -7.67
# [2,]  -4.76
# [3,]   4.49
# [4,]  11.49
# [5,] -18.34
# [6,] -11.00
```

```
#
n <- nrow(X)                                             # 데이터의 수
p <- ncol(X)                                             # 추정된 모수의 수
hat_sigma2 <- t(e) %*% e / (n - p)                       # 오차 분선의 추정
hat_sigma2
```

```
#      [,1]
# [1,]  246
```

3.2 모형과 계수의 통계적 추론 Statistical Inference

통계적 추론(statistical inference)이란 표본으로부터 측정된 데이터 또는 데이터로 부터 생성된 정보를 기초로 관심 대상이 되는 모집단에 대한 의미있는 결론을 도출하는 과정을 말한다. 다중 선형 회귀 분석에서 추정된 회귀선 역시 표본(sample)의 결과이며, 표본 변이(sample variation)와 표본의 수(n)에 따라 그 결과가 달라진다. 다중 회귀 분석에서 추정된 개별 회귀 계수의 표본 분포(Sampling Distributions)는 다음과 같다.

개별 회귀 계수의 표본 분포

$$\frac{\hat{\beta}_j - \beta_j}{s_e\sqrt{C_{jj}}} \sim t(n-p), \ \ j = 0, 1, \dots, (p-1)$$

여기서 C_{jj}는 $C = (X^\top X)^{-1}$ 의 j번째 대각 원소

다중 회귀 계수의 표본 분포 도출

- 회귀 계수의 평균, 분산 그리고 분포

$$\begin{aligned} E[\hat{\beta}] &= E\left[(X^\top X)^{-1} X^\top y\right] \\ &= (X^\top X)^{-1} X^\top E[\,y\,] \\ &= (X^\top X)^{-1} X^\top X\beta \quad (\because E[\,y\,] = X\beta) \\ &= \beta \end{aligned}$$

그리고

$$\begin{aligned} \mathrm{Var}(\hat{\beta}) &= \mathrm{Var}\left((X^\top X)^{-1} X^\top y\right) \\ &= (X^\top X)^{-1} X^\top \mathrm{Var}(y) X (X^\top X)^{-1} \\ &= (X^\top X)^{-1} X^\top \sigma^2 I_n X (X^\top X)^{-1} \quad (\because \mathrm{Var}(y) = \sigma^2 I_n) \\ &= \sigma^2 (X^\top X)^{-1} X^\top X (X^\top X)^{-1} \\ &= \sigma^2 (X^\top X)^{-1} \end{aligned}$$

따라서

$$\hat{\beta} \sim N\left(\beta, \ \sigma^2 (X^\top X)^{-1}\right)$$

여기서

$$\hat{\beta} = \begin{bmatrix} \hat{\beta}_0 \\ \hat{\beta}_1 \\ \hat{\beta}_2 \\ \vdots \\ \hat{\beta}_{p-1} \end{bmatrix}$$

- 개별 회귀 계수 $\hat{\beta}_j$의 분포

$$\hat{\beta}_j \sim N\left(\beta_j, \sigma^2 C_{jj}\right), \ j = 0, 1, 2, \dots, (p-1)$$

여기서 C_{jj}는 $C = \left(X^\top X\right)^{-1}$의 j번째 대각 원소

- 개별 회귀 계수 $\hat{\beta}_j$의 표준화 분포

$$\frac{\hat{\beta}_j - \beta_j}{\sqrt{\sigma^2 C_{jj}}} \sim N(0,1), \ \ j = 0, 1, \dots, (p-1)$$

- 오차 분산의 추정: $\hat{\sigma}^2 = s_e^2$

$$\hat{\sigma}^2 = s_e^2 = \frac{\text{SSE}}{n-p} = \frac{\sum_{i=1}^{n}(y_i - \hat{y}_i)^2}{n-p} \quad \text{그리고} \quad \frac{(n-p)s_e^2}{\sigma^2} \sim \chi^2_{n-p}$$

- 개별 회귀 계수의 표본 분포

  $T = \frac{Z}{\sqrt{\frac{\chi^2_{df}}{df}}} \ \sim \ t(df)$를 이용하면 다음이 성립한다.

$$\begin{aligned} t_j &= \frac{\hat{\beta}_j - \beta_j}{\sqrt{\sigma^2 C_{jj}}} \times \sqrt{\frac{\sigma^2}{s_e^2}} \\ &= \frac{\hat{\beta}_j - \beta_j}{s_e\sqrt{C_{jj}}} \sim t(n-p), \quad j = 0, 1, 2, \dots, (p-1) \end{aligned}$$

□

3.2.1 유의성 검정 Significant Tests

다중 선형 회귀 분석에서의 유의성 검정은 (1) 전체 모형(full model)에 대한 유의성 검정, (2) 축소 모형(reduced model)에 대한 유의성 검정, 그리고 (3) 개별 회귀 계수에 대한 유의성 검정으로 구분된다.

전체 모형에 대한 유의성 검정 결과가 유의하지 않다면, 축소 모형과 개별 회귀 계수에 대한 유의성 검정은 의미가 없다[6].

• **다중 회귀 모형의 유의성 검정**

[1] 전체 모형(full model)

(1) 가설

$$H_0 : \beta_1 = \beta_2 = \cdots = \beta_{p-1} = 0 \quad \text{vs.} \quad H_1 : \text{적어도 하나의 } \beta_j \neq 0$$

(2) 검정 통계량

$$F = \frac{\left[\sum_{i=1}^{n} (y_i - \bar{y})^2 - \sum_{i=1}^{n} (y_i - \hat{y}_i)^2\right] / (p-1)}{\left[\sum_{i=1}^{n} (y_i - \hat{y}_i)^2\right] / (n-p)} \sim F(p-1,\, n-p)$$

[2] 축소 모형(reduced model)

(1) 가설

$$H_0 : \beta_{q+1} = \beta_{q+2} \cdots = \beta_{p-1} = 0 \ \text{ vs. } \ H_1 : \text{적어도 하나의 } \beta_j \neq 0, \quad q < (p-1)$$

(2) 검정 통계량

$$F = \frac{\left[\sum_{i=1}^{n} (y_i - \hat{y}_i^0)^2 - \sum_{i=1}^{n} (y_i - \hat{y}_i)^2\right] / (p-q-1)}{\left[\sum_{i=1}^{n} (y_i - \hat{y}_i)^2\right] / (n-p)} \sim F(p-q-1,\, n-p)$$

여기서 $\hat{y}_i^0$는 축소 모형에 의한 예측값

[3] 개별 회귀 계수(individual regression coefficient)

(1) 가설

$$H_0 : \beta_j = 0 \quad \text{vs} \quad H_1 : \beta_j \neq 0$$

(2) 검정 통계량

$$t_j = \frac{\hat{\beta}_j - \beta_j}{\text{SE}\left[\hat{\beta}_j\right]} = \frac{\hat{\beta}_j}{s_e\sqrt{C_{jj}}} \sim t(n-p)$$

• 의사 결정

$$p-value < \alpha \text{ 이면, } H_0 \text{ 기각}$$

[6] 회귀 분석의 유의성 검정에서 full model은 고려한 모든 설명 변수를 포함하는 모형으로 전체 모형 또는 완전 모형이라고 부르며, reduced model은 전체 설명 변수 중 일부만을 포함한 모형으로 축소 모형 또는 부분 모형이라고 부른다. 또한, null model은 가설 검정에서 귀무 가설 H_0 하에서의 모형을 나타내는 것으로 상수항만 포함한 모형을 의미하고 귀무 모형이라고도 부른다.

전체 모형의 유의성 검정 [1]과 축소 모형에 대한 유의성 검정 [2]는 변동 분해에 기초한 분산 분석 (Analysis of Variance)을 적용한다. [표 3.1]과 [표 3.2]는 [1]과 [2]에 대한 분산분석 표(ANOVA Table)이다[7]. [표 3.2]에서 $\hat{y}_i$는 전체 모형(full model)에서 추정된 반응값이며, $\hat{y}_i^0$는 축소 모형(reduced model)에서 추정된 반응값을 말한다.

표 3.1: [1] 전체 모형의 유의성 검정을 위한 분산분석표

원인	제곱합(SS)	자유도(df)	평균변동(MS)	F
Regression	$\sum_{i=1}^{n}(\hat{y}_i - \bar{y})^2$	$p-1$	$SSR/(p-1)$	MSR/MSE
Error	$\sum_{i=1}^{n}(y_i - \hat{y}_i)^2$	$n-p$	$SSE/(n-p)$	
Total	$\sum_{i=1}^{n}(y_i - \bar{y})^2$	$n-1$		

표 3.2: [2] 축소 모형의 유의성 검정을 위한 분산분석표

원인	제곱합(SS)	자유도(df)	평균변동(MS)	F
Difference	$\sum_{i=1}^{n}(\hat{y}_i - \hat{y}_i^0)^2$	$p-q$	$SSD/(p-q)$	MSD/MSE
Error	$\sum_{i=1}^{n}(y_i - \hat{y}_i)^2$	$n-p$	$SSE/(n-p)$	
Total	$\sum_{i=1}^{n}(y_i - \hat{y}_i^0)^2$	$n-q$		

practice tools 연습 8. 다중 회귀 분석에서의 유의성 검정 <practice_m1.csv>

[연습7]의 데이터를 이용하여 다중 회귀 분석의 (1) 전체 모형 (2) 축소 모형 (3) 개별 회귀 계수에 대한 유의성 검정 방법을 알아본다.

전체 모형에 대한 유의성 검정

- `lm(formula)`을 이용하여 모형을 지정할 수 있다.
- `anova(null, full)`는 순차적 제곱합(Sequential SS)을 제공하여 두 개의 서로 다른 모형을

[7] 평균 변동(Mean Squares; MS)이란 제곱합(Sum of Squares; SS)을 자유도(degree of freedom; df)로 나눈 값으로, 각 원인에 의한 평균적인 변동량을 나타낸다. 이는 각 원인이 데이터를 설명하는 정도로 해석할 수 있다. 분산 분석(ANOVA)은 각 원인별 평균 변동을 비교하여 유의성을 판단한다.

비교한다[8].

```r
null_model <- lm(y ~ 1, data = data_m1)                  # 상수 모형
full_model <- lm(y ~ x1 + x2 + x3 + x4, data = data_m1)  # 전체 모형
anova(null_model, full_model)
```

```
# Analysis of Variance Table
#
# Model 1: y ~ 1
# Model 2: y ~ x1 + x2 + x3 + x4
#   Res.Df    RSS Df Sum of Sq   F              Pr(>F)
# 1     99 457345
# 2     95  23366  4    433979 441 <0.0000000000000002 ***
# ---
# Signif. codes:  0 '***' 0.001 '**' 0.01 '*' 0.05 '.' 0.1 ' ' 1
```

y ~ 1은 상수항만 포함된 모형으로 이는 모든 예측값이 $\bar{y}$와 동일함을 의미 한다. 그리고 y ~ x1 + x2 + x3 + x4는 4개의 설명 변수를 포함하는 모형이다. Res.Df(Residual Degrees of Freedom)는 잔차 제곱합(Residual Sum of Squares; RSS)의 자유도(degree of freedom; df)를 의미한다. 상수 모형의 자유도는 99 그리고 전체 모형의 자유도는 95로, 지정한 설명 변수의 수 만큼 차이가 난다. 잔차제곱합 RSS는 상수 모형인 경우, 457,345이며, 완전 모형은 23,366으로 계산되었다. 이는 약 95% 감소한 것으로, 추가된 설명 변수가 반응 변수 y의 변동을 더 잘 설명하고 있음을 의미한다. Df(Difference in Degrees of Freedom)는 고려한 두 모형 간의 자유도의 차이이며, 여기서는 4로 추가된 4개의 설명 변수에 해당한다. F(F-statistic)의 441은 [표 3.1]에서 참조할 수 있듯이, 평균제곱회귀(MSR)과 평균제곱오차(MSE)를 비교할 때, 평균제곱회귀(MSR)이 약 441배 크게 추정되었음을 나타낸다. 이는 추가된 설명 변수가 반응 변수 y에 영향을 크게 주고 있음을 나타낸다. Pr(>F)로 표기된 $p - value = 0.000 < \alpha = 0.05$이므로, $H_0 : \beta_1 = \beta_2 = \cdots = \beta_{(p-1)} = 0$를 기각한다. 따라서 전체 모형은 통계적으로 유의하다.

□

축소 모형에 대한 유의성 검정

```r
reduced_model <- lm(y ~ x1 + x3, data = data_m1)           # 축소 모형
full_model <- lm(y ~ x1 + x2 + x3 + x4 , data = data_m1)   # 전체 모형
anova(reduced_model, full_model)
```

```
# Analysis of Variance Table
#
```

[8] 이를 Type I SS라고 부른다. 이는 변수들이 추가되는 순서에 따라 제곱합을 계산하는 방법으로, 기준 변수의 설명 변동과 추가되는 변수들의 설명 변동을 구분하여 확인할 수 있다.

```
# Model 1: y ~ x1 + x3
# Model 2: y ~ x1 + x2 + x3 + x4
#   Res.Df   RSS Df Sum of Sq    F Pr(>F)
# 1     97 24029
# 2     95 23366  2       663 1.35   0.26
```

y ~ x1 + x3는 x1과 x3 설명 변수를 포함하는 축소 모형(reduced model)이고, y ~ x1 + x2 + x3 + x4는 모든 설명 변수를 포함하는 전체 모형(full model) 이다. Res.Df(Residual Degrees of Freedom)는 잔차 제곱합(Residual Sum of Squares, RSS)의 자유도를 의미한다. 축소 모형에서는 97, 전체 모형에서는 95로, 이는 전체 모형에 2개의 설명 변수 x2와 x4가 추가됨에 따라 자유도가 2 만큼 줄어들었음을 나타낸다. 잔차 제곱합 RSS(Residual Sum of Squares)은 축소 모형에서 24,029, 전체 모형에서 23,366 이다. 이는 전체 모형이 축소 모형에 비해 반응 변수 y 를 약간 더 잘 설명하지만, 그 차이가 크지 않음을 확인할 수 있다. F-statistic 의 1.35는 두 모형 간의 평균제곱차이(Mean Square Difference, MSD)가 잔차의 평균제곱오차(Mean Square Error, MSE)와 비교할 때 약 1.35배 크게 추정되었음을 나타낸다. 이는 추가된 설명 변수가 반응 변수 y에 큰 도움이 되지 않음을 알 수 있고, Pr(>F)로 표현된 $p - value = 0.26 > \alpha = 0.05$이므로 $H_0 : \beta_2 = \beta_4 = 0$를 기각하지 못했다. 따라서, x2와 x4를 추가한 전체 모형은 이를 포함하지 않은 축소 모형과 비교할 때 통계적으로 유의한 차이가 있다고 할 수 없다.

□

개별 회귀 계수에 대한 유의성 검정

- lm(formula)는 회귀 모형을 적합하고 다양한 결과를 저장한다.
- summary(object)는 요약된 결과를 반환한다.
- names(object)는 객체에 저장된 리스트의 이름을 반환한다.

```
model_m1 <- lm(y ~ x1 + x2 + x3 + x4 , data = data_m1)
names(model_m1)
```

```
#  [1] "coefficients" "residuals"     "effects"       "rank"
#  [5] "fitted.values" "assign"        "qr"            "df.residual"
#  [9] "xlevels"       "call"          "terms"         "model"
```

lm() 함수의 객체는 다양한 결과를 리스트로 저장한다. 따라서 필요한 경우, $ 선택자를 사용(예: model_m1$coefficients)하여 저장 내용을 불러올 수 있다. coefficients(회귀 계수), residuals(잔차), fitted.values(반응 변수 추정값) 가 사용 빈도가 높다[9].

[9] lm() 객체의 리스트에 포함된 나머지 값들은 df.residual(잔차 자유도), model(분석에 사용된 모델), effects(효과), rank(모형 행렬의 랭크), assign(회귀 계수와 설명변수 연결 정보), qr(행렬의 QR 분해 결과), xlevels(범주형 변수에 사용된 레벨- 가변수 회귀에서 사용), call(호출 방식), terms(모형에 포함된 개별 항들)들은 실제 분석에서 직접 사용하는 경우는 드물다.

```r
summary(model_m1)
```

```
#
# Call:
# lm(formula = y ~ x1 + x2 + x3 + x4, data = data_m1)
#
# Residuals:
#    Min     1Q Median     3Q    Max
# -39.21 -10.71   0.12   9.57  51.20
#
# Coefficients:
#             Estimate Std. Error t value            Pr(>|t|)
# (Intercept) -321.220     13.073  -24.57 <0.0000000000000002 ***
# x1             6.794      4.218    1.61                0.11
# x2             0.832      0.786    1.06                0.29
# x3             6.038      0.167   36.16 <0.0000000000000002 ***
# x4            -2.321      1.797   -1.29                0.20
# ---
# Signif. codes:  0 '***' 0.001 '**' 0.01 '*' 0.05 '.' 0.1 ' ' 1
#
# Residual standard error: 15.7 on 95 degrees of freedom
# Multiple R-squared:  0.949,   Adjusted R-squared:  0.947
# F-statistic:  441 on 4 and 95 DF,  p-value: <0.0000000000000002
```

lm() 함수는 반응 변수 y와 4 개의 설 명 변수 x1, x2, x3, x4간의 선형 회귀 모형을 적합하기 위해 호출된 것이다. Residuals는 잔차에 대한 5-숫자 요약값(5-Number Summary)으로 중앙값이 0에 가까우면 모형이 데이터를 비교적 잘 적합했다고 판단한다. Coefficients는 각 설명 변수의 추정된 회귀계수와 유의성 검정 결과를 포함한다. x3만이 통계적으로 유의하고, 나머지 설명 변수들은 유의하지 않음을 확인할 수 있다. 잔차 표준 오차(Residual standard error)는 15.7로 자유도 95를 갖는다. 이 값이 작을수록 모형이 데이터를 더 잘 적합한 것으로 판단한다. F-statistic = 441과 $p-value = 0.000 < \alpha = 0.05$는 전체 모형이 통계적으로 유의함을 나타낸다(이는 [1] 전체 모형에 대한 유의성 검정 결과이다). 또한 결정 계수(Multiple R-squared) R^2는 0.949이며, 수정 결정 계수(Adjusted R-squared) R^2_{adj}는 0.947로 거의 비슷한 값을 갖는다. 이때, 최종 모형의 설명력은 R^2로 해석하고, 서로 다른 모형을 비교할 때는 R^2_{adj}를 참조하는 것이 바람직하다.

□

3.2.2 개별 회귀 계수의 구간 추정 Interval Estimations

구간 추정(Interval Estimation)은 가설 검정을 이용한 유의성 검정과 달리 실제 회귀 계수가 포함될 범위를 특정 신뢰 수준 - 일반적으로 95% - 하에서 계산해 준다. 다중 회귀 분석에서 개별 회귀 계수들의 $(1-\alpha)100\%$ 신뢰 구간을 구하는 방법은 다음과 같다.

구간 추정: $(1-\alpha)\%$ 신뢰 구간

$$\hat{\beta}_j \pm t_{\alpha/2}(n-p)\cdot s_e\sqrt{C_{jj}},\ j = 0, 1, 2, \ldots, (p-1)$$

여기서

C_{jj}는 $C = \left(X^\top X\right)^{-1}$의 j번째 대각 원소 그리고

$t_{\alpha/2}(n-p)$는 자유도 $(n-p)$를 갖는 t-분포의 $\alpha/2$ 임계값

practice tools 연습 9. 개별 회귀 계수의 구간 추정 <practice_m1.csv>

[연습7]의 데이터를 이용하여 개별 회귀 계수의 구간 추정 방법을 알아본다.

lm() 함수를 이용하여 원하는 회귀 모형의 model object가 생성되면 다음을 이용하여 원하는 신뢰 수준하에서 구간 추정을 실행할 수 있다.

구간 추정

- confint(object, parm, level)은 개별 회귀 계수에 대한 구간 추정 결과를 반환한다.
  - level에 원하는 신뢰 수준(예: 0.90, 0.95, 0.99 등)을 지정한다.
    지정하지 않는 경우, 0.95를 기본으로 사용한다.
  - parm에 원하는 회귀 계수를 선택하여 문자형으로 지정한다.

```
confint(model_m1)                          # 기본적으로 0.95를 지정
```

```
#                 2.5 %  97.5 %
# (Intercept) -347.173 -295.27
# x1            -1.580   15.17
# x2            -0.729    2.39
# x3             5.706    6.37
# x4            -5.889    1.25
```

만일 구해진 신뢰 구간이 0을 포함하고 있다면, 해당 설명 변수가 반응 변수를 설명하는데 통계적으로 유의하지 않다고 해석한다. 만일 0을 포함하고 있지 않다면, 해당 설명 변수는 반응 변수를 설명하는데 통계적으로 유의하고, 회귀 계수의 신뢰 하한과 상한을 해석할 수 있다. 예를 들어, x3인 경우 0을 포함하고 있지 않으며, 신뢰 하한이 5.7 그리고 신뢰 상한이 6.37이다. 이는 주어진 신뢰 수준 95% 하에서 x3가 최소 5.7 그리고 최대 6.4의 값을 가질 수 있음을 의미한다. 이때, 실무적 판단에 의하여 두 값 중의 하나를 선택할 수 있다. 특정 신뢰 수준 그리고/또는 특정 회귀 계수만의 구간 추정 결과를 원할때는 다음과 같이 지정한다.

```
confint(model_m1, c("x1", "x2"), level = 0.99)
```

```
#    0.5 % 99.5 %
# x1 -4.29   17.9
# x2 -1.23    2.9
```

3.3 수정 결정 계수와 모형 선택 기준 R^2_{adj}, C_p, AIC, BIC

단순 회귀분석에서와 같이 다중 회귀분석에서도 특정 모형의 설명력 또는 적합도는 결정 계수 R^2로 해석한다. 이는 R^2가 주어진 모형이 전체 데이터의 변동을 얼마나 설명 하는지를 나타내는 직관적인 지표이기 때문이다. 하지만, R^2는 설명 변수의 수가 증가할수록 모형의 타당성과 관계없이 증가하는 경향을 갖는다. R^2의 이러한 특성은 설명 변수의 수가 서로 다른 여러 모형의 설명력을 비교하고자 하는 경우에는 적절하지 않다. R^2_{adj}는 설명 변수의 수를 반영하여 조정된 R^2이며, 서로 다른 수의 설명 변수를 갖는 모형들을 비교할 때 사용한다.

수정 결정 계수, R^2_{adj}

$$R^2_{adj} = 1 - \frac{\text{SSE}/(n-p)}{\text{SST}\,/(n-1)} = 1 - \left(\frac{n-1}{n-p}\right)(1-R^2)$$

- 큰 값일 수록 바람직하다.

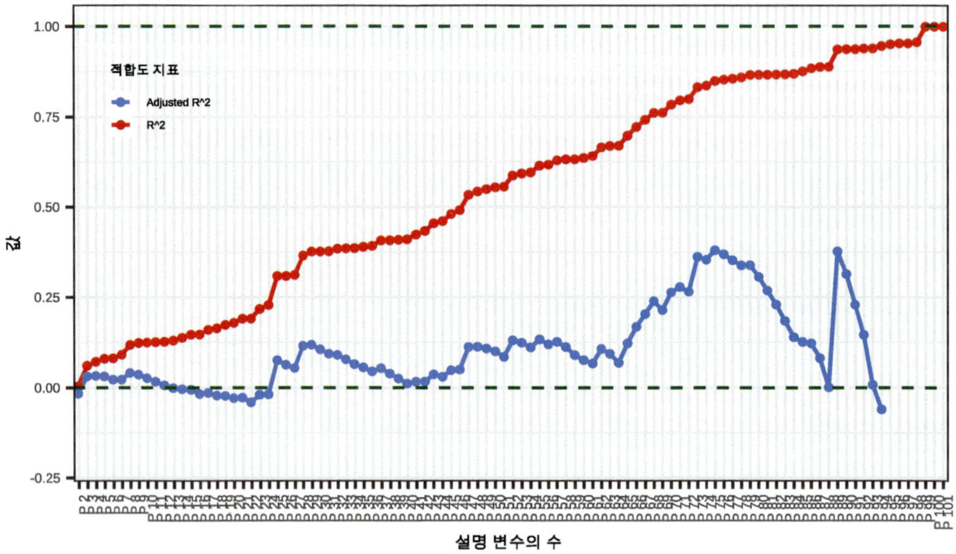

그림 3.2: 설명 변수의 수에 따른 결정 계수 R^2 와 수정 결정 계수 R^2_{ajd}

[그림 3.2]는 아무런 관련이 없는 설명 변수들을 모형에 차례로 추가하면서 각각의 R^2 와 R^2_{adj} 를 계산한 것이다. 설명 변수의 수가 증가할수록 R^2 는 지속적으로 증가하지만, R^2_{adj} 는 각 모형별로 설명 변수의 수를 반영하여 서로 다른 값을 갖는다. R^2_{adj} 는 경우에 따라 음(-)의 값을 가질 수 있는데, 이는 해당 모형이 상수 모형보다도 반응 변수의 변동을 설명하지 못하는 경우이다. 따라서, R^2_{adj} 는 모형의 설명력으로 사용하기보다는 설명 변수의 수가 서로 다른 모형들 간의 적합도를 비교하는 목적으로 제한하여 사용해야 한다[10].

다중 선형 회귀 분석에서 p-1개의 설명 변수가 주어졌을 때, 상수 모형을 포함한 가능한 회귀 모형의 수는 다음과 같다.

$$m = \sum_{k=0}^{p-1} \binom{p-1}{k} = 2^{p-1}$$

예를 들어, 설명 변수가 x_1, x_2 인 경우에는 (1) 상수 모형, (2) $x_i, i = 1,\ 2$의 단순 회귀 모형, (3) x_1, x_2 를 모두 포함하는 다중 회귀 모형으로 총 $m = 4$ 개의 모형이 가능하다. 만일 설명 변수가 10개라면, $m = 1024$ 개의 서로 다른 회귀 모형을 정의할 수 있다. 서로 다른 수의 설명 변수를 포함하는 여러 모형 중에서 가장 적합한 모형을 선택하는 것은 다중 회귀 분석에서 중요한 주제이다. R^2_{adj} 는 서로 다른 모형을

[10] Montgomery, D. C., Peck, E. A., & Vining, G. G. (2021). Introduction to linear regression analysis. John Wiley & Sons.

비교할 때 유용 하지만, 과적합(overfitting) 가능성과 예측 성능을 직접적으로 반영하지 못한다. 다음의 모형 선택 기준들은 모델의 복잡성과 새로운 반응값에 대한 예측 정도를 종합적으로 평가하여, 예측 성능(Prediction Performance)이 높은 모형을 선택하는 데 도움을 준다[11,12,13,14].

모형 선택 기준(Model Selection Criteria)[15]

- AIC(Akaike Information Criterion)

$$\mathrm{AIC} = n\log\left(\frac{\mathrm{SSE}}{n}\right) + 2p$$

  - 값이 작을수록 바람직하다.

- BIC(Bayesian Information Criterion)

$$\mathrm{BIC} = n\log\left(\frac{\mathrm{SSE}}{n}\right) + \log(n)p$$

  - 값이 작을수록 바람직하다.

- Mallow's C_p

$$C_p = \frac{\mathrm{SSE}_p}{\hat{\sigma}^2} - (n-2p)$$

  여기서, SSE_p는 p개의 회귀계수 하에서 계산된 잔차 제곱합(RSS) 그리고 $\hat{\sigma}^2$은 전체 모형에서의 오차 분산의 추정값이다.

  - $C_p \approx p$ 그리고 p가 작을수록 바람직하다.

[표 3.3]은 4개의 설명 변수를 갖는 예에서 상수 모형을 제외한 모든 가능한 모형에 대해 모형 선택 기준 통계량과 R^2_{adj} 그리고 R^2을 계산한 것이다. 설명 변수가 많이 포함된다고 해서 반드시 모형 선택을 위한 통계량들이 바람직한 값을 갖는 것은 아님을 확인할 수 있다. 예를 들어, AIC와 BIC의 경우에는 t1, t2를 포함한 모형이 t1, t2, t3, t4 모두를 포함한 모형보다 더 바람직한 값을 보이며, C_p의 경우에도 t1, t2 모형이 나머지 조합보다 더 바람직한 값을 갖는다. 이를 통하여 모형 선택 통계량을 이용하여 가장 적합한 모형을 선택할 수 있음을 확인할 수 있다.

---

[11] 과적합(overfitting)이란 모형이 주어진 데이터의 패턴뿐만 아니라 데이터에 포함된 잡음(noise)까지 반영하는 경우를 말하며, 이는 모형의 복잡성을 증가시키고 모형의 예측 성능을 저하시키는 원인이 된다. 여기서, 예측 성능이란 모형이 사용된 데이터 외의 새로운 데이터를 얼마나 정확하게 예측할 수 있는지를 나타내는 개념이다. 데이터를 훈련/시험 데이터로 구분하는 방법에서는 훈련 데이터에서 매우 높은 정확도를 보이지만, 시험 데이터에서 성능이 떨어지는 경우를 과적합이라고 하고, 훈련 데이터로 학습된 모형을 이용한 시험 데이터에서의 예측 성능을 일반화 성능(generalization performance)이라고 부른다.

[12] Akaike, H., Petrov, B. N., & Csaki, F. (1973). Second international symposium on information theory.

[13] Schwarz, G. (1978). Estimating the dimension of a model. The annals of statistics, 461-464.

[14] CL, Mallow. (1973). Some comments on C_p. Technometrics, 15, 661-675.

[15] $\log(n) > 2$인 경우($n \geq 8$), BIC는 AIC보다 모형의 복잡도에 대한 패널티(penalty)가 크며, 일반적으로 AIC와 비교할 때 더 간단한 모형을 선택한다.

표 3.3: 모형 별 모형 선택 기준 통계량

Variables	AIC	BIC	Cp	Adj_R2	R2
t1	505	512	582.98	0.574	0.580
t2	502	508	551.63	0.595	0.601
t3	540	546	995.98	0.303	0.313
t4	502	508	550.37	0.596	0.601
t1, t2	347	356	1.42	0.956	0.958
t1, t3	505	514	568.84	0.579	0.591
t1, t4	365	374	21.39	0.943	0.945
t2, t3	447	456	212.11	0.816	0.821
t2, t4	502	511	540.14	0.598	0.609
t3, t4	401	410	78.94	0.905	0.908
t1, t2, t3	347	359	2.27	0.957	0.958
t1, t2, t4	347	358	2.06	0.957	0.959
t1, t3, t4	348	359	3.15	0.956	0.958
t2, t3, t4	361	372	16.42	0.947	0.949
t1, t2, t3, t4	349	362	4.01	0.956	0.959

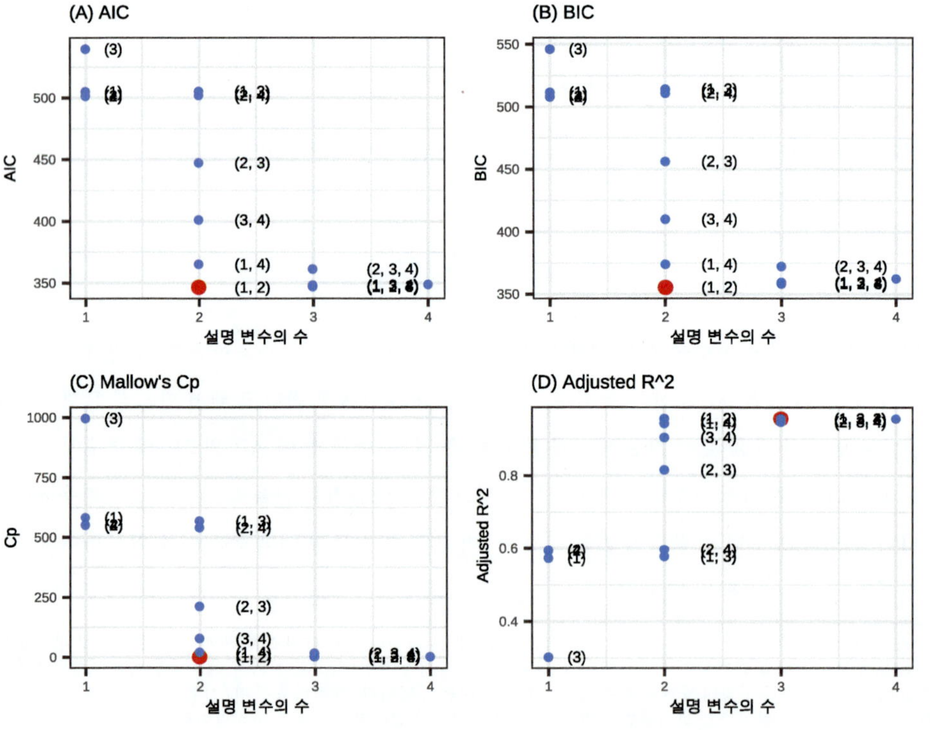

그림 3.3: 모형 선택 기준의 비교: R^2_{adj}, C_p, AIC, BIC

[그림 3.3]은 모형 선택 기준 통계량들을 그림으로 표현한 것이다. ( )에 표시된 숫자는 설명 변수 t1, t2, t3, t4의 숫자를 의미하며, 가능한 모든 조합에 대한 통계량 값(파란색 점)과 각 통계량의 모형 선택 기준을 통하여 최종 선택된 모형(빨간색)을 보여준다. R^2_{adj}는 (t1, t2, t4) 모형을 선택하였고, 나머지 모형 선택 기준 통계량은 (t1, t2) 모형을 선택하였다. 만일 선택된 모형을 최종 모형으로 가정한다면, 해당 모형의 설명력은 각각 $R^2 = 0.959$와 $R^2 = 0.958$로 거의 차이가 없다. 적은 수의 설명 변수를 사용한 모형이 통계적 정밀도를 높이고 해석에 용이한 점을 고려 할 때, (t1, t2) 모형이 (t1, t2, t4) 모형보다 바람직하다고 할 수 있다. 또한 고려한 여러 모형에서의 통계량의 차이를 고려할 때, R^2_{adj} 보다는 C_p가 그리고 C_p 보다는 AIC와 BIC가 보다 명확한 선택 기준임을 확인할 수 있다.

3.4 변수 선택 Variable Selection

변수 선택(Variable Selection)은 실무적으로 선택한 설명 변수들 중에서 소수의 중요 설명 변수를 선택하여 제안해 주는 통계적 방법이다. 이는 다중 회귀 모형의 복잡성을 줄이고 과적합(overfitting)을 방지하여 예측 성능을 최적화할 수 있는 중요한 도구이며, 추정된 회귀식의 해석 가능성을 높이기 위한 필수적인 절차이다. 앞서 설명된 모형 선택 기준 중에서 AIC와 BIC는 모형의 복잡성과 적합도를 동시에 고려하여 최적의 설명 변수 조합을 선택하는데 유용하다. AIC는 모형의 적합도와 자유도를 평가하여 과적합을 방지하는 데 중점을 두며, BIC는 모형의 복잡성을 더 엄격하게 조정하여 보다 간단한 모형을 선택할 수 있게 한다.

변수 선택의 방법에는 전진 선택(Forward Selection), 후방 제거(Backward Elimination), 그리고 단계별 선택(Stepwise Selection)이 있다. 이들은 모두 동일한 모형을 선택할 수도 있고, 서로 다른 모형을 선택할 수도 있다. 이는 데이터의 특성과 데이터의 수에 따라 결정된다. 따라서, 가능한 한 모든 방법을 적용하여 검토한 후, 공통적인 소수의 후보 모형을 선택하여 다른 통계적 고려 사항 - 잔차 진단, 이상점과 영향 진단 등 - 을 반영하여 최종 모형을 선택하는 것을 추천한다. 이들 방법은 고려한 설명 변수들의 기여도(예: p-value, AIC, BIC 등)를 기준으로 선택하므로 설명 변수의 나열 순서에는 영향을 받지 않는다. 만일 설명 변수의 수가 많지 않다면, 모든 변수 조합을 평가하는 최적 부분 집합(Best Subsets)을 고려할 수 있다. 이는 특정 모형을 선택해 주지는 않지만, 서로 다른 모형들을 비교하여 선택할 수 있는 정보를 요약하여 제공한다.

전방 선택(Forward Selection)

- 상수 모형에서 시작하여, 각 단계에서 설명 변수 중 가장 기여도가 큰 변수를 추가하여 모형을 확장한다.
- 각 단계에서 선택된 설명 변수는 이전 단계에서 선택된 변수들과 함께 모형에 포함된다.

- 한 번 선택된 변수는 이후 단계에서도 계속 포함된다.

- 설명 변수의 수가 많거나, 모든 변수를 동시에 평가하기 어려운 경우에 유용하다.
- 일부 중요 변수를 누락할 수 있고, 과적합의 위험성이 존재한다.

후방 제거(Backward Elimination)

- 전체 모형에서 시작하여, 각 단계에서 가장 기여도가 낮은 변수를 제거하여 모형을 단순화한다.
- 각 단계에서 기여도가 낮은 설명 변수를 하나씩 제거된다.
  - 한번 제거된 변수는 이후 단계에서 다시 포함되지 않는다.
- 설명 변수가 많고, 대부분의 변수들이 반응 변수에 영향을 미치지 않을 때 유용하다.
- 초기에 포함된 변수들이 실제로 중요하지 않을 수 있으며, 반대로 중요한 변수가 너무 일찍 제거될 위험이 존재한다.

단계별 선택(Stepwise Selection)

- 전방 선택과 후방 제거를 결합한 방법이다.
  - 기여도가 높은 설명 변수를 추가하면서 동시에 기여도가 낮은 변수를 제거한다.
- 전방 선택과 후방 제거의 장점을 결합하여, 보다 유연하게 모형을 선택할 수 있다.
- 변수의 추가와 제거의 반복으로 작은 차이로 인해 실제로 중요한 변수가 누락될 위험성이 존재한다.

최적 부분 집합(Best Subsets)

- 모든 가능한 변수 조합을 평가한다.
  - 변수의 모든 조합을 고려하므로, 모형들과 관련된 전체적인 정보를 제공한다.
- 설명 변수의 수를 기준으로 가장 적합한 모형을 제공한다.
  - 특정 단일 모형을 지정해 주지 않는다.
- 설명 변수의 수가 많지 않을 때 유용하며, 모든 조합을 검토하여 최적 모형을 선택할 수 있다.
- 설명 변수의 수가 많을 경우 계산 부담이 커질 수 있다.

R의 변수 선택 방법은 최종 모형 선택을 위한 다양한 정보를 제공한다. 대표적인 정보들은 [표 3.4]와 같다.

표 3.4: 변수 선택의 과정에서 확인해야 하는 정보

정보	설명	R 함수
제거되는 변수	중요 변수 제거 여부 확인	step()
AIC	모델의 적합도와 복잡성	extractAIC(object)
회귀계수	반응 변수에 대한 영향	coef(object)
수정 결정계수 R^2_{adj}	설명 변수의 수를 반영한 설명력	summary(object)$adj.r.squared
모형의 유의성	모형의 타당성	summary(object)
잔차 표준오차(Residual SE)	예측 정확도 기준	summary(object)$sigma

연습 10. 변수 선택 방법 <practice_m1.csv>

[연습 7] ~ [연습 9]에서 고려한 데이터에 대한 변수 선택 방법을 연습한다.

변수 선택 방법의 적용

- step(state, scope, direction)은 AIC를 기준으로 변수를 선택한다.
  - start는 시작 모형, scope는 고려할 모형(일반적으로 전체 모형)을 지정한다.
  - direction은 forward, backward, both를 지정하여 변수 선택 방법을 지정한다.
  - BIC 기준의 모형 선택은 k = log(n)을 추가한다.

전방 선택(forward)

- step(direction = "forward")
  - 시작 모형이 상수 모형인 경우 y ~ 1로 지정한다.
  - 실무적으로 x1을 항상 고려해야 한다면, y ~ x1을 시작 모형으로 지정한다.
  - trace = 0를 추가하면, 변수 선택 중간 과정을 생략하고, 최종 결과만 반환한다.

시작 모형과 전체 모형 정의

```
fml <- "y ~ x1 + x2 + x3 + x4"              # 전체 모형 formula(문자형)
start <- lm(y ~ 1, data = data_m1)          # 시작 모형은 상수 모형
```

전방 선택법 적용

```
m1_forward_aic <- step(start, scope = fml, direction = "forward")
```

```
# Start:  AIC=845
# y ~ 1
#
#        Df Sum of Sq    RSS AIC
# + x3    1    267976 189369 759
# + x4    1     97366 359979 823
# + x1    1     97043 360302 823
# + x2    1     90725 366620 825
# <none>                457345 845
#
# Step:  AIC=759
# y ~ x3
#
#        Df Sum of Sq    RSS AIC
# + x2    1    165364  24006 554
# + x1    1    165341  24029 554
# + x4    1    164116  25254 559
# <none>                189369 759
#
# Step:  AIC=554
# y ~ x3 + x2
#
#        Df Sum of Sq   RSS AIC
# <none>               24006 554
# + x1    1     229.4 23776 555
# + x4    1       1.4 24004 556
```

상수 모형에서의 AIC = 845이며, 추가되는 변수의 자유도인 Df는 항상 1이다. 첫번째 단계의 상수 모형에서 제곱합(Sum of Sq)이 267,976으로 나머지 변수들보다 크고, 잔차 제곱합(RSS)은 189,369로 다른 변수들 보다 작은 x3가 추가된다. 이때, AIC는 845에서 759로 줄어든다. 그 다음 단계에서는 x3가 추가된 상태에서 그 다음을 제곱합이 크고 잔체 제곱합이 작은 변수인 x2를 추가한다. 전진 선택법에서는 한번 선택된 변수는 제거되지 않는다. 마지막 단계에서의 AIC = 554이고 이때의 잔차 제곱합(RSS)는 24,006이다. 나머지 변수 x1과 x4 어떤 변수를 선택하더라고 RSS의 감소는 크지 않으며, AIC는 오히려 커지는 것을 확인할 수 있다. 만일 AIC가 커지는 단계가 되면 변수 선택 과정을 중지한다.

최종 선택된 모형의 회귀 계수의 수와 AIC 값 확인

```
extractAIC(m1_forward_aic)
```

```
# [1]   3 554
```

최종 선택된 모형의 회귀 계수는 3개($\hat{\beta}_0$, $\hat{\beta}_2$, $\hat{\beta}_3$)이고, 해당 모형의 AIC = 554이다.

최종 선택된 변수들의 회귀계수 확인

```
coef(m1_forward_aic)
```

```
# (Intercept)          x3          x2
#     -322.62        6.06        1.55
```

최종 모형의 회귀 계수는 $(\hat{\beta}_0, \hat{\beta}_2, \hat{\beta}_3) = (-322.62, 1.55, 6.06)$이다.

수정 결정계수 R^2_{adj} 확인

```
summary(m1_forward_aic)$adj.r.squared
```

```
# [1] 0.946
```

$R^2_{adj} = 0.946$으로 이는 모형의 복잡도가 반영된 설명력이다. 이는 서로 다른 모형을 비교할 때만 사용한다.

모형의 통계적 유의성 확인

```
summary(m1_forward_aic)
```

```
#
# Call:
# lm(formula = y ~ x3 + x2, data = data_m1)
#
# Residuals:
#    Min     1Q Median     3Q    Max
# -35.38  -9.63   1.21  10.50  46.18
#
# Coefficients:
#             Estimate Std. Error t value             Pr(>|t|)
# (Intercept) -322.624     13.079   -24.7 <0.0000000000000002 ***
# x3             6.058      0.163    37.2 <0.0000000000000002 ***
# x2             1.552      0.060    25.9 <0.0000000000000002 ***
# ---
```

```
# Signif. codes:  0 '***' 0.001 '**' 0.01 '*' 0.05 '.' 0.1 ' ' 1
#
# Residual standard error: 15.7 on 97 degrees of freedom
# Multiple R-squared:  0.948,	Adjusted R-squared:  0.946
# F-statistic:  875 on 2 and 97 DF,  p-value: <0.0000000000000002
```

최종 선택된 모형에서 모형의 유의성 검정 결과는 F = 875이고 $p-value = 0.000 < \alpha = 0.05$이므로 $H_0 : \beta_2 = \beta_3 = 0$를 기각하고, Pr(>|t|)로 표기된 개별 설명 변수들의 $p-value = 0.000 < \alpha = 0.05$이므로 $H_0 : \beta_i = 0,\ i = 2,\ 3$을 기각한다. 선택된 모형의 R^2는 0.948로 설명력이 매우 높으며, 설명 변수의 수를 반영한 R^2_{adj} 역시 0.946으로 높은 값을 유지하고 있다[16]. 이는 현재 모형이 데이터를 매우 잘 적합하고 있음을 의미한다.

잔차 분산/표준오차(Residual Standard Error) 확인

```r
c(summary(m1_forward_aic)$sigma^2, summary(m1_forward_aic)$sigma)
```

```
# [1] 247.5  15.7
```

추정된 잔차 분산 $s_e^2 = 247.5$이고 추정된 표준 오차 $s_e = 15.7$이다. 이 값들은 반응 변수의 단위에 영향을 받으므로 크기의 대소를 절대적으로 판단할 수 없지만, 동일한 데이터에 적용된 서로 다른 모형 간의 상대적 비교에서는 유용하게 사용된다. 잔차 표준 오차가 작은 모형일수록 추정된 회귀선이 더 안정적이며 통계적 정밀도가 높다고 할 수 있다.

최종 선택된 모형의 formula는 다음을 통하여 확인할 수 있다. 이는 다른 함수들과 연계하여 분석하고자 할 때 유용하다.

```r
formula(m1_forward_aic)
```

```
# y ~ x3 + x2
```

만일 AIC 대신에 BIC를 적용하고자 하는 경우에는 다음과 같이 지정한다.

```r
n <- length(data_m1)
m1_forward_bic <- step(start, scope = fml, direction = "forward",
                       k = log(n),                          # BIC 적용시 추가
                       )
```

[16] 만일 R^2와 R^2_{adj}의 값의 차이가 크다면, 고려된 모형이 불필요한 설명 변수들을 포함하여 과적합의 위험이 있음을 의미한다. 이 경우에는 불필요한 설명 변수를 제거하여 모형을 단순화할 필요가 있다. 만일 두 값이 비슷하다면, 이는 올바른 모형이 선택되었다는 증거 중의 하나로 볼 수 있다.

```
# Start:  AIC=844
# y ~ 1
#
#        Df Sum of Sq    RSS AIC
# + x3    1    267976 189369 758
# + x4    1     97366 359979 822
# + x1    1     97043 360302 822
# + x2    1     90725 366620 824
# <none>                457345 844
#
# Step:  AIC=758
# y ~ x3
#
#        Df Sum of Sq    RSS AIC
# + x2    1    165364  24006 553
# + x1    1    165341  24029 553
# + x4    1    164116  25254 558
# <none>                189369 758
#
# Step:  AIC=553
# y ~ x3 + x2
#
#        Df Sum of Sq   RSS AIC
# <none>                24006 553
# + x1    1     229.4 23776 554
# + x4    1       1.4 24004 555
```

`k = log(n)`을 적용하면 AIC 대신에 BIC 기준을 사용하여 변수 선택이 이루어진다. 하지만, 출력에는 AIC로 표기된다. 최종 모델의 BIC 값은 다음을 이용하여 확인한다.

```
model <- lm(y ~  x2 + x3, data = data_m1)
BIC(model)
```

```
# [1] 850
```

- 후방 제거(backward)
  - `direction = "backward"`를 지정한다.
    - 시작 모형을 지정하지 않아도 된다.

후방 제거법은 전체 모형에서 시작하여 각 단계 별로 불필요한 변수들을 제거한다. 다음은 후방 제거법을 실행하는 R 명령이다. 결과는 전방 선택에서와 동일하게 해석한다.

```
full_model <- lm(y ~ x1 + x2 + x3 + x4, data = data_m1)      # 전체 모형 정의
#
m1_backward_aic <- step(full_model, direction = "backward")
extractAIC(m1_backward_aic)
coef(m1_backward_aic)
summary(m1_backward_aic)$adj.r.squared
summary(m1_backward_aic)
summary(m1_backward_aic)$sigma^2
summary(m1_backward_aic)$sigma
```

후방 제거법에서는 x1과 x3가 선택되었고, $s_e = 15.7$로 전방 선택법에 의해 선택된 x2와 x3에서의 s_e와 동일한 값을 갖는다. 이러한 경우에는 다른 통계적 고려 사항을 반영하여 최종 모형을 결정해야 한다.

- 단계별 선택(stepwise)
  - direction = "both"를 지정한다.
    - 후방 제거를 반영한 전방 선택법이므로 시작 모형을 지정해야 한다.

단계별 선택법은 전방 선택법으로 시작하고 설명 변수가 2개 이상이 되면 후방 제거법을 적용하여 제거 여부를 결정한 후, 전방 선택법을 적용하여 다음 변수를 선택한다. 다음은 단계별 선택법을 실행하는 R 명령이다. 결과는 전방 선택에서와 동일하게 해석한다.

```
start_model <- lm(y ~ 1, data = data_m1)                      # 상수 모형
scope <- formula(lm(y ~ x1 + x2 + x3 + x4, data = data_m1))   # 전체 모형
#
m1_stepwise_aic <- step(start_model, scope = scope, direction = "both")
extractAIC(m1_stepwise_aic)
coef(m1_stepwise_aic)
summary(m1_stepwise_aic)$adj.r.squared
summary(m1_stepwise_aic)
summary(m1_stepwise_aic)$sigma^2
summary(m1_stepwise_aic)$sigma
```

단계별 선택법에서는 전방 선택법과 동일한 변수인 x2와 x3을 선택하였다.

각 선택 방법 별로 최종 AIC와 BIC 그리고 선택된 설명 변수들은 [표 3.5]와 같다. 후보 모형은 x1, x3 그리고 x2, x3이다[17].

[17] BIC는 AIC 보다 더 강하게 모형 복잡성에 패널티를 부과한다. 또한 표본 크기(n)이 큰 경우에는 log(n) 값이 커지면서 AIC 값보다 더 빠르게 증가한다. 일반적으로 BIC가 AIC 보다 큰 값을 갖는다.

표 3.5: 각 선택법에서 선택된 변수들(AIC , BIC)

방법	AIC	AIC 선택 변수	BIC	BIC 선택 변수
전진 선택(Forward)	554	x3, x2	850	x3, x2
후방 제거(Backward)	554	x1, x3	850	x1, x3
단계별 선택(Both)	554	x3, x2	850	x3, x2

최적 부분 집합(Best Subsets)[18]

- leaps:regsubests()는 모든 부분 집합에 대한 회귀 모형의 결과를 반환한다.
  - nbest = k는 제공할 최적 모형의 개수를 지정한다.
  - nvmax = s는 검토할 부분 집합의 최대값을 지정한다.

```
library(leaps)
best_subset <- regsubsets(y ~ x1 + x2 + x3 + x4, data = data_m1, nbest = 1, nvmax = 4)
summary(best_subset)
```

```
# Subset selection object
# Call: regsubsets.formula(y ~ x1 + x2 + x3 + x4, data = data_m1, nbest = 1,
#     nvmax = 4)
# 4 Variables  (and intercept)
#    Forced in Forced out
# x1     FALSE      FALSE
# x2     FALSE      FALSE
# x3     FALSE      FALSE
# x4     FALSE      FALSE
# 1 subsets of each size up to 4
# Selection Algorithm: exhaustive
#          x1  x2  x3  x4
# 1  ( 1 ) " " " " "*" " "
# 2  ( 1 ) " " "*" "*" " "
# 3  ( 1 ) "*" " " "*" "*"
# 4  ( 1 ) "*" "*" "*" "*"
```

호출된 함수는 y ~ x1 + x2 + x3 + x4이므로 총 4개의 설명 변수가 고려 대상이며, nvmax = 4이므로 최대 4개의 변수를 포함하는 모형까지 고려하도록 지정하였고, nbest = 1을 지정하여 설명 변수의 개수에 따라 최상의 모형 1개만을 선택하도록 하였다. Forced in Forced out은 각 변수들이 강제로 포함되거나 제외되었는지를 논리값으로 제공한다. 모두 FALSE이므로 강제로 포함되거나 제외된 변수는 없다. exhaustive란 완전 탐색으로 모든 가능한 변수 조합을 탐색 했음을 의미한다. 만일 k개의 변수를

[18] leaps::(Lumley, 2020)는 R^2_{adj}와 Mallow's C_p 등을 이용하여 고려한 설명 변수들의 모든 하위 집합을 검토하는 도구이다.

고려한다면, 2^k 개의 조합을 생성하고 모든 가능성을 조사한다. 마지막 표의 각 행은 설명 변수의 수를 나타내고, "*"는 최적의 모형을 표시한다. 예를 들어, 2행은 설명 변수가 2개임을 나타내고 "*"가 표시된 x2와 x3가 최적의 모형임을 나타낸다. 나머지 행도 동일하게 해석한다.

regsubsets()의 summary() 함수는 다양한 모형 관련 통계량을 제공한다. 각 설명 변수의 수에서 중요 모형 선택 통계량을 확인해 보면 다음과 같다.

사용자 정의 함수 best_model_stats(data, formula, max_vars)

```
best_model_stats <- function(data, formula, max_vars) {
 model_selection <- regsubsets(formula, data = data, nbest = 1, nvmax = max_vars)
 model_summary <- summary(model_selection)

 n <- nrow(data)

 # 각 모델에 대한 통계량 추출
 results_df <- data.frame(
   Var = apply(model_summary$which[, -1], 1, sum),
   Model = apply(model_summary$which[, -1], 1,
                 function(x) paste(names(x)[x], collapse = " + ")),
   Adj_R2 = model_summary$adjr2,
   R2 = model_summary$rsq
  )
  # 결과 정리
  results_df <- results_df[, c("Var", "Model", "Adj_R2", "R2")]
  return(results_df)
}
result_table <- best_model_stats(data_m1, y ~ x1 + x2 + x3 + x4, max_vars = 4)
print(result_table)
```

```
#   Var               Model Adj_R2    R2
# 1   1                  x3  0.582 0.586
# 2   2             x2 + x3  0.946 0.948
# 3   3        x1 + x3 + x4  0.947 0.948
# 4   4 x1 + x2 + x3 + x4  0.947 0.949
```

변수 선택 과정에서 어떤 모형 선택 기준을 사용하는가에 따라 후보 모형이 달라질 수 있다. 따라서, 2개 이상의 후보 모형을 선정하고, 잔차 진단 및 이상점과 영향 진단 등의 추가적 고려 사항을 반영하여 최종 모형을 선택한다.

3.5 분산 팽창 지수 Variance Inflation Factors(VIF)

다중 공선성(multicollinearity)이란 다중 회귀 모형에 포함된 2개 이상의 설명 변수들이 서로 강한 선형 관계가 존재하는 상태를 의미한다. 다중 공선성이 존재하는 경우, 각 설명 변수의 개별적인 영향을 명확히 분리하여 추정할 수 없으므로 다음의 문제가 발생할 수 있다.

다중 공선성의 영향

- 불안정한 회귀 계수 추정
  - 추정된 회귀 계수가 데이터의 작은 변동에도 민감하게 변화한다.
- 유의성 검정 결과의 불확실성
  - 설명 변수들의 유의성 검정 결과를 신뢰할 수 없다.

다중 공선성은 기존의 행렬도(Matrix Plot) 또는 상관 행렬(Correlation Matrix) 등의 상관성 진단 방법으로는 올바로 진단할 수 없다. 다음 데이터는 3개의 설명 변수 x_1, x_2, x_3에서 $x_3 = 3x_1 + 2x_2 + 4$의 선형 관계를 갖는 경우이다.

행렬도(Matrix Plot)

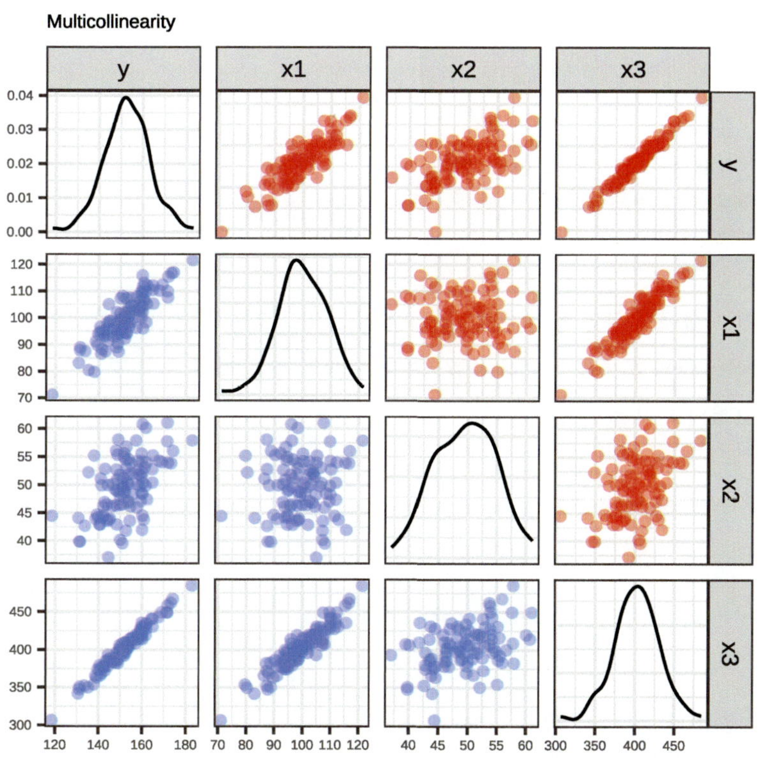

행렬도의 첫번째 행은 반응 변수 y와 나머지 설명 변수 간의 관계를 확인할 수 있다. x1과 x3는 선형 관계가 강하지만, x2의 경우에는 상대적으로 선형 관계가 강하지 않음을 확인할 수 있다. 두번째 행과 세번째 행은 쌍별 공선성을 확인해 볼 수 있다. x1과 x3는 쌍별 공선성이 존재한다. 그리고 x1과 x2는 선형 관계가 존재하지 않으며, x2와 x3는 약간의 선형 관계를 갖는다. 하지만, $x_3 = 3x_1 + 2x_2 + 4$와 같이 2개의 설명 변수가 나머지 설명 변수와 선형 관계를 갖는지 여부는 주어진 행렬도에서 확인할 수 없다. 즉, 행렬도에서는 쌍별 공선성은 확인할 수 있지만, 다중 공선성은 확인할 수 없다.

상관 계수 행렬

```
#       x1   x2   x3
# x1 1.00 0.06 0.94
# x2 0.06 1.00 0.41
# x3 0.94 0.41 1.00
```

상관 계수 행렬(Correlation Matrix)은 행렬도를 선형 관계 중심으로 계량화한 행렬이다. 이는 쌍별로 주어지는 2개의 변수간의 선형 밀접도를 행렬의 형태로 표현해 준다. 행렬도에서 확인한 것과 같이 x1과 x3는 밀접한 선형 관계를 갖고, 이를 계량화한 상관 계수는 0.94로 높은 상관성을 갖는다. 나머지 변수들의 쌍별 조합도 동일하게 해석할 수 있다. 하지만, 상관 계수 행렬에서도 $x_3 = 3x_1 + 2x_2 + 4$와 같이 2개의 설명 변수가 나머지 설명 변수와 선형 관계를 갖는지 여부는 확인할 수 없다. 즉, 상관 계수 행렬에서는 쌍별 공선성은 확인할 수 있지만, 다중 공선성은 확인할 수 없다.

$\left(X^\top X\right)^{-1}$

```
X <- cbind(1, as.matrix(data_col[,-1]))
solve(t(X) %*% X)
#> ERROR!!  --> singular
```

다중 선형 회귀 모형에서 설명 변수 행렬 X를 구성하는 열들 간에 종속 관계가 존재한다면, $\left(X^\top X\right)^{-1}$을 구할 수 없다. 이는 다양한 통계적 고려 사항 - 회귀 계수의 추정, 표준 오차 및 구간 추정 등 - 을 올바로 적용할 수 없고, 모형의 해석을 어렵게 한다.

유의성 검정

```
#
# Call:
# lm(formula = y ~ x1 + x2 + x3, data = data_col)
#
# Residuals:
#     Min      1Q  Median      3Q     Max
# -2.5288 -0.4953 -0.0166  0.5526  1.9060
```

```
#
# Coefficients: (1 not defined because of singularities)
#             Estimate Std. Error t value            Pr(>|t|)
# (Intercept)   4.0869     1.2852    3.18               0.002 **
# x1            0.9881     0.0101   97.99 <0.0000000000000002 ***
# x2            1.0032     0.0173   58.03 <0.0000000000000002 ***
# x3                NA         NA      NA                  NA
# ---
# Signif. codes:  0 '***' 0.001 '**' 0.01 '*' 0.05 '.' 0.1 ' ' 1
#
# Residual standard error: 0.888 on 97 degrees of freedom
# Multiple R-squared:  0.993,	Adjusted R-squared:  0.993
# F-statistic: 6.86e+03 on 2 and 97 DF,  p-value: <0.0000000000000002
```

선형 관계가 밀접한 설명 변수를 포함하는 다중 회귀 분석에서는 설명 변수의 회귀 계수를 정확하게 추정하기 어려워지며, 따라서 유의성 검정 결과를 신뢰할 수 없게 된다. 다중 공선성으로 인하여 회귀 계수의 표준 오차가 과도하게 커지거나, 회귀 계수 자체가 불안정하여 유의성 검정에서 잘못된 결론에 이를 수 있기 때문이다. 이는 실제로 중요한 변수가 통계적으로 유의하지 않게 나타나거나, 반대로 중요하지 않은 변수가 유의하게 나타날 가능성을 증가시킨다. 주어진 결과에서와 같이, 명확한 선형 관계가 있는 설명 변수 x_3를 포함하는 경우, 다중 공선성으로 인해 해당 변수에 대한 유의성 검정을 수행할 수 없으며 (모형에서 제거하고 NA로 표기됨), 나머지 변수 (x_1, x_2)들만 유의성 검정 결과를 제공한다. 이때 나머지 변수들의 유의성 검정 결과의 신뢰성은 나머지 변수 (x_1, x_2)의 다중 공선성 여부에 따라 결정된다.

일부 설명 변수의 적용

memisc::mtable은 다양한 모형의 분석 결과를 통합하여 제공한다.

```
#
# Calls:
# f(x1, x2): lm(formula = y ~ x1 + x2, data = data_col)
# f(x1, x3): lm(formula = y ~ x1 + x3, data = data_col)
# f(x2, x3): lm(formula = y ~ x2 + x3, data = data_col)
#
# =======================================================
#                 f(x1, x2)    f(x1, x3)    f(x2, x3)
# -------------------------------------------------------
#   (Intercept)     4.087**      2.080        2.769*
#                  (1.285)      (1.307)      (1.295)
#   x1              0.988***    -0.517***
#                  (0.010)      (0.028)
#   x2              1.003***                  0.344***
#                  (0.017)                   (0.019)
```

```
#   x3                          0.502***      0.329***
#                               (0.009)       (0.003)
# ------------------------------------------------------
#   sigma           0.888       0.888         0.888
#   R-squared       0.993       0.993         0.993
#   F            6860.390    6860.390      6860.390
#   p               0.000       0.000         0.000
# ======================================================
#   Significance: *** = p < 0.001; ** = p < 0.01;
#                 * = p < 0.05
```

실제로 다중 공선성을 갖는 $x_3 = 3x_1 + 2x_2 + 4$가 설명 변수에 포함되는 경우, x_3는 나머지 설명 변수 x_1과 x_2로부터 완전히 예측될 수 있다. 다시 말해, x_3는 x_1과 x_2의 선형 결합으로 표현되므로, x_3가 x_1과 x_2의 정보를 중복 제공한다. 따라서, 서로 다른 모형 - (x_1, x_2), (x_1, x_3), (x_2, x_3) - 의 예측값은 정확히 일치한다. 이는 x_3가 x_1 또는 x_2와 동일한 정보를 제공하기 때문이다. 그러나 개별 모형에서 추정된 회귀 계수는 동일하지 않다. 이는 다중 공선성으로 인해 변수의 기여도를 명확히 분리할 수 없기 때문에, 회귀 계수의 추정값이 불안정해지기 때문이다.

다중 공선성을 올바르게 진단하기 위해서는 분산 팽창 지수(Variance Inflation Factor, VIF)를 사용한다. VIF는 다중 선형 회귀 모형에서 고려한 각 설명 변수에 대해 계산되며, 특정 설명 변수가 다른 설명 변수들과의 선형 관계에 의하여 얼마나 영향 받는지를 나타내며, 회귀 계수 추정값의 분산이 다중 공선성으로 인하여 얼마나 증가했는지를 계량화한다.

분산 팽창 지수(Variance Inflation Factor; VIF)

$$VIF_j = \frac{1}{1 - R_j^2} \quad i = 1, 2, ..., (p-1)$$

여기서

R_j^2 는 $x_j = \beta_0 + \sum_{i \neq j}^{k} \beta_i x_i + \epsilon$ 으로부터 계산된 R^2 값이다.

- [해석 기준]
  - $VIF_j \fallingdotseq 1$ 이면, 다른 설명 변수와 다중 공선성이 존재하지 않는다. 해당 설명 변수는 직교(othogonal) 변수로 간주된다.
  - $VIF_j > 5$ 이면, 다른 설명 변수와 다중 공선성이 존재할 가능성이 있다. 회귀 계수의 변화와 표준 오차 값에 대한 추가적인 검토가 필요하다.
  - $VIF_j > 10$ 이면, 다른 설명 변수와 심각한 다중 공선성이 존재한다. 모형을 수정하거나 대안적 방법(예: LASSO회귀 또는 Ridge 회귀 등)을 고려해야 한다.

≡

$VIF_j^{0.5}$ 는 모형에서 고려된 다른 설명 변수와의 상관 계수가 0인 경우와 비교할 때, 표준오차가 얼마나 증가했는지를 나타낸다.

practice tools 연습 11. 다중 공선성의 진단 <practice_m1.csv>

[연습 7] ~ [연습 10]에서의 데이터를 이용하여 다중 공선성을 진단한다.

다중 공선성의 계산

- car::vif(object)는 VIF를 반환한다[19].

완전 모형에서의 VIF

```
library(car)
fit_full <- lm(y ~ x1 + x2 + x3 + x4, data = data_m1)
vif(fit_full)
```

```
#    x1    x2    x3    x4
# 563.6 178.8   1.1 405.4
```

x3는 직교 변수이고 나머지 변수들은 모두 10 이상의 값을 갖는다. 이는 심각한 다중 공선성이 존재함을 나타낸다. 이 모형에 대한 다중 선형 모형 적합의 경우, x3만이 유의하다. 추정된 회귀 계수와 표준 오차는 다음과 같다.

```
summary_full <- summary(fit_full)
result_full <- round(as.data.frame(summary_full$coefficients), 2)
result_full
```

```
#             Estimate Std. Error t value Pr(>|t|)
# (Intercept)  -321.22      13.07  -24.57     0.00
# x1              6.79       4.22    1.61     0.11
# x2              0.83       0.79    1.06     0.29
# x3              6.04       0.17   36.16     0.00
# x4             -2.32       1.80   -1.29     0.20
```

[19] car:: 패키지는 R Companion to Applied Regression 책을 위한 패키지로, 기존 회귀 분석 및 선형 모형의 기능을 보완하고 다양한 유용한 함수를 제공한다. 예를 들어, Anova(object) 함수는 간단한 형식으로 ANOVA Table을 제공하며, Type II SS와 Type III SS를 지원한다. 또한, avPlot(object) 함수는 개별 변수가 모형에 추가될 때의 영향도를 시각적으로 판단할 수 있는 그래프를 제공한다. Fox, J., & Weisberg, S. (2018). An R companion to applied regression. Sage publications. <https://socialsciences.mcmaster.ca/jfox/Books/Companion/index.html>

변수 선택에 의한 후보 모형 (x1, x3)

```
fit_13 <- lm(y ~ x1 + x3, data = data_m1)
vif(fit_13)
```

```
#   x1   x3
# 1.03 1.03
```

```
summary_13 <- summary(fit_13)
result_13 <- round(as.data.frame(summary_13$coefficients), 2)
result_13
```

```
#             Estimate Std. Error t value Pr(>|t|)
# (Intercept)  -320.25      13.01   -24.6        0
# x1             4.68       0.18    25.8        0
# x3             5.98       0.16    36.8        0
```

변수 선택 과정에서 선택된 (x1, x3)의 경우, 두 변수 모두 VIF가 1에 가까워 직교 변수라고 할 수 있다. 이는 다른 설명 변수들과의 상관관계가 거의 없음을 의미한다. 완전 모형과 비교할 때, x1의 회귀 계수와 표준 오차는 각각 6.79 → 4.68와 4.22 → 0.18로 크게 변경되었다. 이처럼 변수 선택 과정에서 다른 변수를 제거함으로써 회귀 계수가 상당히 변할 수 있으며, 표준 오차도 크게 감소할 수 있다. 반면, x3의 경우 회귀 계수와 표준 오차는 각각 6.04 → 5.98와 0.17 → 0.16로 거의 변하지 않았다. 이는 특정 변수의 영향이 다른 변수들의 선택 여부에 크게 의존할 수 있다는 점을 보여 주며, 다중 공선성에 의한 회귀 계수의 변화가 일정하지 않음을 보여 준다.

변수 선택에 의한 후보 모형 (x2, x3)

```
fit_23 <- lm(y ~ x2 + x3, data = data_m1)
vif(fit_23)
```

```
#   x2   x3
# 1.04 1.04
```

```
summary_23 <- summary(fit_23)
result_23 <- round(as.data.frame(summary_23$coefficients), 2)
result_23
```

```
#             Estimate Std. Error t value Pr(>|t|)
# (Intercept)  -322.62      13.08   -24.7        0
# x2             1.55       0.06    25.9        0
# x3             6.06       0.16    37.2        0
```

변수 선택 과정에서 선택된 (x2, x3)의 경우에도 (x1, x3)의 경우와 유사한 결과를 제공한다. 두 변수 모두 VIF가 1에 가까워 직교 변수라고 할 수 있다. 이는 다른 설명 변수들과의 상관관계가 거의 없음을 의미한다. 완전 모형과 비교할 때, x2의 회귀 계수와 표준 오차는 각각 $6.79 \rightarrow 1.55$와 $4.22 \rightarrow 0.06$로 크게 변경되었다. 이처럼 변수 선택 과정에서 다른 변수를 제거함으로써 회귀 계수가 상당히 변할 수 있으며, 표준 오차도 크게 감소할 수 있다. 반면, x3의 경우 회귀 계수와 표준 오차는 각각 $6.04 \rightarrow 6.06$와 $0.17 \rightarrow 0.16$로 거의 변하지 않았다. 이는 특정 변수의 영향이 다른 변수들의 선택 여부에 크게 의존할 수 있다는 점을 보여 주며, 다중 공선성에 의한 회귀 계수의 변화가 일정하지 않음을 다시 한번 보여 준다.

각 결과에 대한 회귀 계수와 표준 오차를 정리하며 [표 3.6]과 같고, 이를 그림으로 표현하면, [그림 3.4]와 같다.

표 3.6: 전체 모형과 축소 모형의 회귀 계수와 표준 오차(SE)

		전체 모형	(x_1, x_3) 모형	(x_2, x_3) 모형
회귀 계수	x1	6.79	4.68	-
	x2	6.79	-	1.55
	x3	6.04	5.98	6.06
표준 오차	x1	4.22	0.18	-
	x2	4.22	-	0.06
	x3	0.17	0.16	0.16

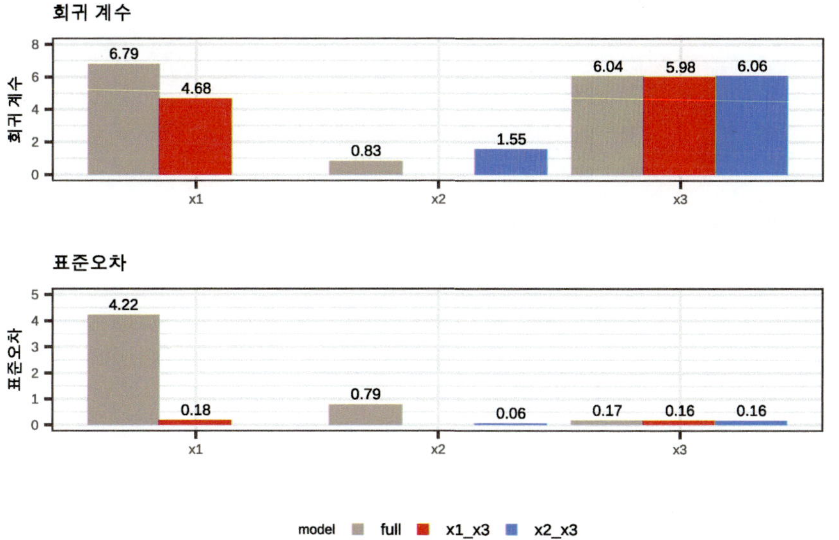

그림 3.4: 전체 모형과 축소 모형의 회귀 계수와 표준 오차(SE)

3.6 영향 진단 Influential Diagnostics

특정 관찰값 $x_i = (x_{i1}, x_{i2}, \dots, x_{i(p-1)})$을 포함한 분석에서 추정된 회귀 계수와 해당 관찰값을 제외한 분석에서 추정된 회귀 계수가 동일하지 않고, 상대적으로 그 차이가 크다면 해당 관찰값의 모형 포함 여부를 검토해야 한다. 이를 위하여 잔차 기준의 이상점(Outliers), 설명 변수 X 중심의 지렛값(Leverage Values) 그리고 잔차와 지렛값을 반영한 영향점(influential points)을 고려할 수 있다. 영향 척도(Influential Measures)는 일반적으로 잔차와 지렛값의 증가 함수로 정의되며, 특정 관찰값이 동시에 이상점과 영향점으로 분류될 수 있다.

이상점(Outliers)이란 [제 2 장]에서 설명되었듯이 패턴을 벗어나는 소수의 관찰값을 말한다. 회귀 분석에서는 가정된 모형으로 부터 잔차(residuals)를 계산하여 이를 분류한다[20].

$$e = y - \hat{y} = y - Hy = (I - H)y, \ \text{여기서}\ H = X\left(X^\top X\right)^{-1} X^\top$$

따라서 다중 선형 회귀 분석의 가정을 만족할 때, 잔차의 표준 오차는 다음과 같이 정의할 수 있다.

$$\text{Var}\left(e_i\right) = \text{Var}\left[(I - H)y\right] = \left(1 - h_i\right)\sigma^2 \quad \leftrightarrow \quad \text{SE}\left[e_i\right] = s_e\sqrt{(1 - h_i)}$$

표준화 잔차와 스튜던트화 잔차[21]

- 표준화 잔차(standardized residuals)

$$r_i = \frac{e_i}{s_e\sqrt{1 - h_i}} \quad \approx \quad N(0,1)$$

여기서

$$e_i = y_i - \hat{y}_i \quad \text{그리고} \quad h_i = x_i^\top\left(X^\top X\right)x_i$$

- 스튜던트화 잔차(studentized residuals)

$$d_i = \frac{e_i}{s_{e_{(i)}}\sqrt{1 - h_i}} \quad \sim \quad t_{(n-p-1)}$$

여기서

$$s^2_{e_{(i)}} = s_e\frac{n - p - r_i^2}{n - p - 1}$$

---

[20] $H = X\left(X^\top X\right)^{-1} X^\top$을 해트 행렬(Hat Matrix)이라고 부른다.

[21] r_i를 내 표준화 잔차(internally studentized residual)라고 하고, d_i를 외 표준화 잔차(externally studentized residual), 교차 검증 잔차(cross-validatory residual) 또는 잭나이프 잔차(jackknife residual)이라고도 부른다.

이상점(outliers)의 탐지

- 이상점 여부에 대한 검토 대상

$$|r_i| > 2 \quad \text{또는} \quad |d_i| > 3(\text{또는 } 2)$$

Tips

- 데이터의 수가 많다면, 판단 기준인 2 또는 3 보다 더 큰 값을 고려할 필요가 있다.
- 이상점으로 분류된 관찰값은 **데이터 레쥬메(Data Resume)** 또는 측정 환경에 대한 검토를 통하여 제거 또는 수정 보완한다.
- $|r_i|$ 또는 $|d_i|$가 극단적으로 큰 값을 갖지 않는다면, 실무적 근거 없이 통계적 이유만으로 제거하는 것은 바람직하지 않다.

practice tools 연습 12. 잔차, 표준화 잔차, 스튜던트화 잔차의 계산 <practice_m1.csv>

잔차, 표준화 잔차 그리고 스튜던트화 잔차를 계산하고 비교해 본다.

- resid(object)는 잔차를 반환한다.
- rstandard()는 표준화 잔차를 반환한다.
- rstudent()는 스튜던트화 잔차를 반환한다.

```
final <- lm(y ~ x2 + x3, data = data_m1)
res_all <- data.frame(residuals = resid(final),
                      standard_residuals = rstandard(final),
                      student_residuals = rstudent(final)
                      )
head(res_all)
```

```
#   residuals standard_residuals student_residuals
# 1     -6.94             -0.444            -0.443
# 2     -2.06             -0.132            -0.131
# 3      6.39              0.410             0.408
# 4     12.07              0.786             0.785
# 5    -22.09             -1.427            -1.435
# 6     -7.59             -0.500            -0.498
```

다음의 사용자 정의 함수를 이용하여 기본적인 잔차 진단을 실행 할 수 있다.

사용자 정의 함수 reg_residuals() [페이지 62 참조]

```
reg_residuals(final, data_m1, "rstandard")
```

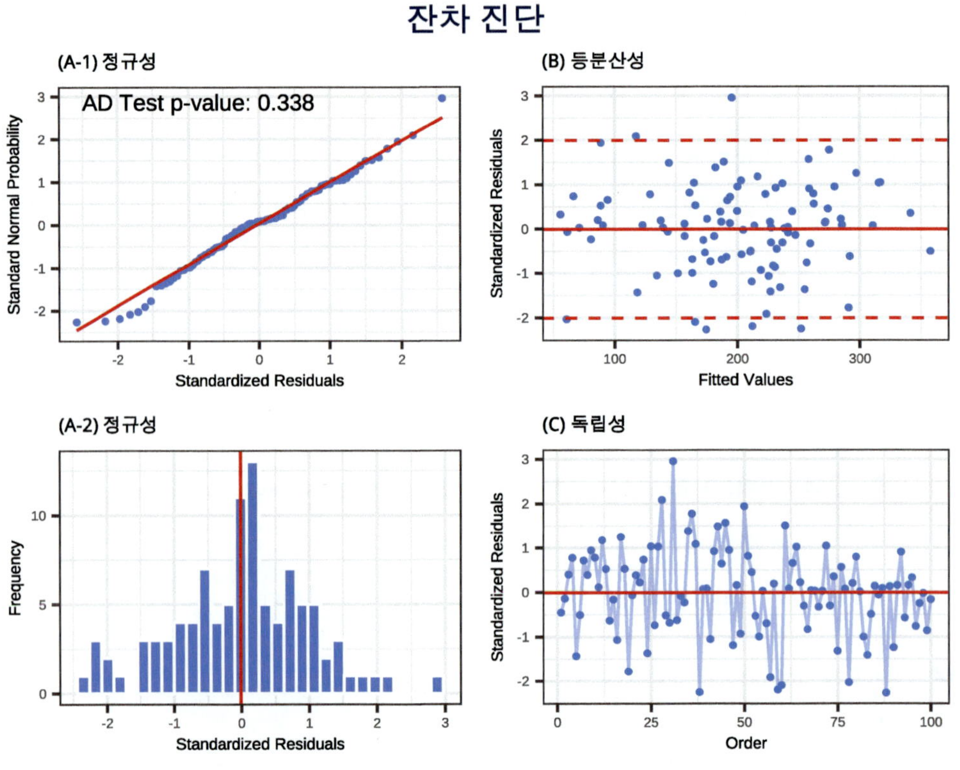

지렛값(Leverage Value)이란 해트 행렬 H의 대각 원소 h_i를 말한다. 이는 반응 변수 y의 영향을 받지 않고, 설명 변수 X에 의하여 결정된다. 지렛값은 각 관찰값이 회귀 분석에 미치는 잠재적 영향을 나타내는 것으로 관찰값이 설명 변수 공간의 중심에서 얼마나 떨어져 있는가를 반영한다. 지렛값이 큰 관찰값은 잠재적으로 회귀 적합에 더 큰 영향을 줄 수 있으며, 지렛값이 크고 동시에 잔차가 크다면, 이는 영향점으로 분류될 가능성이 높다. 지렛값은 (3.2)로 정의되고, (3.3)의 특징을 갖는다[22].

$$h_i = x_i^\top (X^\top X)^{-1} x_i,\ i = 1, 2, \dots p \tag{3.2}$$

$$\sum_{i=1}^{n} h_i = p \quad \text{그리고} \quad \frac{1}{n} \le h_i \le 1 \tag{3.3}$$

[22] H의 대각 원소는 h_{ii} 또는 h_i를 사용한다. 여기서는 간단한 h_i를 사용한다.

단순 회귀 분석에서의 지렛값 계산

단순 회귀 분석에서 H 행렬의 구성 요소를 정의하면 다음과 같다.

$$h_{ij} = [1 \;\; x_i] \frac{1}{nS_{xx}} \begin{bmatrix} \sum x_i^2 & -\sum x_i \\ -\sum x_i & n \end{bmatrix} \begin{bmatrix} 1 \\ x_i \end{bmatrix} = \frac{1}{n} + \frac{(x_i - \bar{x})(x_j - \bar{x})}{S_{xx}}$$

따라서

$$h_i = h_{ii} = \frac{1}{n} + \frac{(x_i - \bar{x})^2}{S_{xx}}$$

□

단순 회귀의 지렛값을 참조할 때, 큰 지렛값을 갖는 관찰값들은 다른 관찰값에 비하여 $\bar{x}$에서 멀리 떨어져 있다는 점을 확인할 수 있다. 설명 변수의 값들 중에서 회귀 모형 적합에 영향을 크게 줄 수 있는 관찰값들을 높은 지렛값(High Leverage values)이라 하고 다음 조건으로 분류한다.

높은 지렛값(High Leverage Values): L

$$L = \{i \mid h_i > 2\bar{h}\} \quad \text{여기서} \quad \bar{h} = \frac{\sum_{i=1}^{n} h_i}{n} = \frac{p}{n}$$

[그림 3.5]는 앞 절에서 예제에 사용된 data_m1의 (x_2, x_3) 설명 변수의 각 데이터에 대한 지렛값을 시각화한 것이다. 각 설명 변수의 평균 $(\bar{x}_2, \bar{x}_3)$에서 멀어질수록 큰 값을 갖는 것을 확인할 수 있다. 빨간색 점은 높은 지렛값 L을 나타낸다.

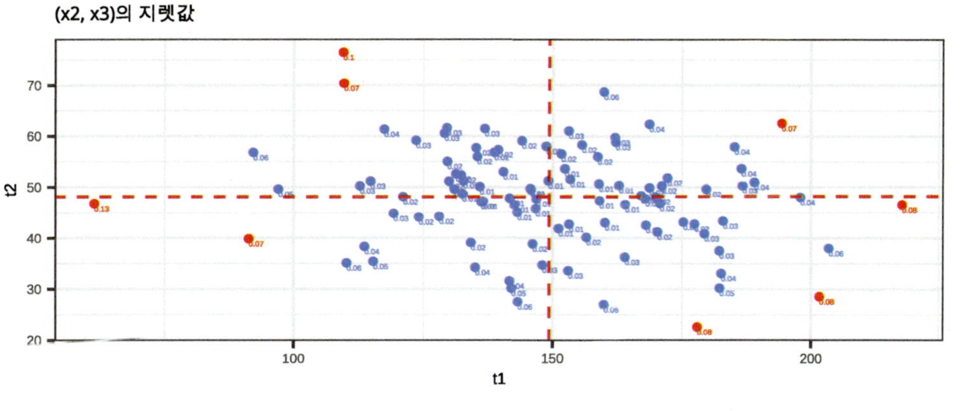

그림 3.5: (x_2, x_3)의 개별값에 대한 지렛값(Leverage Values)

practice tools 연습 13. 지렛값의 계산 <practice_m1.csv>

변수 선택을 통한 후보 모형 (x_2, x_3)에 대한 지렛값을 계산하고 높은 지렛값 L을 선별한다.

지렛값의 계산

hatvalues(object)는 지렛값을 반환한다.

```
final <- lm(y ~ x2 + x3, data = data_m1)
x_23_hat <- hatvalues(final)
h_bar <- mean(x_23_hat)
L <- x_23_hat > 2 * h_bar                        # L 확인
L_23 <- data_m1[L, ]                             # 데이터 추출
L_23
```

```
#      x1    x2   x3    x4     y
# 6  65.9 194.4 62.5 131.1 350.0
# 17 71.6 218.1 46.4 143.7 316.2
# 30 66.8 201.8 28.5 133.3 153.1
# 40 59.8 178.2 22.6 119.3  91.9
# 52 37.6 109.8 70.4  75.7 281.0
# 77 37.9 109.7 76.4  76.4 311.9
# 78 29.8  91.5 39.8  59.7  30.0
# 95 21.2  61.4 46.8  42.4  60.9
```

영향점(Influential Points)이란 회귀 계수의 추정량($\hat{\beta}$) 그리고/또는 오차 분산의 추정값(s_e^2)에 큰 영향을 주는 관찰값을 말한다. 실제로 어떤 관찰값이 높은 지렛값을 갖거나 이상점이라고 해서 반드시 영향점으로 분류되는 것은 아니다.

영향 진단 척도(Influential Measures)

- Cook's Distance

$$D_i > \frac{3.67}{n-p} \quad \text{여기서} \quad D_i = \frac{1}{p} r_i^2 \frac{h_i}{1-h_i}$$

  - 지렛값과 표준화 잔차의 함수이며, $\hat{\beta}$에 대한 영향을 진단한다.

- DFBETAS

$$DFBETAS_{j|i} > \frac{2}{\sqrt{n}}$$

여기서

$$\text{DFBETAS}_{j|i} = \frac{\hat{\beta}_j - \hat{\beta}_{j(i)}}{s_{e_{(i)}}\sqrt{(X^\top X)^{-1}_{jj}}} = \frac{c_{ji}e_i}{s_{e_{(i)}}\sqrt{1-h_i}}$$ 여기서 c_{jl}는 $(X^\top X)^{-1}$ (j,l)의 원소

- 개별 회귀 계수 $\hat{\beta}_j$에 대한 영향을 진단한다.

- DFFITS

$$DFFITS_i > 2 \times \frac{\sqrt{(p+1)}}{(n-p-1)}$$

여기서

$$\text{DFFITS}_i = \frac{e_i\sqrt{h_i}}{s_{e_{(i)}}\sqrt{1-h_i}}$$

- 추정된 반응값 $\hat{y}_j$에 대한 영향을 진단한다.

- COVRATIO

$$|\ \text{COVRATIO}_i - 1\ | \geq \frac{3p}{n}$$

여기서

$$\text{COVRATIO}_i = \frac{\det\left(\text{COV}\left(\hat{\beta}_{(i)}\right)\right)}{\det(\text{COV}(\hat{\beta}))} = \frac{1-h_i}{\left(1-\frac{h_i e_i^2}{s_e^2(1-h_i)}\right)^p}$$

- $COV(\hat{\beta})$에 대한 영향을 진단한다.

practice tools 연습 14. 영향 진단 척도의 계산 <practice_m1.csv

변수 선택에 의한 모형 (x_2, x_3)의 영향 진단 척도를 고려해 본다.

car:: 패키지 - 다양한 영향 진단 척도를 제공

- dfbeta(object) 는 DFBETAS를 반환한다.
- dffits(object) 는 DFFITS를 반환한다.
- cooks.distance(object) 는 Cook's Distance를 반환한다.
- covratio(object) 는 COVRATIO를 반환한다.

```
library(car)
final <- lm(y ~ x2 + x3, data = data_m1)
# 영향 진단 척도 계산
cooks_d <- cooks.distance(final)
dfbetas_vals <- dfbetas(final)
```

```r
dffits_vals <- dffits(final)
covratio_vals <- covratio(final)
#
influence_all <- data.frame(
  Observation = 1:length(cooks_d),
  Cooks_Distance = cooks_d,
  DFBETAS_x2 = dfbetas_vals[, "x2"],
  DFBETAS_x3 = dfbetas_vals[, "x3"],
  DFFITS = dffits_vals,
  COVRATIO = covratio_vals
)

head(influence_all)
```

```
#   Observation Cooks_Distance DFBETAS_x2 DFBETAS_x3  DFFITS COVRATIO
# 1           1       0.001074    -0.0347   -0.00642 -0.0565     1.04
# 2           2       0.000107    -0.0115   -0.00505 -0.0178     1.05
# 3           3       0.000897    -0.0250    0.01381  0.0517     1.04
# 4           4       0.010645    -0.1587   -0.01764  0.1784     1.06
# 5           5       0.022456     0.0219    0.21554 -0.2610     1.00
# 6           6       0.006389    -0.1032   -0.09367 -0.1379     1.10
```

다음은 영향 진단 기준에 의하여 분류된 데이터를 추출하는 방법이다. 이를 이용하면, 다양한 영향 진단 조건을 동시에 적용할 수 있다. 주어진 코드는 영향 진단 기준에 1개라도 해당하면 분류하도록 작성되었다. 이를 수정하여 원하는 영향 진단 조건의 조합을 반영할 수 있다.

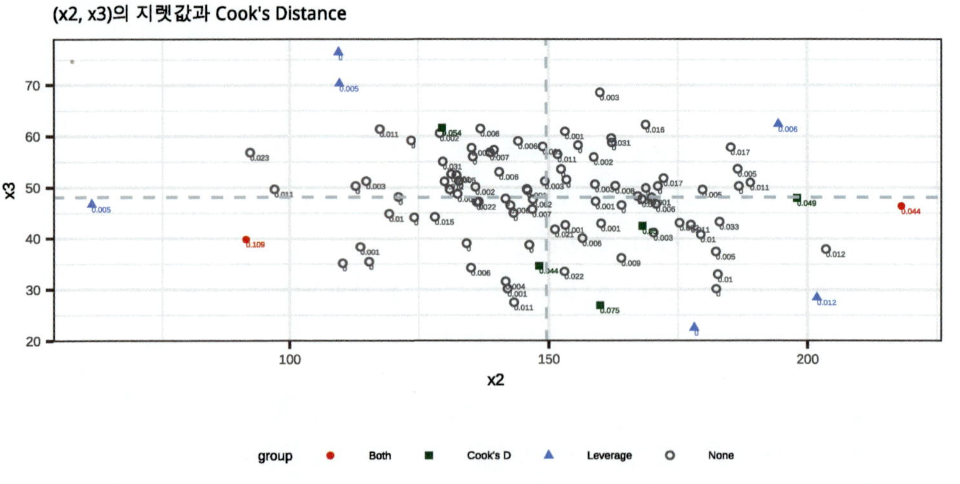

그림 3.6: High Leverage와 Cook's Distance

[그림 3.6]은 설명 변수들만 고려하는 지렛값과 회귀 계수에 전반적인 영향을 진단하는 Cook's Distance를 동시에 고려하여 시각화한 것이다. 지렛값과 Cook's Distance 모두에서 진단된 관찰값(빨간색 원), 지렛값에서만 진단된 관찰값(파란색 삼각형), Cook's Distance에서만 진단된 관찰값(녹색 사각형)으로 구분하여 표기하였다.

이상점과 영향점의 시각적 표현

- ggfortify::autoplot(object)는 다양한 진단 그림을 제공한다.
  - which를 이용하여 특정 진단 그림을 선택할 수 있다.

```
library(ggfortify)
autoplot(final,
         which = 1:6,                     # c(1, 2, 3, 5) 등으로 선택
         ncol = 2,
         label.size = 1)
```

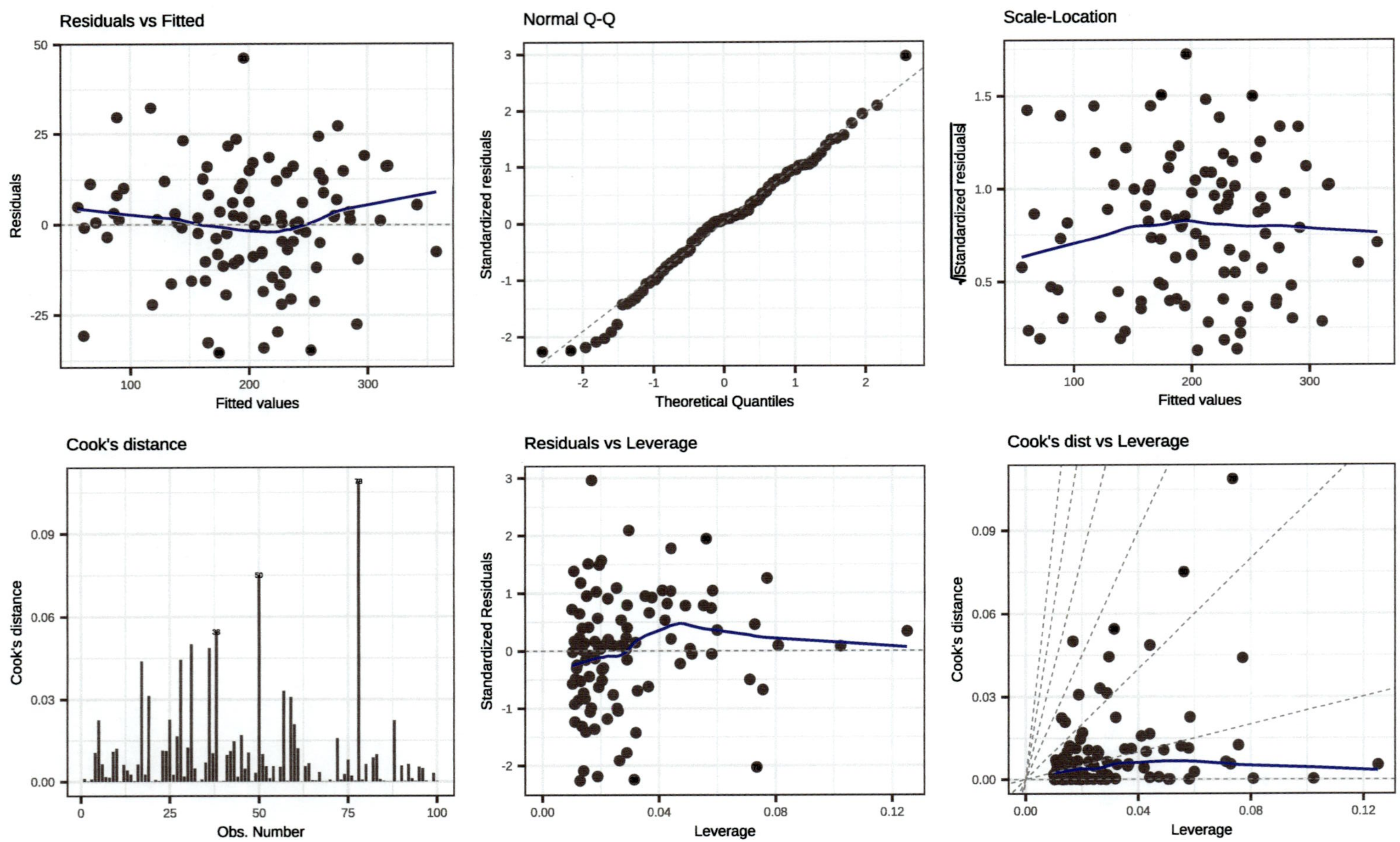

그림 **3.7:** ggfortify::autoplot()의 진단 그림

[그림 3.7]의 각 진단 그림의 번호와 해석 방법은 [표 3.7]과 같다.

표 3.7: Autoplot()의 잔차 진단 그림의 해석

번호	그림 이름	목적	기준	비고
1	Residuals vs Fitted	등분산성	잔차가 0을 중심으로 랜덤 패턴	비대칭성 또는 특정 패턴시 모형 개선
2	Normal Q-Q	정규성	점과 기준선의 밀접성	양 끝 부분의 이탈 시 비정규성 가능
3	Scale-Location	등분산성	랜덤 패턴	선형 패턴 또는 증가형이면 등분산성 위배
4	Cook's Distance	회귀 계수 전반의 영향	값이 기준보다 관찰값 선별	영향점 실무 해석 필요
5	Residuals vs Leverage	관계 파악	지렛값과 잔차가 동시에 큰 관측값 선별	영향점 가능성 높음
6	Cook's D vs Leverage	관계 파악	지렛값과 Cook's D가 동시에 큰 관측값	모형에 큰 영향

영향 진단 척도의 실무적 활용

실무에서 모든 영향 진단 척도를 반영하여 해석하는 것은 현실적으로 가능하지 않다. 따라서, 다음의 절차를 고려하여 단계적으로 영향 진단을 적용하는 것을 추천한다.

영향 진단 척도의 활용

[1] Cook's Distance로 전체적으로 모형에 큰 영향을 미치는 관찰값을 우선적으로 식별한다.

[2] 분석 목적에 따라 다음의 보조 척도를 단계적으로 적용한다.

[2-1] 회귀 계수 해석 중심

- [1]에서 선별된 관찰값의 DFBETAS로 개별 회귀 계수의 변화를 평가한다.

[2-2] 반응값 추정 중심

- [1]에서 선별된 관찰값의 DFFITS로 추정된 반응값의 변화를 평가한다.

진단 후 대책

- 탐지된 영향점의 입력 오류 또는 데이터 수집상의 문제를 검토하고, 실무적으로 각 영향점의 타당성을 평가한다.
- 영향점의 자동 제거는 바람직하지 않고, 그 이유를 확인한 후 필요에 따라 제거, 수정 또는 보완 방법을 고려한다.

이를 구현할 수 있는 사용자 정의 함수는 다음과 같다.

사용자 정의 함수 step_influence()

```
step_influence <- function(model, data, coeff = FALSE, response = FALSE) {

  if (!requireNamespace("car", quietly = TRUE)) {
    install.packages("car")
  }
  require(car)

  n <- nrow(data)
  p <- length(coef(model)) - 1

  # Cook's Distance
  cooks_d <- cooks.distance(model)
  cook_threshold <- 3.67 / (n - p)
  L_cooks <- cooks_d > cook_threshold

  # 지렛값
```

```
  H <- model.matrix(model) %*%
   solve(t(model.matrix(model)) %*%
          model.matrix(model)
         ) %*%
   t(model.matrix(model))

  h_bar <- mean(diag(H))
  L_leverage <- diag(H) > 2 * h_bar

  # DFBETAS
  if (coeff) {
    dfbetas_vals <- dfbetas(model)
    dfbetas_threshold <- 2 / sqrt(n)
    L_dfbetas <- apply(dfbetas_vals, 1, function(x) any(abs(x) > dfbetas_threshold))
  } else {
    L_dfbetas <- rep(FALSE, n)
  }

  # DFFITS
  if (response) {
    dffits_vals <- dffits(model)
    dffits_threshold <- 2 * sqrt((p + 1) / (n - p - 1))
    L_dffits <- abs(dffits_vals) > dffits_threshold
  } else {
    L_dffits <- rep(FALSE, n)
  }

  # 조건별 선택(조정 가능)
  L_final <- L_cooks | L_leverage | L_dfbetas | L_dffits

  # 영향점 데이터 추출
  influential_data <- data[L_final, ]

  #
  model_vars <- attr(terms(model), "term.labels")
  influential_data <- influential_data[, c(model_vars, "y"), drop = FALSE]

  #
  return(list(influential_data = influential_data, model_vars = model_vars))
}
```

```r
final <- lm(y ~ x2 + x3, data = data_m1)
result <- step_influence(final, data_m1, coeff = TRUE, response = TRUE)

head(result$influential_data)
```

```
#       x2   x3     y
# 5  153.1 33.6  96.3
# 6  194.4 62.5 350.0
# 17 218.1 46.4 316.2
# 19 162.1 59.7 263.2
# 25  92.3 56.8 180.8
# 28 148.1 34.7 149.8
```

또한 변수 선택에서의 모든 후보 모형에서 공통적으로 진단되는 영향점을 검토해 볼 수 있다. 만일 후보 모형 모두에서 영향점으로 진단된다면, 이는 현상을 설명하는데 중요한 관찰값일 가능성이 높다.

```r
final1 <- lm(y ~ x2 + x3, data = data_m1)
final2 <- lm(y ~ x1 + x3, data = data_m1)

result1 <- step_influence(final1, data_m1, coeff = TRUE, response = TRUE)
result2 <- step_influence(final2, data_m1, coeff = TRUE, response = TRUE)

common_in <- inner_join(result1$influential_data, result2$influential_data,
                        by = c( "x3", "y")
                        )

common_in <- common_in %>%
  select(y, everything())

head(common_in)
```

```
#     y    x2   x3   x1
# 1 350 194.4 62.5 65.9
# 2 316 218.1 46.4 71.6
# 3 263 162.1 59.7 54.6
# 4 181  92.3 56.8 30.5
# 5 150 148.1 34.7 49.5
# 6 153 201.8 28.5 66.8
```

선택된 데이터는 통계적 기준에 의하여 영향점으로 분류된 데이터이다. 이는 실무적으로 현상을 올바로 이해하고 설명하기 위한 중요한 기준을 제공할 수 있다. 따라서, 통계적 이유만으로 제거되지 말아야 한다.

3.7 추정된 회귀선의 활용 Predict Response

다중 회귀 분석에서 적절한 설명 변수의 선택, 다중 공선성의 진단 그리고 개별적인 회귀 계수의 추정과 타당성이 확인되었다면, 추정된 회귀식은 데이터 전체 영역에서의 패턴을 요약하고, 특정 설명 변수 값에서의 반응값 $\hat{y}(x_1, x_2, \ldots, x_k)$을 예측하는데 활용된다. 이때 유용한 구간 추정의 결과로 특정 설명 변수에서의 평균 반응값에 대한 $(1-\alpha)100\%$ 신뢰 구간 그리고 새로운 설명 변수 관찰값에 대한 반응값의 $(1-\alpha)100\%$ **예측 구간**을 들 수 있다. 일반적으로 계산된 **예측 구간**(prediction interval)은 신뢰 구간(confidence interval) 보다 넓거나 같다. 다중 회귀 분석에서 설명 변수의 모든 가능한 값에 대하여 이러한 구간을 구하는 것은 현실적으로 어려우므로, 대신 특정 지점에서의 신뢰 영역(Confidence Region)과 예측 영역(Prediction Region)을 고려할 수 있다.

평균 반응값 $\hat{y}(x_0)$의 구간 추정: $(1-\alpha)100\%$ 신뢰 구간

$$\hat{y}(x_0) \pm t_{\alpha/2}(n-p) \cdot s_e \sqrt{x_0^\top \left(X^\top X\right)^{-1} x_0},$$

여기서 $x_0 = (x_{01}, x_{02}, \ldots, x_{0k})$는 주어진 모형의 설명 변수의 값

$\hat{y}(x_0)$의 $(1-\alpha)100\%$ 신뢰 구간 도출

- $x_0 = (x_{01}, x_{02}, \ldots, x_{0k})$ 에서 반응 변수의 예측값

$$\hat{y} = X\hat{\beta} \quad \leftrightarrow \quad \hat{y}(x_0) = x_0^\top \hat{\beta}$$

- 예측값 $\hat{y}(x_0)$ 의 평균, 분산 그리고 분포

$$E(\hat{y}(x_0)) = x_0^\top \beta \quad \text{그리고} \quad \text{Var}(\hat{y}(x_0)) = \sigma^2 x_0^\top \left(X^\top X\right)^{-1} x_0$$

따라서

$$\hat{y}(x_0) \sim N\left(x_0^\top \beta,\ \sigma^2 x_0^\top \left(X^\top X\right)^{-1} x_0\right)$$

- $\hat{y}(x_0)$ 의 표준화 분포

$$\frac{\hat{y}(x_0) - E(\hat{y}(x_0))}{\sqrt{\text{Var}(\hat{y}(x_0))}} = \frac{\hat{y}(x_0) - x_0^\top \beta}{\sigma \sqrt{x_0^\top \left(X^\top X\right)^{-1} x_0}} \sim N(0,1)$$

- 오차 분산 σ^2 의 추정

$$\hat{\sigma}^2 = s_e^2 = \frac{\text{SSE}}{n-p} = \frac{\sum_{i=1}^{n}(y_i - \hat{y}_i)^2}{n-p} \quad \text{그리고} \quad \frac{(n-p)s_e^2}{\sigma^2} \sim \chi^2_{n-p}$$

- $\hat{y}(x_0)$ 의 표준 오차

$$SE(\hat{y}(x_0)) = s_e\sqrt{x_0^\top (X^\top X)^{-1} x_0}$$

- $\hat{y}(x_0)$ 의 표본 분포

  t-분포의 정의 $T = \frac{Z}{\sqrt{\frac{\chi^2_{df}}{df}}} \sim t(df)$ 를 이용하면 다음이 성립한다.

$$T = \frac{\hat{y}(x_0) - x_0^\top \beta}{SE(\hat{y}(x_0))} = \frac{\hat{y}(x_0) - x_0^\top \beta}{s_e\sqrt{x_0^\top (X^\top X)^{-1} x_0}} \sim t(n-p)$$

- $\hat{y}(x_0)$ 의 $(1-\alpha)100\%$ 신뢰 구간

$$\hat{y}(x_0) \pm t_{\alpha/2}(n-p) \cdot s_e\sqrt{x_0^\top (X^\top X)^{-1} x_0}$$

  여기서 $t_{\alpha/2}(n-p)$ 는 자유도 $n-p$ 를 가진 t-분포의 $\alpha/2$ 임계값이다.

□

새로운 반응값 $\hat{y}_{new}$에 대한 반응값의 구간 추정: $(1-\alpha)\%$ 예측 구간

$$\hat{y}_{new} \pm t_{\alpha/2}(n-p) \cdot s_e\sqrt{1 + x_0^\top (X^\top X)^{-1} x_0}$$

새로운 반응값 $\hat{y}_{new}$의 $(1-\alpha)100\%$ 신뢰 구간을 도출해 보세요.

- 새로운 반응값$\hat{y}_{new}$ 의 평균, 분산 그리고 분포

  $x_0 = (x_{01}, x_{02}, \ldots, x_{0k})$ 에서 새로운 반응값 $\hat{y}_{new}$ 는 $\hat{y}(x_0)$ 를 이용하여 다음과 같이 표현할 수 있다.

$$\hat{y}_{new} = \hat{y}(x_0) + \epsilon_0$$

  따라서 이의 평균과 분산은 다음과 같다.

$$E(\hat{y}_{new}) = x_0^\top \beta \quad \text{그리고} \quad \text{Var}(\hat{y}_{new}) = \sigma^2\left(1 + x_0^\top (X^\top X)^{-1} x_0\right)$$

  따라서

$$\hat{y}_{new} \sim N\left(x_0^\top \beta, \sigma^2\left(1 + x_0^\top (X^\top X)^{-1} x_0\right)\right)$$

- $\hat{y}_{new}$ 의 표준화 분포

$$\frac{\hat{y}_{\text{new}} - E(\hat{y}_{\text{new}})}{\sqrt{\operatorname{Var}(\hat{y}_{\text{new}})}} = \frac{\hat{y}_{\text{new}} - x_0^\top \beta}{\sigma\sqrt{1 + x_0^\top (X^\top X)^{-1} x_0}} \sim N(0,1)$$

- 오차 분산의 추정: $\hat{\sigma}^2 = s_e^2$

$$\hat{\sigma}^2 = s_e^2 = \frac{SSE}{n-p} = \frac{\sum_{i=1}^n (y_i - \hat{y}_i)^2}{n-p} \quad \text{그리고} \quad \frac{(n-p)s_e^2}{\sigma^2} \sim \chi^2_{n-p}$$

- $\hat{y}_{new}$ 의 표준 오차

$$SE(\hat{y}_{new}) = s_e\sqrt{1 + x_0^\top (X^\top X)^{-1} x_0}$$

- $\hat{y}_{new}$ 의 표본 분포

  t-분포의 정의 $T = \frac{Z}{\sqrt{\frac{\chi^2_{df}}{df}}} \sim t(df)$ 를 이용하면 다음이 성립한다.

$$T = \frac{\hat{y}_{\text{new}} - x_0^\top \beta}{SE(\hat{y}_{\text{new}})} = \frac{\hat{y}_{\text{new}} - x_0^\top \beta}{s_e\sqrt{1 + x_0^\top (X^\top X)^{-1} x_0}} \sim t(n-p)$$

- $\hat{y}_{\text{new}}$ 의 $(1-\alpha)100\%$ 예측 구간

$$\hat{y}_{new} \pm t_{\alpha/2}(n-p) \cdot s_e\sqrt{1 + x_0^\top (X^\top X)^{-1} x_0}$$

  여기서, $t_{\alpha/2}(n-p)$ 는 자유도 $n-p$ 를 가진 t-분포의 $\alpha/2$ 임계값이다.

□

□

practice tools 연습 15. 반응 변수 값의 예측 <practice_m1.csv>

[연습 9]에서는 개별 회귀 계수의 구간 추정에 대하여 알아보았다. 여기서는 반응 변수의 값의 예측에서 활용할 수 있는 구간 추정 방법을 알아 본다.

반응 변수의 예측값에 대한 구간 추정

- `predict(object, newdata, interval, level)`을 이용하여 점추정, 구간 추정을 실행한다.
  - `newdata`에 예측을 원하는 설명 변수값을 지정한다.
    단, 모형에서와 동일한 수의 설명 변수를 지정해야 한다.
  - `interval = c("none", "confidence", "prediction")` 중의 하나를 지정한다.
    `confidence`는 `newdata` x_0 에서의 $\hat{y}(x_0)$ 의 신뢰 구간 그리고 `prediction`은 $\hat{y}_{new}$ 의 예측 구간을 반환한다.

```
x0 <- data.frame(x1 = 30, x2 = 150, x3 = 60, x4 = 130)
predict(model_m1, newdata = x0)                                    # 점 추정
```

```
#    1
# 67.9
```

전체 모형 y ~ x1 + x2 + x3 +x4를 적합한 모형에서 새로운 관찰값 x0에서의 반응 변수 y의 평균에 대한 점 추정 값은 67.9이다. 이는 현재 수집된 데이터만을 반영하는 것으로 표본 오차를 반영하지 못한다. 따라서, 이는 비슷한 다른 표본에서 재현될 가능성이 낮아 유용성이 떨어질 수 있다. 이러한 점을 보완하기 위해, 표본 오차를 반영한 구간 추정을 적용하여, 평균 반응값이 특정 범위 내에 있을 가능성을 제시함으로써 추정의 신뢰성을 높일 수 있다.

```
predict(model_m1, newdata = x0, interval = "confidence", level = 0.95)  # 신뢰 구간
```

```
#    fit  lwr upr
# 1 67.9 -195 331
```

전체 모형 y ~ x1 + x2 + x3 +x4를 적합한 모형에서 새로운 관찰값 x0에서의 반응 변수 y의 95% 신뢰 구간은 [-195, 331]이다. 즉, 새로운 관찰값 x0에서의 평균 반응값 $\hat{y}(x_0)$는 95% 신뢰 수준하에서 최소 -195 그리고 최대 331 사이의 값을 가질 수 있다. 이 신뢰 구간은 해당 관찰값에서 예측된 평균 반응값의 불확실성을 반영한다.

```
predict(model_m1, newdata = x0, interval = "prediction", level = 0.95)  # 예측 구간
```

```
#    fit  lwr upr
# 1 67.9 -197 333
```

전체 모형 y ~ x1 + x2 + x3 +x4를 적합한 모형에서 새로운 관찰값 x0에서의 추정된 반응 변수 $\hat{y}_{new}$의 95% 예측 구간은 [-197, 333]이다. 즉, 새로운 관찰값 x0에서 반응 변수는 95% 신뢰 수준하에서 최소 -197 그리고 최대 333 사이의 값을 가질 가능성이 높다. 이 예측 구간은 평균 반응값에 대한 신뢰구간 보다 항상 넓거나 같으며, 이는 새로운 관찰값에서의 추가적인 불확실성이 반영되기 때문이다.

4 통계적 교정 Transformation

단순한 모형은 예측력과 해석 가능성을 높인다.

선형 회귀 분석은 다양한 통계적 가정 하에서 알려지지 않은(unknown) 관계를 모형화하는 것이다. 이는 이미 잘 알려진 관계에 대한 데이터 적합도를 확인하는 것과는 목적이 다르며, 다양한 통계적 가정의 만족 여부가 그 유용성을 결정한다. 선형 회귀 모형의 통계적 가정 중 일부가 만족하지 못하는 경우, 데이터 자체에 입력 오류가 없고 여러 현상의 혼합(mixed)된 데이터를 수집하지 않았다는 전제 하에서 다양한 통계적 교정(Transformation)을 시도해 볼 수 있다.

통계적 교정 방법이 항상 문제를 해결하는 것은 아니지만, [제 5 장]과 [제 6 장]의 선형 모형의 확장(예: 다항 회귀 또는 비선형 회귀 등)을 적용하기 전에 반드시 고려해야 한다. 통계적 교정은 모형의 확장과 비교할 때, (1) 모형의 단순성을 유지하여 통계적 추정의 정밀도를 높이고 (2) 추정된 회귀 계수의 해석 가능성을 보장할 수 있기 때문이다. 아래는 선형 회귀 모형에서의 통계적 가정, 가정 위배 시 나타나는 현상 그리고 분석 결과에서의 문제점에 대한 설명이다.

선형 회귀 모형의 통계적 가정과 위배시 현상과 문제점

가정	현상과 문제점
[공통] 선형성	반응 변수와 설명 변수(들)가 비선형 관계
	- 회귀 계수 왜곡, 예측력 저하 등
[공통] 독립성	잔차들 사이에 일정한 자기상관 존재
	- 표준 오차 왜곡, 유의성 검정 부정확 등
[공통] 등분산성	잔차의 분산이 설명 변수의 값에 따라 서로 다름
	- 구간 추정과 유의성 검정 부정확 등
[공통] 정규성	잔차가 정규 분포에 위배됨
	- 구간 추정과 유의성 검정 부정확 등
[다중] 다중 공선성	설명 변수들 간에 강한 선형 관계 존재
	- 추정된 회귀 계수 불안정 및 해석 불가 등

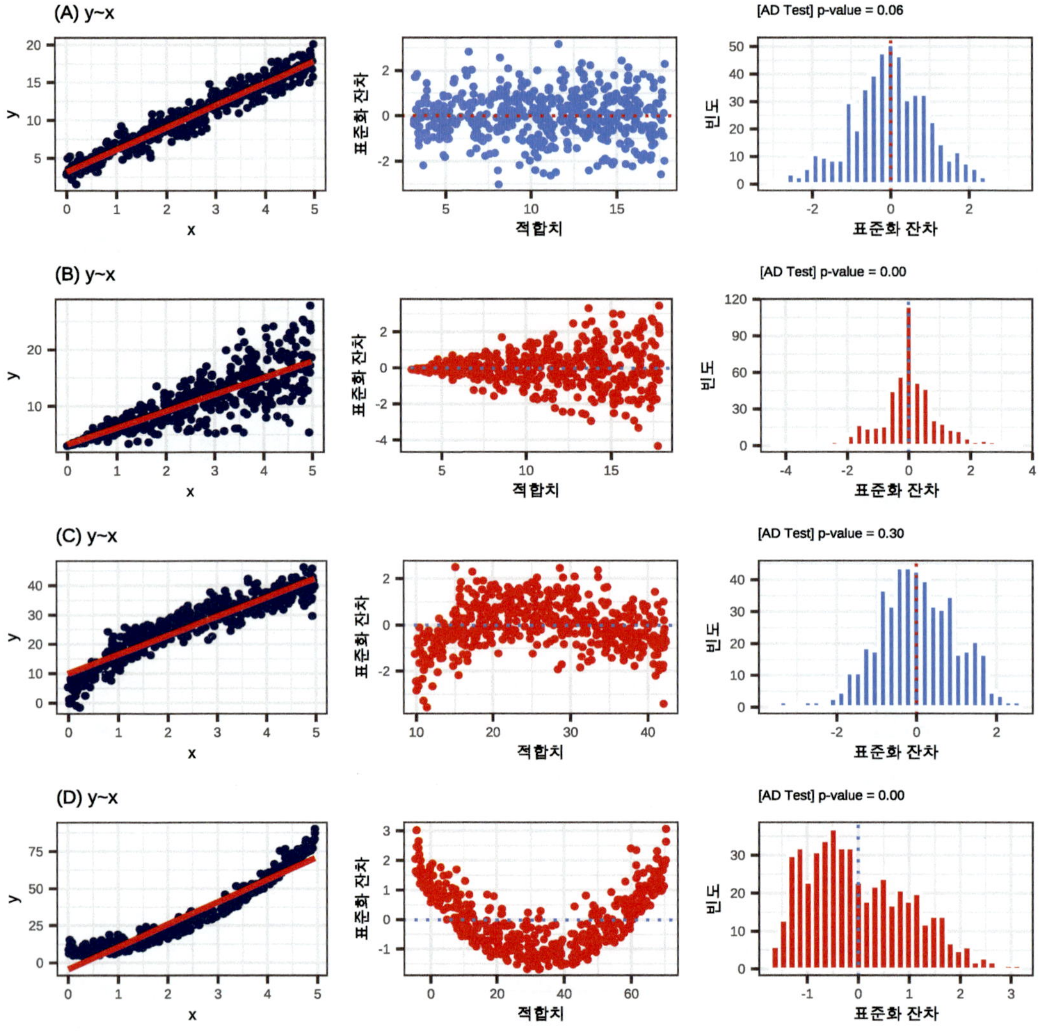

그림 4.1: 다양한 데이터에 대한 선형 회귀분석의 결과

[그림 4.1]은 회귀 분석을 통한 적합 결과와 잔차에 대한 등분산성 그리고 정규성 진단 결과를 보여준다. (A)의 경우에는 선형 모형이 적절하고, 등분산성과 정규성이 모두 만족하는 경우이다. 일부 이상점과 영향점에 대해서는 추가 검토가 필요하다. (B)의 경우에는 선형성은 만족하지만, 등분산성과 정규성이 위배된 경우이다. 등분산성의 위배가 정규성 여부와 이상점 진단에 영향을 줄 수 있음을 보여 준다. (C)는 선형성의 가정이 적절하지 않으며, 이는 회귀 적합 그림보다 등분산성 진단 그림에서 보다 명확하게 확인할 수 있다. 등분산성이 위배되었다고 해서 정규성이 위배되는 것은 아니라는 것을 보여 준다. (D)의 경우에도 선형성의 가정이 적절하지 않고, 등분산성과 정규성이 모두 위배되었다. 이 예제를 통하여 (1) 통계적 가정은 개별적으로 진단해야 하며 (2) 이상점과 영향점 진단은 최종 모형을 결정한 후 검토해야 함을 확인할 수 있다. [그림 4.1]에서의 통계적 가정의 위배 여부를 정리하면 [표 4.2]와 같다. 대표적인 통

계적 교정 방법으로 반응/설명 변수 변환, 분산 안정화 변환(Variance Stabilizing Transformations; VST) 그리고 박스-칵스(Box-Cox) 변환을 들 수 있다. 독립성 여부는 데이터의 수집 단계에서 결정되며, 만일 독립성이 위배된다면, 독립성을 요구하지 않는 다른 통계 모형, 예를 들어, 시계열 분석(Timeseries Analysis) 또는 일반화 선형 모형(Generalized Linear Models) 등을 적용해야 한다[1].

표 **4.2:** [그림 4.1]의 결과에 대한 통계적 가정의 위배 여부와 통계적 교정 방법

사례	선형성	등분산성	정규성
A	O	O	O
B	O	X	X
C	X	X	O
D	X	X	X
교정	변수 변환	분산 안정화 변환	Box-Cox 변환

4.1 변수 변환 Transformation of y and/or x

반응 변수와 설명 변수 간에 선형 관계를 가정하기 어려운 경우가 있다. 예를 들어, 도시 규모에 따른 인구 유입량, 광고비에 따른 매출액, 비료 투입량에 따른 수확량 등은 경험적으로 선형 관계가 아니라고 알려져 있다. 이러한 경우, (1) 반응 변수 (2) 설명 변수(들) 또는 (3) 반응 변수와 설명 변수(들)에 대해 변수 변환(Variable Transformation)을 고려할 수 있다. 이때, 제곱근(square root), 로그(log), 지수(exponential) 함수와 같은 간단하고 단조 증가 또는 감소하는 함수를 적용하여 선형성을 확보할 수 있다. 일반적으로, 선형성이 교정되면 나머지 통계적 가정들도 일부 개선된다. 이는 올바른 모형의 선택이 통계적 가정에 긍정적인 영향을 미친다는 점을 간접적으로 증명한다.

[그림 4.2]는 다음은 반응 변수인 'mpg(miles per gallon)와 설명 변수인 hp(horse power)에 대한 선형 회귀 분석 결과이다[2]. (A)는 변환을 적용하지 않은 상태로, 선형성을 만족하지 않는다. (B)는 반응 변수에 log() 변환을 적용한 경우로, 선형성과 등분산성이 일부 개선되었으나, 그 정도가 충분하지 않다. 마지막으로, (C)는 반응 변수와 설명 변수 모두에 log() 변환을 적용한 결과로, (A)에서의 비선형성과 등분산성이 충분히 개선되었음을 확인할 수 있다. 일반적으로 반응변수의 변환을 우선 고려하지만, 설명 변수의 변환 역시 통계적 가정을 교정하는데 도움이 되는 것을 확인할 수 있다.

[1] 더빈-왓슨(Durbin-Watson) 검정을 통해 1차 자기 상관(autoc orrelation)의 존재 여부는 확인할 수 있지만, 이것이 데이터의 완전한 독립성을 보장하는 것은 아니다. 1차 자기 상관이 없다는 것은 인접한 관찰값들 간에 특정한 형태의 상관이 없음을 의미하지만, 데이터의 모든 관측치들이 서로 독립적이라는 것을 의미하지는 않는다. 즉, 1차 자기 상관이 없다고 해서 데이터가 완전히 독립적이라고 주장할 수는 없다.

[2] 여기서는 **R**의 내장 데이터 mtcars를 사용하였다. 이와 유사하게 차량의 특징과 연비를 고려한 데이터는 <https://archive.ics.uci.edu/dataset/9/auto+mpg>에서 추가로 다운로드 할수 있다.

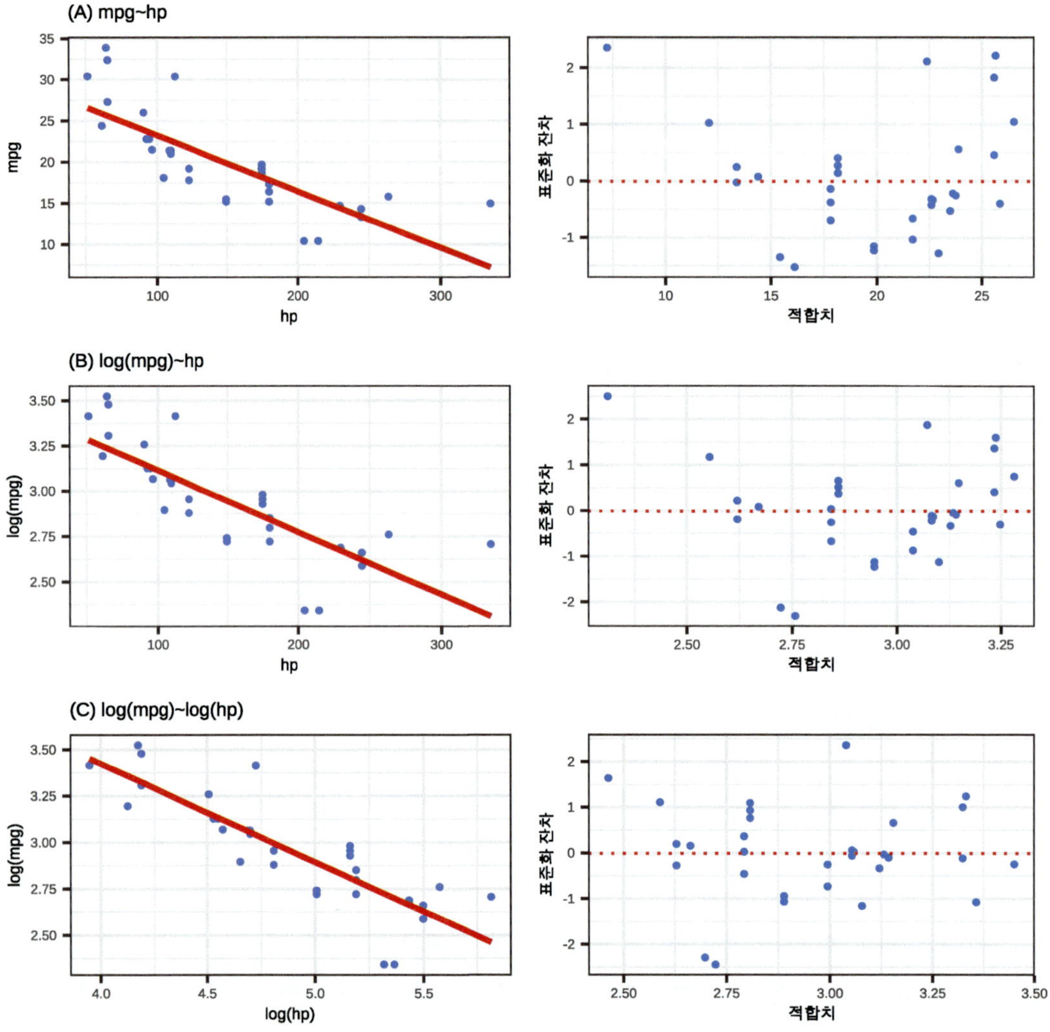

그림 4.2: 반응 변수 그리고/또는 설명 변수에 대한 변수 변환 결과

R에서는 기본 함수를 사용하여 간단하게 변수 변환을 실행할 수 있다. 다음은 [그림 4.2]의 (C)를 위한 변수 변환과 회귀 적합 그리고 예측값과 구간 추정 결과를 추출하는 방법이다.

```
data(mtcars)
mpg_new <- log(mtcars$mpg)                              # 로그 변환
hp_new <- log(mtcars$hp)
model_new <- lm(mpg_new ~ hp_new)
predicted_new <- predict(model_new,                     # 예측값과 신뢰 구간 계산
                         interval = "confidence")
head(predicted_new, 3)
```

```
#    fit  lwr  upr
# 1 3.05 2.99 3.12
# 2 3.05 2.99 3.12
# 3 3.14 3.07 3.22
```

변환된 변수 값을 이용하여 회귀 분석을 수행한 후, 실무적 해석을 위해 역 변환(inverse transformation)을 적용해야 한다. 역변환은 적합치와 구간 추정 결과에 적용되어, 원 데이터에서의 현상을 설명하는 데 사용된다. 그 방법은 다음과 같다.

```
predicted_org <- exp(predicted_new)                        # 역변환

results <- data.frame(                                      # 결과 정리
  hp = mtcars$hp,
  mpg_predicted = predicted_org[, "fit"],
  lower_confidence = predicted_org[, "lwr"],
  upper_confidence = predicted_org[, "upr"]
)
head(results, 3)
```

```
#    hp mpg_predicted lower_confidence upper_confidence
# 1 110          21.2             19.9             22.6
# 2 110          21.2             19.9             22.6
# 3  93          23.2             21.5             24.9
```

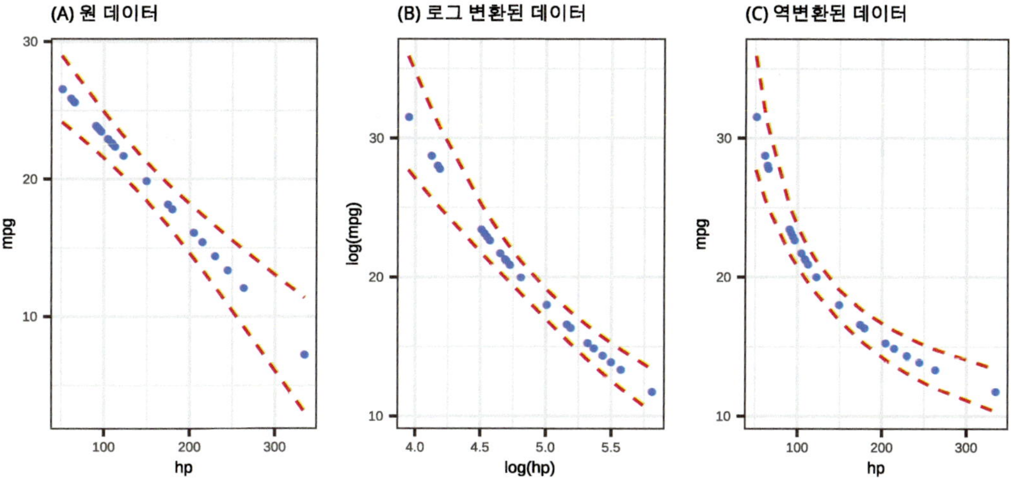

그림 4.3: 변환된 회귀 분석 결과와 역변환

예를 들어, [그림 4.2]에서 (A)에서 (C)로 변환된 경우를 역변환하면 [그림 4.3]과 같다. 여기서 (A)는 반응 변수와 설명 변수를 변환하기 전의 추정값과 신뢰 구간 (B)는 반응 변수와 설명 변수에 log 변환을 적용한 후의 추정값과 신뢰 구간 그리고 (C)는 (B)로부터 역변환된 결과를 보여준다.

변수 변환을 통해 비선형성을 갖는 데이터의 선형성을 달성하면, 역변환된 예측값이 원래 데이터의 특성을 더 잘 반영할 수 있다. 또한, 역변환에 의하여 추정한 예측값의 신뢰 구간이 더 좁게 나타난다면, 이는 예측의 정밀성이 더 높아졌음을 의미한다.

□

단순 회귀 모형의 경우, 반응 변수와 설명 변수의 변수 변환 함수는 산점도를 통해 대략적인 패턴을 확인할 수 있으며, 다중 회귀 모형의 경우 잔차 진단 그림으로 판단할 수 있다. 일반적으로 선형성의 위배는 잔차 대 적합치(Residuals vs Fitted) 그림에서 가장 명확하게 나타난다. 또한, 자주 사용되는 변수 변환으로 역수(reciprocal) 변환을 들 수 있다. 이는 설명 변수가 증가하거나 감소하면서 반응 변수도 일정한 값으로 수렴하는 데이터 구조에서 특히 유용하다.

practice tools 연습 16. 풍력 전기 생산량 모형화 <wind.velocity.csv>

다음은 풍력 발전기의 입력(wvelocity)와 저장 출력(dc.a, dc.b)을 기록한 것이다. 회귀 분석을 통하여 이를 모형화하고자 한다.

데이터 로딩

```
data_dc <- read.csv(paste0(data_path, "wind.velocity.csv"))
str(data_dc)
```

```
# 'data.frame': 117 obs. of  4 variables:
#  $ id       : int  1 2 3 4 5 6 7 8 9 10 ...
#  $ wvelocity: num  5.27 4.89 5.07 5.13 5.08 ...
#  $ dc.a     : num  1.51 1.51 1.59 1.53 1.58 ...
#  $ dc.b     : num  2.92 3.01 3.02 3.02 2.89 ...
```

데이터의 수는 n = 117개 이며, 총 4개의 변수가 기록되었다. 여기서 dc.a와 dc.b는 서로 다른 장비의 전기 생산량을 의미한다. 먼저 dc.a에 대하여 분석해 보기로 한다.

결측값(missing values)의 검토

- is.na()는 결측 여부를 TRUE/FALSE로 반환한다.

```r
sapply(data_dc, function(x) sum(is.na(x)))
```

```
#        id wvelocity      dc.a      dc.b
#         0         0         0         0
```

로딩된 데이터의 모든 변수에는 결측값이 없다.

시각화

```r
data_dc %>%
 ggplot(aes(wvelocity, dc.a)) +
 geom_point(color = "blue") +
 theme_bw()
```

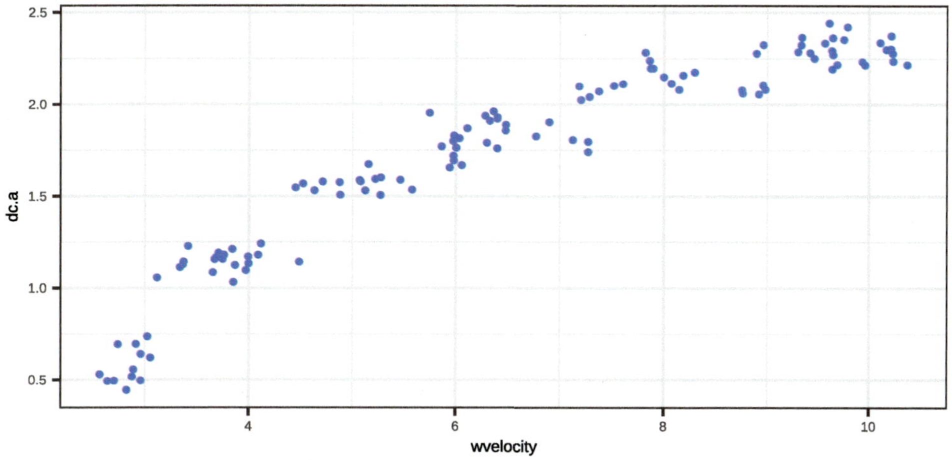

선형성이 위배되고, 각 구간별 군집은 기록되는 wvelocity의 계산 방법에 기인하는 것으로 데이터의 혼합을 의미하지 않는다.

선형 모형 적합

```r
model <- lm(dc.a ~ wvelocity, data = data_dc)          # 선형 회귀 적합
summary(model)
```

```
#
# Call:
# lm(formula = dc.a ~ wvelocity, data = data_dc)
#
# Residuals:
#      Min       1Q   Median       3Q      Max
```

```
# -0.4918 -0.1301  0.0421  0.1479  0.3909
#
# Coefficients:
#             Estimate Std. Error t value             Pr(>|t|)
# (Intercept)   0.3315     0.0505    6.56         0.0000000016 ***
# wvelocity     0.2142     0.0074   28.92 < 0.0000000000000002 ***
# ---
# Signif. codes:  0 '***' 0.001 '**' 0.01 '*' 0.05 '.' 0.1 ' ' 1
#
# Residual standard error: 0.192 on 115 degrees of freedom
# Multiple R-squared:  0.879,   Adjusted R-squared:  0.878
# F-statistic:  837 on 1 and 115 DF,  p-value: <0.0000000000000002
```

산점도에서 선형성이 위배되어 보이지만, 회귀 분석의 결과는 모형과 모든 회귀 계수가 유의하고, $R^2 = 0.88$로 상대적으로 높은 적합도를 보인다.

중요 결과 요약

```
data_dc$fitted <- fitted(model)                            # 적합치 추출
data_dc$std_residuals <- rstandard(model)                  # 표준화 잔차 추출

data_dc  %>%                                               # 회귀 적합 그림
 ggplot(aes(wvelocity, dc.a)) +
 geom_point(color = "blue", size = 0.7) +
 geom_smooth(method = lm, se = FALSE) +
 ggtitle("(A) 선형 회귀 적합")+
 theme_bw()

data_dc %>%                                               # 잔차 진단 그림
 ggplot(aes(x = fitted, y = std_residuals)) +
 geom_point(color = "blue", size = 0.7) +
 geom_hline(yintercept = 0, linetype = "dotted") +
 labs(title = "(B) 표준화 잔차 vs. 적합치",
      x = "적합치", y = "표준화 잔차") +
  theme_bw()

data_dc %>%                                               # 잔차 히스토그램
 ggplot( aes(x = std_residuals)) +
 geom_histogram(fill = "blue", color = "white") +
 geom_vline(xintercept = 0, linetype = "dotted") +
 labs(title = "(C) 잔차의 히스토그램",
       x = "표준화 잔차", y = "빈도") +
 theme_bw()
```

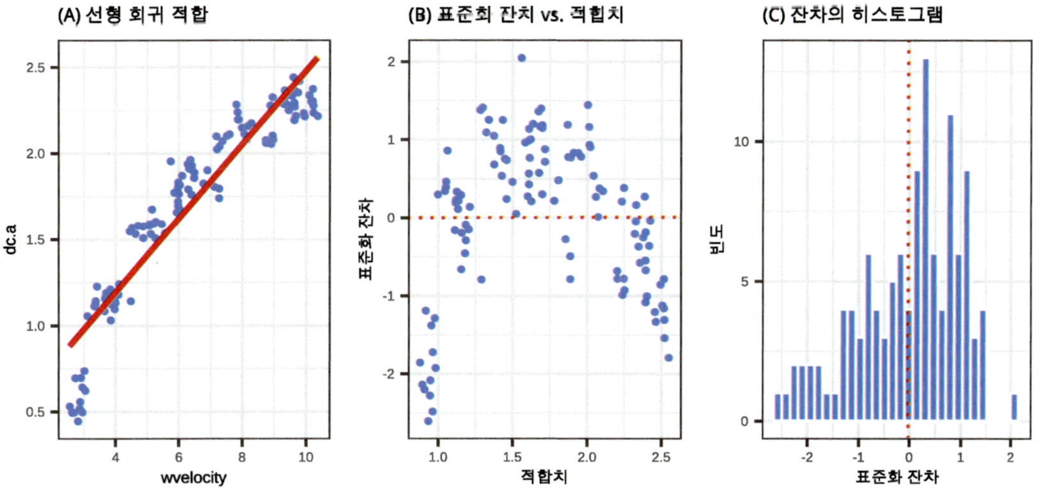

그림 4.4: 선형 회귀 적합과 중요 진단 결과

원 데이터는 선형성, 등분산성 그리고 정규성 모두 위배된다. 데이터의 형태로 볼 때, 설명 변수 wvelocity가 증가하면서 반응 변수 dc.a는 단조 증가하며, 일정 값에서 수렴하는 구조이므로 설명 변수에 역수 변환을 적용하여 회귀 적합 결과를 도출한다.

변수 변환과 선형 모형 재적합: $x^* = 1/x$

```
data_dc$inv_wvelocity <- 1 / data_dc$wvelocity          # 역수 변환
model_inv <- lm(dc.a ~ inv_wvelocity, data = data_dc)   # 변환 후 회귀 적합
summary(model_inv)
```

```
#
# Call:
# lm(formula = dc.a ~ inv_wvelocity, data = data_dc)
#
# Residuals:
#     Min      1Q  Median      3Q     Max
# -0.3038 -0.0816  0.0126  0.0646  0.2601
#
# Coefficients:
#               Estimate Std. Error t value             Pr(>|t|)
# (Intercept)      2.929      0.026   112.8 <0.0000000000000002 ***
# inv_wvelocity   -6.658      0.129   -51.6 <0.0000000000000002 ***
# ---
# Signif. codes:  0 '***' 0.001 '**' 0.01 '*' 0.05 '.' 0.1 ' ' 1
#
# Residual standard error: 0.112 on 115 degrees of freedom
```

```
# Multiple R-squared:  0.959,	Adjusted R-squared:  0.958
# F-statistic: 2.67e+03 on 1 and 115 DF,  p-value: <0.0000000000000002
```

반응 변수에 변환 함수가 적용되지 않았으므로, 추정된 회귀선에 의한 예측값과 신뢰 구간의 역변환은 적용하지 않아도 된다. 최종 추정된 회귀식은 (4.1)과 같고, 설명력 $R^2 = 0.96$으로 변환 전의 $R^2 = 0.88$보다 높다.

$$\widehat{dc.a} = 2.929 - 6.658\frac{1}{wvelocity}, \quad wvelocity \in [2.57,\ 10.38] \tag{4.1}$$

다음을 이용하여 예측값과 표준화 잔차를 추출하여 시각화 할 수 있다.

```
data_dc$fitted <- fitted(model_inv)                    # 적합치 추출
data_dc$std_residuals_inv <- rstandard(model_inv)      # 표준화 잔차 추출
```

시각화 방법은 이전과 동일하다. [그림 4.4]와 비교할 때, [그림 4.5]는 선형성, 등분산성 그리고 정규성 모두 개선되었다. 또한 [그림 4.4]의 (B)에서 탐지된 이상점은 주로 작은 적합치에서 발생하지만, [그림 4.5]의 (B)에서는 중간부터 큰 적합치에서 이상점이 주로 탐지된다. 이는 이상점이 가정된 모형에 따라 다르게 탐지될 수 있음을 보여준다. 따라서, 이상점은 최종 모형이 도출된 후에 통계적으로 탐지하고 실무적으로 조치해야 한다.

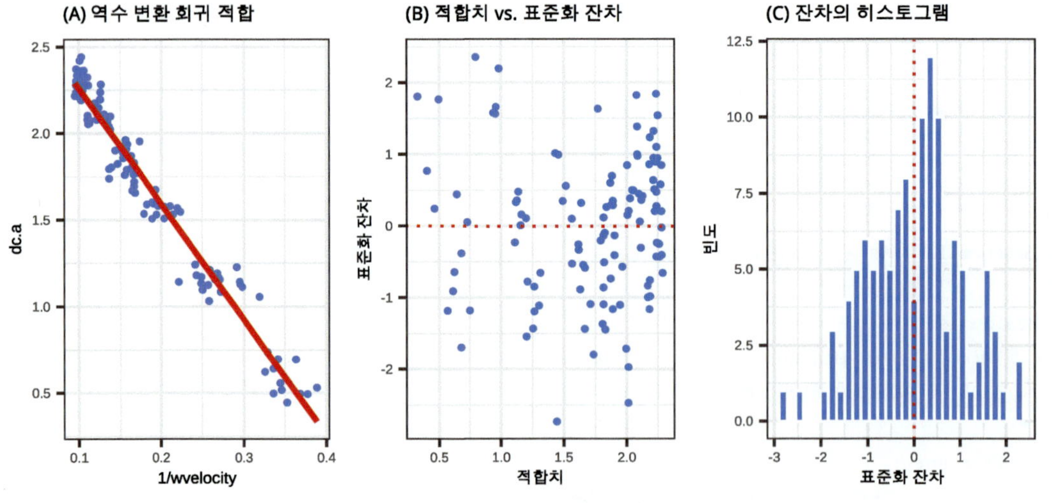

그림 **4.5**: 역수 변환 후의 회귀 적합과 중요 진단 결과

결과 요약

원 데이터와 변환된 데이터의 예측값과 신뢰 구간은 다음과 같다.

```r
predict_org <- predict(model, interval = "confidence")      # 예측값과 신뢰 구간
predict_new <- predict(model_inv, interval = "confidence")

data_dc$fitted_o <- predict_org[, "fit"]                    # 원 데이터의 결과
data_dc$lwr_o <- predict_org[, "lwr"]
data_dc$upr_o <- predict_org[, "upr"]

data_dc$fitted_n <- predict_new[, "fit"]                    # 변환 후 데이터의 결과
data_dc$lwr_n <- predict_new[, "lwr"]
data_dc$upr_n <- predict_new[, "upr"]

ggplot(data_dc, aes(x = wvelocity, y = fitted_o)) +         # 변환 전 적합
 geom_point(aes(y = dc.a), color = "blue") +
 geom_line(color = "red") +
 geom_ribbon(aes(ymin = lwr_o, ymax = upr_o),
             alpha = 0.2, fill = "gray") +
 labs(title = "(A) 원 데이터 회귀 적합",
      x = "WVelocity", y = "예측값") +
 theme_bw()

ggplot(data_dc, aes(x = wvelocity, y = fitted_n)) +         # 변환 후 적합
 geom_point(aes(y = dc.a), color = "blue") +
 geom_line(color = "red") +
 geom_ribbon(aes(ymin = lwr_n, ymax = upr_n),
            alpha = 0.2, fill = "gray") +
 labs(title = "(B) 변환 후 회귀 적합",
      x = "WVelocity", y = "예측값") +
 theme_bw()
```

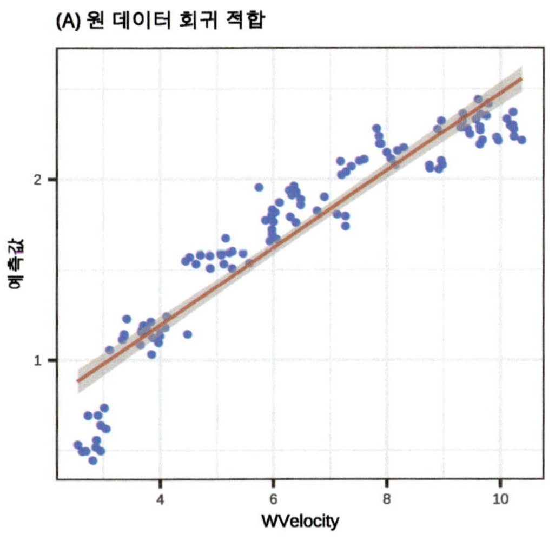

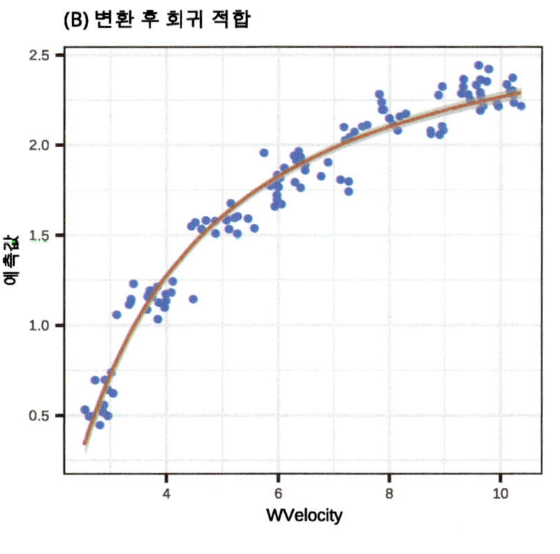

역수 변환에 의한 모형의 선형성은 역변환된 모형에서 비선형성을 표현할 수 있다. 또한 데이터에 대한 적합도가 높으며, 회귀 계수의 해석이 가능하다. 이는 다항 회귀 또는 비선형 회귀 모형보다 간단하면서도 실무적으로 유용한 결과를 제공한다.

□

dc.b에 대해서도 분석해 보세요.

4.2 분산 안정화 변환 Variance Stabilizing Transformation

분산 안정화 변환(Variance Stabilizing Transformation, VST)은 특정 설명 변수(들)의 값(조합)에 따라 데이터의 산포가 다를 때 이를 일정하게 변환하는 방법이다. 주로 서로 혼합되지 않은 데이터 구조에서 데이터의 측정 방법 - 빈도/비율 등의 이산형 데이터 등 - 에 의하여 등분산이 위배되는 경우 적용하며, 데이터의 표준편차가 평균의 함수 일때 효과적이다. 이는 회귀 분석 뿐만 아니라 분산 분석에서도 유용하게 적용되며[3], 일반적으로 등분산을 통계적으로 교정하는 경우 정규성 역시 개선된다. [표 4.3]은 이분산의 형태에 따른 변환 함수를 요약한 것이다. 이때 사용되는 중요 변환 함수의 형태는 [그림 4.6]과 같다.

분산 안정화 변환을 위한 진단과 변환 함수[4]

표 4.3: 분산 안정화 변환의 함수 선택 기준

관계	변환	비고
$\sigma^2 \propto$ C(상수)	변환 없음	
$\sigma^2 \propto E(y)$	$y^* = \sqrt{y}$	포아송 빈도 데이터 $y \in \{0, 1, 2, ...\}$
$\sigma^2 \propto E(y)(1-E(y))$	$y^* = \sin^{-1}(\sqrt{y})$	이항 비율 데이터 $y \in (0, 1)$
$\sigma^2 \propto [E(y)]^2$	$y^* = \log(y)$	로그(log)
$\sigma^2 \propto [E(y)]^3$	$y^* = y^{-1/2}$	제곱근(square root)의 역수
$\sigma^2 \propto [E(y)]^4$	$y^* = y^{-1}$	역수(reciprocal)

[3] 등분산은 주로 적합치와 잔차의 산점도를 통하여 확인하고, 그림에 대한 해석이 주관적일 수 있으므로 Breusch-Pagan Test(1979)와 같은 검정 방법을 사용하기도 한다. 등분산이 만족하는 경우를 homogeneous variance 또는 homoscedasticity 라고 하고, 위배되는 경우를 heterogeneous variance 또는 heteroscedasticity라고 한다.

[4] $y^* = arcsin(\sqrt{y})$는 데이터가 비율 특성을 갖고 (0, 1)에 가까운 극단적인 값을 가질 때 유용하며, 데이터에 0이 포함된 경우, arcsin($\sqrt{y+1}$을 적용한다. 역변환은 $y = [sin(y^*)]^2$이다.

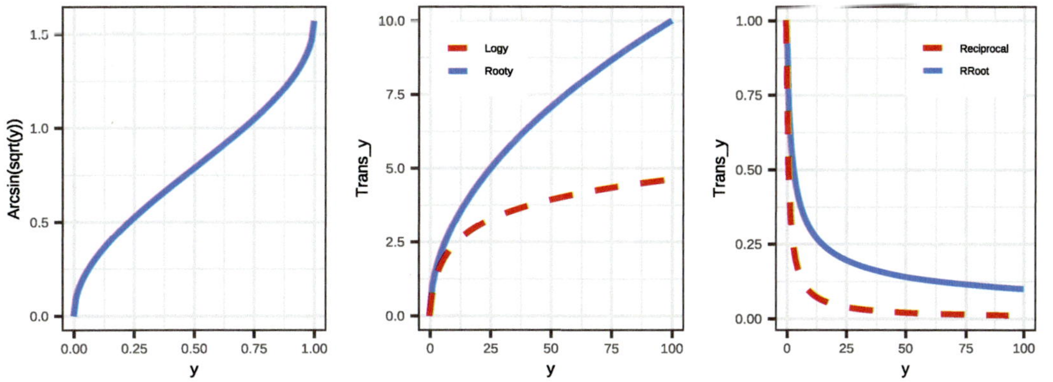

그림 4.6: 분산 안정화 변환을 위한 함수들

연습 17. 분산 안정화 변환 <tenure.salary.csv>

다음은 특정 년도의 SW 개발 관련 회사에 종사하는 근로자들의 의 연차별 연봉(단위: $)을 조사한 데이터이다.

데이터 로딩

```
annual <- read.csv(paste0(data_path, "tenure.salary.csv"))
str(annual)
```

```
# 'data.frame': 100 obs. of  2 variables:
#  $ salary: int  41504 32619 44322 40038 46147 38447 38163 42104 25597 39599 ...
#  $ tenure: int  1 1 1 2 2 2 2 3 3 3 ...
```

데이터의 수는 n = 100개 이며, 총 2개의 변수가 기록되었다. 여기서 tenure는 근무 경력이고, salary는 연봉(단위: 만원)이다.

결측값(missing values)의 검토

- is.na()는 결측 여부를 TRUE/FALSE로 반환한다.

```
sapply(annual, function(x) sum(is.na(x)))
```

```
# salary tenure
#      0      0
```

로딩된 데이터의 모든 변수에는 결측값이 없다.

시각화

```r
annual %>%
  ggplot(aes(tenure, salary)) +
  geom_point(color = "blue") +
  theme_bw()
```

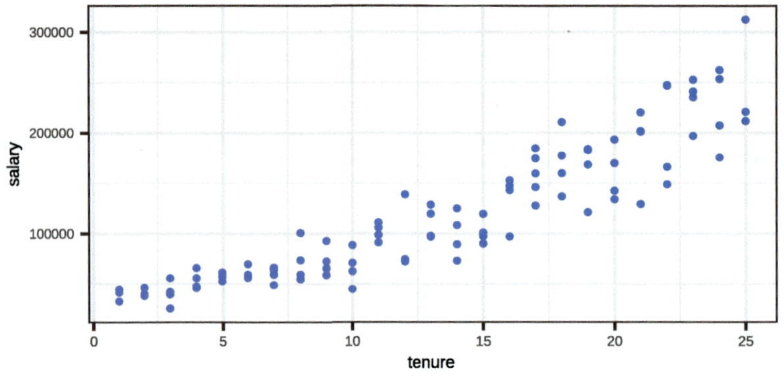

선형성은 크게 위배되지 않지만, 근무 경력(tenure)이 증가하면서 연봉(salary)의 산포가 커지는 경향을 갖는다.

선형 모형 적합

```r
model <- lm(salary ~ tenure, data = annual)          # 선형 회귀 적합
summary(model)
```

```
#
# Call:
# lm(formula = salary ~ tenure, data = annual)
#
# Residuals:
#    Min     1Q Median     3Q    Max
# -57225 -18104    241  15589  91332
#
# Coefficients:
#             Estimate Std. Error t value             Pr(>|t|)
# (Intercept)     5302       5750    0.92                 0.36
# tenure          8637        389   22.20 <0.0000000000000002 ***
# ---
# Signif. codes:  0 '***' 0.001 '**' 0.01 '*' 0.05 '.' 0.1 ' ' 1
```

```
#
# Residual standard error: 27400 on 98 degrees of freedom
# Multiple R-squared:  0.834,   Adjusted R-squared:  0.832
# F-statistic:  493 on 1 and 98 DF,  p-value: <0.0000000000000002
```

선형 모형의 적합 결과는 모형과 설명 변수의 회귀 계수가 유의하다. 절편의 회귀 계수는 유의하지 않지만, 모형에서 제거하지 않고 해석하지 않는다. $R^2 = 0.83$으로 상대적으로 높은 적합도를 보인다.

중요 결과 시각화

```
annual$fitted <- fitted(model)                        # 적합치 추출
annual$std_residuals <- rstandard(model)              # 표준화 잔차 추출

annual  %>%                                           # 회귀 적합 그림
 ggplot(aes(tenure, salary)) +
 geom_point(color = "blue", size = 0.7) +
 geom_smooth(method = lm, se = FALSE) +
 ggtitle("(A) 선형 회귀 적합")+
 theme_bw()

annual %>%                                            # 잔차 진단 그림
 ggplot(aes(x = fitted, y = std_residuals)) +
 geom_point(color = "blue", size = 0.7) +
 geom_hline(yintercept = 0, linetype = "dotted") +
 labs(title = "(B) 표준화 잔차 vs. 적합치",
      x = "적합치", y = "표준화 잔차") +
  theme_bw()

annual %>%                                            # 잔차 히스토그램
 ggplot( aes(x = std_residuals)) +
 geom_histogram(fill = "blue", color = "white") +
 geom_vline(xintercept = 0, linetype = "dotted") +
 labs(title = "(C) 잔차의 히스토그램",
       x = "표준화 잔차", y = "빈도") +
 theme_bw()
```

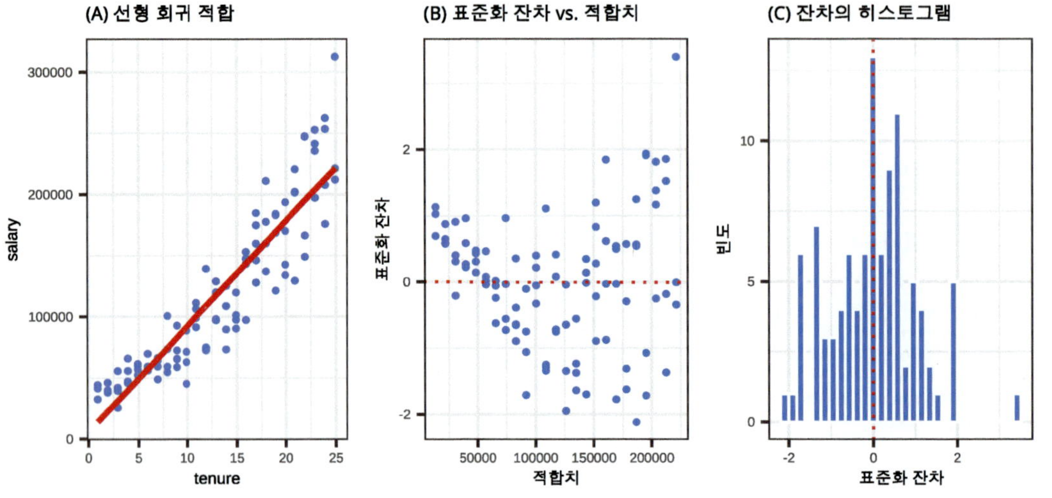

그림 4.7: 선형 회귀 적합과 중요 진단 결과

원 데이터는 선형성과 등분산성이 위배된다. 등분산성을 진단하는 그림을 보면, 적합치가 커지면서 잔차의 산포가 함께 커지는 것을 확인할 수 있다.

변수 변환과 선형 모형 재적합: $y^* = log(y)$

```
annual$logsalary <- log(annual$salary)                # 역수 변환
model_log <- lm(logsalary ~ tenure, data = annual)    # 변환 후 회귀 적합
summary(model_log)
```

```
#
# Call:
# lm(formula = logsalary ~ tenure, data = annual)
#
# Residuals:
#     Min      1Q  Median      3Q     Max
# -0.5702 -0.1356  0.0305  0.1416  0.4137
#
# Coefficients:
#             Estimate Std. Error t value             Pr(>|t|)
# (Intercept) 10.48381    0.04108   255.2 <0.0000000000000002 ***
# tenure       0.07888    0.00278    28.4 <0.0000000000000002 ***
# ---
# Signif. codes:  0 '***' 0.001 '**' 0.01 '*' 0.05 '.' 0.1 ' ' 1
#
```

```
# Residual standard error: 0.195 on 98 degrees of freedom
# Multiple R-squared:  0.891,	Adjusted R-squared:  0.89
# F-statistic:  805 on 1 and 98 DF,  p-value: <0.0000000000000002
```

분산 안정화 변환을 적용한 회귀 적합에서 모형과 회귀 계수 모두 유의하며, 설명력 $R^2 = 0.89$로 변환 전의 $R^2 = 0.83$ 보다 높다. 다음을 이용하여 예측값과 표준화 잔차를 추출하여 시각화할 수 있다.

```
annual$fitted <- fitted(model_log)                          # 적합치 추출
annual$std_residuals_log <- rstandard(model_log)            # 표준화 잔차 추출
```

시각화 방법은 이전과 동일하다. [그림 4.7]과 비교할 때, [그림 4.8]은 선형성, 등분산성 그리고 정규성 모두 개선되었다. 또한 [그림 4.7]의 (B)에서 탐지된 이상점은 산포 증가 패턴에 따라 주로 큰 적합치에서 발생하지만, [그림 4.8]의 (B)에서는 작은 값에서 중간 정도의 적합치에서 이상점이 탐지된다. 이는 이상점이 가정된 모형에 따라 다르게 탐지될 수 있음을 보여준다. 따라서, 이상점은 최종 모형이 도출된 후에 통계적으로 탐지하고 실무적으로 조치해야 한다.

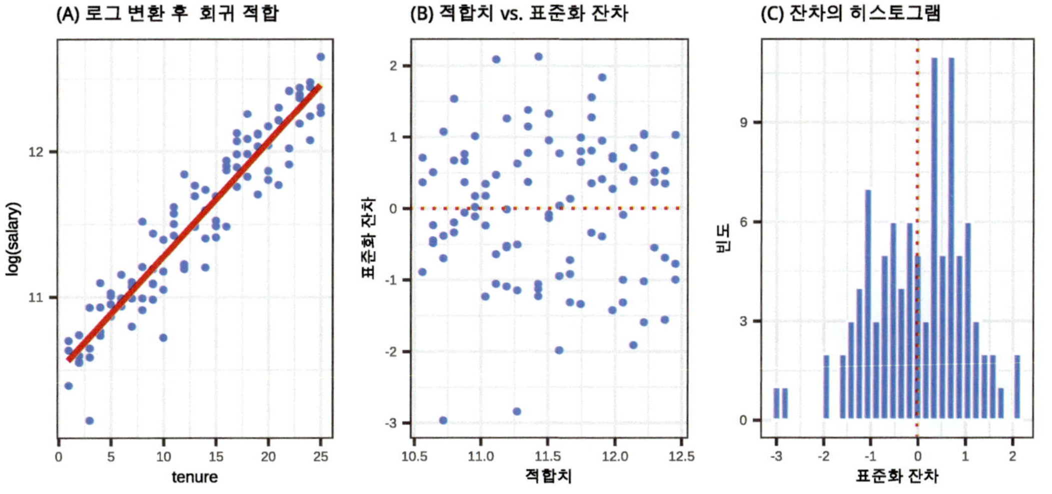

그림 4.8: 로그 변환 후의 회귀 적합과 중요 진단 결과

결과 요약

원 데이터와 변환된 데이터의 예측값과 신뢰 구간은 다음과 같다.

```
predict_org <- predict(model, interval = "confidence")     # 예측값과 신뢰 구간
predict_new <- predict(model_log, interval = "confidence")

predict_new <- exp(predict_new)                             # 역변환
```

```r
annual$fitted_o <- predict_org[, "fit"]                    # 원 데이터의 결과
annual$lwr_o <- predict_org[, "lwr"]
annual$upr_o <- predict_org[, "upr"]

annual$fitted_n <- predict_new[, "fit"]                    # 변환 후 데이터의 결과
annual$lwr_n <- predict_new[, "lwr"]
annual$upr_n <- predict_new[, "upr"]

ggplot(annual, aes(x = tenure, y = fitted_o)) +          # 변환 전 적합
  geom_point(aes(y = salary), color = "blue") +
  geom_line(color = "red") +
  geom_ribbon(aes(ymin = lwr_o, ymax = upr_o),
              alpha = 0.2, fill = "gray") +
  labs(title = "(A) 원 데이터 회귀 적합",
       x = "tenure", y = "예측값") +
  theme_bw()

ggplot(annual, aes(x = tenure, y = fitted_n)) +          # 변환 후 적합
  geom_point(aes(y = salary), color = "blue") +
  geom_line(color = "red") +
  geom_ribbon(aes(ymin = lwr_n, ymax = upr_n),
             alpha = 0.2, fill = "gray") +
  labs(title = "(B) 변환 후 회귀 적합",
       x = "tenure", y = "예측값") +
  theme_bw()
```

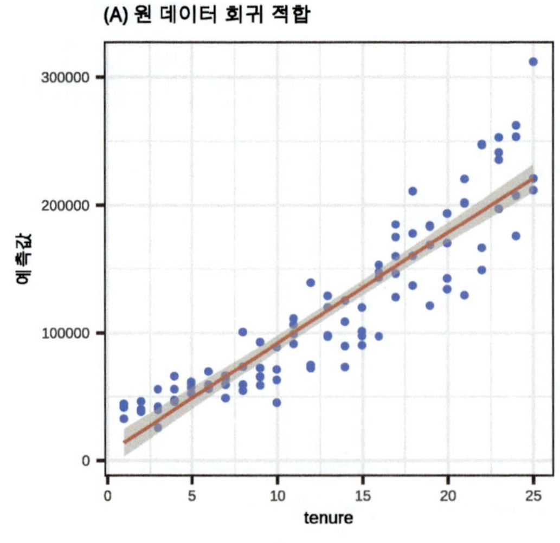

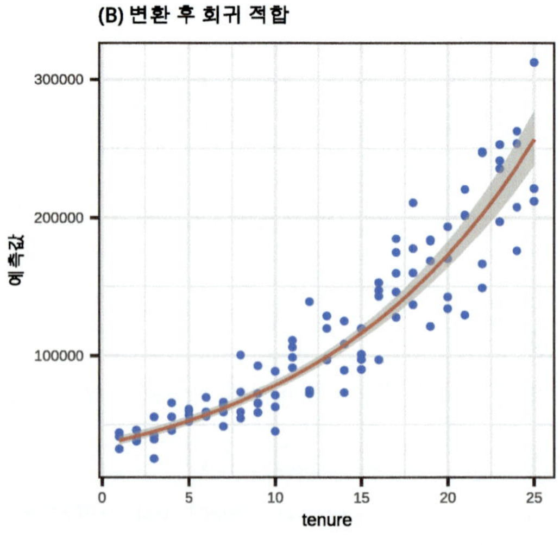

능분산성 교정을 위한 로그 변환은 역변환된 모형에서 비선형성을 표현할 수 있으며, 산포의 차이를 신뢰 구간으로 적절하게 반영한다. 또한 데이터에 대한 적합도가 높으며, 회귀 계수의 해석이 가능하다. 이는 다항 회귀 또는 비선형 회귀 모형보다 간단하면서도 실무적으로 유용한 결과를 제공한다.

최종 모형의 회귀식은 (4.2)와 같다.

$$\begin{aligned}\widehat{\text{salary}} &= \exp\left[10.484 + 0.079(\text{tenure})\right], \quad \text{tenure} \in [1,\ 25] \\ &= \exp(10.484)\exp\left[0.079(\text{tenure})\right]\end{aligned}$$

여기서 $\exp(0.079) = 1.0822$이므로, 해당 SW 개발 업계에서 1년 근속 경력이 증가하면, 평균적으로 8.2%의 연봉 상승을 기대할 수 있다.

□

practice tools 연습 18. 매니저 신규 고용 <plant.manager.csv>

A 기업의 해외 플랜트 기획팀에서는 동종 업계에 속하는 서로 다른 규모의 27개 해외 플랜트 별 종업원(employee)의 수와 감독자(manager)의 수를 모형화하여, 새로 진출하는 해외 플랜트의 고용 인원 별 파견/현지채용 감독자 수의 기준을 정립하고자 한다.

데이터 로딩

```
plant <- read.csv(paste0(data_path, "plant.manager.csv"))
str(plant)
```

```
# 'data.frame': 27 obs. of  4 variables:
#  $ id      : int  1 2 3 4 5 6 7 8 9 10 ...
#  $ employee: int  294 247 267 358 423 311 450 534 438 697 ...
#  $ manager : int  15 17 22 29 32 34 41 47 53 63 ...
#  $ year    : int  2010 2017 2023 2018 2015 2024 2022 2016 2020 2015 ...
```

4개의 변수에서 n = 27개의 데이터가 조사되었다. employee는 신규 플랜트 당시의 근로자의 수, manager는 감독자의 수이다. year는 해당 해외 플랜트가 설립된 연도이다.

결측값(missing values)의 검토

- is.na()는 결측 여부를 TRUE/FALSE로 반환한다.

```
sapply(plant, function(x) sum(is.na(x)))
```

```
#       id employee  manager     year
#        0        0        0        0
```

로딩된 데이터의 모든 변수에는 결측값이 없다. 만일 존재한다면, 다음을 이용하여 각 열별 결측값 비율과 위치를 확인할 수 있다.

```
# 각 열별 결측값 비율
sapply(plant, function(x) mean(is.na(x)))
# 결측값 위치
which(is.na(plant), arr.ind = TRUE)
```

시각화

```
plant  %>%
 ggplot(aes(employee, manager)) +
 geom_point(color = "blue") +
 theme_bw()
```

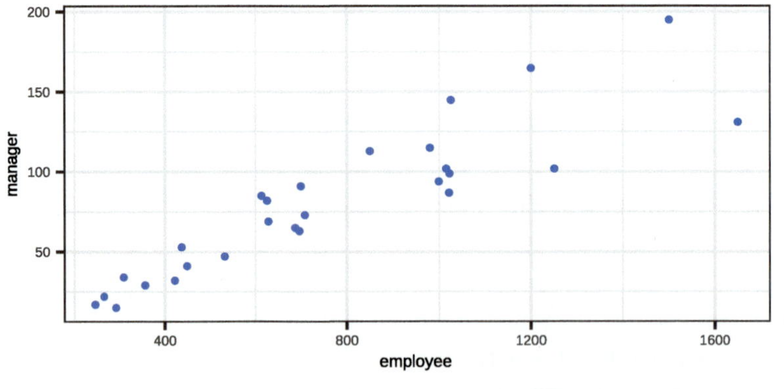

선형성은 크게 위배되지 않으나, 등분산성이 위배된다. 데이터의 입력 오류는 없으며, 일반적으로 근로자의 수가 적은 기업이 많고, 근로자의 수가 많은 규모가 큰 기업은 소수이고 대기업은 고유의 관리 시스템을 적용하므로 실무적으로 데이터에 문제가 있다고 할 수 없다.

선형 모형 적합

```
model <- lm(manager ~ employee, data = plant)         # 선형 회귀 적합
summary(model)
```

```
#
# Call:
# lm(formula = manager ~ employee, data = plant)
#
# Residuals:
#    Min     1Q Median     3Q    Max
#  -46.4  -10.2   -5.5   13.4   36.7
#
# Coefficients:
#             Estimate Std. Error t value      Pr(>|t|)
# (Intercept)  -2.5712     8.8644   -0.29          0.77
# employee      0.1090     0.0105   10.39 0.00000000015 ***
# ---
# Signif. codes:  0 '***' 0.001 '**' 0.01 '*' 0.05 '.' 0.1 ' ' 1
#
# Residual standard error: 20.1 on 25 degrees of freedom
# Multiple R-squared:  0.812,	Adjusted R-squared:  0.804
# F-statistic:  108 on 1 and 25 DF,  p-value: 0.000000000149
```

산점도에서 등분산성이 위배되지만, 선형 회귀 분석의 결과는 모형과 모든 회귀 계수가 유의하고, $R^2 = 0.81$로 상대적으로 높은 적합도를 보인다.

중요 결과 시각화

```
plant$fitted <- fitted(model)                          # 적합치 추출
plant$std_residuals <- rstandard(model)                # 표준화 잔차 추출

plant  %>%                                             # 회귀 적합 그림
 ggplot(aes(employee, manager)) +
 geom_point(color = "blue", size = 0.7) +
 geom_smooth(method = lm, se = FALSE) +
 ggtitle("(A) 선형 회귀 적합")+
 theme_bw()
plant %>%                                             # 잔차 진단 그림
 ggplot(aes(x = fitted, y = std_residuals)) +
 geom_point(color = "blue", size = 0.7) +
 geom_hline(yintercept = 0, linetype = "dotted") +
 labs(title = "(B) 표준화 잔차 vs. 적합치",
      x = "적합치", y = "표준화 잔차") +
  theme_bw()
plant %>%                                             # 잔차 히스토그램
 ggplot( aes(x = std_residuals)) +
 geom_histogram(fill = "blue", color = "white") +
```

```
geom_vline(xintercept = 0, linetype = "dotted") +
labs(title = "(C) 잔차의 히스토그램",
     x = "표준화 잔차", y = "빈도") +
theme_bw()
```

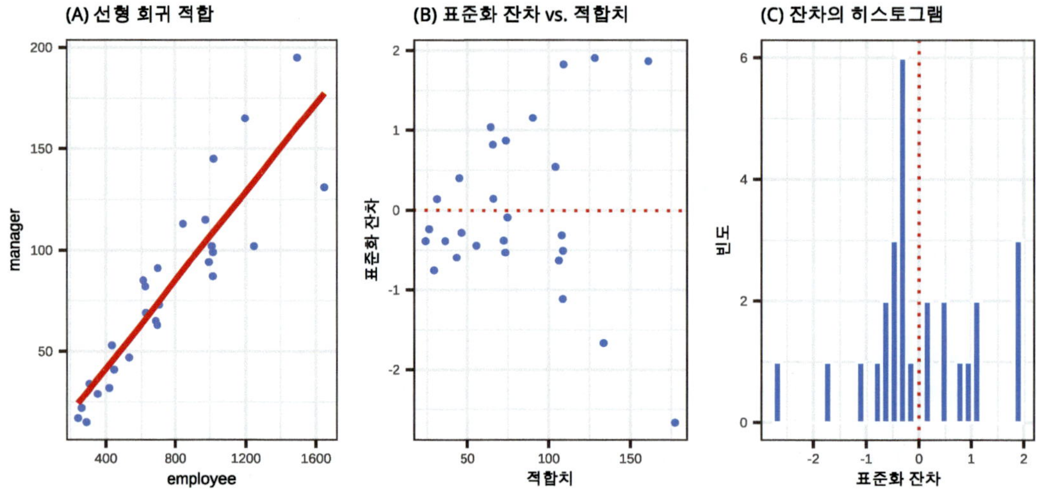

그림 4.9: 선형 회귀 적합과 중요 진단 결과

원 데이터의 선형 회귀 적합의 결과는 선형성은 만족하지만, 등분산성은 크게 위배되고 적합치가 클수록 산포가 커지는 패턴을 갖는다.

변수 변환 후 선형 모델 적합: $y^* = log(y)$

```
plant$logman <- log(plant$manager)                  # 로그 변환
model_log <- lm(logman ~ employee, data = plant)    # 변환 후 회귀 적합
summary(model_log)
```

```
#
# Call:
# lm(formula = logman ~ employee, data = plant)
#
# Residuals:
#     Min      1Q  Median      3Q     Max
# -0.7565 -0.1695  0.0273  0.2295  0.4736
#
# Coefficients:
#             Estimate Std. Error t value              Pr(>|t|)
# (Intercept) 3.002540   0.148679   20.19 < 0.0000000000000002 ***
```

```
# employee      0.001572    0.000176     8.92            0.000000003 ***
# ---
# Signif. codes:  0 '***' 0.001 '**' 0.01 '*' 0.05 '.' 0.1 ' ' 1
#
# Residual standard error: 0.338 on 25 degrees of freedom
# Multiple R-squared:  0.761,    Adjusted R-squared:  0.752
# F-statistic: 79.6 on 1 and 25 DF,  p-value: 0.00000000303
```

현재 모형에서도 모형과 회귀 계수가 모두 유의하며, 설명력 $R^2 = 0.76$으로 로그 변환 전의 $R^2 = 0.81$보다 작아졌다. 다음을 이용하여 예측값과 표준화 잔차를 추출하여 시각화할 수 있다.

```
plant$fitted <- fitted(model_log)                        # 적합치 추출
plant$std_residuals_log <- rstandard(model_log)          # 표준화 잔차 추출
```

시각화 방법은 이전과 동일하다. [그림 4.9]와 비교할 때, [그림 4.10]은 등분산성은 개선되었지만 선형성은 이전보다 더 위배된다. 이는 비선형 함수인 로그 함수를 적용하여 나타난 결과이다. 선형성과 등분산성이 시소(see-saw) 현상을 보이는 경우, 하나를 개선하면 다른 하나가 악화될 수 있다. 이럴 때는 먼저 등분산성을 확보한 후, 다항 모형을 적합하여 비선형성을 반영하는 것이 바람직하다. 또한 [그림 4.9]의 (B)에서 탐지된 이상점은 주로 큰 적합치에서 발생하지만, [그림 4.10]의 (B)에서는 크고 작은 적합치에서 이상점이 주로 탐지된다. 만일 적절한 모형을 선택하기 전에 이상점을 탐지하고 제거한다면 모형 결정에 중요한 관찰값을 제거할 수 있음을 보여준다. 앞서 강조했듯이, 이상점은 최종 모형이 도출된 후에 통계적으로 탐지하고 실무적으로 조치해야 한다.

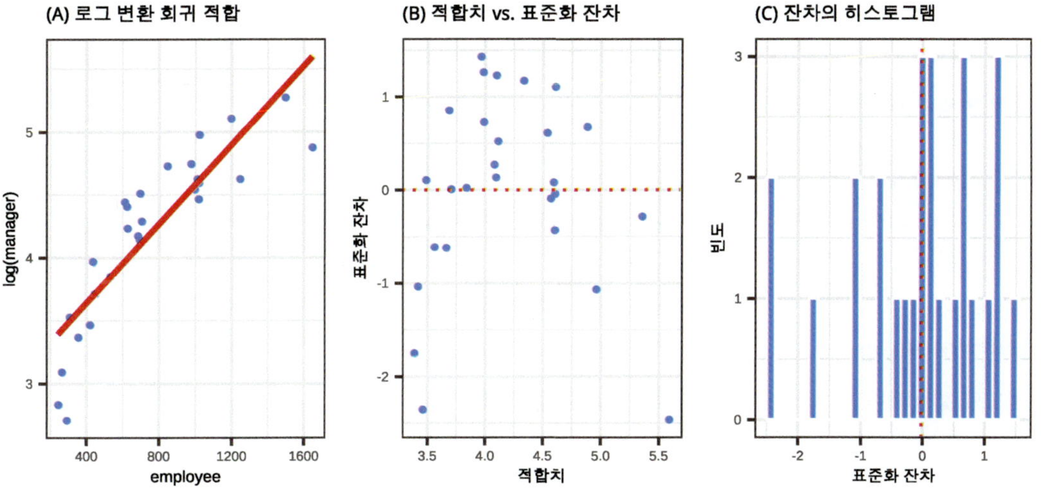

그림 4.10: 로그 변환 후의 회귀 적합과 중요 진단 결과

모형 재정의: 다항 회귀

```
model_poly <- lm(logman ~ poly(employee, 2), data = plant)  # 2차 다항 회귀 적합
summary(model_poly)
```

```
#
# Call:
# lm(formula = logman ~ poly(employee, 2), data = plant)
#
# Residuals:
#     Min      1Q  Median      3Q     Max
# -0.4802 -0.1523 -0.0061  0.1684  0.3429
#
# Coefficients:
#                    Estimate Std. Error t value             Pr(>|t|)
# (Intercept)          4.1958     0.0446    94.1 < 0.0000000000000002 ***
# poly(employee, 2)1   3.0152     0.2317    13.0       0.0000000000023 ***
# poly(employee, 2)2  -1.2513     0.2317    -5.4       0.0000151065534 ***
# ---
# Signif. codes:  0 '***' 0.001 '**' 0.01 '*' 0.05 '.' 0.1 ' ' 1
#
# Residual standard error: 0.232 on 24 degrees of freedom
# Multiple R-squared:  0.892,   Adjusted R-squared:  0.883
# F-statistic: 99.3 on 2 and 24 DF,  p-value: 0.00000000000247
```

등분산성을 달성한 log(manager)의 2차 다항 회귀 적합 결과는 모형과 회귀 계수가 모두 유의하며, 설명력 $R^2 = 0.89$로 나타났다. 다음을 이용하여 예측값과 표준화 잔차를 추출하여 시각화하면 다음과 같다. 시각화 방법은 이전과 동일하다.

```
plant$fitted_poly <- fitted(model_poly)                  # 적합치 추출
plant$std_residuals_poly <- rstandard(model_poly)        # 표준화 잔차 추출
```

[그림 4.10]과 비교할 때, [그림 4.11]은 등분산성이 크게 개선되었다. 이전 모형에서 탐지되었던 이상점들은 모두 정상점으로 진단되었고, 가장 작은 적합치에서 1개의 이상점이 탐지되었다. 이 모형을 최종 모형으로 결정했다면, 해당 이상점은 실무적으로 검토되어야 한다.

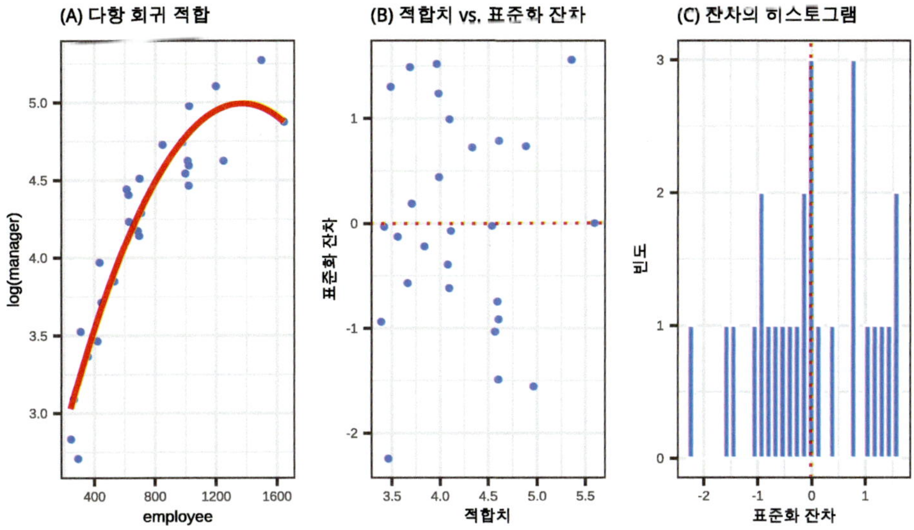

그림 **4.11:** 로그 변환 후의 다항 회귀 적합과 중요 진단 결과

결과 요약

원 데이터와 변환된 데이터의 예측값과 신뢰 구간은 다음과 같다.

```
predict_org <- predict(model, interval = "confidence")     # 예측값과 신뢰 구간
predict_new <- predict(model_poly, interval = "confidence")

plant$fitted_o <- predict_org[, "fit"]                     # 원 데이터의 결과
plant$lwr_o <- predict_org[, "lwr"]
plant$upr_o <- predict_org[, "upr"]

plant$fitted_n <- exp(predict_new[, "fit"])                # 변환 후 데이터의 결과
plant$lwr_n <- exp(predict_new[, "lwr"])                   # 역변환 필요요
plant$upr_n <- exp(predict_new[, "upr"])

ggplot(plant, aes(x = employee, y = fitted_o)) +           # 변환 전 적합
 geom_point(aes(y = manager), color = "blue") +
 geom_line(color = "red") +
 geom_ribbon(aes(ymin = lwr_o, ymax = upr_o),
             alpha = 0.2, fill = "gray") +
 labs(title = "(A) 원 데이터 회귀 적합",
      x = "employee", y = "예측값") +
 theme_bw()

ggplot(plant, aes(x = employee, y = fitted_n)) +          # 변환 후 적합
```

```r
geom_point(aes(y = manager), color = "blue") +
geom_line(color = "red") +
geom_ribbon(aes(ymin = lwr_n, ymax = upr_n),
            alpha = 0.2, fill = "gray") +
labs(title = "(B) 변환 후 회귀 적합",
     x = "employee", y = "예측값") +
theme_bw()
```

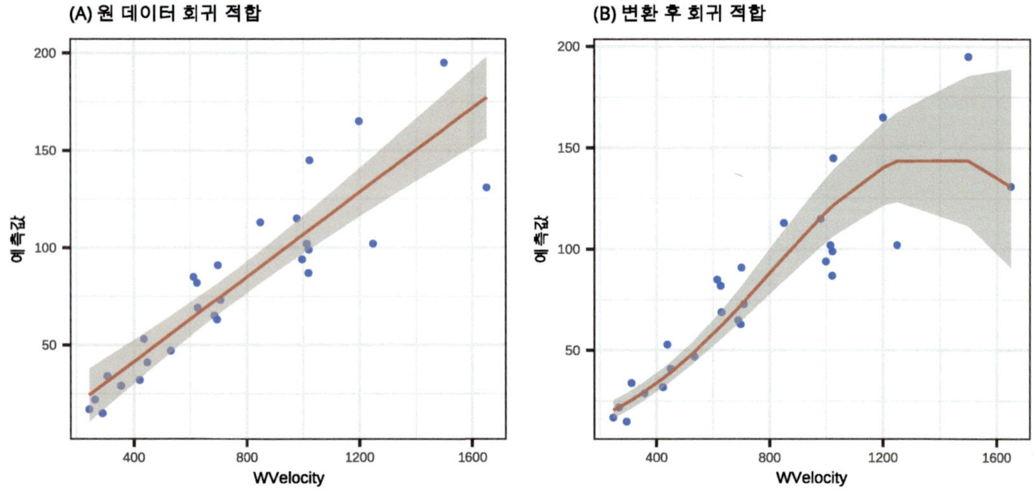

그림 4.12: 원 데이터와 등분산 교정 후의 회귀 적합

[그림 4.12]의 (B)는 로그 함수 변환 후 다항 회귀를 적합하여 비선형 패턴을 잘 설명하고 있으며, 추정된 신뢰 구간 역시 데이터의 특성을 잘 반영한다. 그러나 다항 회귀가 적합된 경우, 개별 회귀 계수는 다중 공선성 등으로 인해 명확한 해석이 어려울 수 있으므로, 예측값과 신뢰 구간만을 해석하는 것이 바람직하다. 최종 추정된 회귀식은 다음과 같다.

$$\widehat{\text{manager}} = \exp\left[4.20 + 3.02(\text{employee}) - 1.25(\text{employee})^2\right], \quad \text{employee} \in [247,\ 1650]$$

[CHALLENGE] 모형하에 의한 감독자 채용 기준

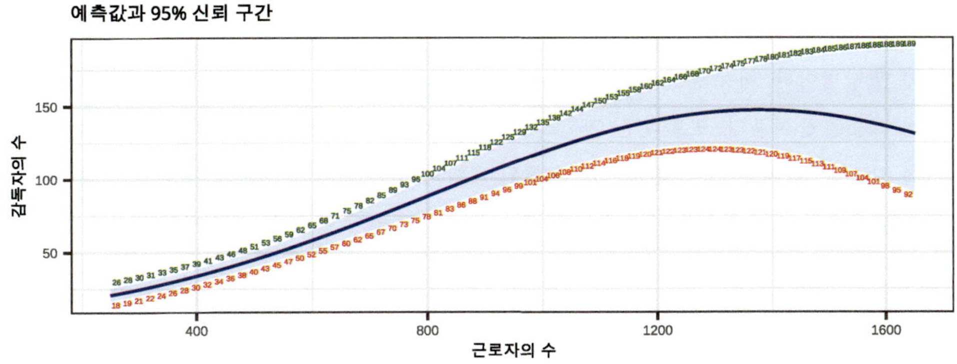

표 4.4: 근로자의 수에 따른 감독자의 채용 인원 기준

근로자의 수	채용 인원	채용 하한	채용 상한
250	21	17	26
300	25	21	30
350	29	25	34
400	34	30	39
450	39	35	44
500	45	40	51
550	51	46	57
600	58	52	65
650	65	58	73
700	73	65	82
750	80	71	91
800	88	78	100
850	96	85	109
900	104	91	118
950	111	97	127
1000	118	104	135
1050	125	109	143
1100	131	114	150
1150	136	118	156
1200	140	121	162
1250	144	123	167
1300	146	124	172
1350	147	123	176
1400	147	120	180
1450	146	116	183
1500	144	111	185
1550	140	105	187
1600	136	98	188
1650	131	91	189

□

4.3 박스-칵스 변환 Box-Cox Transformation

박스-칵스 변환(Box-Cox Transformation)은 데이터의 정규성을 개선하거나 분산의 불균일성을 줄이기 위한 변환 방법이다. 이는 분포의 왜도(skewness)의 교정에 유용하고, 데이터의 극단값이나 분포의 꼬리 부분의 비중을 줄여준다. 또한 분산 안정화(Variance Stabilization)를 통하여 이상점을 감소시키는 효과를 갖는다. 하지만, 수집 단계에서 혼합된 데이터에 박스-칸스 변환을 적용하는 것은 데이터의 특성을 왜곡할 수 있으므로 사전에 데이터의 혼합 여부를 검토해야 한다(Box, 1964)[5,6].

박스-칵스 변환[7]

- 데이터 변환

$$Y_{(\lambda)} = \begin{cases} \frac{Y^{\lambda}-1}{\lambda} & \text{if } \lambda \neq 0 \\ \ln(Y) & \text{if } \lambda = 0 \end{cases}, \quad Y > 0$$

- 원 데이터로의 역변환(inverse transformation)

  적용된 변환 승수를 λ^* 라고 할 때

$$Y = \begin{cases} (Y_{(\lambda^*)} \cdot \lambda^* + 1)^{1/\lambda^*} & \text{if } \lambda^* \neq 0 \\ \exp(Y_{(\lambda^*)}) & \text{if } \lambda^* = 0 \end{cases}$$

≡ 목적 함수

$$\arg\max_{\lambda} L(\lambda) \quad \text{여기서} \quad L(\lambda) = -\frac{n}{2}\log\left(RSS_{\lambda}/n\right) + (\lambda - 1)\sum \log(y_i)$$

≡ λ의 $100(1-\alpha)\%$ 신뢰 구간

$$\left\{\lambda : L(\lambda) > L(\hat{\lambda}) - \frac{1}{2}\chi^2_{1,\alpha}\right\}$$

- 신뢰구간 내의 λ 중에서 간단하고 해석하기 쉬운 λ^*를 적용한다.

---

[5] Box, G. E., & Cox, D. R. (1964). An analysis of transformations. Journal of the Royal Statistical Society Series B: Statistical Methodology, 26(2), 211-243.

[6] 박스-칵스 변환은 첨도(kurtosis)의 교정에는 효과적이지 못하다.

[7] 간단히 다음과 같이 적용하기도 한다. 이 경우 $\lambda < 0$인 경우, 데이터의 순서가 역순이 된다.

$$Y^* = \begin{cases} Y^{\lambda} & \text{if } \lambda \neq 0 \\ \ln(Y) & \text{if } \lambda = 0 \end{cases}, \quad Y > 0$$

[그림 4.13]은 Box-Cox 변환의 다양한 λ값이 데이터 변환에 미치는 영향을 보여준다. $\lambda = -0.5$(빨간색)는 변환 전의 데이터 값이 작을수록 변환 후에 더 많은 변화가 있고, 데이터 값이 클수록 그 변화가 적다. 이러한 변화의 정도는 $\lambda = 1$이 될때 까지 점차 감소한다. $\lambda = 1$(검정색)은 원래 데이터 값과 동일한 값으로 항등 변환(Identity Transformation)을 의미한다. $\lambda = 1.5$(파랑색)는 변환 전의 데이터 값이 작을수록 변환 후에 변화가 크고, 데이터 값이 클수록 변환 후에 변화가 작다. 이러한 변화의 정도는 λ값이 커지면서 증가한다. 이와 같이, λ의 값에 따라 그 변화의 정도를 달리하는 특징을 재표현의 사다리(ladder of Re-expression)라 하고, 이는 적절한 λ값을 결정하는데 유용한 기준이 된다. [그림 4.14]는 Box-Cox 변환의 적용 예이다.

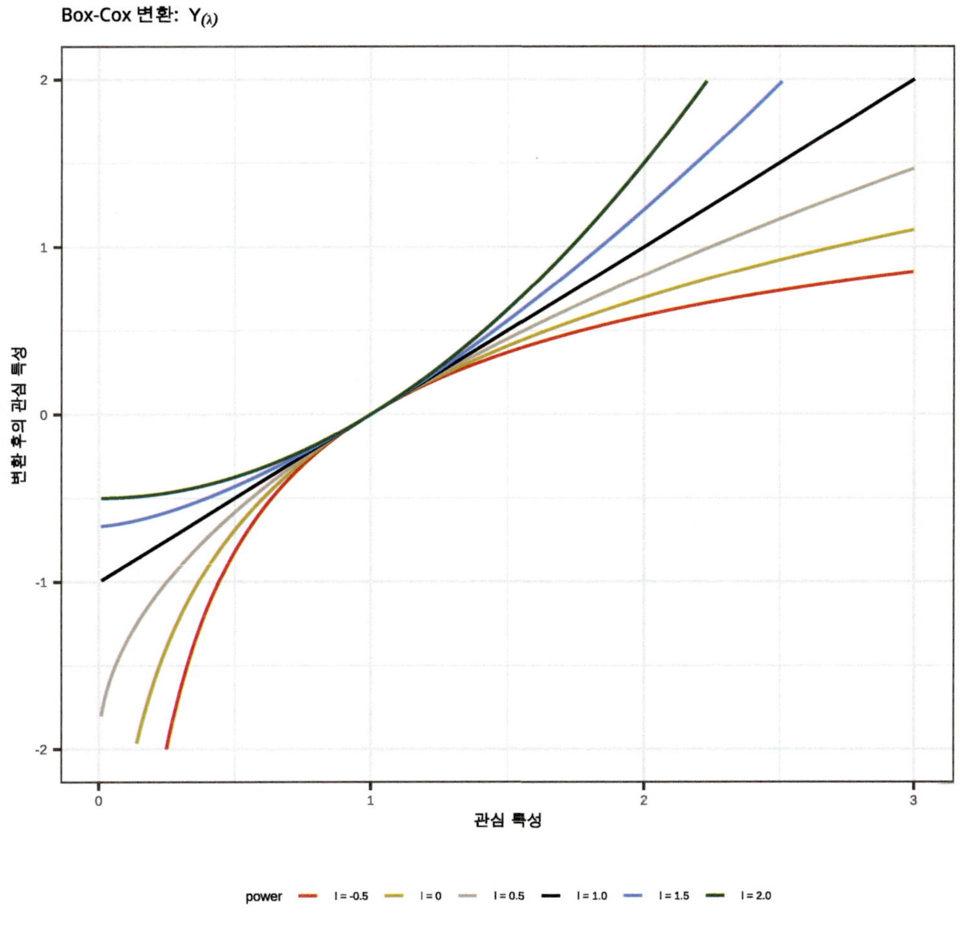

그림 **4.13:** Box-Cox 변환, $\lambda \in (-0.5, 2.0)$

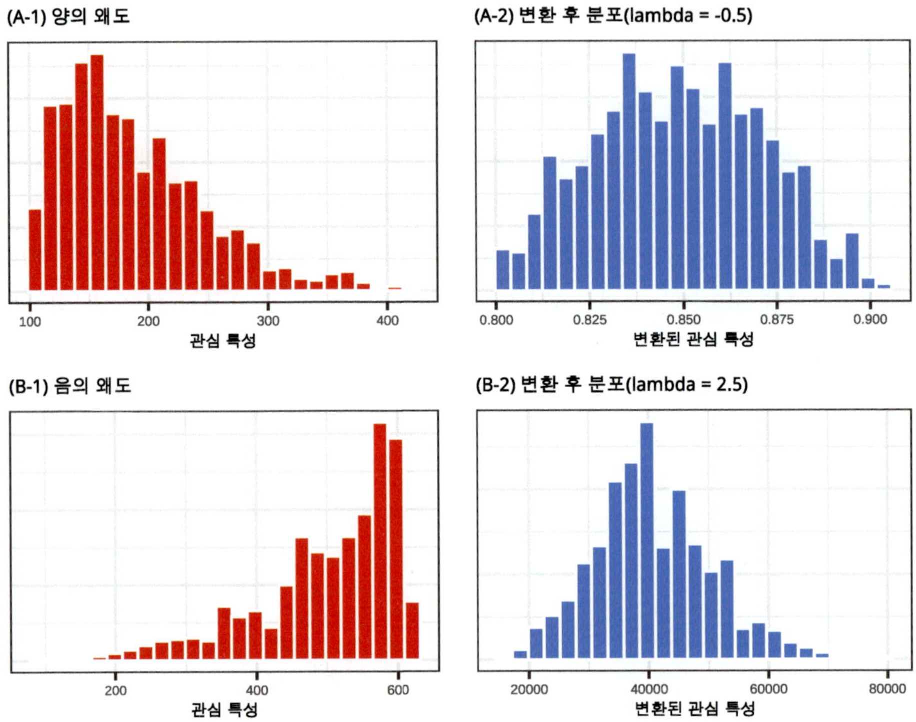

그림 4.14: Box-Cox 변환의 예

Box-Cox 변환 적용을 위한 준비 사항은 데이터가 모두 양(+)의 값을 갖는지를 확인하는 것이다. 이는 변환을 정의하는 함수($log(y), y^{\lambda}$)의 정의역(domain)이 양수이기 때문이다. 따라서, 음(-)의 값을 포함하는 경우, 선형 변환을 통하여 양의 값으로 전환해야 한다[8]. 데이터가 모두 양의 상수로 정의되면, 다양한 변환 승수 λ를 시도하여 변환된 데이터의 정규성을 확보한다. 정규성을 확보할 수 있는 변환 승수들 중에서 가능하면 간단한 값(예: 0.5, 1, 2 등)을 결정하여 데이터에 적용한다. 변환 자체가 정규성을 보장해 주는 것은 아니므로, 정규성 검정을 통하여 정규성 달성 여부를 확인하고 변환 후의 유효성을 검토한다. 여기서, 유효성이란 실무적인 영역에서 원 데이터의 본질적 특성, 변환 후 데이터와 원 데이터와의 일관성 그리고 해석의 유용성 등이 바람직함을 의미한다. 정규성이 달성되었다면, 변환된 데이터를 이용하여 정규성 가정에 기초한 다양한 통계 분석을 적용하여 의사 결정의 기준값을 도출한다. 필요한 경우, 통계 분석의 결과를 원 데이터로 역 변환(inverse transformation)하여 해석한다. 이를 정리하면 다음과 같다.

[8] 일반적으로 $Y^{new} = Y + (|Y_{(\mathrm{min})}| + \epsilon)$, $\epsilon > 0$을 적용한다. 여기서, Y는 음수를 갖는 원 데이터이고, $Y_{(\mathrm{min})}$은 원 데이터의 최소값 그리고 ϵ은 작은 양의 상수이다.

Box-Cox 변환의 적용 절차[9]

[1] 모든 데이터 값이 양수(+)가 되도록 선형 변환

[2] 다양한 변환 승수 $\lambda \in [-5, 5]$를 적용하여 정규성 확보

[3] 정규성을 만족하는 가장 간단한 변환 승수 λ^* 결정

[4] 반환 후의 데이터의 정규성과 유효성 검토

[5] 변환된 데이터를 이용하여 정규성 가정을 갖는 다양한 통계 분석 실행

[6] 필요한 경우, 분석 결과를 원 데이터로 역변환

대부분의 경우 주어진 절차를 통해 정규성을 달성할 수 있지만, (1) 데이터가 본질적으로 극한 비대칭이거나 또는 혼합이 아니더라도 **다중 봉우리**(multi-modal)의 형태인 경우 - 복잡한 경제 지표 등 (2) 극단값(extreme values) 또는 이상점(outliers)이 많이 포함된 경우 - 금융 데이터 또는 주식 데이터 (3) 데이터의 범위가 지나치게 좁은 경우 - 미세한 변화를 관찰하는 임상 시험 등 (4) 실무적으로 특정 계층 구조를 갖는 경우 - 인구 통계 또는 기후 관련 데이터 등 에서는 변환을 적용하더라도 정규성을 확보하기 어려울 수 있다. 따라서, 이러한 경우에는 정규성을 가정하는 통계 분석 방법은 부적절할 수 있다. 대신에 (1) 대략적인 패턴 파악 또는 효과 분석 등과 같이 제한된 정보와 실무적 경험을 통합하여 의사 결정하거나 (2) 정규성을 가정하지 않는 대안적 통계 분석 기법 - 로버스트(Robust) 통계, 부트스트랩(Bootstrap), 비모수적(Nonparametric) 방법 등 - 을 고려해야 한다.

practice tools 연습 19. 정규성 변환(Box-Cox Transformation) <aut_defect.csv>

다음은 소프트웨어 자동 테스트의 결과이다. 동일한 표준 제품에 소프트웨어를 설치하고 172번 반복 테스트를 하였다. 테스트를 시작할 때는 표준 제품을 초기화하여 소프트웨어를 다시 설치하여 다른 환경 요소의 영향을 배제하였다.

데이터 로딩

```
defect <- read.csv(paste0(data_path, "auto_defect.csv"))
str(defect)
```

```
# 'data.frame': 172 obs. of  2 variables:
```

[9] $\lambda \in [-5, 5]$를 자주 사용하는 이유는 대부분의 데이터에서 이 범위가 적절한 변환을 찾는데 충분하고, 계산 시의 수치적 불안정성을 방지하기 위해서 이다. 실제로 이 범위를 넘는 λ값이 있을 수도 있지만, λ값이 너무 크거나 작으면 변환의 효과로 극단적인 특성 왜곡이 발생할 수 있다.

```
#  $ id   : int  1 2 3 4 5 6 7 8 9 10 ...
#  $ times: num  124.9 65.2 113.1 27.7 123.3 ...
```

$n = 172$개의 times가 수집되었고, 그 이외의 정보는 없다. id는 정수형으로 표시되지만 단순한 데이터 일련 번호이다.

결측값(missing values)의 검토

```r
sapply(defect, function(x) sum(is.na(x)))
```

```
#    id times
#     0     0
```

로딩된 데이터의 변수에는 결측값이 없다. 만일 존재한다면, 다음을 이용하여 각 열별 결측값 비율과 위치를 확인할 수 있다.

```r
# 각 열별 결측값 비율
sapply(defect, function(x) mean(is.na(x)))
# 결측값 위치
which(is.na(defect), arr.ind = TRUE)
```

기본 요약값 확인

```r
summary(defect$times)
```

```
#    Min. 1st Qu.  Median    Mean 3rd Qu.    Max.
#       1      28      74     112     148     653
```

데이터의 최소값이 1.0 그리고 최대값이 653.0으로 최초 오류가 발생하는 시간(sec.s)의 범위가 크고 Median과 Mean의 값이 서로 차이가 있으므로 좌우 대칭 구조를 가정하기 어렵다. 동일한 공간에서 단일 장비와 표준 제품을 이용한 자동 테스트의 결과이므로 실무적으로 해당 특성은 혼합되지 않았다고 가정한다.

히스토그램, 커널 밀도 함수 그리고 확률도(고승곤, 2024)[10]

```r
defect %>%
 ggplot(aes(times, y = after_stat(density))) +
 geom_histogram(color = "white", fill = "darkgray") +
 geom_density(color = "red") +
```

[10] 고승곤(2024). R을 활용한 통계 분석 - 확증적 방법을 중심으로. 교우사

```
  geom_density(color = "blue", adjust = 2) +
  labs(title = "히스토그램과 커널 밀도 함수", x = "관심 특성", y = "확률 밀도") +
   theme_bw()
#
defect %>%
  ggplot(aes(sample =times)) +
  stat_qq(color ="blue") +
  stat_qq_line(color ="red")+
  geom_vline(xintercept = 0, linetype = "dashed") +
  geom_vline(xintercept = 1, linetype = "dashed") +
  labs(title = "확률도", x ="이론 분포(Standard Normal)", y ="관찰 분포(Data)") +
  theme_bw()
```

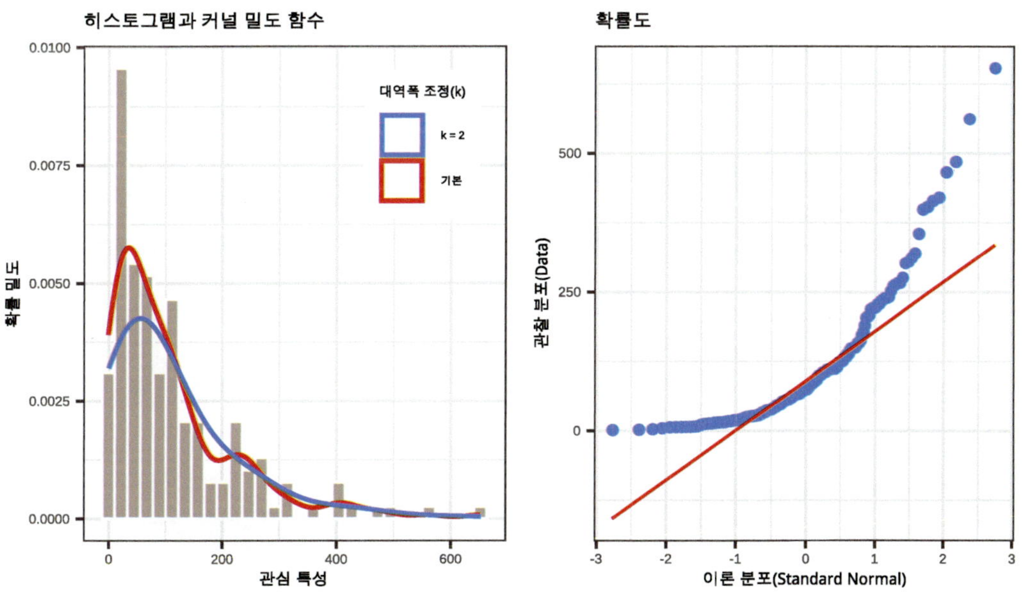

그림 4.15: <auto.defect.csv, times> 의 히스토그램, 커널 밀도 함수 그리고 확률도

[그림 4.15]에서 고려된 모든 그래프적 진단 - 히스토 그램, 2 종류의 커널 확률 밀도 그리고 확률도 - 에서 정규성이 명확히 위배되며, 양(+)의 왜도를 갖는다. 이는 표준 제품에서 반복되는 자동화 테스트에서 대상 소프트웨어가 대략 200(sec.s) 이전에 첫번째 오류가 발생되지만, 그 중 일부만이 더 긴 시간 정상 작동한다는 것을 확인할 수 있다. □

정규성 검정[11]

normality_tests() 사용자 정의 함수

[11] 고승곤(2024). R을 활용한 통계 분석 - 확증적 방법을 중심으로, 교우사

```
normality_tests <- function(data, var){
  # 패키지 확인
  if (!requireNamespace("nortest", quietly = TRUE)) {
    install.packages("nortest")
  }
  if (!requireNamespace("dplyr", quietly = TRUE)) {
    install.packages("dplyr")
  }
  if (!requireNamespace("rlang", quietly = TRUE)) {
    install.packages("rlang")
  }
  # 패키지 활성화
  library(nortest)
  library(dplyr)
  library(rlang)
  # 변수 선택
  var_data <- data %>% pull({{ var }})
  # 정규성 검정
  shapiro_test <- shapiro.test(var_data)      # Shapiro-Wilk 검정
  shapiro_p <- shapiro_test$p.value
  lillie_ks_test <- lillie.test(var_data)     # Lilliefors-Kolmogorov-Smirnov 검정
  lillie_p <- lillie_ks_test$p.value
  ad_test <- ad.test(var_data)                # Anderson-Darling 검정
  ad_p <- ad_test$p.value
  pearson_test <- pearson.test(var_data)      # Pearson's Chi-Square 검정
  pearson_p <- pearson_test$p.value
  # 결과 통합
  p_values_df <- data.frame(
    검정_종류 = c("Shapiro-Wilk", "Lilliefors_K_S",
               "Anderson-Darling", "Pearson Chi-Square"),
    p_value = c(shapiro_p, lillie_p, ad_p, pearson_p)
  )
  return(p_values_df)
}
```

```
normality_tests(defect, times)
```

```
#            검정_종류                    p_value
# 1       Shapiro-Wilk 0.0000000000000638777722512
# 2     Lilliefors_K_S 0.0000000000003595787787414
# 3   Anderson-Darling 0.0000000000000000000000605
# 4 Pearson Chi-Square 0.0000000000000000000900416
```

모든 검정에서 $p - value = 0.000 < \alpha = 0.05$로 H_0 : **데이터가 정규 분포를 따른다.**를 기각하였다. 앞서 검토된 바와 같이 현재의 관심 특성은 혼합의 가능성이 없고 내구성을 측정하는 시간의 함수이므로 데이터 재표현 방법인 Box-Cox 변환을 적용하기로 한다. □

Box-Cox 변환

- MASS::boxcox(formula, lambda)는 lambda 값에 따른 로그-우도(log-likelihood) 그래프와 값을 제공한다[12].
  - 단일 변수를 지정할 때는 y ~ 1의 형태로 지정한다[13].
  - λ의 범위를 지정하지 않는 경우, [-2, 2] 범위를 탐색한다.
  - 결과는 우도-함수의 그래프와 최적 λ 그리고 λ 값을 나타내는 x 와 계산된 로그-우도 함수값인 y를 반환한다.

```
y <- defect$times
bc_out <- MASS::boxcox(y ~ 1)
```

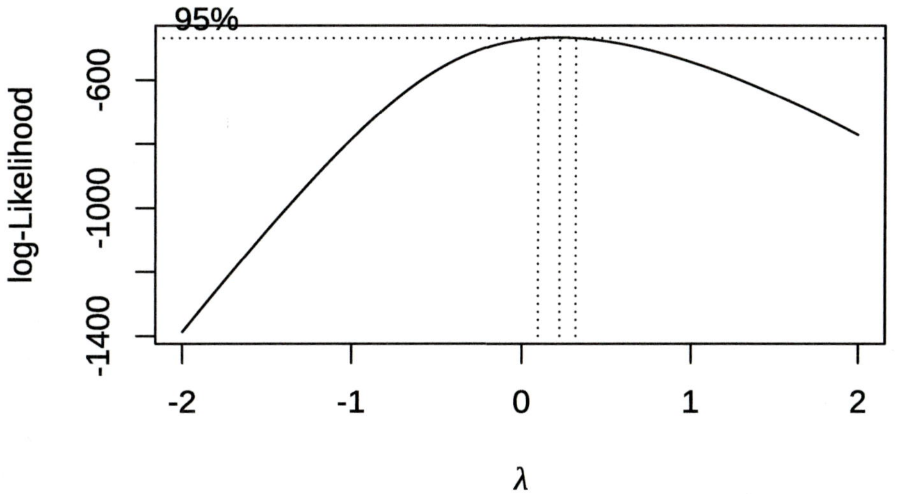


```
# lambda 범위의 변경: boxcox(x ~ 1, lambda = seq(-5, 5, by = 0.1))
```

- which.max()는 최대값의 위치를 반환한다.

[12]MASS::boxcox() 함수는 λ에 의하여 변환된 데이터의 로그-우도(log-likelihood)를 계산하여 최적 변환 계수 λ^*를 찾는다. 로그-우도가 클수록 해당 λ 값으로 변환된 데이터가 모형(정규 분포)에 가깝다는 의미이다. 하지만, 최적 λ^* 라고 해서 정규 분포를 보장하는 것은 아니다.

[13]MASS::boxcox() 함수는 단일 데이터 객체를 적용할 수 없고 반드시 formula 형식인 y ~ x로 지정해야 한다. 이는 회귀 모형 등의 반응 변수의 변환에서 유용하다. 단일 데이터 객체를 적용하기 위해서는 y ~ 1로 입력한다.

```
lambda <- round(bc_out$x[which.max(bc_out$y)], 1)
lambda
```

```
# [1] 0.2
```

최적 변환 승수 $\lambda^* = 0.2$이다. 이를 이용하여 원 데이터를 변환하고 정규성 여부를 확인해 보면 다음과 같다.

$\lambda^* = 0.2$를 적용한 데이터 변환 및 정규성 검정

```
times_trans02 <- (y^lambda - 1) / lambda
normality_tests(data.frame(times_trans02), times_trans02)
```

```
#             검정_종류 p_value
# 1        Shapiro-Wilk   0.837
# 2      Lilliefors_K_S   0.781
# 3   Anderson-Darling   0.759
# 4 Pearson Chi-Square   0.873
```

최적 변환 승수 $\lambda = 0.2$를 이용하여 변환된 데이터는 모든 검정에서 $p - value > \alpha$이므로 H_0 : 데이터가 정규 분포를 따른다.를 기각하지 못한다. 참고로 변환된 데이터의 히스토그램, 커널 밀도 추정 그리고 확률도를 확인해 보면 [그림 4.16]과 같다. 변환된 데이터는 좌우 대칭과 종형의 형태이며, 확률도에서는 참조선과 밀접하게 분포한다.

```
#
defect$new_times02 <- times_trans02
#
defect %>%
 ggplot(aes(new_times02 , y = ..density..)) +
 geom_histogram(color = "white", fill = "gray") +
 geom_density(color = "red") +
 geom_density(color = "blue", adjust = 2) +
labs(title = "히스토그램과 커널 밀도 함수", x = "변환된 데이터", y = "확률 밀도") +
 theme_bw()
#
defect %>%
 ggplot(aes(sample =new_times02)) +
 stat_qq(color ="blue") +
 stat_qq_line(color ="red")+
 geom_vline(xintercept = 0, linetype = "dashed") +
 geom_vline(xintercept = 1, linetype = "dashed") +
```

```
labs(title = "확률도" , x ="이론 분포(Standard Normal)",y ="관찰 분포(Data)") +
theme_bw()
```

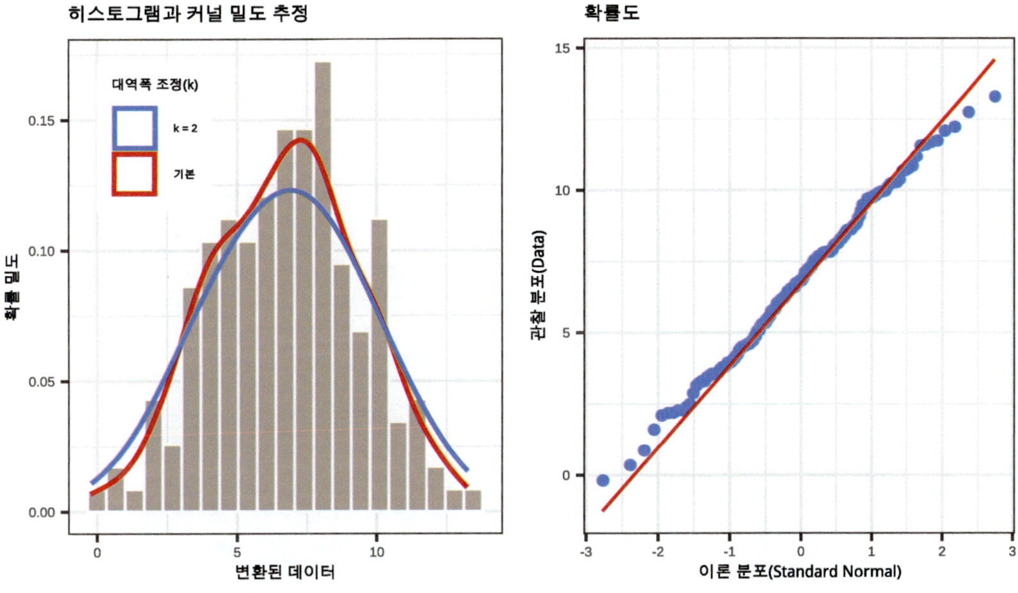

그림 4.16: <auto.defect.csv, times> 변환 후 히스토그램, 커널 밀도 함수 그리고 확률도

practice tools 연습 20. 회귀 분석에서 잔차의 정규성 교정 `<faraway::gala 또는 gala.csv>`

갈라파고스 군도의 식물 종의 수와 여러 지리적 변수간의 관계를 고찰하기 위하여 수집된 데이터로 각 변수명은 [표 4.5]와 같다. 반응 변수는 종의 수(Species)이며 설명 변수는 변수 선택과 유의성 검정을 통하여 최종적으로 고도(Elevation)과 인접 면적(Adjancent)이 선택되었다. 해당 모형의 통계적 가정을 검토하고, 필요하다면 교정하여 최종 모형을 추정하시오.

표 4.5: gala 데이터의 변수명과 설명[14] (Johnson, 1973)[15]

변수명	설명
Species	해당 섬에서 발견된 식물 종의 수
Endemics	해당 섬의 고유 식물 종의 수

변수명	설명
`Area`	해당 섬의 면적(Km^2)
`Elevation`	해당 섬에서 가장 높은 고도
`Nearest`	해당 섬에서 가장 가까운 섬까지의 거리(Km)
`Scruz`	해당 섬에서 `Santa Cruz`섬까지의 거리(Km)
`Adjacent`	해당 섬에서 가장 인접한 섬의 면적(Km^2)

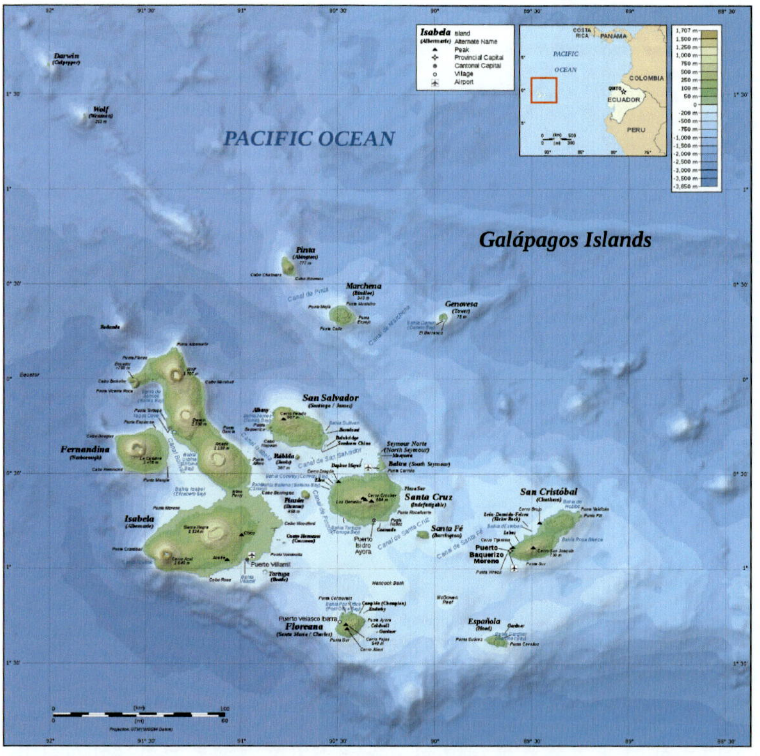

그림 4.17: 갈라파고스 제도<wikipedia>

패키지 설치 및 로딩

```
library(MASS)
library(faraway)
```

[14] M. P. Johnson and P. H. Raven (1973) "Species number and endemism: The Galapagos Archipelago revisited" Science, 179, 893-895

[15] 갈라파고스 제도(스페인어: Islas Galápagos, 공식 이름은 "콜론 제도"(Archipiélago de Colón))로 남아메리카로부터 서쪽으로 1,000km 떨어진 적도 부근 태평양의 화산섬과 주변 암초로 이뤄진 군도이다. 에콰도르 영토로 갈라파고스 주에 속한다. \yog{https://en.wikipedia.org/wiki/Gal%C3%A1pagos_Islands}

데이터 로딩

```
data(gala, package = "faraway")
# 또는
# gala <- read.csv(paste0(data_path, "gala.csv"))
```

선형 모형 적합

```
gala_m <- lm(Species ~ Elevation +  Adjacent, data = gala)
summary(gala_m)
```

```
#
# Call:
# lm(formula = Species ~ Elevation + Adjacent, data = gala)
#
# Residuals:
#    Min     1Q Median     3Q    Max
# -103.4  -34.3  -11.4   22.6  203.7
#
# Coefficients:
#             Estimate Std. Error t value     Pr(>|t|)
# (Intercept)   1.4329    15.0247    0.10      0.92473
# Elevation     0.2766     0.0318    8.71 0.0000000025 ***
# Adjacent     -0.0689     0.0155   -4.45      0.00013 ***
# ---
# Signif. codes:  0 '***' 0.001 '**' 0.01 '*' 0.05 '.' 0.1 ' ' 1
#
# Residual standard error: 60.9 on 27 degrees of freedom
# Multiple R-squared:  0.738,   Adjusted R-squared:  0.718
# F-statistic: 37.9 on 2 and 27 DF,  p-value: 0.0000000143
```

모형 그리고 Elevation과 Adjacent의 회귀 계수가 유의하고, $R^2 = 0.74$이다. 추가 분석을 위하여 적합치와 표준화 잔차를 추출한다.

```
gala$fitted <- fitted(gala_m)
gala$std_residuals <- rstandard(gala_m)
```

정규성 진단: 그래프

```
ggplot(gala, aes(std_residuals )) +                    # 히스토그램
 geom_histogram(color = "white", fill = "blue") +
 labs(title = "(A) 히스토그램",  x = "표준화 잔차", y = "빈도") +
  theme_bw()

ggplot(gala, aes(sample = std_residuals)) +           # 확률도
 geom_qq(distribution = qnorm, color = "blue") +
 geom_qq_line(color = "red") +
 labs(title = "(B) 정규 확률도",  x = "기대 분포", y = "관찰 분포") +
 theme_bw()
```

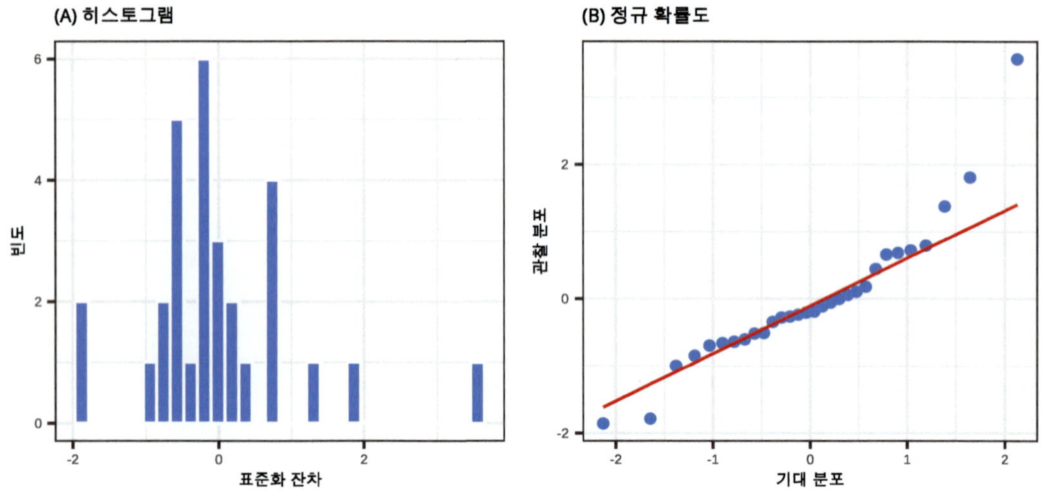

그림 **4.18:** 표준화 잔차의 히스토그램과 확률도

[그림 4.18]의 (A)는 표준화 잔차의 히스토그램으로 양(+)의 왜도를 갖는 것으로 보이며, 이는 (B)의 정규 확률도에서 보다 명확하게 나타난다. 만일 정규 분포를 따른다면 기준선(빨간색)에 밀접해야 하지만, 값이 큰 범위에서 관찰 분포가 기대 분포보다 더 큰 값을 갖는 것을 확인할 수 있다. 표준화 잔차에 대한 정규성 검정 결과는 다음과 같다.

정규성 검정

- normality_tests(data, var)은 사용자 정의 함수이다.
  - [페이지 161 참조]

```
normality_tests(gala, std_residuals)
```

```
#              검정_종류 p_value
```

```
# 1       Shapiro-Wilk 0.00517
# 2      Lilliefors_K_S 0.04889
# 3   Anderson-Darling 0.01036
# 4 Pearson Chi-Square 0.11175
```

Pearson's Chi-Square를 제외한 모든 정규성 검정에서 $p - value < \alpha = 0.05$이므로 정규성이 위배되었다. 그래프 진단에서 양의 왜도가 존재하는 것으로 판단되므로 데이터가 혼합되지 않았다는 가정 하에서 Box-Cox **변환**을 적용한다.

표준화 잔차의 선형 변환

- 박스-칵스 변환은 양의 값을 갖는 변수에만 적용된다.

$$C = | \min(\text{variable}) | + \epsilon$$

```
# 잔차의 최소값 확인 및 선형 변환 적용
C <- abs(min(gala$std_residuals)) + 1e-6              # epsilon은 작은 양수
trans_residuals <- gala$std_residuals + C
```

최적 λ^* 선택

```
box_out <- MASS::boxcox(lm(trans_residuals ~ 1))
```

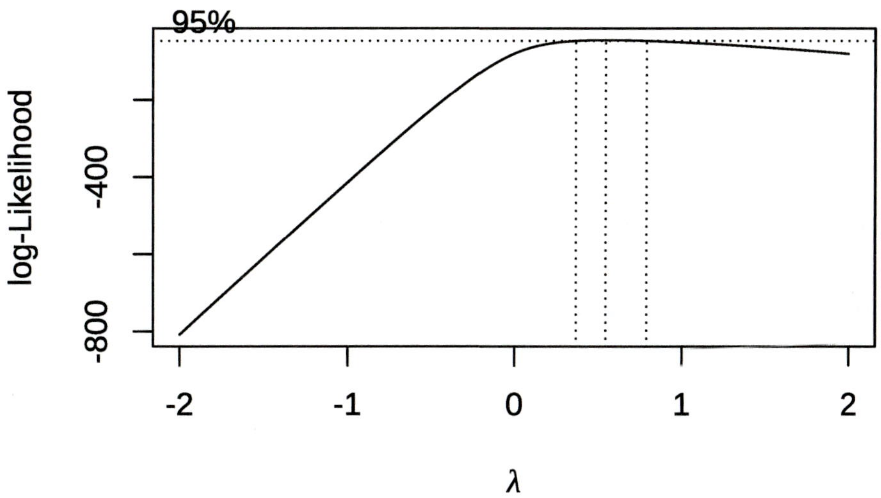


```
best_lambda <- round(box_out$x[which.max(box_out$y)], 1)
best_lambda
```

```
# [1] 0.5
```

반응 변수에 변환 적용 후 재 분석

도출된 $\lambda^* = 0.5$을 반응 변수에 적용하고, 모형을 재분석하면 다음과 같다.

```r
gala_tm <- lm((((Species^0.5) - 1) /0.5) ~ Elevation +  Adjacent, data = gala)
summary(gala_tm)
```

```
#
# Call:
# lm(formula = (((Species^0.5) - 1)/0.5) ~ Elevation + Adjacent,
#     data = gala)
#
# Residuals:
#     Min      1Q  Median      3Q     Max
# -10.325  -4.281  -0.249   3.240  12.706
#
# Coefficients:
#             Estimate Std. Error t value     Pr(>|t|)
# (Intercept)  5.07579    1.43972    3.53      0.00153 **
# Elevation    0.02588    0.00304    8.50 0.0000000041 ***
# Adjacent    -0.00580    0.00148   -3.91      0.00057 ***
# ---
# Signif. codes:  0 '***' 0.001 '**' 0.01 '*' 0.05 '.' 0.1 ' ' 1
#
# Residual standard error: 5.83 on 27 degrees of freedom
# Multiple R-squared:  0.73,    Adjusted R-squared:  0.71
# F-statistic: 36.5 on 2 and 27 DF,  p-value: 0.0000000213
```

표준화 잔차 재검토

```r
gala$trans_fitted <- fitted(gala_tm)
gala$trans_resid <- rstandard(gala_tm)
```

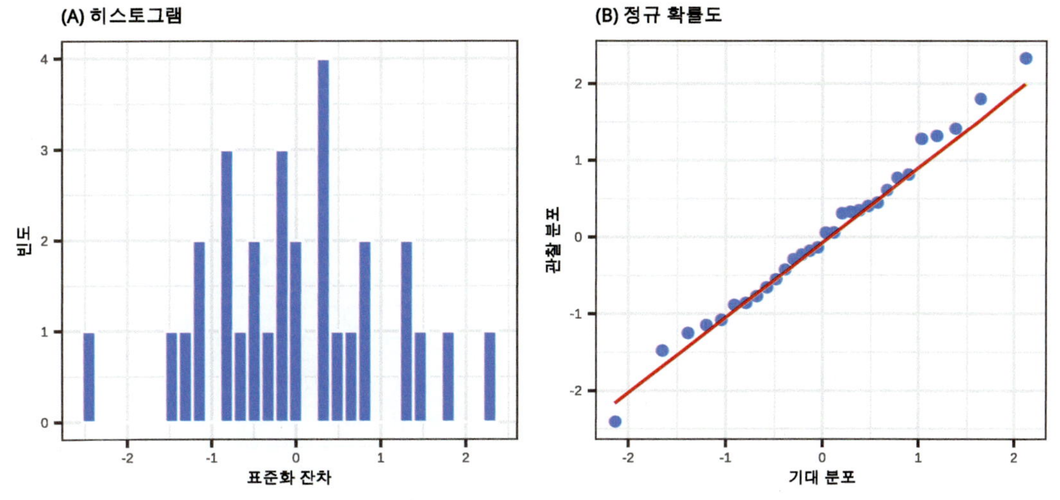

그림 4.19: 변환 후, 표준화 잔차의 히스토그램과 확률도

변환 후의 정규성 진단을 위한 [그림 4.19]는 [그림 4.18]과 비교할 때 왜도가 모두 개선되었다. 이에 대한 정규성 검정 결과는 다음과 같다.

```
normality_tests(gala, trans_resid)
```

```
#          검정_종류 p_value
# 1       Shapiro-Wilk   0.998
# 2      Lilliefors_K_S   0.981
# 3    Anderson-Darling   0.977
# 4 Pearson Chi-Square   0.849
```

정규성 검정의 결과는 모두 $p-value > 0.05$ 이므로 정규성을 기각하지 못한다. 최종 잔차 진단의 결과는 다음과 같다.

잔차 진단

```
reg_residuals(gala_tm, gala, "rstandard")
```

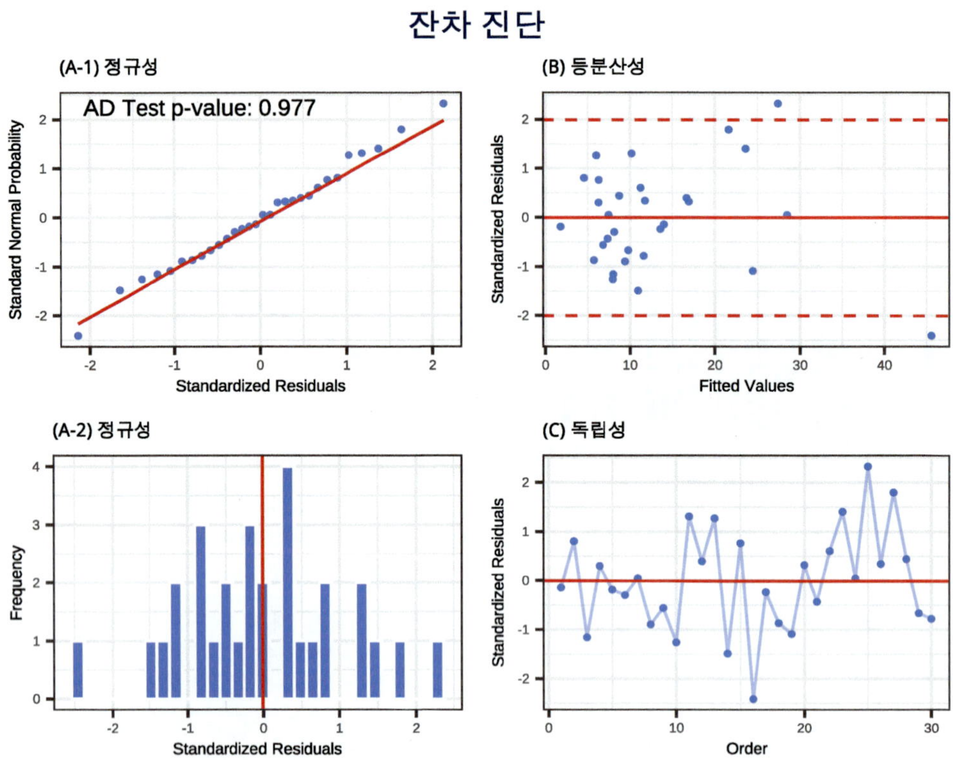

통계적 가정 - 정규성, 등분산성, 독립성 - 은 모두 문제가 없어 보이며, 일부 이상점은 실무적인 검토를 거쳐서 조치해야 한다. 최종 추정된 회귀식은 다음과 같다.

박스-칵스 변환에 의한 최종 추정된 회귀식

- 박스-칵스 방법으로 변환된 회귀식

$$\frac{\left(\text{Species}^{0.5}\right)-1}{0.5}=5.0758+0.0259\times\text{Elevation}-0.0058\times\text{Adjacent}$$

- 역변환된 회귀식

$$\text{Species}=[0.5\times(5.0758+0.0259\times\text{Elevation}-0.0058\times\text{Adjacent})+1]^2$$

$$\text{여기서, Elevation}\in[25,\ 1707],\quad\text{Adjacent}\in[0.03,\ 4669.32]$$

□

5 선형 회귀의 확장 Extensions

선형 모형의 선형 제약을 극복하고 보다 복잡한 데이터 패턴을 모형화한다.

선형 회귀 모형은 설명 변수 간의 선형 조합을 가정한다. 따라서 선형적 관계를 모형화하는 데 유용하지만 비선형(nonlinear) 관계를 설명하기 위해서는 근본적인 제약이 있다. 그러나 실제 현장에서는 다양한 비선형 관계가 존재하며 이의 모형화에 관심이 많다. 설명 변수 간의 선형 조합을 유지하면서 비선형 관계를 모형화하기 위한 기본적인 방법으로 다항 회귀 모형(Polynomial Regression Model)을 고려할 수 있다. 다항 회귀 모형은 설명 변수의 고차 항을 추가하여 일부 비선형 관계를 효과적으로 설명한다. 이를 확장한 조각 회귀 모형(Piecewise Regression Model)은 설명 변수의 범위를 구간 별로 구분하여 서로 다른 회귀 모형을 적용할 수 있어 비선형 관계를 더 유연하게 모형화할 수 있다. 그리고 가변수 회귀 모형(Regression Model with Dummy Variables)은 하나 이상의 연속형 설명 변수와 추가적인 범주형 설명 변수를 반영하여, 각 범주(조합) 별로 선형 또는 비선형 관계를 모형화할 수 있다. 이러한 선형 회귀 모형의 응용 방법들은 최소 제곱법(Ordinary Least Squares; OLS)에 의한 (5.1)을 공유하고, [제 3 장]에서 설명된 추정과 통계적 추론 그리고 진단 및 평가 방법을 동일하게 적용할 수 있다. [표 5.1]은 이의 특징과 장점을 간단히 정리한 것이다. 이 방법들은 특정 데이터 구조에서 유용한 결과를 제공한다.

$$\hat{y} = X\hat{\beta}, \quad \text{여기서} \quad \hat{\beta} = \left(X^\top X\right)^{-1} X^\top y \tag{5.1}$$

표 5.1: 선형 회귀 모형의 확장

종류	특징 및 장점	계수 추정
다항 회귀	설명 변수(들)의 고차 항을 포함하여 비선형 관계 설명 - 다항식을 이용한 모형 확장으로 비선형 관계 모형화	최소 제곱법
조각 회귀	설명 변수의 구간 별로 서로 다른 회귀 모형 적용 - 구간 별 선형/비선형 관계를 보다 유연하게 모형화	최소 제곱법
가변수 회귀	범주형 설명 변수의 각 범주 별로 서로 다른 모형 적용 - 범주형과 연속형 변수 간의 상호작용을 반영한 모형화 가능	최소 제곱법

5.1 다항 회귀 Polynomial Regression

다항 회귀 분석은 단일 반응 변수 y 와 설명 변수 x 의 다항식(Polynomial)으로 정의되는 회귀 모형에 대한 분석 방법이다[1]. 이때, 다항식의 차수 $k \geq 2$를 반영하여 k차 다항 회귀 모형(k-degree Polynomial Regression Model)이라고 부른다. 일반적으로 최고차 항 x^k 가 포함되면, 모든 저차항 $x^{k-i}, i = 1, 2, ...k$ 이 모형에 포함되고, 오차의 가정은 선형 회귀 모형과 동일하다. 단일 설명 변수 x 일 때 k차 다항 회귀 모형은 (5.2)와 같다.

$$y_i = \beta_0 + \beta_1 x_i + \beta_2 x_i^2 + ... + \beta_k x_i^k + \epsilon_i, \ \forall i \quad \text{여기서} \ \epsilon_i \sim iid \, N\left(0, \sigma^2\right) \tag{5.2}$$

(5.2)는 다중 회귀 모형의 특수한 경우이며, 이를 행렬 형식(matrix form)으로 표현하면 다음과 같다. 이때, $X_{n \times p}$ 행렬은 고려한 설명 변수의 고차 항으로 정의되어 다중공선성이 존재할 가능성이 높고, 이로 인해 개별 회귀 계수의 해석이 어려울 수 있다.

다항 회귀 모형(Polynomial Regression Models)

$$y_{n\times 1} = X_{n\times p}\beta_{p\times 1} + \epsilon_{n\times 1}, \quad \epsilon_{n\times 1} \sim N\left(0, \sigma^2 I_{n\times n}\right)$$

여기서,

$$y = \begin{bmatrix} y_1 \\ y_2 \\ \vdots \\ y_n \end{bmatrix}, \quad X = \begin{bmatrix} 1 & x_1 & x_1^2 & \cdots & x_1^k \\ 1 & x_2 & x_2^2 & \cdots & x_2^k \\ \vdots & \vdots & \vdots & & \vdots \\ 1 & x_n & x_n^2 & \cdots & x_n^k \end{bmatrix}, \quad \beta = \begin{bmatrix} \beta_0 \\ \beta_1 \\ \beta_2 \\ \vdots \\ \beta_k \end{bmatrix}, \quad \epsilon = \begin{bmatrix} \epsilon_1 \\ \epsilon_2 \\ \vdots \\ \epsilon_n \end{bmatrix}$$

- 추정된 회귀식

$$\hat{y} = X\hat{\beta}, \quad \text{여기서} \quad \hat{\beta} = \left(X^\top X\right)^{-1} X^\top y$$

[1] 다항식(polynomial)은 하나 이상의 변수와 그 변수의 상수 계수의 곱으로 이루어진 수식으로 $P(x) = a_k x^k + a_{k-1} x^{k-1} + \cdots + a_1 x + a_0$ 의 형태로 표현된다. $a_k \neq 0$ 인 경우에 이를 다항식의 차수라고 하고 a_i 를 상수 계수라고 한다.

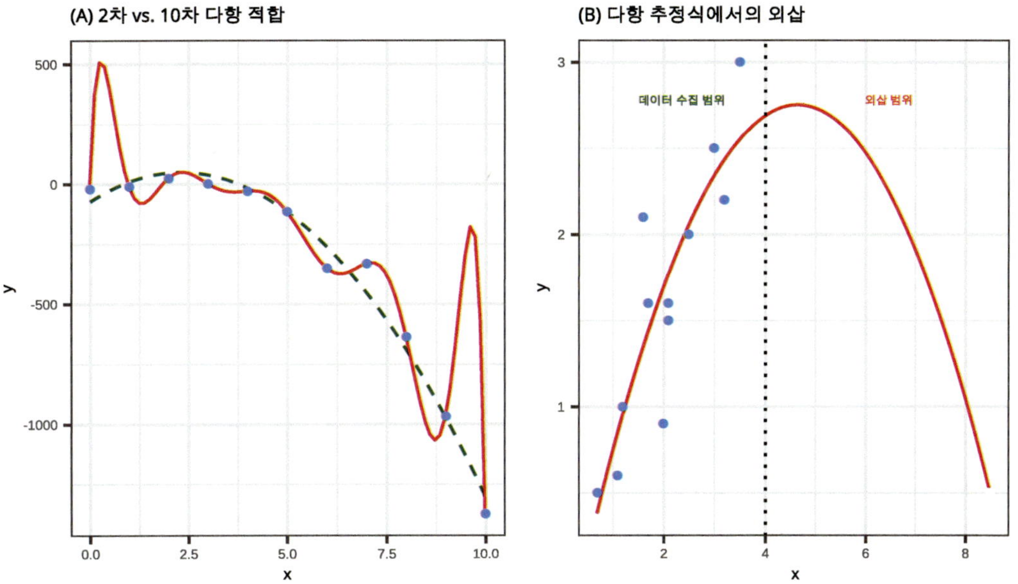

그림 5.1: 다항 회귀에서의 과적합(overfitting)과 외삽(extrapolation)

[그림 5.1]의 (A)는 $n = 11$개의 데이터에서 2차 다항 회귀와 10차 다항 회귀 모형을 적합한 결과이다. 10차의 경우, 모든 점을 통과하는 $R^2 = 1.0$의 회귀선을 추정한다. 이러한 상황을 과적합(overfitting)이라고 하며, 이는 데이터의 수 n이 증가 또는 감소하거나 약간의 잡음이 추가될 때마다 전혀 다른 회귀선을 추정한다. 이와 같이 회귀선이 불안정하면, 추정된 회귀선을 신뢰할 수 없고 예측값으로도 사용할 수 없다. (B)는 데이터 수집 범위를 벗어나는 영역에 다항 회귀로 외삽(extrapolation)을 적용한 경우이다. 추정된 회귀선은 데이터의 수집 영역에서는 데이터를 올바로 설명할 수 있지만, 데이터의 수집 범위를 벗어나는 경우에는 가정된 다항식이 어떤 값을 예측할지 예상할 수 없다[2]. 따라서, 다항 회귀 모형의 분석에서는 다음 사항을 고려해야 한다.

다항 회귀 모형 분석과 해석 시 주의 사항

- 다항식의 차수(k)는 반드시 $n-1$보다 작아야 한다.
- 다항식의 차수(k)는 가능한 한 작은 값이어야 한다.
- 다항식의 차수는 계층적(hierarchical) 구조를 유지해야 한다.
- 추정된 다항식을 이용한 외삽(extrapolation)을 적용하지 말아야 한다.
- 모형의 전체 적합도 중심으로 해석한다.
  - 추정된 개별 회귀 계수는 다중공선성(multicollinearity) 문제로 인해 해석이 어려울 수

[2] 이러한 현상을 꼬리 반전(Tail flip)이라고 한다. 이는 다항 회귀 분석에서 고차의 다항식을 적용할 때, 데이터의 외삽 영역에서 발생하는 예측값이 급격하게 변화하거나 비현실적인 패턴을 보이는 현상을 설명할 때 사용된다.

있다.

- 추정된 모형은 이상점(Outliers)에 민감할 수 있다.
  - 이상점 탐지 후 제거/수정이 어려운 경우, 대안적 분석 - 강건 회귀, 가중 회귀 등 - 을 고려한다.

practice tools 연습 21. 광고액과 매출액의 관계 <onmarket.csv>

다음은 특정 제품군의 광고 실행 지표(advert)와 일정 기간 동안의 판매액(sales; 천만원)을 조사한 것이다. 광고 실행 지표는 광고액, 광고 매체, 광고 활동 그리고 광고 시간 등을 고려하여 생성한 지표이다. 이는 큰 값이 바람직하며 [0, 20]의 범위를 갖는다. 연구자는 특정 광고 실행 지표 값에서의 판매액의 범위를 결정하여 판매액을 중심으로 각 판매점을 4등급 내외로 구분하여 매장 관리의 기준으로 활용하고자 한다.

데이터 로딩

```
onmarket <- read.csv(paste0(data_path, "onmarket.csv"))
str(onmarket)
```

```
# 'data.frame': 84 obs. of  2 variables:
#  $ sales : num  11.97 9.54 21.59 8.54 8.95 ...
#  $ advert: num  2.056 1.903 7.281 1.558 0.938 ...
```

데이터는 n = 84개이며, 총 2개의 변수가 기록되었다. 여기서 advert는 광고 실행 지표이며, sales는 일정 기간의 판매액이다.

결측값(missing values)의 검토

- is.na()는 결측 여부를 TRUE/FALSE로 반환한다.

```
sapply(onmarket, function(x) sum(is.na(x)))
```

```
#  sales advert
#      0      0
```

로딩된 데이터의 모든 변수에는 결측값이 없다.

시각화

```
onmarket %>%
  ggplot(aes(advert, sales)) +
  geom_point(color = "blue") +
  labs(x = "광고 지표", y = "판매액", caption ="단위: 천만원") +
  theme_bw()
```

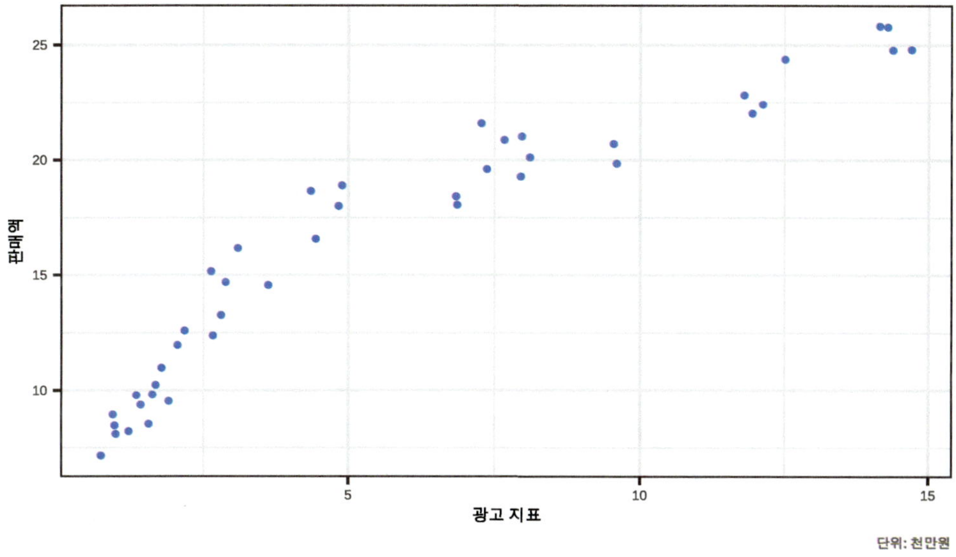

판매액(sales)은 광고 지표(advert)와 선형 관계라고 할 수 없다. 광고 지표가 작은 영역에서는 지표가 증가할수록 판매액의 증가 폭이 크지만, 광고 지표가 일정 값 이상이 되면 판매액의 증가 폭은 점차 작아진다.

선형 모형 적합

```
onmarket_m <- lm(sales ~ advert, data = onmarket)
summary(onmarket_m)
```

```
#
# Call:
# lm(formula = sales ~ advert, data = onmarket)
#
# Residuals:
#    Min     1Q Median     3Q    Max
# -3.076 -1.568 -0.185  1.367  4.054
#
# Coefficients:
```

```
#              Estimate Std. Error t value            Pr(>|t|)
# (Intercept)    9.3512     0.3455    27.1 <0.0000000000000002 ***
# advert         1.2058     0.0475    25.4 <0.0000000000000002 ***
# ---
# Signif. codes:  0 '***' 0.001 '**' 0.01 '*' 0.05 '.' 0.1 ' ' 1
#
# Residual standard error: 1.94 on 82 degrees of freedom
# Multiple R-squared:  0.887,    Adjusted R-squared:  0.886
# F-statistic:  644 on 1 and 82 DF,  p-value: <0.0000000000000002
```

선형 모형을 적합한 경우, 모형과 회귀 계수는 모두 유의하고, $R^2 = 0.89$로 비교적 높은 값을 갖는다. 선형 모형의 잔차 진단 결과는 다음과 같다.

```
reg_residuals(onmarket_m, onmarket, "rstandard")
```

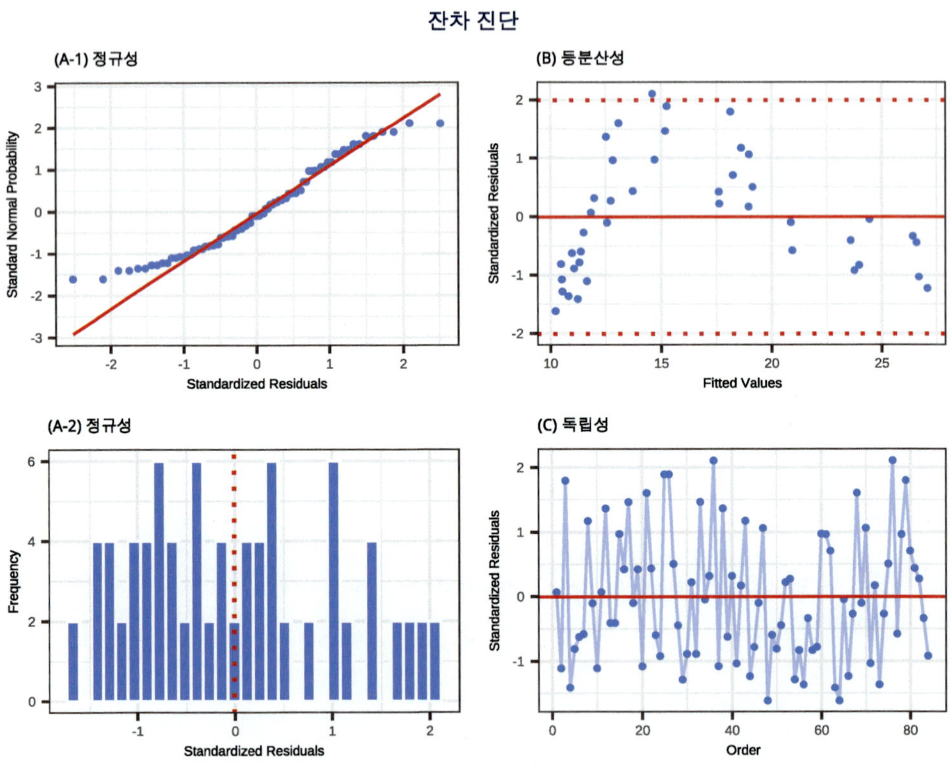

그림 5.2: 단순 회귀 적합에서의 잔차 진단

정규성과 등분산성이 위배되었고, 특히 등분산성 그림에서는 2차 패턴이 명확하게 나타난다. 2차 다항 회귀를 적합해 보도록 한다.

다항 회귀 모형의 적합

- $I(x^k)$ 또는 poly(x, degree = k, raw = TRUE)를 이용하여 다항 차수(k)를 지정한다[3].
  - raw = TRUE는 원시 다항식(raw polynomial)을 지정하며, I(x^k)와 유사하다.
  - raw = FALSE는 직교 다항식(orthogonal polynomial)로 변환하여 지정한다[4].

```
onmarket_m2 <- lm(sales ~ advert + I(advert ^ 2), data = onmarket)
summary(onmarket_m2)
```

```
#
# Call:
# lm(formula = sales ~ advert + I(advert^2), data = onmarket)
#
# Residuals:
#     Min      1Q  Median      3Q     Max
# -2.4856 -1.0201 -0.0615  0.6881  2.9055
#
# Coefficients:
#              Estimate Std. Error t value             Pr(>|t|)
# (Intercept)   6.77241    0.36911   18.35 < 0.0000000000000002 ***
# advert        2.42882    0.13620   17.83 < 0.0000000000000002 ***
# I(advert^2) -0.08436    0.00911   -9.26    0.000000000000024 ***
# ---
# Signif. codes:  0 '***' 0.001 '**' 0.01 '*' 0.05 '.' 0.1 ' ' 1
#
# Residual standard error: 1.36 on 81 degrees of freedom
# Multiple R-squared:  0.945,	Adjusted R-squared:  0.944
# F-statistic:  698 on 2 and 81 DF,  p-value: <0.0000000000000002
```

2차 다항 회귀를 적합한 결과에서 모형과 회귀 계수 모두가 유의하고, $R^2 = 0.95$이다. 다중공선성이 심하지 않은 경우, 추정된 회귀 계수에서 절편(intercept)은 광고 지표가 없을 때의 평균 판매액을 나타내며, 1차 항의 회귀 계수(advert)는 광고 지표가 판매액에 미치는 직접적인 영향력을 나타낸다. 또한 2차 항의 계수(I(advdrt^2))는 광고 지표가 증가할수록 판매액의 증가 폭의 변화 정도를 나타낸다. 현재의 데이터는 다중공선성(vif = 16.7)이 허용 수준이 아니므로 회귀 계수에 대한 별도 해석을 하지 않는다. 만일 이를 단순 회귀 모형과 비교하고자 할 때는 두 모형의 R^2_{adj}를 비교한다.

---

[3] R에서 I(.) 함수는 insulate의 의미로, 함수 내에서 정의되는 내용을 수식 연산자(+, ^,* 등)로부터 보호하여 문자 그대로 처리되도록 한다. 따라서 y ~ x + x^2와 y ~ x + I(x^2)는 서로 다른 모형을 의미하며, 후자는 x^2라는 새로운 변수를 설명 변수로 사용하는 모형을 의미한다.

[4] 두 다항식 $P_i(x)$와 $P_j(x)$가 직교(orthogonal)한다는 것은 다항식의 정의역 $[a, b]$에서 $\int_a^b P_i(x) \cdot P_j(x)dx = 0, i \neq j$을 만족하는 다항식을 의미한다. 직교 다항식을 사용하는 다항 회귀에서는 각 항이 독립적이기 때문에, 다중공선성을 줄이고, 모형이 데이터의 변동에 덜 민감하여 과적합의 위험을 줄이는 장점이 있다. 그러나, 원시 다항식에 비해 직교 다항식은 개별 회귀 계수를 분리하여 해석하기 어렵다. 따라서, 회귀 계수의 분리 추정과 해석이 중요한 경우 원시 다항식을 사용하는 것이 바람직하고, 대규모 데이터에서 회귀 계수 해석 없이 예측 성능에만 집중하고자 할 때는 직교 다항식을 사용하는 것이 적합하다.

```
reg_residuals(onmarket_m2, onmarket, "rstandard")
```

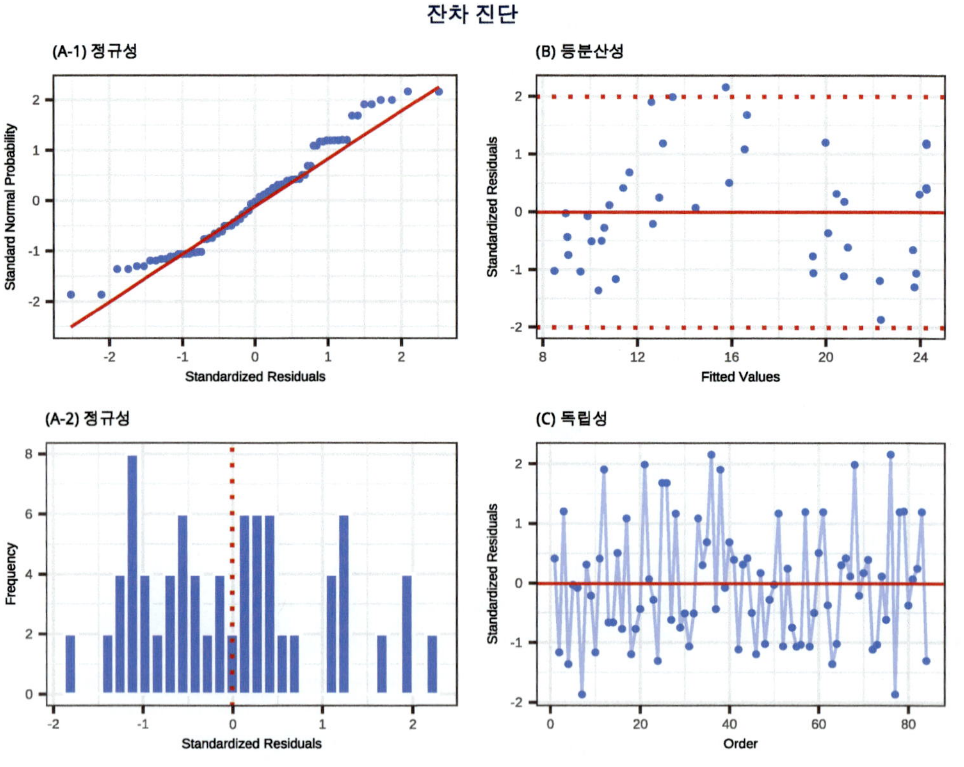

그림 5.3: 2차 다항 회귀 적합에서의 잔차 진단

[그림 5.3]의 잔차 진단 결과는 [그림 5.2]와 비교할 때, 정규성과 등분산성이 개선되었다. 더욱 정밀한 결과를 원한다면, [제 4 장]의 **통계적 교정**을 적용해 볼 수 있다.

적합 결과의 비교

```
simple_model <- lm(sales ~ advert, data = onmarket)
poly_model <- lm(sales ~ advert + I(advert^2), data = onmarket)

new_data <- onmarket                          # 기존 데이터 기반 예측

# 신뢰 구간, 예측 구간 계산
simple_preds <- as.data.frame(predict(simple_model, newdata = new_data,
                                      interval = "prediction"))
poly_preds <- as.data.frame(predict(poly_model, newdata = new_data,
                                    interval = "prediction"))
```

```
# 데이터 프레임 생성
simple_df <- cbind(new_data, simple_preds)
poly_df <- cbind(new_data, poly_preds)
#
ggplot(onmarket, aes(x = advert, y = sales)) +
  geom_point(color = "blue") +                            # 관찰값
  geom_smooth(method = "lm", formula = y ~ x, se = TRUE,  # 신뢰구간과
              color = "red") +                            # 적합치
  geom_ribbon(data = simple_df,                           # 예측 구간
              aes(x = advert, ymin = lwr, ymax = upr),
              alpha = 0.1, fill = "red") +
  ggtitle("(A) 단순 회귀 적합") +
  theme_bw()
ggplot(onmarket, aes(x = advert, y = sales)) +
  geom_point(color = "blue") +
  geom_smooth(method = "lm", formula = y ~ x + I(x^2), se = TRUE,
              color = "red") +
  geom_ribbon(data = poly_df,
              aes(x = advert, ymin = lwr, ymax = upr),
              alpha = 0.1, fill = "red") +
  ggtitle("(B) 2차 다항 회귀 적합") +
  theme_bw()
```

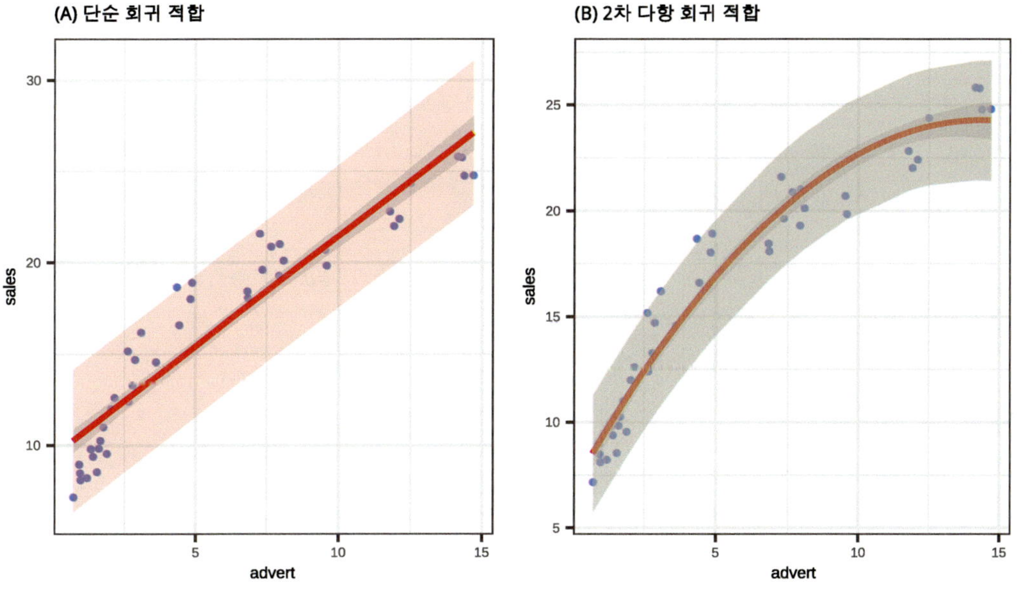

그림 5.4: 단순 회귀 적합과 2차 다항 회귀 적합 결과

[그림 5.4]는 (A)의 단순 회귀 적합과 (B)의 2차 다항회귀 적합 에서의 예측값, 95% 신뢰 구간 그리고 예측 구간를 보여 준다[5]. (B)의 신뢰 구간과 예측 구간이 더 좁고 전체 데이터의 패턴을 더 잘 대표한다. 모형이 적절하게 선정되었다면, 모형으로 부터 추정한 95% 신뢰 구간과 예측 구간을 판매점의 광고 지표와 판매액에 대한 세그먼테이션(Segmentation)의 기준으로 사용할 수 있다[6].

[CHALLENGE] 세그먼테이션 예시

표 5.2: 광고 지표와 판매액에 따른 판매점 분류

	판매점의 수	평균 판매액	최소 광고 지표	최대 광고 지표
(S) 최상 판매	2	18.7	4.357	4.36
(A) 신뢰 상한 ~ 예측 상한	22	17.9	2.056	14.30
(B) 적합값(fit) ~ 신뢰 상한	16	19.3	1.778	14.71
(C) 신뢰 하한 ~ 적합값(fit)	10	12.2	0.938	7.38
(D) 예측 하한 ~ 신뢰 하한	34	14.9	0.734	12.13

5.2 조각 회귀 Piecewise Regression

저차의 다항 회귀 모형의 적합도가 낮고 고차의 다항 회귀 모형을 적용해도 적합도가 크게 개선되지 못한다면, 설명 변수의 일정 범위에서 서로 다른 관계가 존재할 가능성이 높다. 이와 같은 경우, 설명 변수의 전체 범위를 일정한 수의 경계로 구분하여 각 영역 별로 서로 다른 모형을 적합해 볼 수 있다. 이때, 이러한 경계점을 너트(knot)라고 하고, 이는 서로 다른 패턴이 만나는 다차원 지점을 의미한다.

단일 설명 변수에서 단일 너트 $t \in [x_{min}, x_{max}]$를 가정했을 때, 2차 다항 조각 회귀 모형(Quadratic Polynomal Piecewise Regression Model)은 t에서 연속(continuous)일 때 (5.3) 그리고 t에서 불연속(discontinuous)일 때 (5.4)와 같다.

$$
\begin{aligned}
y_i =& \beta_0 + \beta_1 x_i + \beta_2 x_i^2 + \gamma_2 (x_i - t)_+^2 + \epsilon_i,\ \epsilon_i \sim iid\ N(0, \sigma^2) \\
\text{여기서} \quad (x_i - t)_+ =& \begin{cases} x_i - t & \text{if } x_i > t \\ 0 & \text{if } x_i \le t \end{cases}
\end{aligned}
\tag{5.3}
$$

[5] 추정된 회귀선의 신뢰구간과 예측 구간을 각각 신뢰대(confidence bands) 그리고 예측대(prediction bands)라고 부른다. 여기서는 해석의 일반성을 위하여 신뢰 구간과 예측 구간으로 표현하였다.

[6] 세그먼테이션(Segmentation)이란 데이터를 공통성을 중심으로 여러 개의 구분된 그룹(세그먼트)으로 나누는 과정을 말한다.

$$
\begin{aligned}
y_i =&\beta_0 + \beta_1 x_i + \beta_2 x_i^2 + \gamma_0 I\left(x_i > t\right) + \gamma_1 \left(x_i - t\right)_+ + \gamma_2 \left(x_i - t\right)_+^2 + \epsilon_i, \quad \epsilon_i \sim iid\, N(0,\sigma^2) \\
&\text{여기서} \\
&I\left(x_i > t\right) = \begin{cases} 1 & \text{if } x_i > t \\ 0 & \text{if } x_i \le t \end{cases}, \quad \text{그리고} \quad \left(x_i - t\right)_+ = \begin{cases} x_i - t & \text{if } x_i > t \\ 0 & \text{if } x_i \le t \end{cases}
\end{aligned} \tag{5.4}
$$

(5.3)과 (5.4)의 모형은 t 에서의 연속성 여부에 따라 추정해야 할 회귀 계수가 달라진다. 연속일 경우에는 2차 다항 회귀 계수 $\beta_i (i = 0, 1, 2)$와 너트 회귀 계수 γ_1, γ_2 그리고 오차 분산 σ^2을 추정하고, 불연속일 경우에는 추가적으로 너트 회귀 계수 γ_0를 추정해 야 한다.

$$
\left(x_i, y_i\right), t \quad \rightarrow \quad \begin{cases} \left(\beta_0, \beta_1, \beta_2, \gamma_2, \sigma^2\right) & \text{if } t\text{에서 연속} \\ \left(\beta_0, \beta_1, \beta_2, \gamma_0, \gamma_1, \gamma_2, \sigma^2\right) & \text{if } t\text{에서 불연속} \end{cases}
$$

(5.3)과 (5.4)는 다중 회귀 모형의 특수한 경우이며, 이를 행렬 형식(matrix form)으로 표현하면 다음과 같다. 이때, $X_{n \times p}$ 행렬은 고려한 설명 변수의 각 구간별 변화를 반영하도록 정의되며, 다항 회귀 모형에서와 같이 다중공선성이 존재할 가능성이 높다. 이로 인해 개별 회귀 계수의 해석이 어려울 수 있다.

2차 다항 조각 회귀 모형(Quadratic Polynomal Piecewise Regression Models)

$$
y = X\beta + \epsilon, \quad \epsilon_{n\times 1} \sim N(0, \sigma^2 I_{n\times n})
$$

여기서

- 너트 t 에서 연속인 경우

$$
X = \begin{bmatrix} 1 & x_1 & x_1^2 & (x_1 - t)_+^2 \\ 1 & x_2 & x_2^2 & (x_2 - t)_+^2 \\ \vdots & \vdots & \vdots & \vdots \\ 1 & x_n & x_n^2 & (x_n - t)_+^2 \end{bmatrix}, \quad \beta = \begin{bmatrix} \beta_0 \\ \beta_1 \\ \beta_2 \\ \gamma_2 \end{bmatrix}
$$

- 너트 t에서 불불연속인 경우

$$X = \begin{bmatrix} 1 & x_1 & x_1^2 & I(x_1 > t) & (x_1 - t)_+ & (x_1 - t)_+^2 \\ 1 & x_2 & x_2^2 & I(x_2 > t) & (x_2 - t)_+ & (x_2 - t)_+^2 \\ \vdots & \vdots & \vdots & \vdots & \vdots & \vdots \\ 1 & x_n & x_n^2 & I(x_n > t) & (x_n - t)_+ & (x_n - t)_+^2 \end{bmatrix}, \quad \beta = \begin{bmatrix} \beta_0 \\ \beta_1 \\ \beta_2 \\ \gamma_0 \\ \gamma_1 \\ \gamma_2 \end{bmatrix}$$

- 추정된 회귀선

$$\hat{y} = X\hat{\beta}, \quad \text{여기서 } \hat{\beta} = \left(X^\top X\right)^{-1} X^\top y$$

주어진 너트 t에서 연속인 경우, 추정된 회귀선 (5.5)를 정리하면 (5.6)과 같이 서로 다른 2차 다항 회귀선으로 정의되고, 불연속인 경우에도 동일한 방법으로 (5.7)을 정리하여 (5.8)로 정의할 수 있다.

$$\hat{y}_i = \begin{cases} \hat{\beta}_0 + \hat{\beta}_1 x_i + \hat{\beta}_2 x_i^2 & \text{if } x_i \le t \\ \hat{\beta}_0 + \hat{\beta}_1 x_i + \hat{\beta}_2 x_i^2 + \hat{\gamma}_2 (x_i - t)^2 & \text{if } x_i > t \end{cases} \tag{5.5}$$

$$= \begin{cases} \hat{\beta}_0 + \hat{\beta}_1 x_i + \hat{\beta}_2 x_i^2 & \text{if } x_i \le t \\ \left(\hat{\beta}_0 + \hat{\gamma}_2 t^2\right) + \left(\hat{\beta}_1 - 2\hat{\gamma}_2 t\right) x_i + \left(\hat{\beta}_2 + \hat{\gamma}_2\right) x_i^2 & \text{if } x_i > t \end{cases} \tag{5.6}$$

$$\hat{y}_i = \begin{cases} \hat{\beta}_0 + \hat{\beta}_1 x_i + \hat{\beta}_2 x_i^2 & \text{if } x_i \le t \\ \hat{\beta}_0 + \hat{\beta}_1 x_i + \hat{\beta}_2 x_i^2 + \hat{\gamma}_0 + \hat{\gamma}_1 (x_i - t) + \hat{\gamma}_2 (x_i - t)^2 & \text{if } x_i > t \end{cases} \tag{5.7}$$

$$= \begin{cases} \hat{\beta}_0 + \hat{\beta}_1 x_i + \hat{\beta}_2 x_i^2 & \text{if } x_i \le t \\ \left(\hat{\beta}_0 + \hat{\gamma}_0 - \hat{\gamma}_1 t + \hat{\gamma}_2 t^2\right) + \left(\hat{\beta}_1 + \hat{\gamma}_1 - 2\hat{\gamma}_2 t\right) x_i + \left(\hat{\beta}_2 + \hat{\gamma}_2\right) x_i^2 & \text{if } x_i > t \end{cases} \tag{5.8}$$

(5.6)과 (5.8)을 비교해 보면, 불연속인 경우 γ_0가 절편에 추가되며, 이는 [그림 5.5]에서와 같이 불연속점 t에서의 증가 또는 감소되는 함수값의 변화량을 추정한다. 나머지 회귀 계수들은 다중공선성의 가능성이 높고 모형의 유연성을 위하여 추가된 회귀 계수들이므로 개별적인 해석을 하지 않는다. 따라서 2차 다항 조각 회귀 모형은 전체 적합성을 평가하는데 중점을 두어야 한다.

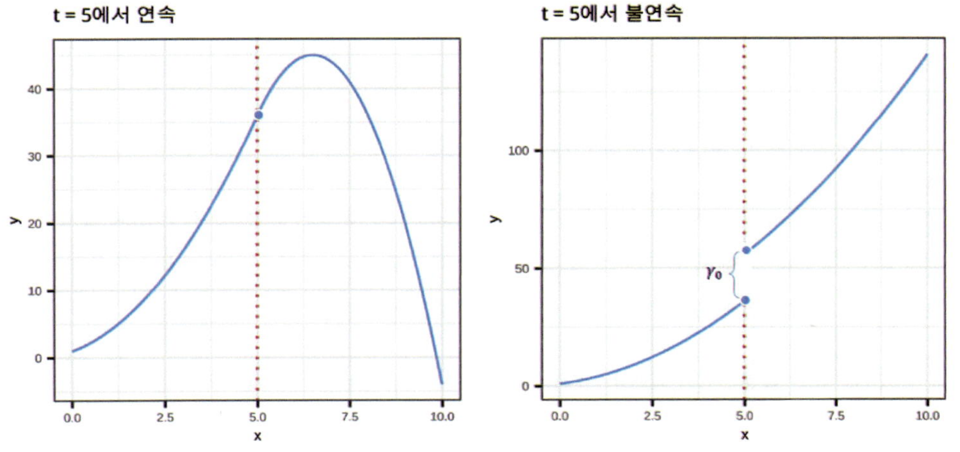

그림 **5.5:** 2차 다항 조각 회귀: 연속 vs. 불연속

조각 회귀에서 너트(Knot)의 선택 과정은 모형의 유용성과 예측값의 타당성을 높이는데 중요한 역할을 한다. 다음은 너트의 선택과 조각 다항 차수에 대한 일반적인 기준이다.

너트(Knot)의 선택과 조각 다항 차수 결정

- 너트는 1개 이상일 수 있다.
- 실무적으로 중요한 지점이나 변화가 예상되는 지점은 너트의 중요 후보가 된다.
  - (예) 정책 변화, 계절 요인, 자연적 경계 등
- 데이터로부터 너트를 선택하는 경우, 불연속 지점은 너트의 중요 후보가 된다.
  - 연속적인 패턴에서는 잠재적 너트를 여러 개 결정하고, 최소 잔차 제곱합(Residual Sum of Squares),AIC/BIC 등의 모형 선택 기준들을 통해 최적 너트(들)를 선택한다.
  - 너트 위치는 측정 단위의 중간 지점(1/2)을 고려한다.
  - 너트의 수는 데이터의 수에 비례하여 결정되어야 하며, 경험적으로 하나의 너트가 추가될 때마다 최소 10 ~ 15개의 추가 데이터가 필요하다.
- 조각 다항식의 차수는 $k \leq 3$이 바람직하다.
  - 차수가 높아질수록 더 많은 데이터가 필요하며, 과적합의 위험이 증가한다.

추정된 조각 회귀식은 추정되는 회귀 계수의 수가 다항 회귀보다 많아지지만, 각 구간 내에서는 다항 회귀와 동일한 수의 회귀 계수가 추정된다. 이러한 특징은 각 구간에서 동일한 차수의 독립적인 회귀식을 추정할 수 있게 하고, 구간별로 데이터의 패턴을 보다 정확하게 반영할 수 있게 해준다. 그러나 모형의 복잡성이 증가함에 따라 과적합의 위험이 있으므로, 각 구간 별로 충분한 수의 데이터를 확보할 수 있어야 한다.

5.2.1 단순 선형 조각 회귀 Simple Linear Piecewise

단순 선형 조각 회귀(Simple Linear Piecewise Regression)는 구분된 각 구간 내에서 단순 선형 회귀를 적용하는 것으로 모형이 간단하고 추정된 회귀 계수를 명확히 해석할 수 있어 유용하다. 다음은 단일 너트 t에서 [1] 연속인 경우 그리고 [2] 불연속인 경우의 모형이다.

단순 선형 조각 회귀 모형(Simple Linear Piecewise Regression Model)

[1] 연속(continuous at knot t)

$$y_i = \beta_0 + \beta_1 x_i + \gamma_1 (x_i - t)_+ + \epsilon_i, \quad \epsilon_i \sim iid\, N(0, \sigma^2)$$
$$\text{여기서} \quad (x_i - t)_+ = \begin{cases} x_i - t & \text{if } x_i > t \\ 0 & \text{if } x_i \le t \end{cases} \tag{5.9}$$

- 추정된 회귀선

$$\hat{y}_i = \begin{cases} \hat{\beta}_0 + \hat{\beta}_1 x_i & \text{if } x_i \le t \\ \hat{\beta}_0 + \hat{\beta}_1 x_i + \hat{\gamma}_1 (x_i - t) & \text{if } x_i > t \end{cases}$$
$$= \begin{cases} \hat{\beta}_0 + \hat{\beta}_1 x_i & \text{if } x_i \le t \\ \left(\hat{\beta}_0 - \hat{\gamma}_1 t\right) + \left(\hat{\beta}_1 + \hat{\gamma}_1\right) x_i & \text{if } x_i > t \end{cases}$$

[2] 불연속(discontinuous at knot t)

$$y_i = \beta_0 + \beta_1 x_i + \gamma_0 I(x_i > t) + \gamma_1 (x_i - t)_+ + \epsilon_i, \quad \epsilon_i \sim iid\, N(0, \sigma^2)$$
$$\text{여기서} \quad (x_i - t)_+ = \begin{cases} x_i - t & \text{if } x_i > t \\ 0 & \text{if } x_i \le t \end{cases} \tag{5.10}$$

- 추정된 회귀선

$$\hat{y}_i = \begin{cases} \hat{\beta}_0 + \hat{\beta}_1 x_i & \text{if } x_i \le t \\ \left(\hat{\beta}_0 + \hat{\gamma}_0\right) + \hat{\beta}_1 x_i + \hat{\gamma}_1 (x_i - t) & \text{if } x_i > t \end{cases}$$
$$= \begin{cases} \hat{\beta}_0 + \hat{\beta}_1 x_i & \text{if } x_i \le t \\ \left(\hat{\beta}_0 + \hat{\gamma}_0 - \hat{\gamma}_1 t\right) + \left(\hat{\beta}_1 + \hat{\gamma}_1\right) x_i & \text{if } x_i > t \end{cases}$$

단순 선형 조각 회귀에서는 [그림 5.6]과 같이 회귀 계수를 해석할 수 있다. 단일 너트 $t = 5$일 때, $x_i \leq t$의 β_1은 해당 구간에서의 기울기이며, $x_i > t$에서의 γ_1은 β_1으로 부터의 기울기 변화량을 의미한다. 또한, 불연속인 경우에는 너트에서의 함수 변화량을 회귀 계수 γ_0가 표현한다. 이때, $\gamma_i \in \mathbb{R},\ i = 0,\ 1$는 어떤 값도 가질 수 있으므로, 이를 통하여 기울기의 증가와 감소, 그리고 가능한 불연속 지점의 함수값의 변화량을 모두 표현할 수 있다.

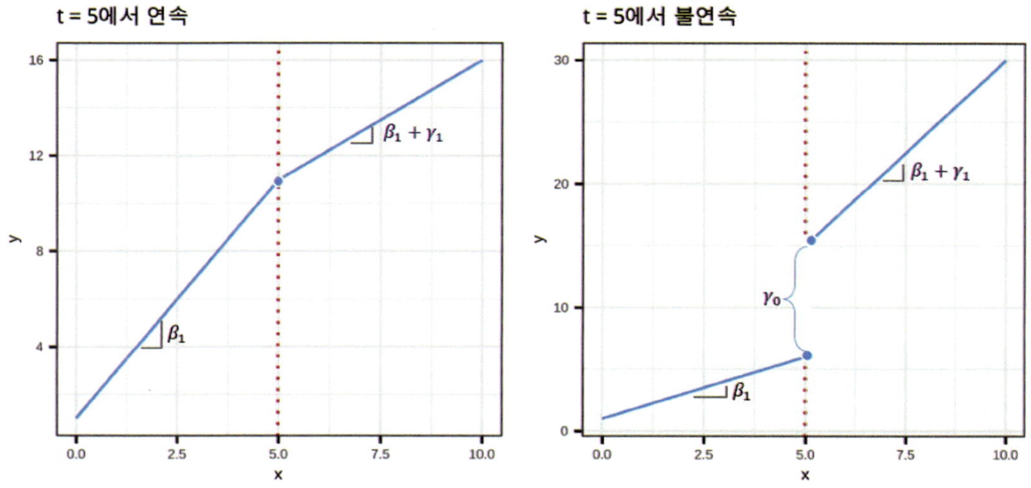

그림 5.6: 단순 선형 조각 회귀의 회귀 계수: 연속 vs. 불연속

practice tools 연습 22. 외부 평가에 기초한 내부 평가 기준 정립 <software.fmr.csv>

B 기업의 소프트웨어 개발실에서는 소프트웨어 내부 성능 검증(fr) 결과의 타당성을 확인하고 외부 전문가 평가(FMR Score) 결과와의 관계를 분석하기 위하여 외부 평가가 실시된 24개의 제품(자사, 경쟁사)을 조사하였다. 적절한 모형이 도출된다면, 이를 이용하여 새로 개발되는 소프트웨어의 초기 안성도 평가를 위한 기준으로 활용하고자 한다.

데이터 로딩

```
sw <- read.csv(paste0(data_path, "software.fmr.csv"))
str(sw)
```

```
# 'data.frame': 24 obs. of  3 variables:
```

```
# $ fmr  : num  1.61 1.96 2.11 2.5 3.95 4.04 4.13 4.11 4.32 4.32 ...
# $ fr   : num  15.8 21.1 26.3 36.8 52.6 52.6 57.9 68.4 78.9 84.2 ...
# $ maker: chr  "B" "B" "B" "B" ...
```

$n = 24$개의 데이터에서 외부 평가 기준(fmr)과 내부 평가 기준(fr) 그리고 자사와 경쟁사를 구분하는 2개의 범주를 갖는 maker가 기록되었다.

결측값(missing values)의 검토

- is.na()는 결측 여부를 TRUE/FALSE로 반환한다.

```
sapply(sw, function(x) sum(is.na(x)))
```

```
#   fmr    fr maker
#     0     0     0
```

로딩된 데이터의 변수들에는 결측값이 없다.

시각화

```
sw %>% ggplot(aes(fr, fmr)) +
 geom_point(color = "blue") +
 geom_vline(xintercept = 50, color = "red", linetype = "dotted") +
 theme_bw()
```

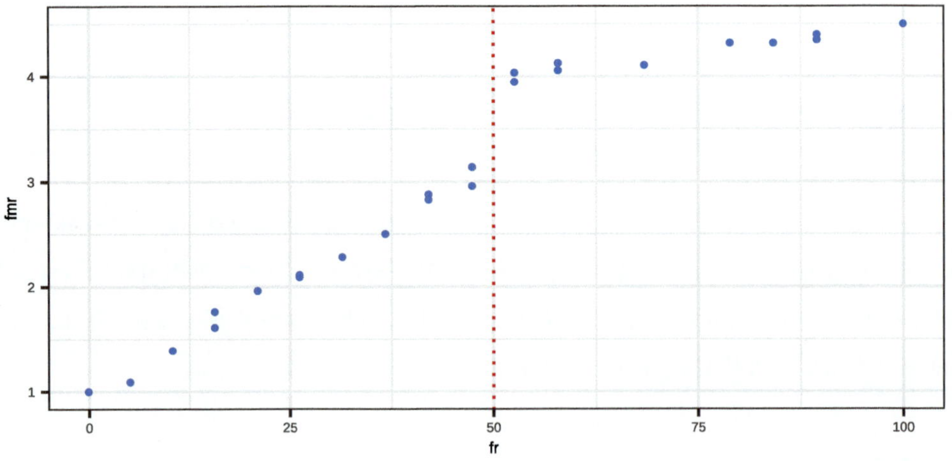

(fr, fmr)의 관계는 전 구간에서 연속적이지 않으며, 대략 $t = 50$ 근처에서 명확한 불연속이 존재한다. 너트는 1개가 적절하며, 너트 값을 지정하기 위하여 인접한 값들을 확인해 보면 다음과 같다.

```r
t <- 50
tolerance <- 5  # 인접한 값을 정의
# t 근처의 데이터 추출 및 확인
near_t <- subset(sw, fr >= (t - tolerance) & fr <= (t + tolerance))
near_t
```

```
#      fmr   fr maker
# 5  3.95 52.6     B
# 6  4.04 52.6     B
# 14 2.96 47.4     M
# 22 3.14 47.4     M
```

fr = 50과 인접한 값이 (47.4, 52.6)이므로 너트 h는 그 중간값인 50이 적절하다.

너트의 정의

```r
sw <- sw  %>%
 mutate(knot1 =  pmax(fr - 50, 0),                        # (x-t)+
        knot0 = as.numeric(fr > 50))                      # I(x > t)
head(sw)
```

```
#    fmr   fr maker knot1 knot0
# 1 1.61 15.8     B   0.0     0
# 2 1.96 21.1     B   0.0     0
# 3 2.11 26.3     B   0.0     0
# 4 2.50 36.8     B   0.0     0
# 5 3.95 52.6     B   2.6     1
# 6 4.04 52.6     B   2.6     1
```

단일 너트를 갖는 불연속 단순 선형 조각 회귀 모형 (5.10)에서 $I(x_i > 50)$는 knot0 그리고 $(x_i - 50)_+$는 knot1에 해당한다.

단순 조각 회귀 적합

```r
lin_fit <- lm(fmr ~ fr + knot0 + knot1, data = sw)
summary.lm(lin_fit)
```

```
#
# Call:
# lm(formula = fmr ~ fr + knot0 + knot1, data = sw)
#
# Residuals:
```

```
#       Min        1Q    Median        3Q       Max
# -0.09301 -0.04347 -0.00325  0.04566  0.11183
#
# Coefficients:
#             Estimate Std. Error t value             Pr(>|t|)
# (Intercept)  0.94822    0.03413    27.8 < 0.0000000000000002 ***
# fr           0.04430    0.00113    39.3 < 0.0000000000000002 ***
# knot0        0.81969    0.04669    17.6   0.0000000000001279 ***
# knot1       -0.03415    0.00165   -20.7   0.0000000000000057 ***
# ---
# Signif. codes:  0 '***' 0.001 '**' 0.01 '*' 0.05 '.' 0.1 ' ' 1
#
# Residual standard error: 0.0633 on 20 degrees of freedom
# Multiple R-squared:  0.998,   Adjusted R-squared:  0.997
# F-statistic: 2.69e+03 on 3 and 20 DF,  p-value: <0.0000000000000002
```

적합된 단순 선형 조각 회귀는 모형과 회귀 계수 모두 유의하며, $R^2 = 0.998$로 매우 높다. $fr \leq 50$에서는 기울기 $\hat{\beta}_1 = 0.0443$이고, $fr > 50$에서의 기울기는 $\hat{\beta}_1 + \hat{\gamma}_1 = 0.0443 - 0.03415 = 0.01015$로 작아짐을 확인할 수 있다. 또한 $fr = 50$에서는 함수 변화량은 $\hat{\gamma}_0 = 0.820$임을 확인할 수 있다.

잔차 진단

```
reg_residuals(lin_fit, sw, "rstandard")
```

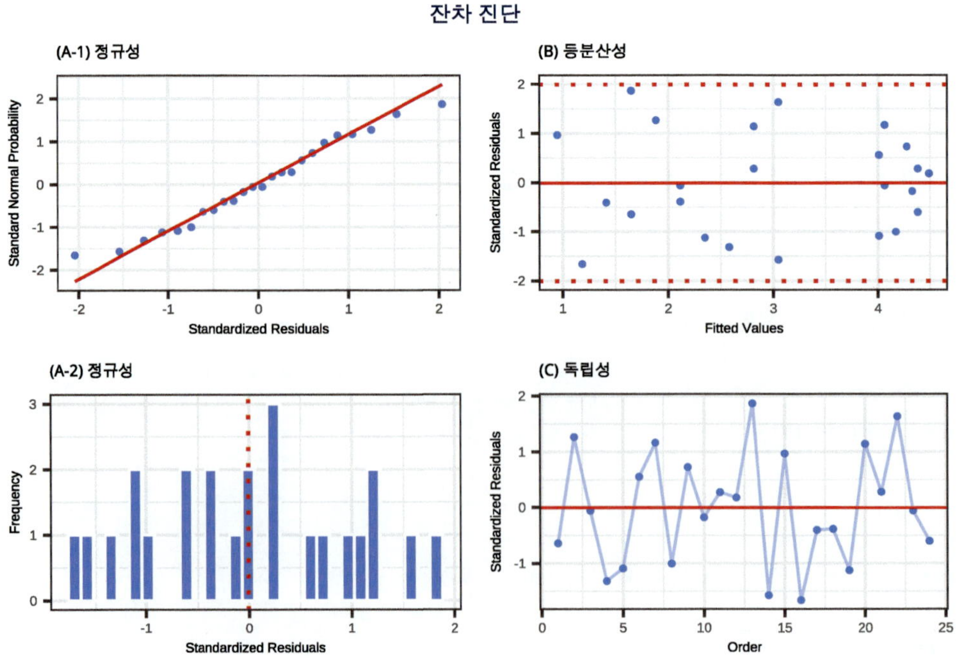

정규성, 등분산성, 독립성 모두 만족한다.

구간 추정: 95% 신뢰 구간과 예측 구간

```
predictions <- predict(lin_fit, newdata = sw,              # 95% 신뢰 구간 계산
                       interval = "confidence")
predictions_pred <- predict(lin_fit, newdata = sw,         # 95% 예측 구간 계산
                            interval = "prediction")
sw <- sw %>%
  mutate(
    fitted_values = fitted(lin_fit),
    std_residuals = rstandard(lin_fit),
    lwr_conf = predictions[, "lwr"],
    upr_conf = predictions[, "upr"],
    lwr_pred = predictions_pred[, "lwr"],
    upr_pred = predictions_pred[, "upr"]
  )
```

결과 요약

- 불연속을 표현하기 위하여 `filter()`를 이용하여 데이터를 구분하고, 각각의 그래프를 그린다.

```
# 너트 t = 50 기준 분할
sw_before <- sw %>% filter(fr <= 50)
sw_after <- sw %>% filter(fr > 50)

ggplot() +
  # 첫 번째 구간 (fr <= 50)
  geom_point(data = sw_before, aes(x = fr, y = fmr), color = "blue") +
  geom_line(data = sw_before, aes(x = fr, y = fitted_values), color = "red") +
  geom_ribbon(data = sw_before,                                  # 신뢰 구간
              aes(x = fr, ymin = lwr_conf, ymax = upr_conf),
              fill = "green", alpha = 0.2) +
  geom_ribbon(data = sw_before,
              aes(x = fr, ymin = lwr_pred, ymax = upr_pred),
              fill = "gray", alpha = 0.2) +                      # 예측 구간
  # 두 번째 구간 (fr > 50)
  geom_point(data = sw_after, aes(x = fr, y = fmr), color = "blue") +
  geom_line(data = sw_after, aes(x = fr, y = fitted_values), color = "red") +
  geom_ribbon(data = sw_after,
              aes(x = fr, ymin = lwr_conf, ymax = upr_conf),
              fill = "green", alpha = 0.2) +
  geom_ribbon(data = sw_after,
```

```
            aes(x = fr, ymin = lwr_pred, ymax = upr_pred),
            fill = "gray", alpha = 0.2) +

  labs(title = "추정된 회귀선과 95% 신뢰 구간과 예측 구간",
       x = "fr",
       y = "fmr") +
  theme_bw()
```

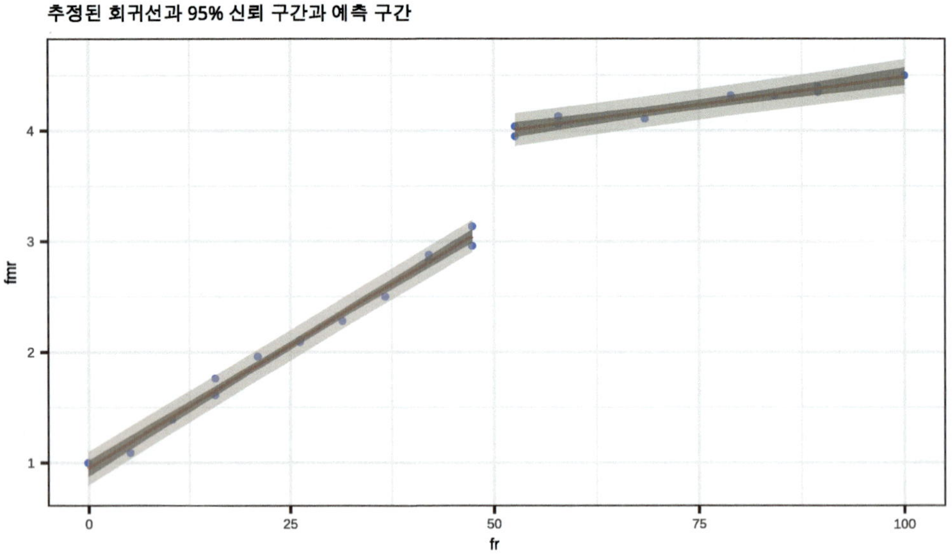

최종적으로 추정된 회귀식은 다음과 같다.

$$\hat{fmr}_i = \begin{cases} 0.94822 + 0.04430 \cdot fr & \text{if } fr \leq 50 \\ 0.820 & \text{if } fr = 50 \\ 1.76791 + 0.01015 \cdot fr & \text{if } fr > 50 \end{cases}$$

최종 결과는 회귀식을 이용한 간편 계산식 또는 일정 범위에서의 표를 작성하여 실무적 해석의 기준으로 활용할 수 있다.

실제로 너트의 위치를 정확하게 결정할 수 없는 경우가 있다. 이 경우에는 너트의 수와 대략적인 위치를 지정한 후, 자동으로 너트를 선택하는 방법을 적용할 수 있다. 이는 수동으로 너트를 지정하는 방식과는 달리, 자동으로 최적의 너트를 찾아내기 때문에 수동으로 지정한 결과와는 차이가 있을 수 있다.

[참고] 너트의 자동 계산

- segmented::segmented()는 초기값으로 부터 너트의 위치를 자동으로 추정한다.
  - 조각 회귀를 적합할 기본 모형 - 선형, 2차 다항, 3차 다항 등 - 이 적합된 객체에 지정한다.
  - psi에 리스트로 초기값을 지정한다.
  - seg.Z는 너트를 탐색할 변수를 formula로 지정한다. 하나 이상의 변수도 가능하다.

```
library(segmented)
lin_mod <- lm(fmr ~ fr, data = sw)                          # 선형 회귀 모형 적합
seg_mod <- segmented(lin_mod, seg.Z = ~fr, psi = 50)  # 조각 회귀 모형 적합
summary(seg_mod)
```

```
#
#   ***Regression Model with Segmented Relationship(s)***
#
# Call:
# segmented.lm(obj = lin_mod, seg.Z = ~fr, psi = 50)
#
# Estimated Break-Point(s):
#          Est.  St.Err
# psi1.fr 60.5   5.64
#
# Coefficients of the linear terms:
#              Estimate Std. Error t value           Pr(>|t|)
# (Intercept)  0.76603    0.09999    7.66 0.0000002259023621 ***
# fr           0.05427    0.00268   20.27 0.0000000000000084 ***
# U1.fr       -0.04274    0.00888   -4.81                 NA
# ---
# Signif. codes:  0 '***' 0.001 '**' 0.01 '*' 0.05 '.' 0.1 ' ' 1
#
# Residual standard error: 0.204 on 20 degrees of freedom
# Multiple R-Squared: 0.974,  Adjusted R-squared: 0.971
#
# Boot restarting based on 6 samples. Last fit:
# Convergence attained in 2 iterations (rel. change 0.000000000115)
```

segmented()를 이용하여 자동으로 너트를 선택하는 경우, 최적 너트를 60.5로 추정하였고, 두 번째 구간 (fr > 60.5)의 기울기 변화량(U1.fr)을 -0.04274로 추정하였다. 이를 통해 추정된 회귀식은 다음과 같다.

$$\hat{y}_i = \begin{cases} 0.76603 + 0.05427 \cdot fr & \text{if } fr \le 60.5 \\ 0.76603 + 0.01153 \cdot fr & \text{if } fr > 60.5 \end{cases}$$

□

5.2.2 3차 다항 조각 회귀 Cubic Polynomial Piecewise

3차 다항 조각 회귀 모형(Cubic Polynomial Piecewise Regression Model)은 앞서 소개한 2차 다항 조각 회귀 모형의 차수를 3차로 정의한 것이다. 이 역시 2차 다항 조각 회귀 모형과 같이 너트 t에서의 연속 여부에 따라 추정해야 할 회귀 계수의 수가 달라진다. 연속일 경우에는 3차 다항 회귀 계수 β_i, $i = 0, 1, 2, 3$), 너트 회귀 계수 γ_3 그리고 오차 분산 σ^2을 추정하지만, 불연속인 경우에는 추가적으로 너트 회귀 계수 $\gamma_0, \gamma_1, \gamma_2$를 추정해야 한다.

$$(x_i, y_i), t \rightarrow \begin{cases} (\beta_0, \beta_1, \beta_2, \beta_3, \gamma_3, \sigma^2) & \text{if } t\text{에서 연속일 때} \\ (\beta_0, \beta_1, \beta_2, \beta_3, \gamma_0, \gamma_1, \gamma_2, \gamma_3, \sigma^2) & \text{if } t\text{에서 불연속 일때} \end{cases}$$

3차 다항 조각 회귀 모형

- 연속(continuous at knot t)

$$y_i = \sum_{j=0}^{3} \beta_j x_i^j + \gamma_3 (x_i - t)_+^3 + \epsilon_i, \ \forall\, i \quad \epsilon_i \sim \text{iid}\, N(0, \sigma^2)$$

$$\text{여기서} \quad (x_i - t)_+ = \begin{cases} x_i - t & \text{if } x_i > t \\ 0 & \text{if } x_i \le t \end{cases}$$

  - 추정된 회귀선

$$\hat{y} = \begin{cases} \hat{\beta}_0 + \hat{\beta}_1 x + \hat{\beta}_2 x^2 + \hat{\beta}_3 x^3 & \text{if } x \le t \\ \left(\hat{\beta}_0 + \hat{\gamma}_3 t^3\right) + \left(\hat{\beta}_1 - 3\hat{\gamma}_3 t^2\right) x + \left(\hat{\beta}_2 + 3\hat{\gamma}_3 t\right) x^2 + \left(\hat{\beta}_3 + \hat{\gamma}_3\right) x^3 & \text{if } x > t \end{cases}$$

- 불연속(discontinuous at knot t)

$$y_i = \sum_{j=0}^{3} \beta_j x_i^j + \sum_{q=0}^{3} \gamma_k (x_i - t)_+^q + \epsilon_i, \ \forall\, i, \quad \epsilon_i \sim iid\, N(0, \sigma^2)$$

  - 추정된 회귀선

$$\hat{y} = \begin{cases} \hat{\beta}_0 + \hat{\beta}_1 x + \hat{\beta}_2 x^2 + \hat{\beta}_3 x^3 & \text{if } x \le t \\ \hat{\beta}_0^* + \hat{\beta}_1^* x + \hat{\beta}_2^* x^2 + \hat{\beta}_3^* x^3 & \text{if } x > t \end{cases}$$

여기서

$$\hat{\beta}_0^* = \hat{\beta}_0 + \hat{\gamma}_0 + \hat{\gamma}_1 t + \hat{\gamma}_2 t^2 + \hat{\gamma}_3 t^3$$
$$\hat{\beta}_1^* = \hat{\beta}_1 + \hat{\gamma}_1 + 2\hat{\gamma}_2 t + 3\hat{\gamma}_3 t^2$$
$$\hat{\beta}_2^* = \hat{\beta}_2 + \hat{\gamma}_2 + 3\hat{\gamma}_3 t$$
$$\hat{\beta}_3^* = \hat{\beta}_3 + \hat{\gamma}_3$$

만일 너트의 개수 $h \geq 2$이고 $t_1 < t_2 < \ldots < t_h$ 인 경우, 각 너트에서 연속이라면, 3차 다항 조각회귀 모형은 다음과 같이 정의된다.

$$y_i = \sum_{j=0}^{3} \beta_{0j} x_i^j + \sum_{k=1}^{h} \gamma_k (x_i - t_k)_+^3 + \epsilon,\ \forall\, i, \epsilon \sim iid\, N(0, \sigma^2)$$

$$\text{여기서 } (x - t_k)_+ = \begin{cases} (x - t_k) & \text{if } x - t_k > 0 \\ 0 & \text{if } x - t_k \leq 0 \end{cases},\quad k = 1,\, 2, \ldots, h$$

불연속인 경우에는 저차항들을 포함해야 하며, 연속인 경우에도 1차 미분(기울기)또는 2차 미분(곡률) 가능성이 의심되는 경우에는 다음의 저차항을 모형에 포함하는 것이 바람직하다.

$$\sum_{k=1}^{h} \sum_{j=0}^{3} \gamma_{kj} (x_i - t_k)^j$$

practice tools 연습 23. 시뮬레이션 기준 함수 <voltage_drop.csv>

B 연구소에서는 미사일이 발사된 후 Voltage Drop 정도를 최초 20초간 0.5초 간격으로 관찰하였다. 연구 중인 미사일은 비행 궤적에 따라 서로 다른 Voltage를 요구하며, 올바른 궤적으로 비행하기 위해서는 발사 후 약 t = 6.5, 13.0에서 그 일정한 변화가 요구된다. 연구팀은 조사된 데이터로 부터 적절한 모형이 도출된다면, 이를 기초로 다양한 환경 난수를 반영한 미사일 추적 시뮬레이션(Simulation)의 기준 함수로 활용하고자 한다.

데이터 로딩

```
misl <- read.csv(paste0(data_path, "voltage_drop.csv"))
str(misl)
```

```
# 'data.frame': 41 obs. of  2 variables:
#  $ vdrop: num  8.23 8.23 7.17 7.14 7.31 7.6 7.94 8.3 8.76 8.71 ...
#  $ time : num  0 0.5 1 1.5 2 2.5 3 3.5 4 4.5 ...
```

$n = 41$ 개의 데이터에서 발사 후 시간(time)별 전압 강하(vdrop)가 기록되었다.

결측값(missing values)의 검토

- is.na()는 결측 여부를 TRUE/FALSE로 반환한다.

```
sapply(misl, function(x) sum(is.na(x)))
```

```
# vdrop  time
#     0     0
```

로딩된 데이터의 두 변수에는 결측값이 없다.

시각화

```
misl  %>% ggplot(aes(time, vdrop)) +
  geom_point(color = "blue") +
  geom_vline(xintercept = c(6.5, 13), color = "red", linetype = "dotted") +
  theme_bw()
```

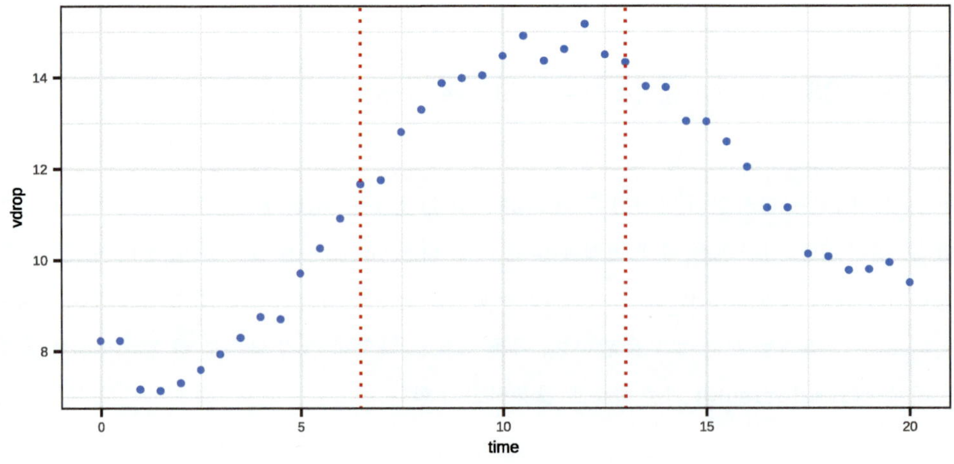

실무적으로 지정된 $t_1 = 6.5$ 그리고 $t_2 = 13.0$에서 데이터가 측정되었고, 측정된 값들의 산포가 크지 않으며, 전체 패턴은 연속이다.

너트의 계산

```
misl <- misl %>%
 mutate(
  knot1 = pmax((time - 6.5)^3, 0),
  knot2 = pmax((time - 13.0)^3, 0)
 )
head(misl)
```

```
#   vdrop time knot1 knot2
# 1  8.23  0.0     0     0
# 2  8.23  0.5     0     0
# 3  7.17  1.0     0     0
# 4  7.14  1.5     0     0
# 5  7.31  2.0     0     0
# 6  7.60  2.5     0     0
```

3차 다항 조각 회귀 적합

```
cub_fit <- lm(vdrop ~ poly(time, 3, raw = TRUE) + knot1 + knot2,
              data = misl
              )
summary.lm(cub_fit)
```

```
#
# Call:
# lm(formula = vdrop ~ poly(time, 3, raw = TRUE) + knot1 + knot2,
#     data = misl)
#
# Residuals:
#     Min      1Q  Median      3Q     Max
# -0.4502 -0.1561  0.0075  0.1711  0.4392
#
# Coefficients:
#                            Estimate Std. Error t value
# (Intercept)                 8.38490    0.18446   45.46
# poly(time, 3, raw = TRUE)1 -1.36388    0.16704   -8.16
# poly(time, 3, raw = TRUE)2  0.46732    0.03957   11.81
# poly(time, 3, raw = TRUE)3 -0.02799    0.00262  -10.68
# knot1                       0.02280    0.00372    6.14
```

```
# knot2                          0.02764    0.00329    8.40
#                                           Pr(>|t|)
# (Intercept)                  < 0.0000000000000002 ***
# poly(time, 3, raw = TRUE)1     0.000000001282453 ***
# poly(time, 3, raw = TRUE)2     0.000000000000092 ***
# poly(time, 3, raw = TRUE)3     0.000000000001459 ***
# knot1                          0.000000510381995 ***
# knot2                          0.000000000661971 ***
# ---
# Signif. codes:  0 '***' 0.001 '**' 0.01 '*' 0.05 '.' 0.1 ' ' 1
#
# Residual standard error: 0.246 on 35 degrees of freedom
# Multiple R-squared:  0.992,   Adjusted R-squared:  0.991
# F-statistic:  849 on 5 and 35 DF,  p-value: <0.0000000000000002
```

3차 다항 회귀 조각 모형의 적합 결과 모형과 모든 회귀 계수는 유의하며, 결정 계수 $R^2 = 0.992$로 매우 높은 적합도를 보여 주며, 수정 결정 계수 $R^2_{adj} = 0.991$로 설명 변수의 수를 반영하여도 모형 적합도가 매우 높음을 보여 준다.

잔차 진단

```
reg_residuals(cub_fit, misl, "rstandard")
```

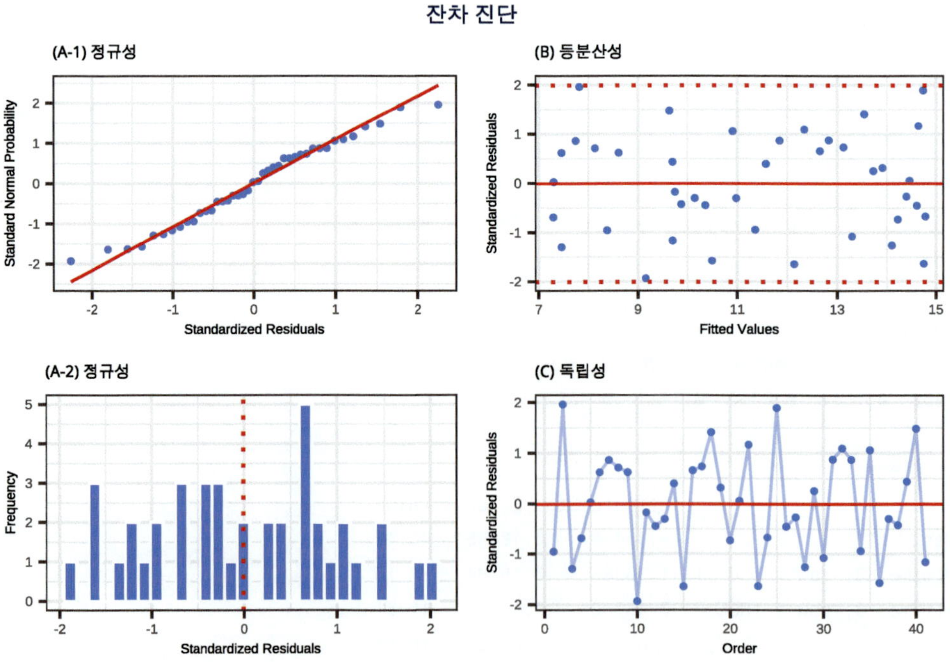

모든 통계적 가정을 만족하며, 특별한 이상점이 진단되지 않는다.

결과 요약

```
predictions <- predict(cub_fit, newdata = misl,              # 95% 신뢰 구간 계산
                       interval = "confidence")
predictions_pred <- predict(cub_fit, newdata = misl,        # 95% 예측 구간 계산
                            interval = "prediction")

misl <- misl %>%
 mutate(
  fitted_values = fitted(cub_fit),
  std_residuals = rstandard(cub_fit),
  lwr_conf = predictions[, "lwr"],
  upr_conf = predictions[, "upr"],
  lwr_pred = predictions_pred[, "lwr"],
  upr_pred = predictions_pred[, "upr"]
  )

ggplot(misl, aes(x = time, y = vdrop)) +
  geom_point(color = "blue", size = 1.5) +                          # 데이터
  geom_line(aes(y = fitted_values), color = "red", size = 1) +      # 적합치
  geom_ribbon(aes(ymin = lwr_conf, ymax = upr_conf),
                  alpha = 0.2, fill = "green") +                    # 신뢰 구간
  geom_ribbon(aes(ymin = lwr_pred, ymax = upr_pred),
              alpha = 0.1, fill = "gray") +                         # 예측 구간
  geom_vline(xintercept = c(6.5, 13), color = "black", linetype = "dotted") +
  labs(title = "[Cubic Piecewise] 미사일 궤적 기준 함수",
       x = "Time",
       y = "Voltage Drop") +
  theme_bw()
```

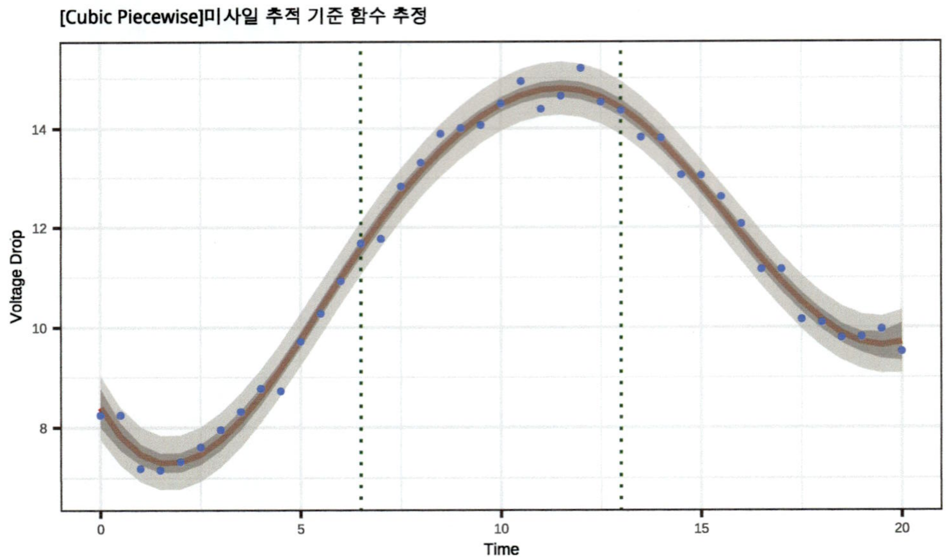

최종 추정된 회귀선은 다음과 같다. 이는 너트로 구분된 3개의 구간에서 각각의 3차 다항 회귀식을 제공한다. 이 회귀식을 비교함으로써 각 구간의 특성을 확인할 수 있으며, 데이터가 어떻게 변화하는지에 대한 구체적인 기준을 도출할 수 있다.

$$
\hat{\text{vdrop}} = \begin{cases} \hat{\beta}_0 + \hat{\beta}_1 \cdot \text{time} + \hat{\beta}_2 \cdot \text{time}^2 + \hat{\beta}_3 \cdot \text{time}^3 & \text{if time} \leq 6.5 \\ \hat{\beta}_0 + \hat{\beta}_1 \cdot \text{time} + \hat{\beta}_2 \cdot \text{time}^2 + \hat{\beta}_3 \cdot \text{time}^3 + \hat{\gamma}_1 \cdot (\text{time} - 6.5)^3 & \text{if } 6.5 < \text{time} \leq 13.0 \\ \hat{\beta}_0 + \hat{\beta}_1 \cdot \text{time} + \hat{\beta}_2 \cdot \text{time}^2 + \hat{\beta}_3 \cdot \text{time}^3 + \hat{\gamma}_1 \cdot (\text{time} - 6.5)^3 + \hat{\gamma}_2 \cdot (\text{time} - 13.0)^3 & \text{if time} > 13.0 \end{cases}
$$

$$
= \begin{cases} 8.3849 - 1.36388 \cdot time + 0.46732 \cdot time^2 - 0.02799 \cdot time^3 & \text{if } time \leq 6.5 \\ 8.3849 + 0.02280 \cdot (time - 6.5)^3 - 1.36388 \cdot time + 0.46732 \cdot time^2 - 0.02799 \cdot time^3 & \text{if } 6.5 < time \leq 13.0 \\ 8.3849 + 0.02280 \cdot (time - 6.5)^3 + 0.02764 \cdot (time - 13.0)^3 - 1.36388 \cdot time + 0.46732 \cdot time^2 - 0.02799 \cdot time^3 & \text{if } time > 13.0 \end{cases}
$$

5.3 가변수 회귀 Dummy Variables

가변수(dummy variables)란 범주형 설명 변수를 회귀 분석에 적용하기 위해 범주를 특정 숫자로 지정한 설명 변수를 의미한다. $c \geq 2$개의 범주를 갖는 단일 범주형 변수는 $c-1$개의 가변수로 정의되고, 범주형 변수가 2개 이상이라면, 각 범주형 변수 별로 가변수가 정의된다. 가변수 회귀 분석은 하나 이상의 연속형 설명 변수가 있을 때, 범주형 변수를 반영하여 범주별 관계를 세분화하거나 추가적으로 데이터의 변동을 설명하기 위해 적용된다. 예를 들어, 연속형 설명 변수를 x_1 과 x_2, 단일 범주형 변수의 범주를 가변수 $D_1, D_2, \dots, D_{c-1}$ 으로 표현하면, 행렬 형식(matrix form)으로 정의된 가변수 회귀 모형은 다음과 같다. 이는 연속형 설명 변수와 범주형 설명 변수의 상호 작용(interaction)을 포함한 모형으로 확장될 수 있다[7].

가변수 회귀 모형(Regression Model with Dummy Variables)

$$y = X\beta + \epsilon, \text{ 여기서 } \hat{\beta} = \left(X^\top X\right)^{-1} X^\top y$$

여기서

$$y = \begin{bmatrix} y_1 \\ y_2 \\ \vdots \\ y_n \end{bmatrix}, \quad X = \begin{bmatrix} 1 & x_{11} & x_{12} & D_{11} & \dots & D_{1(c-1)} \\ 1 & x_{21} & x_{22} & D_{21} & \dots & D_{2(c-1)} \\ \vdots & \vdots & \vdots & \vdots & & \vdots \\ 1 & x_{n1} & x_{n2} & D_{n1} & \dots & D_{n(c-1)} \end{bmatrix}, \quad \beta = \begin{bmatrix} \beta_0 \\ \beta_1 \\ \beta_2 \\ \gamma_1 \\ \vdots \\ \gamma_{c-1} \end{bmatrix},$$

$$\text{그리고 } D_{ij} = \begin{cases} 1 & \text{if } y_i \text{ 가 } j \text{ 번째 범주에 속하는 경 우} \\ 0 & \text{if } y_i \text{ 가 } j \text{ 번째 범주에 속하지 않는 경우} \end{cases}$$

- 추정된 회귀식

$$\hat{y}_i = \hat{\beta}_0 + \hat{\beta}_1 x_{i1} + \hat{\beta}_2 x_{i2} + \hat{\gamma}_1 D_{i1} + \hat{\gamma}_2 D_{i2} + \dots + \hat{\gamma}_{c-1} D_{i(c-1)}$$

예를 들어, 단일 연속형 설명 변수 x_1과 2개의 범주 - A와 B - 를 갖는 설명 변수 x_2를 고려한다면, 가변수는 1개가 필요하다. 이를 반영한 가변수 회귀 모형은 (5.11)과 같다. 이는 가변수 D의 값에 따라 절편(intercept)만 차이가 나고, 기울기(slope)는 동일한 경우를 반영할 수 있다.

[7] 상호 작용(interaction)은 두 개 이상의 변수 간의 결합 효과가 반응 변수에 미치는 영향을 설명하는 용어이다. 한 변수의 반응 변수에 대한 효과가 다른 변수의 수준(또는 값)에 따라 달라지는 경우, 상호 작용이 존재한다라고 한다.

$$
\begin{aligned}
y &= \beta_0 + \beta_1 x_1 + \gamma_1 D + \epsilon, \;\; \epsilon \sim iid\, N\left(0, \sigma^2\right) \\
&= \begin{cases} \beta_0 + \beta_1 x_1 + \epsilon, & \text{if } D = 0 \\ (\beta_0 + \gamma_1) + \beta_1 x_1 + \epsilon, & \text{if } D = 1 \end{cases} \\
\text{여기서 } D &= \begin{cases} 0, & \text{if } x_2 = A \\ 1, & \text{if } x_2 = B \end{cases}
\end{aligned}
\tag{5.11}
$$

또한 연속형 설명 변수와 범주형 설명 변수간의 결합 효과가 반응 변수에 영향을 미치는 경우의 회귀 모형은 (5.12)와 같다. 이는 가변수의 값에 따라 절편(Intercept)과 기울기(Slope) 모두 차이가 있는 경우를 반영할 수 있다.

$$
\begin{aligned}
y =& \beta_0 + \beta_1 x_1 + \gamma_1 D + \delta\left(x_1 \cdot D\right) + \epsilon, \quad \epsilon \sim iid\, N\left(0, \sigma^2\right) \\
=& \begin{cases} \beta_0 + \beta_1 x_1 + \epsilon, & \text{if } D = 0 \\ (\beta_0 + \gamma_1) + (\beta_1 + \delta)\, x_1 + \epsilon, & \text{if } D = 1 \end{cases} \\
\text{여기서 } D =& \begin{cases} 0, & \text{if } x_2 = A \\ 1, & \text{if } x_2 = B \end{cases}
\end{aligned}
\tag{5.12}
$$

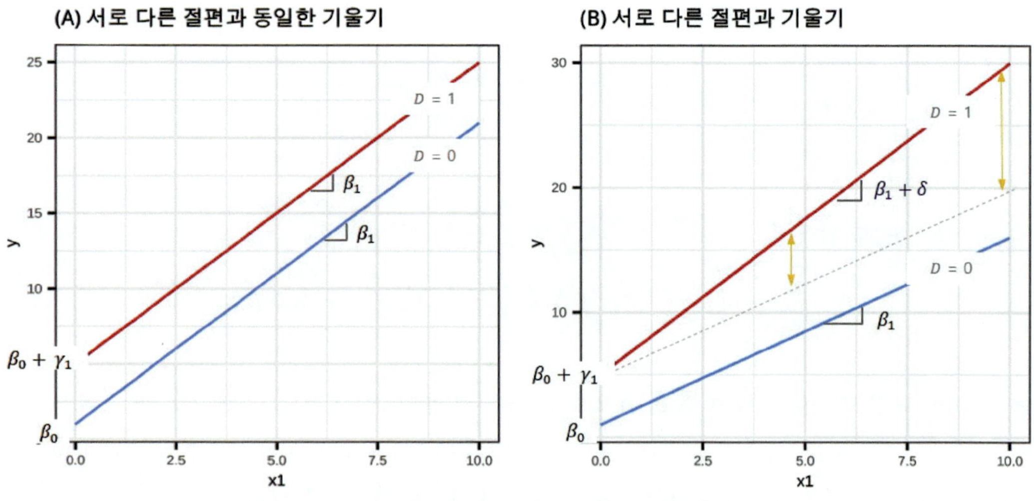

그림 5.7: 2개의 범주를 갖는 단일 범주형 변수에서의 회귀 계수: 상호작용 유무

[그림 5.7]은 (5.11)과 (5.12)의 회귀 모형에 대한 예시이다. 상호 작용이 없는 경우, 가변수 $D = \{0,1\}$ 에 따라 결정되는 두 회귀선은 기울기는 동일하고 절편에서만 γ_1 만큼 차이가 난다. 만일 상호 작용이 존재한다면, 가변수 $D = \{0,1\}$ 에 따라 결정되는 두 회귀선은 절편은 γ_1 그리고 기울기는 δ 만큼 차이가 난다. 기울기가 동일한 경우와 비교해 보면, x_1 의 값이 변경되면서 가변수의 값에 따라 y에 미치는 영향이 서로 다른 것을 확인할 수 있다. 이러한 상호 작용의 존재 여부는 유의성 검정을 통하여 검토할 수 있다.

단일 연속형 설명 변수 x_1 과 일 범주형 변수 $x_2 = \{A, B, C\}$ 를 고려하는 경우에는 2개의 가변수 D_1 과 D_2 가 정의되고, 상호 작용 유무에 따른 모형, 가변수 정의 그리고 절편과 기울기는 다음과 같다.

[상호 작용이 없는 경우] $y = \beta_0 + \beta_1 x_1 + \gamma_1 D_1 + \gamma_2 D_2 + \epsilon$

가변수		범주	절편	기울기
D_1	D_2			
0	0	A	β_0	β_1
1	0	B	$\beta_0 + \gamma_1$	β_1
0	1	C	$\beta_0 + \gamma_2$	β_1

[상호 작용이 있는 경우] $y = \beta_0 + \beta_1 x_1 + \gamma_1 D_1 + \gamma_2 D_2 + \delta_1 (x_1 \times D_1) + \delta_2 (x_1 \times D_2) + \epsilon$

가변수		범주	절편	기울기
D_1	D_2			
0	0	A	β_0	β_1
1	0	B	$\beta_0 + \gamma_1$	$\beta_1 + \delta_1$
0	1	C	$\beta_0 + \gamma_2$	$\beta_1 + \delta_2$

만일 단일 연속형 변수 x_1 과 각각 2개의 범주를 갖는 2개의 범주형 변수 $x_2 = \{A_1, B_1\}$ 과 $x_3 = \{A_2, B_2\}$ 를 고려하는 경우, 각 범주형 변수는 1개의 가변수로 표현될 수 있다. 따라서, 범주형 변수 x_2 의 가변수 D_2 그리고 범주형 변수 x_3 의 가변수 D_3 가 정의되고, 상호 작용 유무에 따른 모형, 가변수 정의 그리고 절편과 기울기는 다음과 같다.

[상호 작용이 없는 경우] $y = \beta_0 + \beta_1 x_1 + \gamma_2 D_2 + \gamma_3 D_3 + \epsilon$

가변수		범주	절편	기울기
D_2	D_3			
0	0	A_1, A_2	β_0	β_1
1	0	B_1, A_2	$\beta_0 + \gamma_2$	β_1
0	1	A_1, B_2	$\beta_0 + \gamma_3$	β_1
1	1	B_1, B_2	$\beta_0 + \gamma_2 + \gamma_3$	β_1

[상호 작용이 있는 경우] $y = \beta_0 + \beta_1 x_1 + \gamma_2 D_2 + \gamma_3 D_3 + \delta_2 (x_1 \times D_2) + \delta_3 (x_1 \times D_3) + \epsilon$

가변수		범주	절편	기울기
D_2	D_3			
0	0	A_1, A_2	β_0	β_1
1	0	B_1, A_2	$\beta_0 + \gamma_2$	$\beta_1 + \delta_2$
0	1	A_1, B_2	$\beta_0 + \gamma_3$	$\beta_1 + \delta_3$
1	1	B_1, B_2	$\beta_0 + \gamma_2 + \gamma_3$	$\beta_1 + \delta_2 + \delta_3$

가변수 회귀 모형은 (1) 범주형 설명 변수의 수가 많을수록 (2) 각 범주형 변수의 범주가 많을 수록 또는/그리고 (3) 상호 교호작용이 존재할수록 회귀계수의 수가 증가한다. 이러한 특징은 모형의 복잡성을 증가시켜 과적합(overfitting)의 위험이 커질 수 있다는 단점을 갖는다. 하지만, 가변수 회귀 모형은 범주형 설명 변수를 회귀 모형에 반영하여 그 효과를 명확히 표현할 수 있고, 반응 변수에 대한 각 범주의 영향 정도를 개별적으로 평가할 수 있다는 장점을 갖는다. 또한, 가변수 회귀 모형은 연속형 설명 변수의 각 값에서 서로 다른 범주 간의 평균 차이를 파악할 수 있어서 범주 전체에 대한 평균의 비교의 경우보다 더 유용한 기준을 제공한다.

practice tools 연습 24. 경력과 지위에 따른 연봉 구조 <salary.position.csv>

다음은 새로운 연봉 관리 기준을 결정하기 위하여 동종 업종에 종사하는 사무직 직원들의 연봉을 조사한 것이다. 연봉의 중요 요인으로 경력(year), 교육 수준(edu) 그리고 관리직 유무(mgt)를 고려하였으며, 각 요인들이 연봉에 미치는 영향을 조사하여 채용/진급시의 연봉 기준으로 활용하고자 한다.

데이터 로딩

```
annual <- read.csv(paste0(data_path, "salary.position.csv"))
str(annual)
```

```
# 'data.frame': 46 obs. of  4 variables:
#  $ salary    : num  6465 6193 7044 6154 6212 ...
#  $ experience: int  1 1 1 1 1 2 2 2 2 3 ...
#  $ edu       : chr  "Col" "Grad" "Grad" "Univ" ...
#  $ mgt       : chr  "Leader" "Staff" "Leader" "Staff" ...
```

n = 46개의 데이터에서 salary(연봉; 만원), experience(경력; 년), edu(최종 학력) 그리고 mgt(관리직 여부)가 조사되었다. 이 중에서 edu와 mgt는 범주형이며 각각 다음과 같은 범주들로 구성되었다.

```
table(annual$edu)
```

```
#
#  Col Grad Univ
#   14   13   19
```

edu는 3개의 범주로 구성되었고, 빈도는 대졸(Univ)가 가장 많다.

```
table(annual$mgt)
```

```
#
# Leader  Staff
#     20     26
```

mgt는 2개의 범주로 구성되어 있으며, 조사된 데이터에서는 Leader와 Staff가 비슷한 빈도를 갖는다.

결측값(missing values)의 검토

- is.na()는 결측 여부를 TRUE/FALSE로 반환한다.

```
sapply(annual, function(x) sum(is.na(x)))
```

```
#     salary experience        edu        mgt
#          0          0          0          0
```

로딩된 데이터의 모든 변수에서 결측값은 없다.

시각화

- interaction(A, B)는 범주형 변수 A와 B의 조합의 범주형 변수를 반환한다.
  - 출력 결과는 a.b의 형태의 factor형 벡터로 저장된다.

```
ggplot(annual, aes(x = experience, y = salary, color = edu)) +  # edu별
  geom_point() +
  labs(title = "(A) 최종 학력(edu) 별") +
  theme_bw() +
  theme(legend.position = "bottom") +
  guides(color = guide_legend(title = NULL))
#
ggplot(annual, aes(x = experience, y = salary, color = mgt)) +  #mgt별
  geom_point() +
  labs(title = "(B) 관리자 유무(mgt) 별") +
  theme_bw() +
  theme(legend.position = "bottom") +
  guides(color = guide_legend(title = NULL))
#
ggplot(annual,                                             #(edu, mgt) 조합별
       aes(x = experience, y = salary,
           color = interaction(edu, mgt))                  # 조합 지정정
          ) +
  geom_point() +
  labs(title = "(C) Edu and Mgt 조합 별") +
  theme_bw() +
  theme(legend.position = "bottom") +
  guides(color = guide_legend(title = NULL))
```

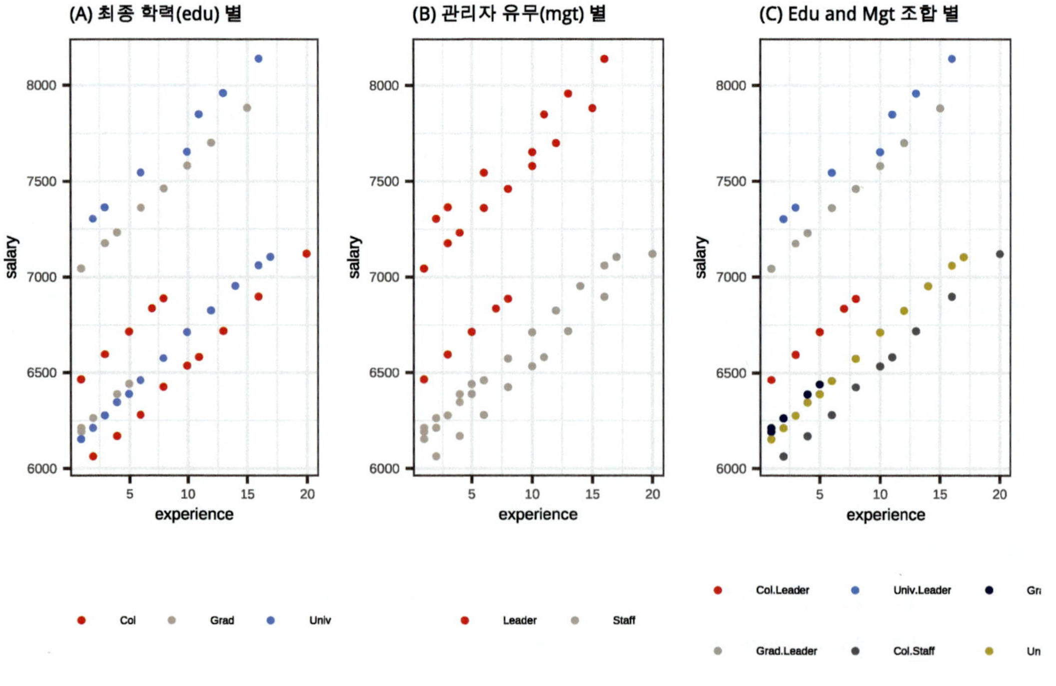

salary와 experience 간의 관계를 두 개의 범주형 변수인 edu와 mgt를 기준으로 시각화한 그림에서 (A)의 최종 학력(edu)별 구분에서는 학력 수준에 따라 salary와 experience의 관계가 비교적 뚜렷하게 구분되지만, edu만으로는 데이터를 모두 설명할 수 없다. (B)의 관리자 유무(mgt)별 구분에서도 관리자(Leader)와 실무자(staff) 간의 연봉 차이는 군집을 통해 명확하게 나타나지만, 데이터를 모두 설명할 수 없다. 하지만, (C)의 edu와 mgt의 조합 별 구분에서는 salary와 experience의 관계가 명확하게 세분화된다.

가변수 회귀 적합

- R은 factor형 범주형 변수에서 가변수를 자동 생성한다.
  - 범주형 변수는 factor형으로 사전에 변환한다.
    as.factor()로 변환하고 is.factor()로 확인한다.
- formula에서 상호 작용은 x:z 또는 x*z 로 지정한다.

- factor형 변환

```
annual$edu <- as.factor(annual$edu)
is.factor(annual$edu)
```

```
# [1] TRUE
```

```
annual$mgt <- as.factor(annual$mgt)
is.factor(annual$mgt)
```

```
# [1] TRUE
```

- 상호 작용이 없는 모형 적합

```
annual_m_ni <- lm(salary ~ experience + edu + mgt, data = annual)
summary(annual_m_ni)
```

```
#
# Call:
# lm(formula = salary ~ experience + edu + mgt, data = annual)
#
# Residuals:
#      Min       1Q  Median       3Q      Max
# -226.15   -78.43    2.67   101.38   205.98
#
# Coefficients:
```

```
#             Estimate Std. Error t value             Pr(>|t|)
# (Intercept)  6590.30      50.66  130.08 < 0.0000000000000002 ***
# experience     65.54       3.66   17.90 < 0.0000000000000002 ***
# eduGrad       359.55      49.41    7.28         0.000000006722 ***
# eduUniv       377.28      43.44    8.69         0.000000000077 ***
# mgtStaff     -826.02      37.67  -21.93 < 0.0000000000000002 ***
# ---
# Signif. codes:  0 '***' 0.001 '**' 0.01 '*' 0.05 '.' 0.1 ' ' 1
#
# Residual standard error: 123 on 41 degrees of freedom
# Multiple R-squared:  0.957,	Adjusted R-squared:  0.953
# F-statistic:  227 on 4 and 41 DF,  p-value: <0.0000000000000002
```

- 상호 작용이 있는 모형 적합

```
annual_m_i <- lm(salary ~ experience + edu + mgt + edu*mgt, data = annual)
summary(annual_m_i)
```

```
#
# Call:
# lm(formula = salary ~ experience + edu + mgt + edu * mgt, data = annual)
#
# Residuals:
#     Min      1Q  Median      3Q     Max
# -111.38   -5.55    2.92    7.91   24.59
#
# Coefficients:
#                   Estimate Std. Error t value             Pr(>|t|)
# (Intercept)       6414.487      9.863   650.3 <0.0000000000000002 ***
# experience          59.638      0.668    89.3 <0.0000000000000002 ***
# eduGrad            575.614     12.014    47.9 <0.0000000000000002 ***
# eduUniv            754.103     12.489    60.4 <0.0000000000000002 ***
# mgtStaff          -477.765     12.141   -39.4 <0.0000000000000002 ***
# eduGrad:mgtStaff -367.924     17.920   -20.5 <0.0000000000000002 ***
# eduUniv:mgtStaff -588.303     15.763   -37.3 <0.0000000000000002 ***
# ---
# Signif. codes:  0 '***' 0.001 '**' 0.01 '*' 0.05 '.' 0.1 ' ' 1
#
# Residual standard error: 20.9 on 39 degrees of freedom
# Multiple R-squared:  0.999,	Adjusted R-squared:  0.999
# F-statistic: 5.52e+03 on 6 and 39 DF,  p-value: <0.0000000000000002
```

상호 작용이 있는 경우가 더 잘 적합된다. 모형과 회귀 계수는 모두 유의하고, $R^2 = 0.999$로 거의 완벽한 함수에 가깝다.

가변수는 기준 범주를 기준으로 결과를 제공한다.

- contrasts()는 자동으로 할당된 가변수의 기준 범주를 확인한다.
- 만일 기준 범주를 변경하고자 한다면, relevel()을 적용한다.

모형에 적용된 가변수의 값은 다음과 같다.

```
contrasts(as.factor(annual$edu))
```

```
#      Grad Univ
# Col     0    0
# Grad    1    0
# Univ    0    1
```

```
contrasts(as.factor(annual$mgt))
```

```
#        Staff
# Leader     0
# Staff      1
```

현재 적용된 edu = Col과 mgt = Leader가 기준 범주이다[8]

잔차 진단

```
reg_residuals(annual_m_i, annual, "rstandard")
```

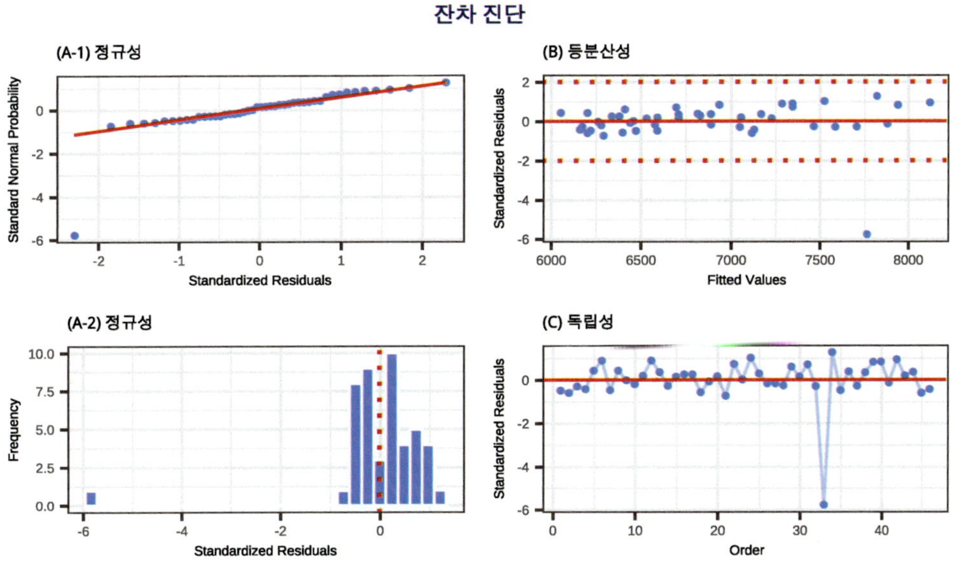

[8] 만일 edu의 기준 범주를 Univ로 변경하고자 한다면 다음을 적용한다. annual_t <- annual %>% mutate(edu = relevel(as.factor(edu), ref = "Univ"))

표준화 잔차가 거의 -6을 갖는 극단적인 이상점이 존재한다. 일반적으로 이상점은 실무적인 검토에 의하여 제거 또는 수정 되어야 하지만, 이와 같은 극단적인 이상점은 입력 오류일 가능성이 크므로 제거하기로 한다.

이상점과 영향점 진단

```
rsd <- rstandard(annual_m_i)
outliers_d <- as.numeric(names(rsd)[abs(rsd) >= 2])
outliers_d
```

```
# [1] 33
```

```
summary(influence.measures(annual_m_i)) # 영향점이 큰 관찰값만 제공
```

```
# Potentially influential observations of
#    lm(formula = salary ~ experience + edu + mgt + edu * mgt, data = annual) :
#
#    dfb.1_ dfb.expr dfb.edGr dfb.edUn dfb.mgtS dfb.eG:S dfb.eU:S dffit
# 33  0.22  -0.67     0.10    -3.72_*   0.19    -0.25     2.89_*  -6.15_*
#    cov.r   cook.d hat
# 33  0.00_*  0.80   0.14
```

33번째 관찰값은 이상점이자 영향점으로 진단되었다. 이를 제거하고 재적합한 후 잔차 진단을 다시 실시한다.

이상점을 제거한 데이터에 모형 재적합

```
annual_c <- annual[-outliers_d, ]
annual_m_ic <- lm(salary ~ experience + edu + mgt + edu:mgt , data = annual_c)
summary(annual_m_ic)
```

```
#
# Call:
# lm(formula = salary ~ experience + edu + mgt + edu:mgt, data = annual_c)
#
# Residuals:
#     Min      1Q  Median      3Q     Max
# -13.546  -5.236  -0.604   5.595  15.418
#
# Coefficients:
#                  Estimate Std. Error t value            Pr(>|t|)
```

```
# (Intercept)       6413.663      3.809  1683.7 <0.0000000000000002 ***
# experience          59.810      0.258   231.6 <0.0000000000000002 ***
# eduGrad            575.172      4.640   124.0 <0.0000000000000002 ***
# eduUniv            772.031      4.970   155.3 <0.0000000000000002 ***
# mgtStaff          -478.658      4.689  -102.1 <0.0000000000000002 ***
# eduGrad:mgtStaff -366.212      6.921   -52.9 <0.0000000000000002 ***
# eduUniv:mgtStaff -605.915      6.200   -97.7 <0.0000000000000002 ***
# ---
# Signif. codes:  0 '***' 0.001 '**' 0.01 '*' 0.05 '.' 0.1 ' ' 1
#
# Residual standard error: 8.05 on 38 degrees of freedom
# Multiple R-squared:      1,     Adjusted R-squared:      1
# F-statistic: 3.54e+04 on 6 and 38 DF,  p-value: <0.0000000000000002
```

모형과 회귀 계수의 유의성은 이상점 제거에 영향을 받지 않았고, $R^2 = 1.0$으로 거의 함수 관계에 가깝다. 이상점을 제거하고 적합된 모형에 대한 잔차 진단은 다음과 같다. 모든 가정이 적절하게 만족하는 것을 확인할 수 있다.

```
reg_residuals(annual_m_ic, annual_c, "rstandard")
```

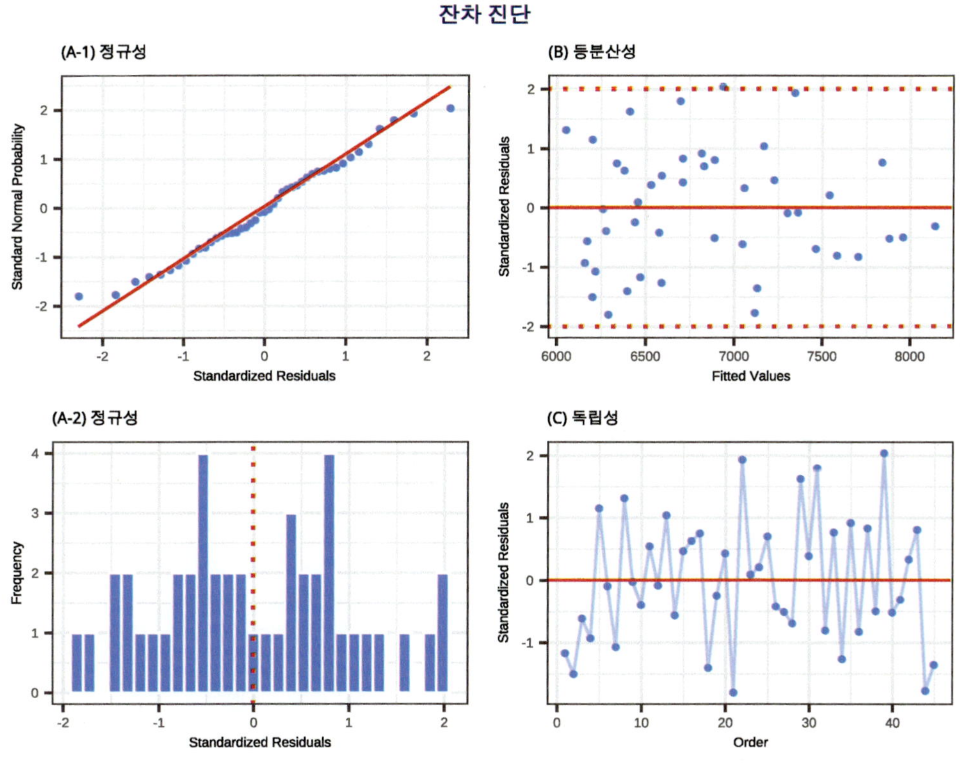

결과 요약

```
predictions <- predict(annual_m_ic,
                       newdata = annual_c,
                       interval = "confidence")
predictions_pred <- predict(annual_m_ic,
                            newdata = annual_c,
                            interval = "prediction")
#
annual_c <- annual_c %>%
  mutate(
    fitted_values = fitted(annual_m_ic),
    std_residuals = rstandard(annual_m_ic),
    lwr_conf = predictions[, "lwr"],
    upr_conf = predictions[, "upr"],
    lwr_pred = predictions_pred[, "lwr"],
    upr_pred = predictions_pred[, "upr"]
  )
#
ggplot(annual_c, aes(x = experience, y = salary,
                     color = interaction(edu, mgt),
                     group = interaction(edu, mgt))) +
  geom_point() +                                          # 원 데이터
  geom_ribbon(aes(ymin = lwr_pred, ymax = upr_pred,
                  group = interaction(edu, mgt)),
              alpha = 0.1, fill = "gray") +               # 예측 구간
  geom_ribbon(aes(ymin = lwr_conf, ymax = upr_conf,
                  group = interaction(edu, mgt)),
              alpha = 0.2, fill = "green") +              # 신뢰 구간
  geom_line(aes(y = fitted_values,
                group = interaction(edu, mgt)),
            color = "red", size = 1) +                    # 적합치
  labs(title = "[Linear Piecewise] 최종 학력과 관리직 유무에 따른 경력 별 평균 연봉",
       x = "경력",
       y = "연봉") +
  theme_bw()
```

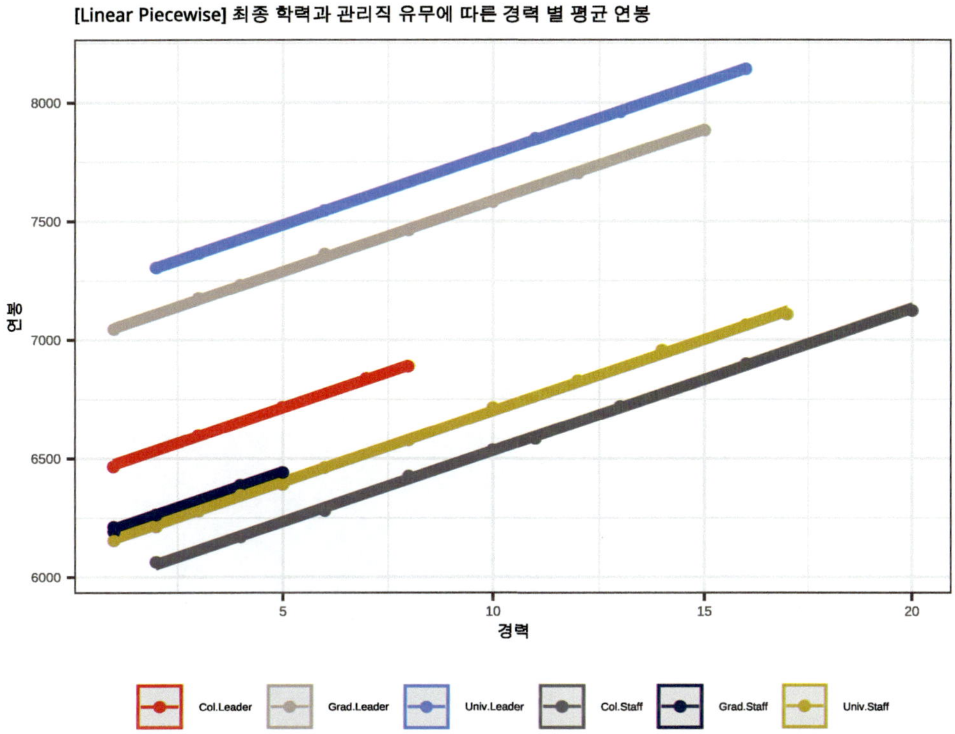

최종 추정된 회귀식은 다음과 같다.

$$
\hat{salary} = \begin{cases}
6413.663 + 59.810 \times \text{experience}, & \text{if edu} = \text{Col, mgt} = \text{Leader} \\
6413.663 + 59.810 \times \text{experience} + 575.172, & \text{if edu} = \text{Grad, mgt} = \text{Leader} \\
6413.663 + 59.810 \times \text{experience} + 772.031, & \text{if edu} = \text{Univ, mgt} = \text{Leader} \\
6413.663 + 59.810 \times \text{experience} - 478.658, & \text{if edu} = \text{Col, mgt} = \text{Staff} \\
6413.663 + 59.810 \times \text{experience} + 575.172 - 478.658 - 366.212, & \text{if edu} = \text{Grad, mgt} = \text{Staff} \\
6413.663 + 59.810 \times \text{experience} + 772.031 - 478.658 - 605.915, & \text{if edu} = \text{Univ, mgt} = \text{Staff}
\end{cases}
$$

$$
= \begin{cases}
6413.663 + 59.810 \times \text{experience}, & \text{if edu} = \text{Col, mgt} = \text{Leader} \\
6988.835 + 59.810 \times \text{experience}, & \text{if edu} = \text{Grad, mgt} = \text{Leader} \\
7185.694 + 59.810 \times \text{experience}, & \text{if edu} = \text{Univ, mgt} = \text{Leader} \\
5934.005 + 59.810 \times \text{experience}, & \text{if edu} = \text{Col, mgt} = \text{Staff} \\
6718.307 + 59.810 \times \text{experience}, & \text{if edu} = \text{Grad, mgt} = \text{Staff} \\
6701.121 + 59.810 \times \text{experience}, & \text{if edu} = \text{Univ, mgt} = \text{Staff}
\end{cases}
$$

[CHELLENGE] 분석 결과의 정리

추정된 결과를 이용하여 범주형 변수의 조합 별 표를 생성하거나 Heatmap을 이용하여 시각화 할 수 있다. 이러한 방법은 범주의 수가 많은 경우, 데이터 소비자와의 의사 소통에 도움이 된다.

	2년제	4년제	대학원
관리직	6414	7186	6989
실무직	5934	6701	6718

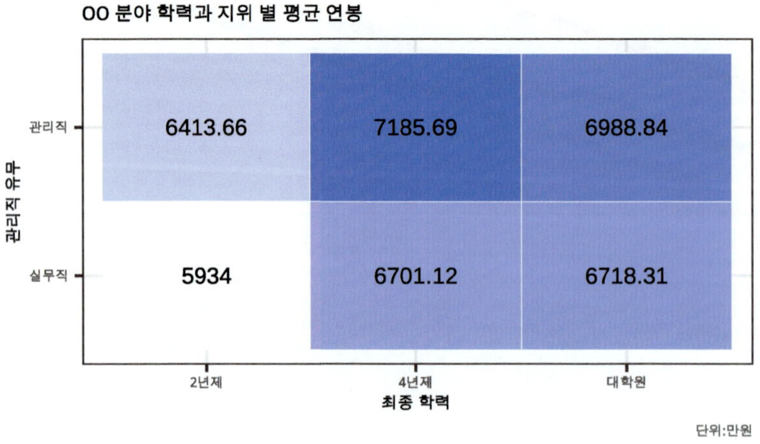

6 비선형 회귀 모형 Beyond Linearity

비선형 데이터를 선형 공간에서 적합하여 복잡한 패턴을 추정한다.

[제 5 장]에서 소개한 선형 모형의 확장 방법은 최소 제곱법(OLS)에 기초하여 특정 패턴을 추정하고, 이에 대한 통계적 추론을 적용할 수 있었다. 이러한 확장 방법은 데이터의 비선형적 패턴을 설명하기 위한 기본적이면서도 유용한 도구이다. 하지만, 이러한 확장 방법으로는 패턴을 올바로 적합할 수 없는 복잡한 비선형 패턴이 존재할 수 있다. 이러한 복잡한 패턴을 설명하기 위한 방법으로는 **기저 함수(basis function)**를 이용해 설명 변수를 변환하고 이를 선형 모형에 적합시키는 선형 기저 확장(Linear Basis Expansion), 주어진 데이터에서 **잡음(noise)**을 제거하여 주요 패턴을 강조하는 평활화(Smoothing) 그리고 데이터를 **고차원 공간으로 매핑(mapping)**하여 그 공간에서 선형 모형을 적용하여 비선형 패턴을 추정하는 커널 방법(Kernel Methods)을 들 수 있다. 이 방법들은 특정 상황에서 효과적으로 비선형 패턴을 설명할 수 있는 다양한 모형을 제공한다. 이러한 비선형 적합 방법들은 일반적으로 모형을 구성하는 개별 (회귀) 계수의 해석보다는 모형의 전체적인 패턴 적합도를 중심으로 해석한다. [표 6.1]은 각 방법의 대표적인 모형(model)과 특징이다.

표 6.1: 선형 확장의 주요 방법 별 모형과 목적

방법	모형	특징
선형 기저 확장	Polynomials	설명 변수의 다항식 변환을 통해 비선형 패턴 추정
	Step Functions	설명 변수의 범위를 구간으로 나누어 상수 값 추정
	Regression Splines	구간별 다항식을 통해 비선형 패턴 추정
	B-Splines	B-기저 함수를 적용하여 연속적이고 부드러운 패턴 추정
	Natural Splines	경계에서의 안정성을 향상시켜 패턴 추정
평활화	Smoothing Splines	전체 데이터를 평활화하여 주요 패턴 추정
	LOWESS/LOESS	국소 선형 회귀를 이용한 비선형 패턴 추정
커널 방법	Kernel Regression	커널 함수를 사용하여 고차원 공간으로 매핑 후 패턴 추정
	k-NN Regression	가장 가까운 k개의 이웃 데이터를 사용하여 비선형 패턴 추정

6.1 선형 기저 확장 Linear Basis Expansion

선형 기저 확장(Linear Basis Expansion)이란 설명 변수 $X_{n \times p}$, $p \geq 1$에 대한 기저 함수(basis function)[1] 들의 선형 조합(linear combination)을 이용한 새로운 특성을 생성하여 다양한 형태의 비선형 패턴을 적합할 수 있는 방법을 말한다[2]. 여기서, 기저 함수란 입력 변수의 변환된 특성을 생성하는 함수를 말한다. 선형 기저 확장의 기본 구조는 다음과 같다.

선형 기저 확장(Linear Basis Expansion)

$$f(X) = \sum_{j=1}^{p} \sum_{m=1}^{M_j} \beta_{jm} h_{jm}(X)$$

- $X_{n \times p}$은 설명 변수 행렬, 여기서 $p \geq 1$는 설명 변수의 수
- $h_{jm}(X)$는 j번째 설명 변수 x_j 에 적용된 m 번째 기저 함수
  - x_j 의 비선형 변환을 표현
- β_{jm} : 기저 함수 $h_{jm}(X)$의 회귀 계수(가중치)
- $\sum_{j=1}^{p} \sum_{m=1}^{M_j}$ 은 각 설명 변수 x_j 에 적용된 모든 기저 함수의 선형 조합

여기서, p개의 설명 변수 x_j에 대하여 적용되는 기저 함수의 수는 M_j로 서로 다를 수 있으며, 기저 함수에 의하여 새롭게 생성된 변수들은 회귀 계수로 가중되어 모형에 포함된다. 이러한 과정을 통하여 비선형 패턴을 적합하는 선형 회귀 모형을 정의할 수 있다.

예를 들어, [제 5 장]의 단일 설명 변수를 고려한 다항 회귀는 기저 함수를 이용하여 다음과 같이 표현할 수 있다.

$$\begin{aligned} f(X) &= \beta_0 + \beta_1 x + \beta_2 x^2 + \ldots + \beta_d x^k \\ &= \sum_{m=1}^{k+1} \beta_m h_m(X) \end{aligned}$$

여기서 $h_1(X) = 1$, $h_2(X) = x$, ... $h_{k+1}(X) = x^k$로 정의된 각 기저함수 $h_m(X)$는 설명 변수의 다항식 변환을 나타내며, 변환된 변수들은 각각의 회귀 계수 β_m 에 의해 가중되어 선형 모형에 포함된다. 이와 같은 방법으로 선형 기저 확장은 다양한 비선형 패턴을 적합할 수 있다. 이때, 분석 목적에 적합하고 데이터의 패턴을 잘 반영할 수 있는 적절한 기저 함수의 선택이 그 유용성을 결정한다. 기저 함수는 선형과

[1] 기저 함수(basis function)란 특정 함수들의 집합 또는 선형 조합을 통하여 더 복잡한 함수를 근사하는데 사용되는 기본적인 함수들을 의미한다.

[2] 지금까지 p는 회귀 계수의 수에 대한 기호로 사용하였다. 여기서는 p를 설명 변수의 수로 사용한다. 이는 기존의 다양한 교재들과 동일한 기호를 사용하기 위함이다.

비선형 함수 모두를 포함할 수 있으며, 대표적인 비선형 기저 함수는 다음과 같고, [그림 6.1]은 일부 비선형 기저 함수의 형태를 보여 준다.

대표적인 비선형 기저 함수(Basis Functions)

- 지수함수(Exponential)
  - 설명 변수의 범위를 조절하거나 비선형 관계를 생성
  - e^{kx}, a^x, 여기서 e는 자연 상수(약 2.71828) 그리고 a는 양의 상수
- 로그함수(Logarithmic)
  - 설명 변수의 범위를 조절하거나 비선형 관계를 생성
  - $\ln(x)$, $\log(x)$, $\log_a(x)$, 여기서 a는 양의 상수
- 가우시안(Gaussian)
  - 중심점과 설명 변수 간의 거리를 기반으로 비선형 관계를 생성
  - $\exp\left(-\frac{(x-\mu)^2}{2\sigma^2}\right)$
- 삼각함수(Trigonometric)
  - 주기적인 비선형 관계를 생성
  - $\sin(kx)$, $\cos(kx)$, $\tan(kx)$, $\csc(kx)$, $\sec(kx)$, $\cot(kx)$ 등
- 하모닉 함수(Harmonic)
  - 삼각 함수의 조합으로 시계열 데이터 또는 주기성 있는 현상의 비선형 관계를 생성
  - $a\sin(kx) + b\cos(kx)$ 등
- 쌍곡선함수(Hyperbolic Trigonometric)
  - 설명 변수에 대한 반응 변수의 급격한 비선형 변화를 생성
  - $\sinh(x)$, $\cosh(x)$, $\tanh(x)$ 등
- 다항식(Polynomial)
  - 개별 설명 변수의 비선형 관계를 생성
  - 1, x, x^2, x^3, ...
- 스플라인(Splines)
  - 설명 변수의 범위를 여러 구간으로 나누어 각 구간에서 비선형 관계를 생성
  - 회귀 스플라인, 자연 스플라인, B-스플라인 등

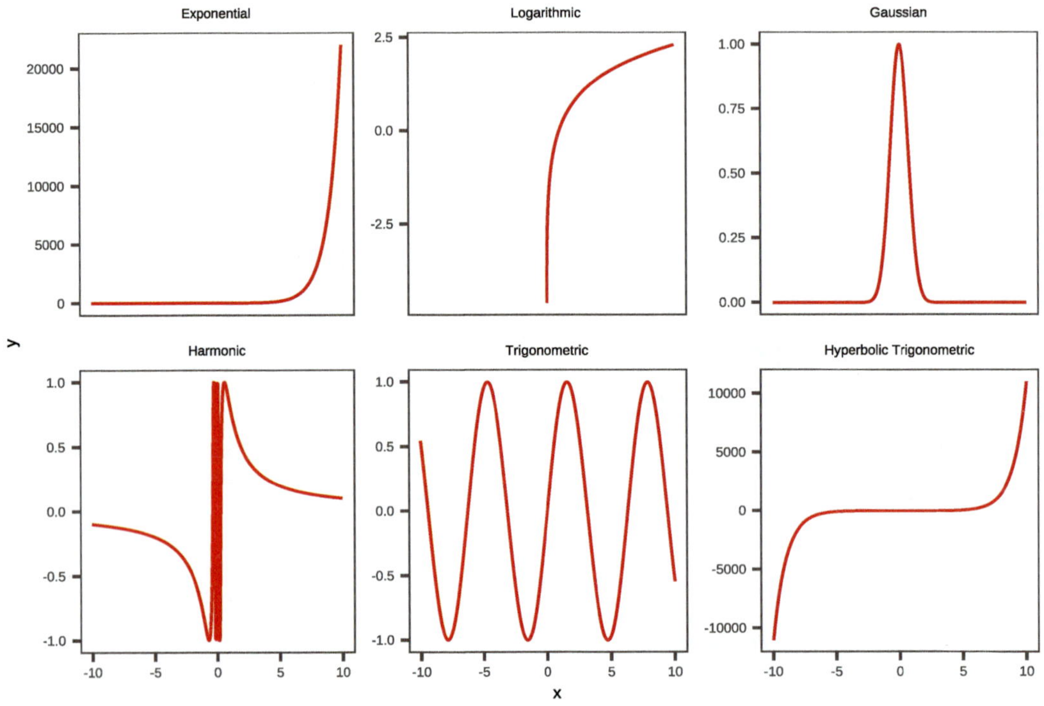

그림 **6.1:** 대표적인 기저 함수의 형태

6.1.1 계단 함수 회귀 Regression with Step Functions

계단 함수 회귀(Regression with Step Functions)는 설명 변수를 여러 구간으로 나누고, 각 구간 내에서 일정한 값을 갖는 계단 함수로 회귀 모형을 적합하는 방법이다. 이 방법은 반응 변수가 설명 변수의 구간에 따라 달라질 때, 연속형 설명 변수를 $K-1$, $K \geq 3$의 순서화된 범주를 갖는 변수로 전환하여 각 구간별로 상수(constant) 값을 갖는 회귀 계수를 추정한다. 따라서, 설명 변수의 구간에 따라 반응 변수는 일정한 수준 값을 갖는 계단(step) 형태로 표현된다. 이 모형은 구간 내의 반응 변수의 변동보다는 구간별 대표값을 추정하는 데 유용하다.

$$f(X) = \sum_{m=1}^{K+1} \beta_m h_m(X)$$
$$= \beta_0 + \beta_1 C_1(x) + \beta_2 C_2(x) + ... + \beta_K C_K(x)$$

여기서

$$h_1(X) = 1,\ h_2(X) = C_1(x),\ ...,\ h_{K+1}(X) = C_K(x)$$

그리고

$$C_0(X) = I(x < c_1)$$
$$C_1(X) = I(c_1 \le x < c_2)$$
$$\vdots$$
$$C_{K-1}(X) = I(c_{K-1} \le x < c_K)$$
$$C_K(X) = I(c_K \le x)$$

- $\{c_i\}_{i=1}^{K}$ 는 입력 변수 X 의 범위를 구분하는 상수
- $I(\cdot)$ 은 조건이 참일 때 `1`, 거짓일 때 `0` 을 반환하는 지시 함수

계단 함수 회귀는 설명 변수와 반응 변수 간의 비선형 관계를 구간별 상수로 단순화하여 해석을 용이하게 하고, 이상점 또는 비정규성 등의 영향에 둔감(robust)한 모형을 제공한다. 그러나 이 방법의 유용성은 **구간의 정의**에 좌우되며, 구간을 지나치게 세분화하는 경우 **과적합(overfitting)의 위험**이 있다.

practice tools 연습 25. 연령별 임금 분석 `<usa_wage.csv>`

다음은 미국의 Mid-Atlantic 지역의 직장인들의 급여와 관련 정보를 조사한 것이다. 데이터의 각 변수별 정보는 [표 6.2]와 같다.

표 6.2: `usa_wage.csv`의 변수

변수	설명	비고
`year`	조사 년도	
`age`	나이	
`maritl`	혼인 상태	1: Never Married, 2: Married, 3: Widowed,

변수	설명	비고
		4: Divorced, 5: Separated
race	인종	1: White, 2: Black, 3: Asian, 4: Other
education	교육 수준	1: <HS Grad, 2: HS Grad, 3: Some College, 4: College Grad, 5: Advanced Degree
region	지역	Mid-Atlantic 지역만 고려
jobclass	직업	1: Industrial, 2: Information
health	건강 상태	1: <=Good, 2: >=Very Good
health_ins	건강 보험	1: Yes, 2: No
logwage	급여의 로그 값	
wage	임금	주급($)

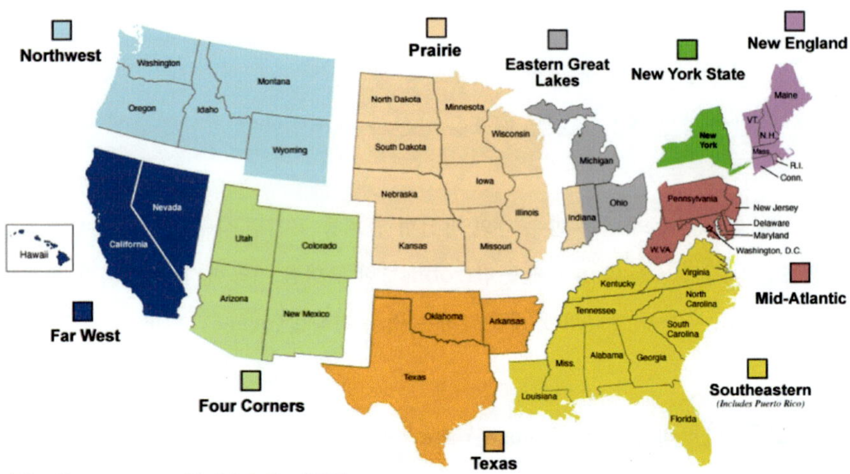

https://www.aps.org [Updated: May 2021]

데이터 로딩

```
Wage <- read.csv(paste0(data_path, "usa_wage.csv"))
str(Wage)
```

```
# 'data.frame':	3000 obs. of  11 variables:
#  $ year      : int  2006 2004 2003 2003 2005 2008 2009 2008 2006 2004 ...
#  $ age       : int  18 24 45 43 50 54 44 30 41 52 ...
#  $ maritl    : chr  "1. Never Married" "1. Never Married" "2. Married" "2. Married" ...
#  $ race      : chr  "1. White" "1. White" "1. White" "3. Asian" ...
```

```
#  $ education : chr  "1. < HS Grad" "4. College Grad" "3. Some College" "4. College Grad" ...
# $ region    : chr "2. Middle Atlantic" "2. Middle Atlantic" "2. Middle Atlantic" "2. Middle Atlantic" ...
#  $ jobclass  : chr  "1. Industrial" "2. Information" "1. Industrial" "2. Information" ...
#  $ health    : chr  "1. <=Good" "2. >=Very Good" "1. <=Good" "2. >=Very Good" ...
#  $ health_ins: chr  "2. No" "2. No" "1. Yes" "1. Yes" ...
#  $ logwage   : num  4.32 4.26 4.88 5.04 4.32 ...
#  $ wage      : num  75 70.5 131 154.7 75 ...
```

$n = 3000$개 이며 총 11개의 변수가 기록되었다. 각 변수에 대한 설명은 [표 6.2]와 같다.

결측값(missing values)의 검토

- is.na()는 결측 여부를 TRUE/FALSE로 반환한다.

```
sapply(Wage, function(x) sum(is.na(x)))
```

```
#       year        age     maritl       race  education     region
#          0          0          0          0          0          0
#   jobclass     health health_ins    logwage       wage
#          0          0          0          0          0
```

로딩된 데이터의 모든 변수에는 결측값이 없다.

설명 변수 age의 구간 설정

```
range(Wage$age)
```

```
# [1] 18 80
```

age는 18~80세의 범위에서 조사되었고, 이를 사회적 기준인 10, 20, 30을 기준으로 구간을 정의한다.

$$(0,\ 20),\ [20,\ 30),\ [30,\ 40),\ \dots,\ [70,\ 80),\ [80,\ \infty)$$

- cut()는 연속형 변수를 breaks에 따라 구간 값을 갖는 범주형으로 변환한다.
  - 변환된 범주형 변수는 자동으로 factor형으로 저장된다.

```
Wage$age_cut <- cut(Wage$age,
                    breaks = seq(10, 80, by = 10),
                    include.lowest = TRUE, right = FALSE
                    )
head(Wage$age_cut)
```

```
# [1] [10,20) [20,30) [40,50) [40,50) [50,60) [50,60)
# Levels: [10,20) [20,30) [30,40) [40,50) [50,60) [60,70) [70,80]
```

계단 함수 모형 적합

- lm()은 범주형 변수만 정의된 formula에서 계단 함수 회귀를 적합한다[3].
  - formula에 정의되는 범주형 변수는 반드시 factor형이어야 한다.

```
fit <- lm(wage ~ age_cut, data = Wage)
pred <- predict(fit, newdata = Wage, interval = "confidence")
Wage$fit <- pred[, "fit"]
Wage$upr <- pred[, "upr"]
Wage$lwr <- pred[, "lwr"]
head(Wage[, c("age_cut", "fit", "upr", "lwr")], 3)
```

```
#   age_cut   fit   upr   lwr
# 1 [10,20)  58.6  74.4  42.8
# 2 [20,30)  88.4  92.2  84.6
# 3 [40,50) 119.0 121.6 116.4
```

분석 결과 시각화

- 범주화된 값들은 arrage()를 이용하여 순서화한 후 적용한다.
- geom_rug()는 1차원적 빈도를 각 축에 표현한다.
  - 데이터가 해당 축에 얼마나 밀집되어 있는지를 확인할 수 있다.

```
Wage <- Wage %>% arrange(age_cut)
breaks_points <- seq(10, 80, by = 10)
#
ggplot(Wage, aes(x = age, y = wage)) +
  geom_point(alpha = 0.5) +
  geom_rug(color = "blue") +
  geom_line(aes(y = fit, group = age_cut),
            color = "red", size = 1) +
  geom_ribbon(aes(ymin = lwr, ymax = upr, group = age_cut),
              alpha = 0.2, fill = "blue") +
  geom_vline(xintercept = breaks_points,
             linetype = "dashed", color = "gray") +
  labs(x = "Age", y = "Wage", title = "[연령대 별] 계단 함수 회귀 적합") +
  theme_bw()
```

[3] lm()은 factor형으로 지정된 범주형 변수를 가변수로 전환하고 가변수 회귀를 적용한다. 이때, y~x의 x에 연속형 변수를 지정하지 않으면, 모형은 각 범주별 상수를 추정한다. 이는 계단 회귀의 적합 결과와 동일하다.

[연령대 별] 계단 함수 회귀 적합

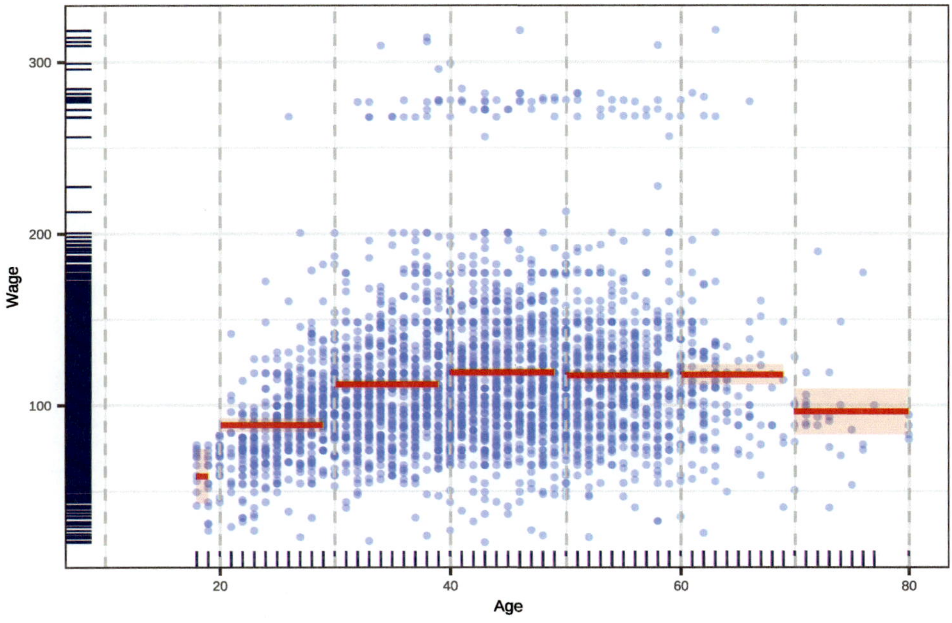

y축의 rug를 보면, 주급은 100($) 근처에 집중되어 있으며, 일부는 300($) 근처에도 분포한다. 20대에서 30대로 성장할 때, 평균 임금(Wage)이 가장 많이 상승하며 40대, 50대, 60대의 평균 임금은 큰 차이가 없다. 하지만 60대는 40대와 50대와 비교할 때 신뢰구간이 더 넓고, 70대이상은 평균 임금이 감소하며 신뢰 구간 역시 넓어진다. 이 결과는 전체 데이터의 변동을 간략히 요약한 정보를 제공하지만, 전체 데이터의 정보를 설명하기에는 부족하다.

분위수 회귀(Quantile Regression)

- 평균 대신에 특정 분위수에서의 조건부 중앙값을 추정하는 방법
  - 반응 변수의 특정 분위수를 설명하는 회귀 모형

$$Q_Y(\tau \mid X) = \beta_0(\tau) + \beta_1(\tau)x_1 + \beta_2(\tau)x_2 + \ldots + \beta_p(\tau)x_p$$

  - $\tau \in (0,1)$는 추정하고자 하는 분위수

계단 함수에 대한 분위수 회귀 적합

- quantreg::rq(formula, data, tau)는 지정된 분위수(tau) 범위에 높은 가중치를 부여하여 회귀선을 적합한다.
  - lm()과 동일한 형식으로 모형과 옵션을 지정한다.

```
library(quantreg)
taus <- c(0.25, 0.50, 0.75, 0.90)                        # 분위수 지정
quan_names <- paste0("PQ", taus * 100)                   # 분위수 이름 정의
fits <- lapply(taus, function(tau) {                     # 분위수 회귀 적합
  rq(wage ~ age_cut, data = Wage, tau = tau)
})
preds <- lapply(fits, function(fit) {                    # 분위수 예측
  predict(fit, newdata = Wage)
})
names(preds) <- quan_names                               # 결과에 이름 지정
Wage <- cbind(Wage, as.data.frame(preds))                # 데이터 통합
Wage <- Wage[ , !duplicated(names(Wage))]                #  반복 적합시 중복 제거
head(Wage[, c("age_cut", quan_names)], 3)                # 결과 확인
```

```
#   age_cut PQ25 PQ50 PQ75 PQ90
# 1 [10,20) 49.6 65.1 70.5   75
# 2 [10,20) 49.6 65.1 70.5   75
# 3 [10,20) 49.6 65.1 70.5   75
```

결과 시각화

```
ggplot(Wage, aes(x = age)) +
  geom_point(aes(y = wage), color = hgr, pch = 1, size = 0.9) +
  geom_line(aes(y = PQ25, group = age_cut), color = "red") +
  geom_line(aes(y = PQ50, group = age_cut), color = "black") +
  geom_line(aes(y = PQ75, group = age_cut), color = "blue") +
  geom_line(aes(y = PQ90, group = age_cut), color = "orange") +
  annotate("text", x = max(Wage$age), y = tail(Wage$PQ25, 1),
           label = "0.25", hjust = 0.5, vjust = 1.5) +
  annotate("text", x = max(Wage$age), y = tail(Wage$PQ50, 1),
           label = "0.50", hjust = 0.5, vjust = 1.2) +
  annotate("text", x = max(Wage$age), y = tail(Wage$PQ75, 1),
           label = "0.75", hjust = 0.5, vjust = -0.5) +
  annotate("text", x = max(Wage$age), y = tail(Wage$PQ90, 1),
           label = "0.90", hjust = 0.5, vjust = -0.5) +
  labs(x = "Age", y = "Wage", title = "분위수 회귀 적합을 통한 계단 함수") +
  theme_bw()
```

분위수 회귀 적합을 통한 계단 함수

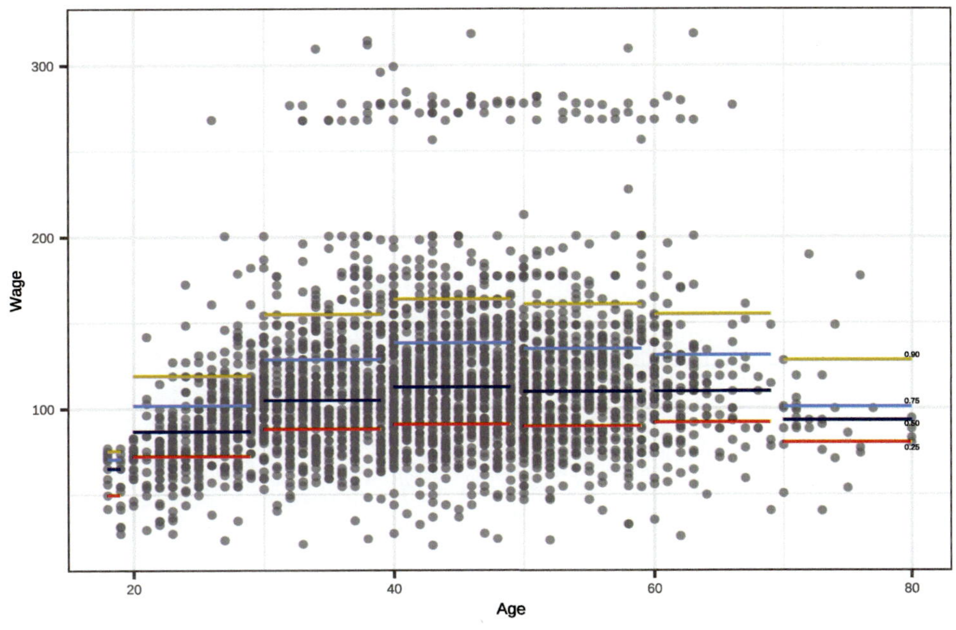

분위수 적합을 통하여 전체 데이터에 대한 정보를 추가하였다. 각 연령대 별 분위수 예측값은 다음과 같다.

표 6.3: 연령대별 중요 분위수 추정값

age_cut	Q25	Q50	Q75	Q90
[20,30)	72.2	86.7	102	119
[30,40)	88.0	104.9	129	155
[40,50)	90.7	112.6	138	164
[50,60)	89.5	109.8	135	160
[60,70)	91.7	109.8	131	155
[70,80]	79.9	92.9	101	128

6.1.2 회귀 스플라인 Regression Splines

회귀 스플라인(Regression Splines)은 [제 5 장]에서 소개한 조각 회귀(Piecewise Regression)와 유사한 방법으로 설명 변수의 전체 범위에 단일 다항식을 적합하는 대신, 설명 변수의 범위를 $K \geq 1$ 개의 너트(knot)를 사용해 중복되지 않는 구간으로 나누고 각 구간별로 다항 회귀를 적합하는 방법이다[4].

[4] 스플라인(spline)은 곡선을 따라 쉽게 구부릴 수 있는 얇은 나무 조각을 의미한다(Green and Silverman 1994: 4).

각 구간 별 다항식이 적용되며 각 다항식들은 너트에서 매끄럽게 연결된다. 더 많은 너트를 사용할수록 복잡한 비선형 패턴을 모델링할 수 있지만, 너트에서의 함수는 일반적으로 연속성을 유지해야 한다.

$t_1 \le t_2 \le \dots \le t_K$ 너트를 갖는 3차 회귀 스플라인[5]

$$f(X) = \sum_{m=1}^{K+4} \beta_m h_m(X)$$

$$= \underbrace{\beta_0 + \beta_1 x + \beta_2 x^2 + \beta_3 x^3}_{3\text{차 다항식}} + \underbrace{\beta_4 (x - t_1)_+^3 + \beta_5 (x - t_2)_+^3 + \dots + \beta_{K+4} (x - t_K)_+^3}_{K\text{개의 너트 함수}}$$

여기서

$$h_1(X) = 1,\ h_2(X) = x,\ h_3(X) = x^2,\ h_4(X) = x^3,$$

$$\text{그리고} \quad h_{i+4}(x) = (x - t_i)_+^3 = \begin{cases} (x - t_i)^3 & \text{if } x - t_i > 0 \\ 0 & \text{if } x - t_i \le 0 \end{cases} \qquad i = 1, 2, \dots, K$$

회귀 스플라인은 저차($d \le 3$)의 다항 함수를 기본으로 너트의 수를 조절함으로써 비선형 패턴의 복잡도를 반영한다. 너트의 위치와 수의 선택 기준은 다음과 같다.

너트의 위치와 수의 선택

- 데이터에 대한 사전 지식을 활용하여 적절한 위치와 개수를 지정한다.
- 데이터의 변동성이 큰 영역에 더 많은 너트를 배치하여 모델의 유연성을 높인다.
- 사전 지식이 없을 경우 데이터의 분위수를 기준으로 균등하게 너트를 자동으로 지정하여, 위치와 개수에 대한 주관적 판단을 줄이고 모델의 일관성을 유지한다.
- 입력 변수가 여러 개일 때, 실무적 지식이 명확하지 않은 한 모든 변수에 동일한 수의 너트를 지정한다.

[그림 6.2]는 동일한 데이터에 대해 (A) 사전 지식을 활용하여 3개의 너트를 지정한 경우, (B) 변화가 많은 영역에 더 많은 너트를 배치한 경우, 그리고 (C) 동일한 너트 수를 균등한 간격으로 배치한 경우의 회귀 스플라인 결과를 비교한 그림이다. 이 그림을 통해 너트의 위치와 수에 따라 다양한 비선형 패턴을 적합할 수 있음을 확인할 수 있다. 더 많은 너트를 사용하면 모델이 데이터의 복잡한 패턴을 더 잘 적합하지만,

[5] 너트 함수 $(x-t)_+^d$ 를 절단된 승 기저 함수(Truncated Power Basis Function)라고 한다. 이는 스플라인 모형에서 널리 사용되는 기저 함수의 한 종류로, 데이터의 특정 구간에 대해 서로 다른 다항식을 적합하여 전체 모형의 비선형성을 반영한다.

과적합의 위험도 함께 증가한다. 따라서, 회귀 스플라인 모형에서는 추정된 패턴의 유연성과 해석 가능성 간의 균형을 맞추기 위해 적절한 너트의 수와 위치를 선택하는 것이 중요하다[6].

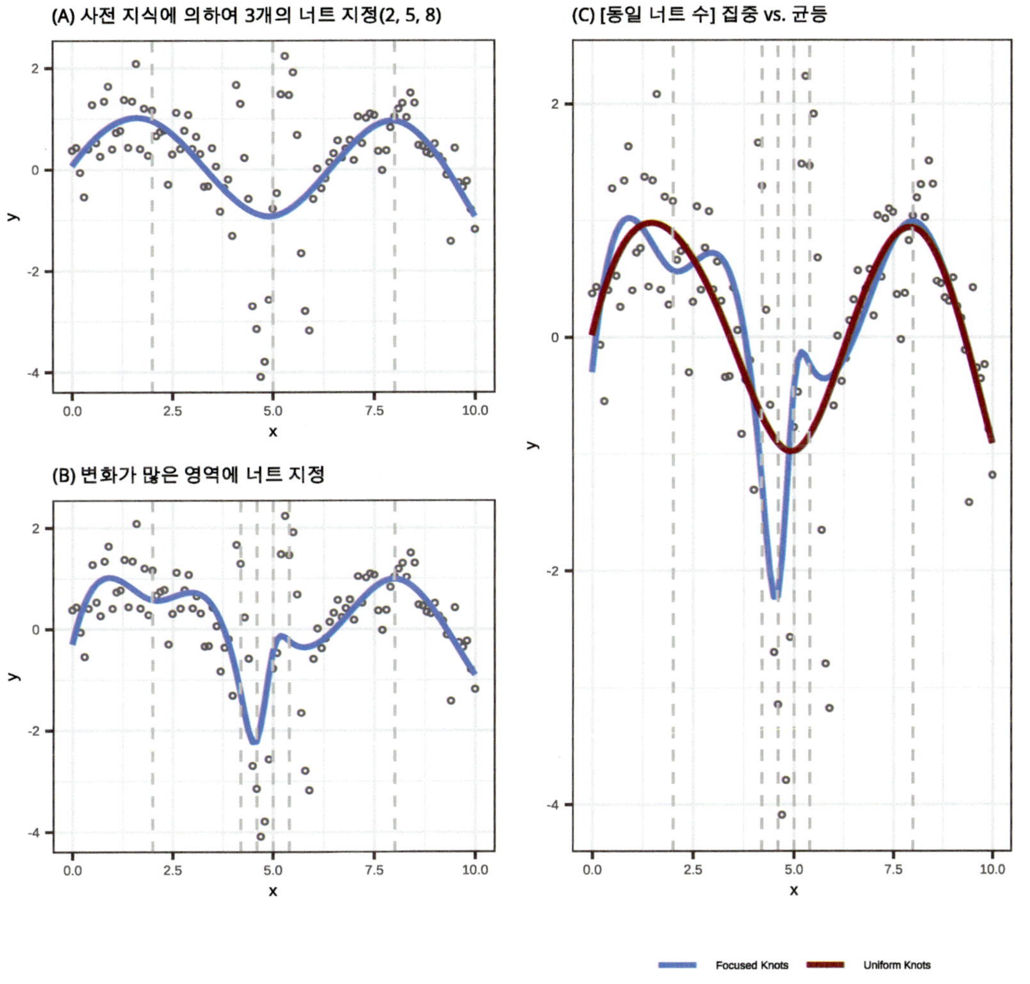

그림 6.2: 너트의 수와 배치에 따른 회귀 스플라인 결과

[6] 효과적 자유도(effective degrees of freedom, EDF)를 이용하여 모형의 적합성 및 과적합 여부를 평가할 수 있다. 이는 모델 설계 시 지정한 이론적 효과적 자유도와 실제 데이터에 적합된 후 계산된 자유도를 비교하여 모델의 적합성을 검토한다. 만약 실제 사용된 자유도가 이론적 자유도를 크게 초과할 경우, 모델이 과적합되었을 가능성이 높다고 해석한다. 이와 관련된 논의는 다른 주제에서 다루기로 한다.

practice tools 연습 26. 제어 현상의 모형화 <control.sw.csv>

다음은 소프트웨어로 통제되는 특정 장비의 입력값에 따른 출력값이다. 이론적으로 출력값은 0을 유지해야 하고 일정한 주기적 패턴으로 0을 벗어날 수 있다. 이때, 진폭이 큰 경우에는 장비에 이상이 생길 수 있다. 수집된 데이터를 이용하여 이에 대한 적절한 모형을 설정하여 소프트웨어 제어 관련 로직을 보완하고자 한다.

데이터 로딩

```
control <- read.csv(paste0(data_path, "control.sw.csv"))
str(control)
```

```
# 'data.frame': 200 obs. of  2 variables:
#  $ input : int  50 100 150 200 250 300 350 400 450 500 ...
#  $ target: num  0.249 -0.059 -0.356 0.207 0.724 ...
```

데이터는 n=200이며, 총 2개의 변수가 기록되었다.

결측값(missing values)의 검토

- is.na()는 결측 여부를 TRUE/FALSE로 반환한다.

```
sapply(control, function(x) sum(is.na(x)))
```

```
#  input target
#      0      0
```

로딩된 데이터의 모든 변수에는 결측값이 없다.

시각화

```
control  %>%
 ggplot(aes(input, target)) +
 geom_point(color = "blue") +
 theme_bw()
```

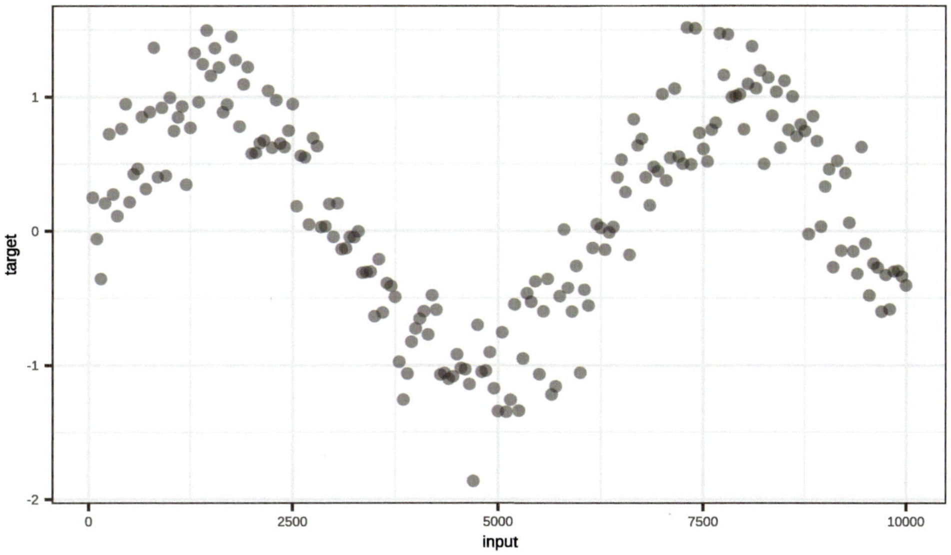

선형 패턴이라고 보기 어렵고, 주기성을 갖는 비선형 패턴이며 일부 값은 관리 기준인 ±2를 벗어난다.

회귀 스플라인 적합

- splines::bs(x, degree = d, knots = (t1, t2, ..., tk), data)를 이용하여 적합한다[7].
  - d는 고려하는 다항식의 차수이다. 기본값은 3이다.
  - knots를 지정하지 않는 경우, (d + 1)개의 분위수를 기준으로 자동으로 너트를 설정한다.

```
library(splines)
fit_reg_spline <- lm(target ~ bs(input, knots = c(2000, 5000, 8000), degree = 3),
                     data = control)
summary(fit_reg_spline)
```

```
#
# Call:
# lm(formula = target ~ bs(input, knots = c(2000, 5000, 8000),
#     degree = 3), data = control)
#
# Residuals:
#     Min      1Q  Median      3Q     Max
# -0.7861 -0.1942  0.0108  0.1902  0.7212
#
# Coefficients:
#                                                    Estimate Std. Error
# (Intercept)                                         -0.0435     0.1361
```

[7]bs는 B-Splines를 적합하는 방법이지만, 이를 기저함수로 사용하여 회귀 스플라인을 적합할 수 있다.

```
# bs(input, knots = c(2000, 5000, 8000), degree = 3)1   1.0342     0.2313
# bs(input, knots = c(2000, 5000, 8000), degree = 3)2   1.5737     0.1599
# bs(input, knots = c(2000, 5000, 8000), degree = 3)3  -2.9427     0.2027
# bs(input, knots = c(2000, 5000, 8000), degree = 3)4   2.7420     0.1787
# bs(input, knots = c(2000, 5000, 8000), degree = 3)5  -0.1862     0.1952
# bs(input, knots = c(2000, 5000, 8000), degree = 3)6  -0.4147     0.1889
#                                                      t value
# (Intercept)                                            -0.32
# bs(input, knots = c(2000, 5000, 8000), degree = 3)1    4.47
# bs(input, knots = c(2000, 5000, 8000), degree = 3)2    9.84
# bs(input, knots = c(2000, 5000, 8000), degree = 3)3  -14.52
# bs(input, knots = c(2000, 5000, 8000), degree = 3)4   15.34
# bs(input, knots = c(2000, 5000, 8000), degree = 3)5   -0.95
# bs(input, knots = c(2000, 5000, 8000), degree = 3)6   -2.19
#                                                                  Pr(>|t|)
# (Intercept)                                                         0.750
# bs(input, knots = c(2000, 5000, 8000), degree = 3)1              0.000013
# bs(input, knots = c(2000, 5000, 8000), degree = 3)2 < 0.0000000000000002
# bs(input, knots = c(2000, 5000, 8000), degree = 3)3 < 0.0000000000000002
# bs(input, knots = c(2000, 5000, 8000), degree = 3)4 < 0.0000000000000002
# bs(input, knots = c(2000, 5000, 8000), degree = 3)5                 0.342
# bs(input, knots = c(2000, 5000, 8000), degree = 3)6                 0.029
#
# (Intercept)
# bs(input, knots = c(2000, 5000, 8000), degree = 3)1 ***
# bs(input, knots = c(2000, 5000, 8000), degree = 3)2 ***
# bs(input, knots = c(2000, 5000, 8000), degree = 3)3 ***
# bs(input, knots = c(2000, 5000, 8000), degree = 3)4 ***
# bs(input, knots = c(2000, 5000, 8000), degree = 3)5
# bs(input, knots = c(2000, 5000, 8000), degree = 3)6 *
# ---
# Signif. codes:  0 '***' 0.001 '**' 0.01 '*' 0.05 '.' 0.1 ' ' 1
#
# Residual standard error: 0.29 on 193 degrees of freedom
# Multiple R-squared:  0.86,    Adjusted R-squared:  0.856
# F-statistic:  198 on 6 and 193 DF,  p-value: <0.0000000000000002
```

선형 기저 확장 모형에서는 개별 회귀 계수를 해석하지 않는다. 각 회귀 계수는 선형 기저 확장된 기저 함수에 대한 회귀 계수이므로 개별적으로 해석할 수 없다. 대신에, 모형의 적합도(예: R^2, RSE 등)와 적합된 패턴 형태를 중심으로 모형이 데이터를 잘 설명하는지 여부를 확인한다. 여기서는 $R^2 = 0.86$ 이며, $RSE = 0.29$ 이다.

적합 결과 요약

```
control$reg_spline_pred <- predict(fit_reg_spline, control)

ggplot(control, aes(x = input)) +
  geom_point(aes(y = target), color = "black") +
  geom_line(aes(y = reg_spline_pred),  color = "red", size = 1) +
  geom_vline(xintercept = c(2000, 5000, 8000), color ="gray", lty = "dashed") +
  theme_bw()
```

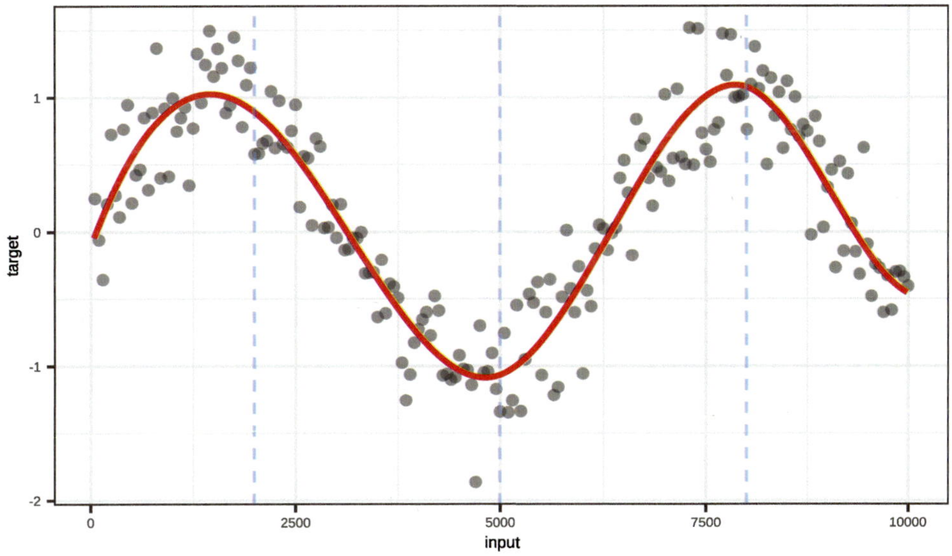

추정된 회귀 스플라인은 데이터의 패턴을 올바로 설명하고 있으며, 사전 지정된 너트 (2000, 5000, 8000) 중에서 첫번째 너트는 패턴과 일치하지 않는다. 이를 실무적으로 검토해 볼 필요가 있다.

모형 비교를 위한 모형 적합도 계산

```
predicted <- control$reg_spline_pred
observed <- control$target
rmse <- function(observed, predicted) {                    # RMSE 계산
  sqrt(mean((observed - predicted) ^ 2))
}
mae <- function(observed, predicted) {                     # MAE 계산
  mean(abs(observed - predicted))
}
```

```r
adj_r2_reg_spline <- summary(fit_reg_spline)$adj.r.squared
rmse_reg_spline <- rmse(observed, control$reg_spline_pred)
mae_reg_spline <- mae(observed, control$reg_spline_pred)
params_reg_spline <- length(coef(fit_reg_spline))       # 파라미터의 수

performance_rs <- data.frame(
  Model = "Regression Splines",
  Adjusted_R2 = adj_r2_reg_spline,
  RMSE = rmse_reg_spline,
  MAE = mae_reg_spline,
  Parameters = params_reg_spline
)
performance_rs
```

```
#                Model Adjusted_R2  RMSE   MAE Parameters
# 1 Regression Splines       0.856 0.285 0.231          7
```

비선형 패턴의 모형화에서는 다양한 방법을 적용하고, 모형 적합도와 예측 성능을 평가할 수 있는 여러 지표를 비교하여 최적의 모형을 선택해야 한다. 비선형 패턴을 잘 설명하면서도 간단하고, 모형 적합도와 예측 성능이 높은 모형이 바람직하다. 또한, 선형 회귀 모형 진단에서 소개한 잔차 진단 그림도 최적 모형 선택을 위한 유용한 정보를 제공한다.

6.1.3 B-스플라인 B-Splines

B-스플라인(B-Splines)은 회귀 스플라인을 일반화한 방법이다[8]. 이는 각 구간에서 다항식 기저 함수 대신에 B-스플라인 기저 함수(Basis Functions)를 적용함으로써 더 융통성 있는 적합을 가능하게 한다. B-스플라인은 너트에 의해 결정된 각 구간에서 다양한 차수의 기저 함수를 적용하여 너트 간의 연속성과 부드러운 적합을 보장한다. 이의 결과로 B-스플라인은 데이터의 전 범위에서 부드럽고 안정적인 비선형 패턴을 적합한다.

[8] B는 Basis의 약자이다.

$t_1 \leq t_2 \leq \ldots \leq t_K$ 너트를 갖는 d 차 B-Splines[9]

$$
\begin{aligned}
f(X) &= \sum_{m=0}^{K+d} \beta_m B_m(x) \\
&= \beta_0 B_0(x) + \beta_1 B_1(x) + \ldots + \beta_{K+d} B_{K+d}(x)
\end{aligned}
$$

여기서 $B_m(x)$ 는 d 차 B-Splines **기저 함수**로 정의된다.

B-스플라인 기저 함수는 다음과 같다. 이는 너트로 결정되는 특정 구간에서만 영향을 준다.

B-스플라인 기저 함수(B-Splines Basis Functions)[10]

- 스플라인 다항식의 차수 d 와 내부 너트의 수 K 일때 기저 함수의 수

$$n(B) = K + d + 1$$

- d 차 B-spline 기저 함수는 재귀적으로 생성한다.

(1) 0차 B-Splines는 너트 위치 사이에서 단순한 지시 함수로 정의

$$
B_{i,0}(x) = \begin{cases} 1 & \text{if } t_i \leq x < t_{i+1} \\ 0 & \text{otherwise} \end{cases}
$$

- t_i 와 t_{i+1} 는 인접한 너트의 위치를 나타낸다.

- 주어진 구간에서 상수값을 갖고 나머지 구간에서는 0이 된다.

(2) d 차 B-splin 기저 함수는 다음과 같이 재귀적으로 정의된다.

$$
B_{i,d}(x) = \frac{x - t_i}{t_{i+d} - t_i} B_{i,d-1}(x) + \frac{t_{i+d+1} - x}{t_{i+d+1} - t_{i+1}} B_{i+1,d-1}(x)
$$

- $B_{i,d-1}(x)$ 와 $B_{i+1,d-1}(x)$ 는 각각 $(d-1)$ 차 B-Splines 기저 함수이다.

[9] 따라서 d 차 B-Splines는 d 번 미분 가능하며, 각 구간에서 최대 d 차 다항식 형태를 갖는다.

[10] B-Splines를 구성하는 개별 함수를 **기저 함수(basis function)**라고 하며, 이러한 기저 함수들의 집합을 **기저(basis set)** 또는 기저 함수 집합이라고 부른다. 기저란 벡터 공간에서 선형 독립인 최소 집합을 의미하며, 기저 함수는 이 벡터 공간에서의 모든 함수를 선형 조합으로 표현할 수 있는 중요한 구성 요소이다. 기저 함수는 그 자체로는 개별적인 기능을 갖지만, 이들의 조합을 통해 더 복잡한 함수나 곡선을 구성할 수 있다.

B-스플라인은 재귀적으로 생성된 최종 기저 함수를 사용하여 데이터를 적합한다[11]. 이러한 기저 함수는 각 구간에서 지역적으로 정의되고 너트 사이에서의 연속성을 보장함으로써 고차 다항식에서 발생할 수 있는 다양한 문제를 예방하고 모형의 적합성을 높인다. 예를 들어, 범위 `[0, 5]`에서 너트 `(0.5, 1.5, 3.5, 5)`를 정의하고 차수 $d = 3$ 인 B-스플라인을 생성하면, 내부 너트의 수는 $K = 3$ 이므로 최종적으로 총 7개의 기저 함수가 생성된다. 이는 [그림 6.3]에서 확인할 수 있다.

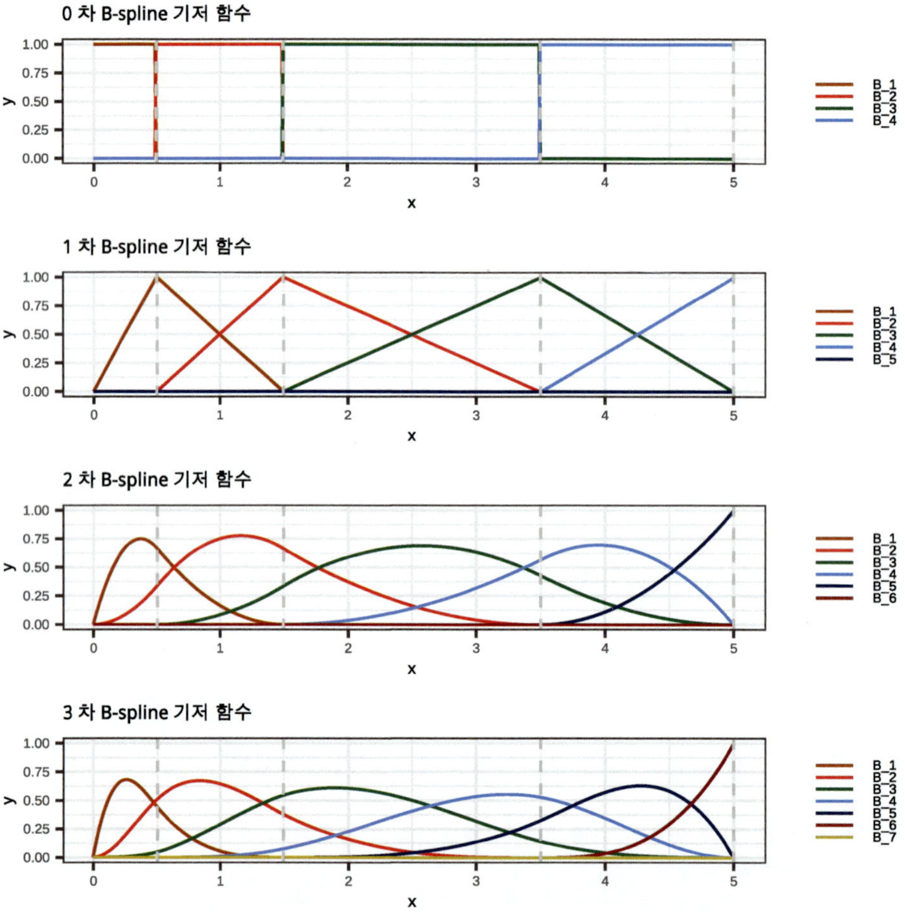

그림 6.3: B-Splines의 재귀적 기저 함수

B-스플라인 모형의 복잡도와 융통성은 다항식의 차수 d와 내부 너트의 수 K에 의해 결정된다. d가 클수록 모형은 더 복잡해지고, K가 많을수록 모형의 적합도는 높아지지만, 과적합의 위험도 함께 증가할 수 있다. B-스플라인은 너트의 위치보다는 너트의 수에 더 큰 영향을 받기 때문에, 너트의 위치를 정확히 지정하는 것보다는 적절한 수의 너트를 반영하는 것이 중요하다.

[11] 최종 기저 함수의 수는 데이터의 특성, 경계 조건, 그리고 특정 함수 구현 방식이 영향을 미칠 수 있다. 이로 인해 이론적으로 예측한 기저 함수의 수가 실제 계산에서 더 적거나 많게 나타날 수 있다.

practice tools 연습 27. 제어 현상의 모형화 II <control.sw.csv>

[연습 26]에서 고려한 데이터를 B-스플라인을 이용하여 적합하여 비교해 보도록 한다.

데이터 로딩

```
control <- read.csv(paste0(data_path, "control.sw.csv"))
```

B-스플라인 모형 적합

- splines:bs(df, degree)를 이용하여 적합한다.
  - degree는 다항 차수 d를 지정한다.
  - degree를 지정하지 않으면, 기본적으로 3차 스플라인이 적용된다.
  - df는 모형의 자유도를 지정하며, 이 값에 따라 내부적으로 적절한 너트가 결정된다.

```
fit_b_spline <- lm(target ~ bs(input, df = 7), data = control)
summary(fit_b_spline)
```

```
#
# Call:
# lm(formula = target ~ bs(input, df = 7), data = control)
#
# Residuals:
#     Min      1Q  Median      3Q     Max
# -0.8251 -0.2166  0.0067  0.2021  0.7245
#
# Coefficients:
#                     Estimate Std. Error t value            Pr(>|t|)
# (Intercept)           0.0277     0.1394    0.20              0.8424
# bs(input, df = 7)1    0.7987     0.2594    3.08              0.0024 **
# bs(input, df = 7)2    1.6748     0.1683    9.95 < 0.0000000000000002 ***
# bs(input, df = 7)3   -1.5684     0.1993   -7.87     0.00000000000025 ***
# bs(input, df = 7)4   -0.7081     0.1732   -4.09     0.00006391485660 ***
# bs(input, df = 7)5    2.1264     0.2101   10.12 < 0.0000000000000002 ***
# bs(input, df = 7)6   -0.2793     0.2051   -1.36              0.1749
# bs(input, df = 7)7   -0.4806     0.1987   -2.42              0.0165 *
# ---
# Signif. codes:  0 '***' 0.001 '**' 0.01 '*' 0.05 '.' 0.1 ' ' 1
#
# Residual standard error: 0.29 on 192 degrees of freedom
```

```
# Multiple R-squared:  0.861,	Adjusted R-squared:  0.856 
# F-statistic:  170 on 7 and 192 DF,  p-value: <0.0000000000000002
```

각 회귀 계수는 B-스플라인 기저 함수에 대한 회귀 계수이므로 개별적으로 해석할 수 없다. 모형의 적합도를 평가하는 $(R^2, RSE) = (0.86, 0.29)$로 Regression Splines 적합과 거의 동일하다.

적합 결과 요약

```r
control$pred_b_spline <- predict(fit_b_spline, control)

ggplot(control, aes(x = input, y = target)) +
  geom_point(color = "gray", alpha = 0.5) +
  geom_line(aes(y = pred_b_spline), color = "red", size = 1) +
   theme_bw()
```

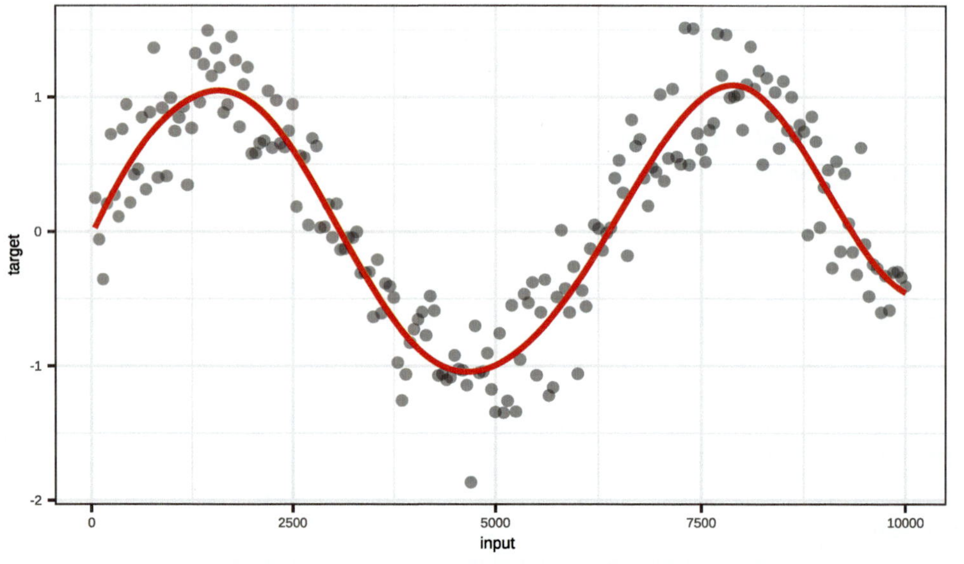

B-스플라인의 추정 결과, 데이터의 비선형 패턴을 올바로 적합하였다. 너트의 위치 지정 없이 자유도(df) 값만으로 너트의 수를 지정했지만, Regression Splines와 유사한 비선형 패턴을 적합하였다. [그림 6.4]는 동일한 데이터에 서로 다른 df 값을 적용하여 적합한 결과이다. df = 4인 경우에는 데이터의 비선형 패턴을 충분히 반영하지 못했고, 특히 양쪽 끝 경계 부분에서의 예측값이 실제 데이터와 많은 차이를 보인다. 반면, df = 15는 비선형 패턴을 과도하게 반영하여 과적합일 가능성이 높다.

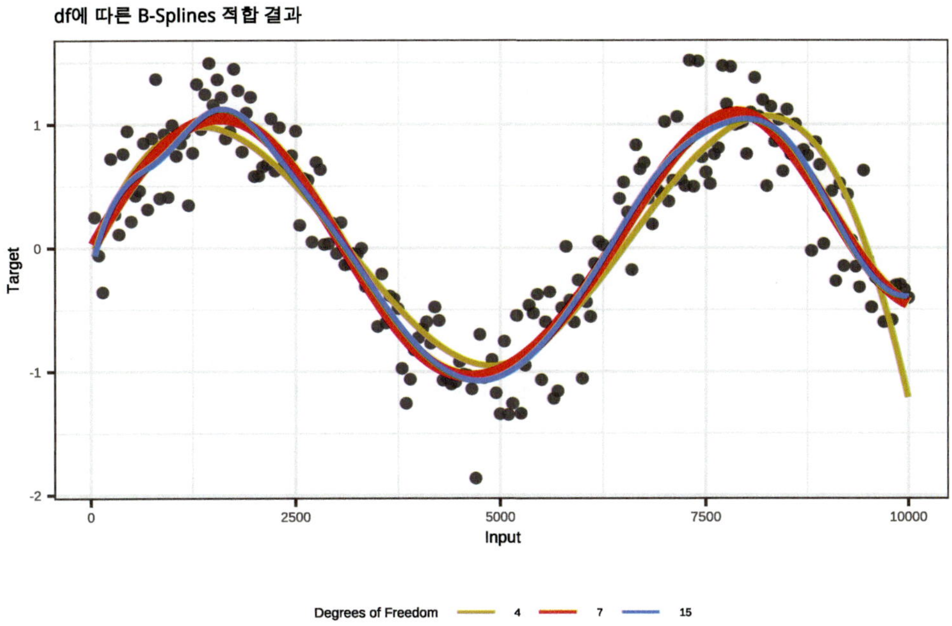

그림 6.4: 서로 다른 df에 대한 B-스플라인 적합 결과: df = 7(빨간색)

모형 비교를 위한 적합도 계산

```
control$bspline_pred <- predict(fit_b_spline, newdata = control)

adj_r2_b_spline <- summary(fit_b_spline)$adj.r.squared
rmse_b_spline <- rmse(observed, control$bspline_pred)
mae_b_spline <- mae(observed, control$bspline_pred)
params_b_spline <- length(coef(fit_b_spline))


performance_bs <- data.frame(        # Regression Splines 결과 통합
  Model = "B-Splines (df = 7)",
  Adjusted_R2 = adj_r2_b_spline,
  RMSE = rmse_b_spline,
  MAE = mae_b_spline,
  Parameters = params_b_spline
)

# 결과 출력
print(performance_bs)
```

```
#                Model Adjusted_R2  RMSE   MAE Parameters
# 1 B-Splines (df = 7)       0.856 0.284 0.231          8
```

Regression Splines와 B-Splines는 적합도가 거의 비슷하여 어느 모형을 선택해도 문제가 되지 않는다. 일반적으로는 더 적은 파라미터를 사용하는 모델이 더 단순하고 해석하기 용이하므로, Regression Splines가 더 바람직할 수 있다. 하지만 실제 모형 선택에서는 요구 정보(예: 너트의 위치 등)의 용이성 등을 고려하는 것이 중요하다.

6.1.4 자연 스플라인 Natural Splines

자연 스플라인(Natural Splines)은 회귀 스플라인의 확장으로 회귀 스플라인에서 발생할 수 있는 끝부분의 과적합 진동(Overfitting Oscillation) 문제를 완화하기 위해 도입된 방법이다. 이를 위하여 설명 변수의 양쪽 끝 구간, 즉 $[\min(x), t_1)$과 $(t_K, \max(x)]$에서 추가적인 선형 제약 조건을 적용하여 모형을 정의한다. 이러한 제약 조건은 끝부분에서 과도한 진동을 방지하고 부드러운 적합을 유지할 수 있게 한다[12].

$t_1 \leq t_2 \leq \ldots \leq t_K$의 너트가 있는 3차 자연 스플라인(연속)

- $x \in [a, b]$ 구간에서 3차 자연 스플라인 함수 $S(x)$는 다음의 조건을 만족한다.
  - $S(x)$는 $[a, b]$ 구간에서 이차 미분 가능한 함수이다.
  - 구간의 양 끝에서 두 번째 미분이 0이 되는 조건을 만족한다.

$$S''(a) = S''(b) = 0$$

$S''(a) = 0$과 $S''(b) = 0$의 조건은 스플라인이 양 끝에서 직선 형태를 갖게 하여, 데이터의 끝부분에서 과도한 곡률을 방지하고 전체 모형의 부드러운 적합을 유지할 수 있도록 한다. 따라서 자연 스플라인은 설명 변수의 전체 구간에서 더욱 안정적이고 해석 가능한 비선형 적합을 제공한다.

[12] 진동(Oscillation) 문제란 고차의 다항식을 적용할 때, 데이터의 노이즈에 과적합되면서 곡선이 지나치게 진동하는 문제를 의미한다.

practice tools 연습 28. 제어 현상의 모형화 III <control.sw.csv>

[연습 26]에서 고려한 데이터를 자연 스플라인을 이용하여 적합하여 비교해 보도록 한다.

데이터 로딩

```
control <- read.csv(paste0(data_path, "control.sw.csv"))
```

자연 스플라인 모형 적합

- splines::ns(df)를 이용하여 적합한다.
  - 자연 스플라인의 경우 다항식의 차수는 기본적으로 3차로 설정된다[13].
  - 너트의 위치는 데이터의 분포에 의하여 자동으로 결정된다.

```
fit_n_spline <- lm(target ~ ns(input, df = 7), data = control)
summary(fit_n_spline)
```

```
#
# Call:
# lm(formula = target ~ ns(input, df = 7), data = control)
#
# Residuals:
#     Min      1Q  Median      3Q     Max
# -0.8020 -0.2083  0.0085  0.2202  0.6485
#
# Coefficients:
#                     Estimate Std. Error t value              Pr(>|t|)
# (Intercept)           0.0392     0.1066    0.37               0.71362
# ns(input, df = 7)1    0.2280     0.1360    1.68               0.09521 .
# ns(input, df = 7)2   -1.3453     0.1736   -7.75      0.00000000000052 ***
# ns(input, df = 7)3   -0.9371     0.1548   -6.05      0.00000000736675 ***
# ns(input, df = 7)4    1.1415     0.1646    6.94      0.00000000006009 ***
# ns(input, df = 7)5    0.5300     0.1343    3.95               0.00011 ***
# ns(input, df = 7)6    1.1191     0.2709    4.13      0.00005375243841 ***
# ns(input, df = 7)7   -1.5169     0.1198  -12.67 < 0.0000000000000002 ***
# ---
# Signif. codes:  0 '***' 0.001 '**' 0.01 '*' 0.05 '.' 0.1 ' ' 1
#
```

[13] 자연 스플라인의 경우, 3차 스플라인의 끝부분에서 이차 미분이 0이 되는 추가적인 조건을 적용하여 데이터를 적합하므로, 다항식의 차수를 변경할 수 없다.

```
# Residual standard error: 0.291 on 192 degrees of freedom
# Multiple R-squared:  0.859,    Adjusted R-squared:  0.854
# F-statistic:  168 on 7 and 192 DF,  p-value: <0.0000000000000002
```

각 회귀 계수는 자연 스플라인 기저 함수에 대한 회귀 계수이므로 개별적으로 해석하기 어렵다. 모형의 적합도를 평가하는 $(R^2, RSE) = (0.86, 0.29)$로 Regression Splines 적합과 거의 동일하다.

적합 결과 요약

```
control$pred_n_spline <- predict(fit_n_spline, control)           # 적합치 추출
ggplot(control, aes(x = input, y = target)) +
  geom_point(color = "gray", alpha = 0.5) +
  geom_line(aes(y = pred_n_spline), color = "red", size = 1) +
  theme_bw()
```

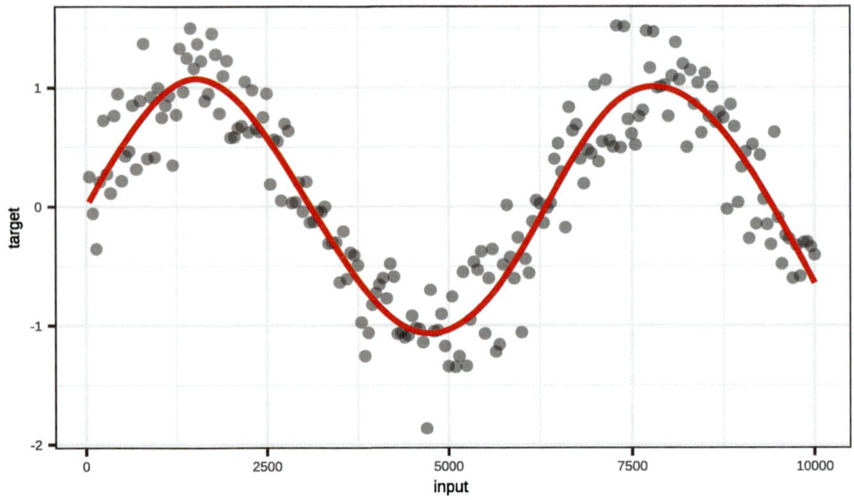

자연 스플라인의 추정 결과, 데이터의 비선형 패턴을 올바로 적합하였다. 너트의 위치 지정 없이 자유도 (df) 값만으로 너트의 수를 지정했지만, Regression Splines와 유사한 비선형 패턴을 적합하였다.

[그림 6.5]는 동일한 데이터에 서로 다른 df 값을 적용하여 적합한 결과이다. df = 4인 경우에는 데이터의 비선형 패턴을 충분히 반영하지 못했다. 반면, df = 15는 비선형 패턴을 과도하게 반영하여 과적합일 가능성이 높다. 이는 B-스플라인에서의 결과와 유사하다. 이를 B-스플라인에서 고려한 [그림 6.4]와 비교해 보면, [그림 6.5]에서는 B-스플라인의 경우보다 좀 더 안정적인 패턴이 나타나는 것을 확인할 수 있고, 특히

양쪽 끝 경계에서는 큰 차이를 보인다. 이는 자연 스플라인이 양 끝 경계에서 제약 조건을 추가하여 경계 근처에서 B-스플라인보다 안정적인 결과를 제공할 수 있음을 보여준다.

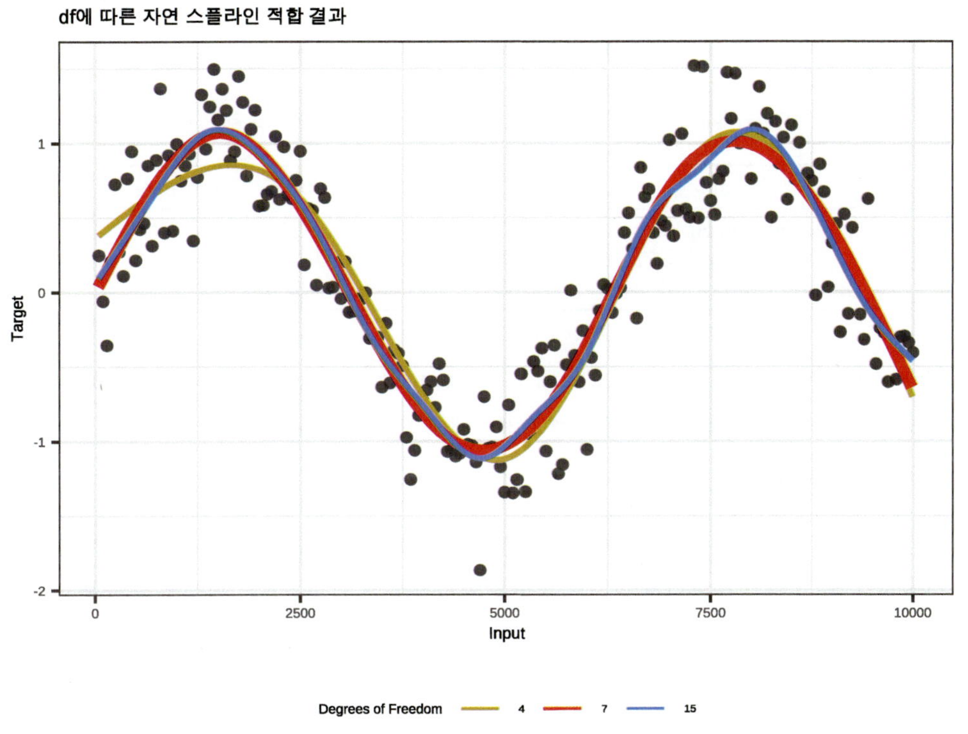

그림 6.5: 서로 다른 df에 대한 자연 스플라인 적합 결과: df = 7(빨간색)

모형 비교를 위한 적합도 계산

```
control$nspline_pred <- predict(fit_n_spline, newdata = control)
adj_r2_n_spline <- summary(fit_n_spline)$adj.r.squared
rmse_n_spline <- rmse(observed, control$nspline_pred)
mae_n_spline <- mae(observed, control$nspline_pred)
params_n_spline <- length(coef(fit_n_spline))
performance_ns <- data.frame(
  Model = "Natural Splines (df = 7)",
  Adjusted_R2 = adj_r2_n_spline,
  RMSE = rmse_n_spline,
  MAE = mae_n_spline,
  Parameters = params_n_spline
)
print(performance_ns)
```

```
#                              Model Adjusted_R2  RMSE   MAE Parameters
# 1 Natural Splines (df = 7)       0.854 0.286 0.234          8
```

Natural Splines 역시 Regression Splines 그리고 B-Splines와 적합도가 거의 비슷하다. 지금까지 고려한 3가지 선형 기저 확장 방법의 적합도를 비교해 보면 [표 6.4]와 같다.

표 6.4: Regression Splines, B-Splines 그리고 Natural Splines의 적합도 비교

Model	AdjustedR2	RMSE	MAE	Parameters
Regression Splines	0.856	0.285	0.231	7
B-Splines (df = 7)	0.856	0.284	0.231	8
Natural Splines (df = 7)	0.854	0.286	0.234	8

Regression Splines, B-Splines 그리고 Natural Splines는 추정된 비선형 패턴도 비슷하고, 적합도 역시 유사하여 현재의 데이터에서는 어떤 모형을 선택해도 문제가 되지 않는다.

선형 기저 확장의 모형인 회귀 스플라인, B-스플라인, 자연 스플라인은 모두 비선형 패턴을 적합하는 유연한 방법이다. 특히 비교적 간단한 비선형 패턴을 적합할 때는 일반적으로 비슷한 적합 결과를 제공한다. 이러한 상황에서는 실무적인 요구 사항과 가용 정보를 기준으로 모형을 선택하는 것이 바람직하다. 만일 복잡한 데이터에서 세 가지 모형이 서로 다른 결과를 제공한다면, 가능한 모형을 모두 적합하고 시행착오적(Trial-and-Error) 접근 방법을 통해 다양한 요소들 - 도출된 패턴의 타당성, 모형의 적합도 평가 지표, 잔차 진단 및 이상점 여부 및 영향도 등 - 을 고려하여 최적의 모형을 선택해야 한다.

6.2 평활화 Smoothing

평활화(Smoothing)는 데이터를 신호(signal)와 잡음(noise)으로 분리하고, 잡음을 제거하여 데이터의 패턴을 강조하기 위한 방법이다. 이 방법은 전체적인 데이터의 패턴을 도출하여 그 특징을 이해하고, 보다 정확한 예측을 위한 패턴 조정 도구를 지원한다. 여기서, 신호는 데이터의 실제 패턴 그리고 잡음은 해석 불가능한 랜덤(random) 변동을 의미한다.

[그림 6.6]은 동일한 데이터에 대해 서로 다른 패턴 조정 기준을 적용한 결과이다. (A)는 적절한 평활화로 데이터의 주요 패턴을 잘 표현한 경우이고(B)는 데이터의 패턴을 올바로 반영하지 못한 과소 적합(Underfitting) 경우이다. 그리고 (C)는 불필요한 잡음까지 패턴에 반영한 과대 적합(Overfitting) 경우이다. 올바른 평활화를 위해서는 적절한 패턴 조정 기준을 사전에 결정할 수 있어야 한다.

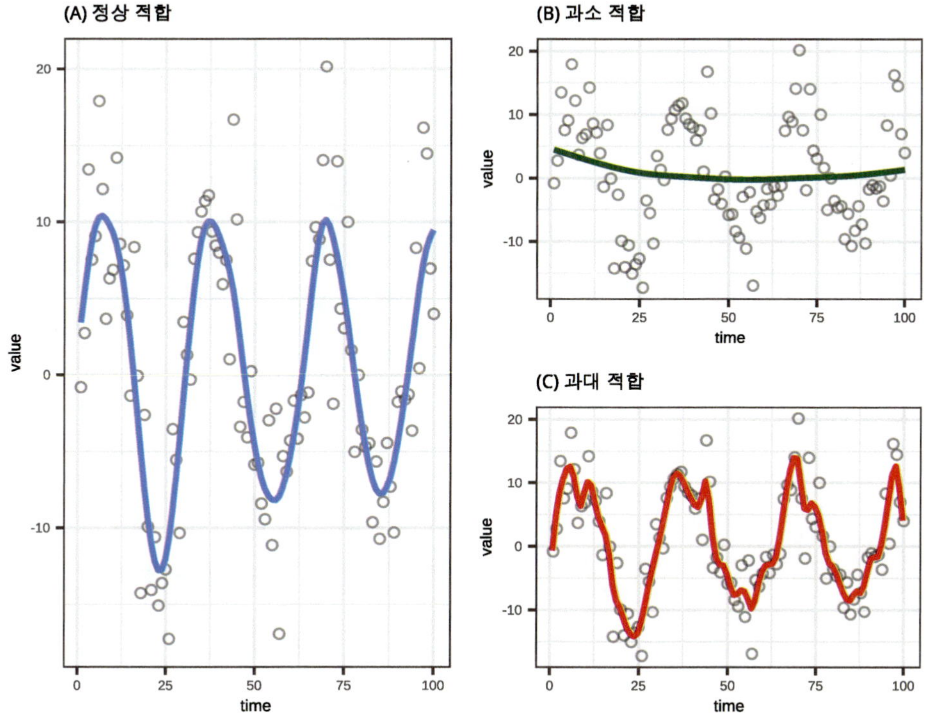

그림 6.6: 평활화 결과의 비교

선형 기저 확장(linear basis expansion) 방법은 모형을 기저 함수(basis function)의 선형 결합으로 표현한다. 이와 비교할 때 평활화 방법은 유연하게 변화하는 비선형 함수 또는 커널(kernel)[14]로 데이터를 모형화한다. 이러한 함수와 커널은 사전에 지정된 평활화 모수(smoothing parameter)에 의해

[14] 커널(kernel)이란 두 개의 입력 간의 유사성을 수학적으로 표현하는 함수를 말한다. 평활화에서는 특정 데이터의 값을 계산할 때 각 데이터의 가중치를 부여하는 역할을 하며, 이는 데이터 간의 거리나 위치에 따라 달라진다.

결정되며, 이 모수는 모형의 복잡도와 예측 정확도를 결정한다. 따라서, 선택된 평활화 모수에 따라 평활화 결과는 크게 달라질 수 있다[15].

평활화 방법은 복잡한 비선형 관계를 잘 반영할 수 있다는 장점이 있지만, 다양한 진단 도구, 예를 들어 모형 적합도 평가 또는 유의성 검정(significance testing) 등과 같은 통계적 방법을 적용하기 어렵다는 단점이 있다. 따라서 적합된 모형의 적합성 여부는 주로 R^2, $RMSE$, MAE와 같이 직관적으로 계산 가능한 지표와 잔차 그림을 통해 판단한다. 하지만, 평활화를 이용한 모형화의 필수적 단계인 최적 평활화 모수 탐색 과정에서 이러한 지표들은 항상 복잡한 모형을 선택한다는 문제가 있다. 이를 해결하기 위한 다양한 대안이 존재하지만, 가장 기본적인 대안은 [제 3 장]에서 소개된 모형 선택 기준 - AIC(Akaike Information Criterion)와 BIC(Bayesian Information Criterion) 등 - 을 기준으로 모형을 비교하는 것이다. 이들 모형 선택 기준은 모형의 복잡성에 벌점(penalty)을 부여하여 단순하고 일반화된 모형을 선택하는 데 도움을 준다. [그림 6.7]은 이를 적용한 예이다[16].

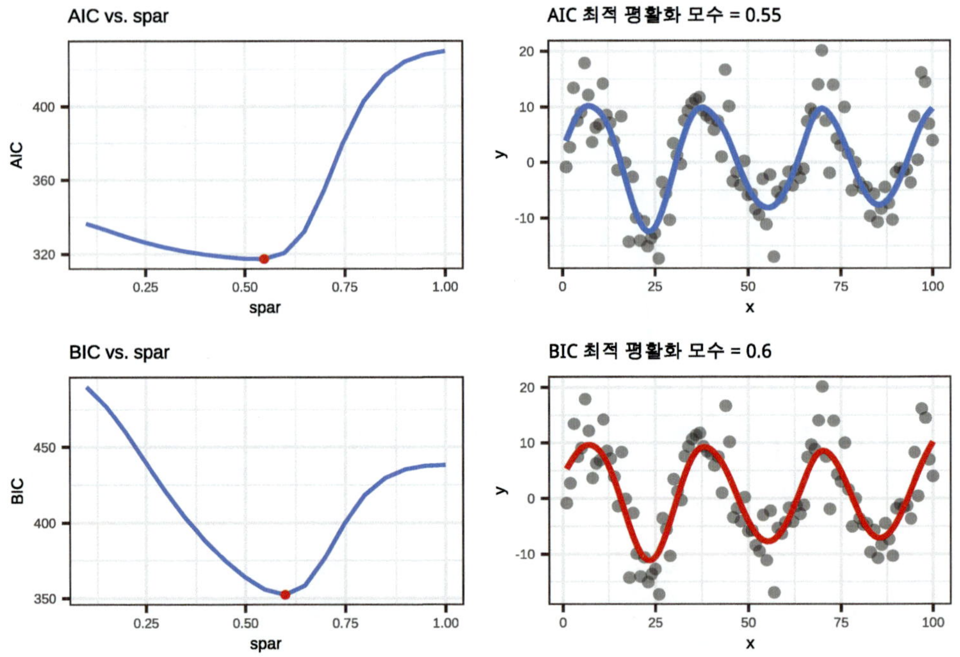

그림 6.7: AIC와 BIC를 이용한 최적 평활화 모수 선택

[15] 분석이나 모형을 적합하기 전에 사전에 지정되는 상수를 하이퍼파라미터(Hyperparameter)라고 한다. 평활화에서는 평활화 모수가 하이퍼파라미터이다. 또한 평활화 모수(Smoothing parameter)를 조정 모수(Tuning parameter), 정규화 파라미터(Regularization parameter), 벌점 계수(Penalty parameter) 등으로 부르기도 한다. 이는 모형 설정의 목적, 모형에서의 역할 그리고 해당 방법의 이론적 배경에 따라 파생된 이름들이다.

[16] 대규모 데이터 또는 예측력이 높은 모형을 선택할 때는 이러한 기본적인 방법과 함께 교차 검증(cross-validation) 또는 홀드아웃(holdout) 방법을 사용하여 시험(test) 데이터에서 모형의 예측 성능을 평가한다. 학습(training) 데이터에서는 잔차 분석이나 R^2 등을 이용하여 모형의 적합도를 평가하고, 최종 모형이 결정된 후에는 테스트(test) 데이터의 RMSE(Root Mean Square Error) 등을 검토하여 모형의 예측 성능을 판단한다. 이러한 평가 기준을 통하여 다양한 평활화 모수를 검토하고 가장 적합한 평활화 모수를 선택할 수 있다.

6.2.1 평활화 스플라인 Smoothing Splines

평활화 스플라인(Smoothing Splines)은 데이터를 매끄러운 곡선(Smooth Curve)으로 모형화하기 위한 방법으로, 비선형적 패턴 또는 잡음이 많은 데이터의 모형화에 유용하다[17]. 이 모형은 평활화(smoothing)와 스플라인(splines)의 개념을 결합한 것으로, 스플라인을 이용하여 데이터를 구간별로 부드럽게 연결할 때 평활화를 통하여 과적합(overfitting)을 방지하는 원리로 작동된다. 따라서 평활화 스플라인은 서로 다른 패턴을 갖는 데이터를 자연스럽게 연결하면서도 과적합을 방지할 수 있다.

평활화 스플라인(Smoothing Splines)

- 목적 함수

$$\arg\min_{g} \underbrace{\sum_{i=1}^{n} (y_i - g(x_i))^2}_{Loss\ Function} \quad + \quad \lambda \quad \underbrace{\int g''(t)^2 dt}_{Penalty}$$

여기서:

- $g(x)$는 추정된 스플라인 함수이다.
- $g''(t)$는 함수 $g(\cdot)$의 2차 도함수(derivative)로, $g(x)$의 거칠(roughness) 정도를 나타낸다.
- $\lambda > 0$는 평활화 모수(smoothing parameter)로 모형의 복잡성과 적합성을 조절한다. $\lambda \rightarrow 0$인 경우에는 관찰된 모든 데이터를 통과하는 곡선을 추정하게 된다. $\lambda \rightarrow \infty$인 경우에는 직선으로 수렴하게 된다.

평활화 스플라인은 평활 함수 $g(x)$의 잔차 제곱합(Residual Sum of Square; RSS)으로 정의되는 **손실 함수(Loss Function)**와 거침에 대한 **벌점(Penalty)**을 반영하여 데이터의 비선형 패턴을 추정한다. 여기서, **평활화 모수(smoothing parameter)**인 λ는 모형의 거칠(roughness)과 매끄러움(smoothness) 간의 균형을 조절한다. λ가 작은 경우에는 더 거칠고 복잡한 비선형 패턴을 적합하고, λ가 큰 경우에는 단순하고 매끄러운 패턴을 추정하게 한다. 평활화 스플라인은 모든 데이터 값을 너트(Knot)로 사용하므로, 별도로 너트의 위치 또는 개수를 지정할 필요가 없으나, 일반적으로 회귀 스플라인보다 더 유연한 비선형 패턴을 적합한다.

[17] Wahba, G. (1978). Improper priors, spline smoothing and the problem of guarding against model errors in regression. Journal of the Royal Statistical Society Series B: Statistical Methodology, 40(3), 364-372.

practice tools 연습 29. 스무딩 파라미터의 이해 <practice_s.csv>

데이터 로딩

```
data <- read.csv(paste0(data_path, "practice_s.csv"))
str(data)
```

```
# 'data.frame': 101 obs. of  2 variables:
#  $ x: num  0 0.1 0.2 0.3 0.4 0.5 0.6 0.7 0.8 0.9 ...
#  $ y: num  0.375 0.431 -0.066 -0.547 0.403 ...
```

스무딩 스플라인의 적합

- stats::smooth.spline(x, y, spar, lambda)를 이용하여 적합한다.
  - spar는 lambda 값의 단조 함수로, 일반적으로 $(0, 1]$ 범위 내에서 모형의 복잡도를 결정한다.
  - lambda는 $(0, \infty)$ 범위 내에서 모형의 복잡도를 조절하며, spar와 비례 관계를 갖는다.
  - 모형 적합에서 spa 또는 lambda 중 하나를 지정하면 된다.
- do.call()은 첫 번째 인수로 함수 이름을, 두 번째 인수로는 인수들의 리스트를 전달받아 해당 함수를 실행한다.
  - 반복적으로 생성된 데이터 구조를 통합하거나 결합하는 작업에 유용하다.
- facet_wrap(~ var)은 주어진 var 변수의 개별 값에 따라 개별 플롯을 생성한다.
  - scale = "free_*"를 이용하여 각 플롯의 x 또는 y축 스케일을 개별적으로 조정할 수 있다.

```
spar_values <- c(0.1, 0.3, 0.5, 0.7, 0.9, 1)
x <- data$x
y <- data$y
splines_list <- lapply(spar_values, function(spar) {
  data.frame(
    x = x,
    y = predict(smooth.spline(x, y, spar = spar), x)$y,
    spar = spar
  )
})
splines <- do.call(rbind, splines_list)
ggplot() +
  geom_point(data = data, aes(x = x, y = y), color = "gray") +
  geom_line(data = splines, aes(x = x, y = y, color = as.factor(spar))) +
  facet_wrap(~ spar, scales = "free_y") +
  labs(title = "spa(smoothing parameter)에 따른 평활화 스플라인 적합") +
```

```
guides(color = "none") +
theme_bw()
```

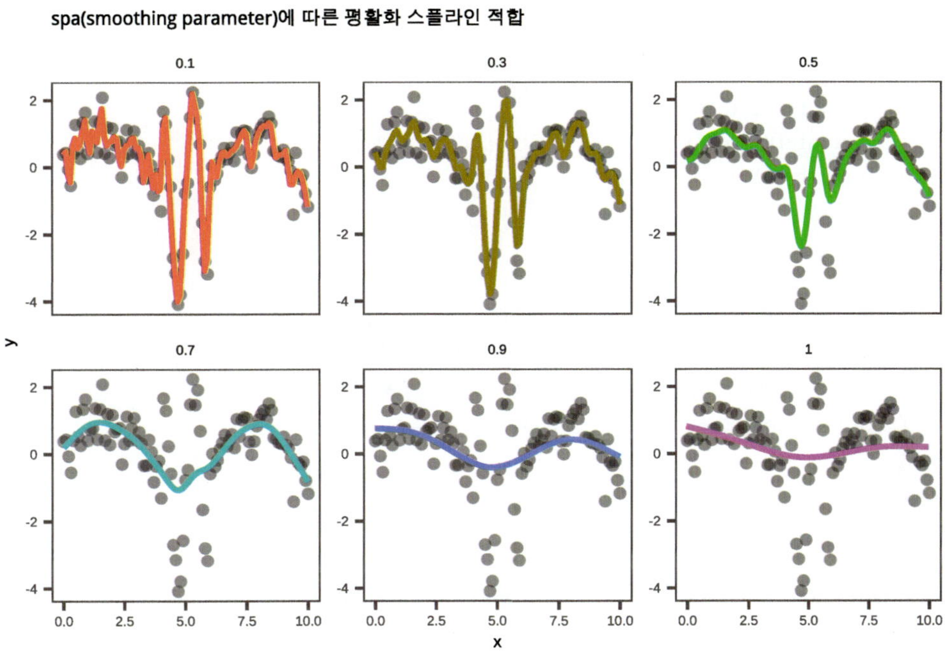

평활화 모수의 탐색에서는 모형의 복잡도를 반영할 수 있는 AIC와 BIC를 이용하는 것이 바람직하다. 또한 보다 간단한 모형을 선택하고자 한다면, 모형의 복잡성에 더 높은 페널티를 부과하는 BIC가 적절하다[18].

평활화 모수의 탐색: 예시

```
spar_values <- seq(0.1, 1, by = 0.1)                    # 후보 spar 지정
calculate_aic <- function(fit) {                        # AIC 계산 함수
  n <- length(fit$yin)
  rss <- sum((fit$yin - fit$y)^2)
  k <- fit$df
  aic <- n * log(rss/n) + 2 * k
  return(aic)
}
calculate_bic <- function(fit) {                        # BIC 계산 함수
  n <- length(fit$yin)
  rss <- sum((fit$yin - fit$y)^2)
```

[18] [제 3 장] 참조

```
  k <- fit$df
  bic <- n * log(rss/n) + log(n) * k
  return(bic)
}
results <- sapply(spar_values, function(spar_value) {  # spar별 AIC와 BIC 계산
  fit <- smooth.spline(x, y, spar = spar_value)
  aic <- calculate_aic(fit)
  bic <- calculate_bic(fit)
  return(c(spar_value, aic, bic))
})
results <- t(results)                                    # 결과 저장
colnames(results) <- c("spar", "AIC", "BIC")
best_spar_aic <- results[which.min(results[, "AIC"]), "spar"]
best_spar_bic <- results[which.min(results[, "BIC"]), "spar"]
best_fit_aic <- smooth.spline(x, y, spar = best_spar_aic)
best_fit_bic <- smooth.spline(x, y, spar = best_spar_bic)
# AIC
aic_df <- data.frame(spar = results[, "spar"], AIC = results[, "AIC"])
ggplot(aic_df, aes(x = spar, y = AIC)) +
  geom_line(color = "blue") +
  geom_point(aes(x = best_spar_aic, y = min(aic_df$AIC)),
             color = "red", size = 3) +
  labs(title = "AIC vs. spar",
       x = "spar",
       y = "AIC") +
  theme_bw()
ggplot(data, aes(x = x, y = y)) +
  geom_point() +
  geom_line(aes(y = predict(best_fit_aic, x)$y), color = "blue") +
  labs(title = paste("AIC 최적 spa를 이용한 평활화 스플라인(spar =",
                     round(best_spar_aic, 2), ")")) +
  theme_bw()
# BIC
bic_df <- data.frame(spar = results[, "spar"], BIC = results[, "BIC"])
ggplot(bic_df, aes(x = spar, y = BIC)) +
  geom_line(color = "blue") +
  geom_point(aes(x = best_spar_bic, y = min(bic_df$BIC)),
             color = "red", size = 3) +
  labs(title = "BIC vs. spar",
       x = "spar",
       y = "BIC") +
  theme_bw()
ggplot(data, aes(x = x, y = y)) +
```

```
geom_point() +
geom_line(aes(y = predict(best_fit_bic, x)$y), color = "blue") +
labs(title = paste("BIC 최적 spa를 이용한 평활화 스플라인(spar =",
                   round(best_spar_bic, 2), ")")) +
theme_bw()
```

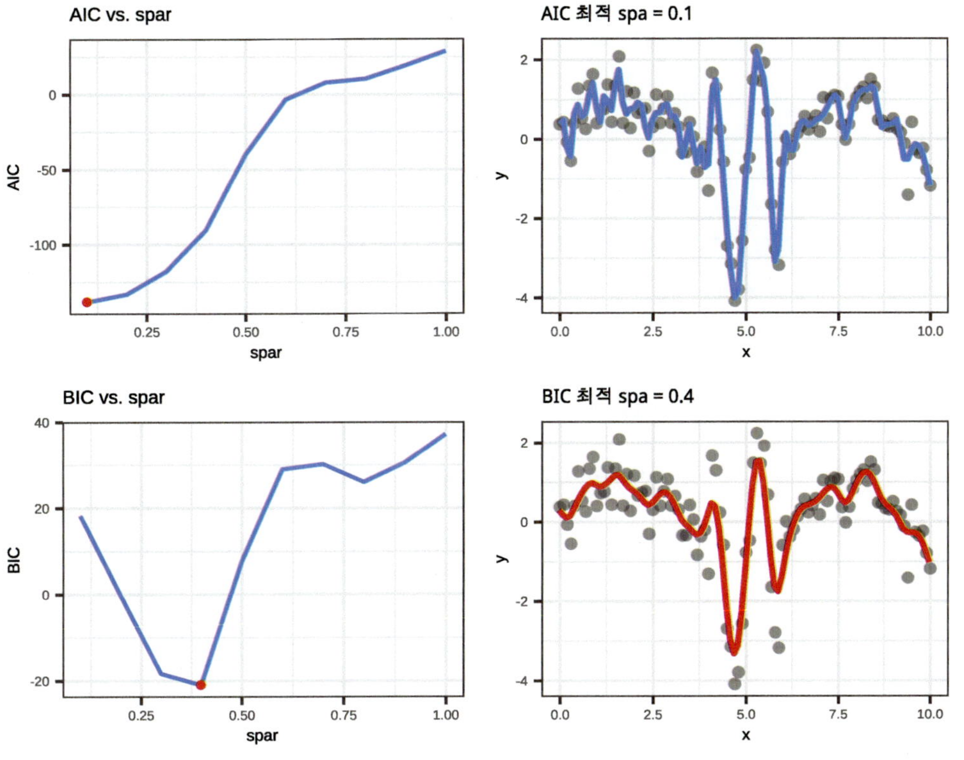

주어진 spa의 범위 (0.1,1]에서 AIC에서는 spa = 0.1이 선택되었고, BIC에서는 spa = 0.4가 선택되었다. 이를 통하여 BIC가 모형 복잡도에 대한 더 큰 벌점을 부여함을 확인할 수 있다.

6.2.2 로컬 회귀 Local Regression

로컬 회귀(Local Regression)는 비선형 회귀 분석 중 하나로 주어진 데이터의 특정 위치별 국소 정보를 사용하여 비선형 패턴을 적합하는 방법이다[19]. 이는 비선형성이 강한 데이터 또는 다양한 영역에서 서로 다른 패턴을 갖는 데이터에 유용하다. 가장 널리 알려진 방법은 로우에스(Locally Weighted Scatterplot Smoothing; LOWESS)와 로우리스(Locally Estimated Scatterplot Smoothing; LOESS)를 들 수

[19] 이는 지역 회귀 또는 국소 회귀로 번역되지만, 여기서는 가장 일반적으로 사용하는 용어인 **로컬 회귀**를 사용하기로 한다.

있다[20]. 이들은 로컬 회귀의 기본 알고리즘(algorithm) 원리하에서 서로 다른 가중치 부여 방식과 회귀 모형을 적용한다[21].

로컬 회귀 알고리즘

[1] $X = x_0$ 에 가장 근접한 $s = \frac{k}{n}$ 비율의 $\{x_i\}$를 x_0의 이웃으로 선택

- s는 이웃(neighborhood)의 크기를 조절하는 하이퍼파라미터이다.

[2] 선택된 이웃 데이터에 가중치 할당

$$K_{i0} = K(x_i, x_0) = K\left(\frac{x_i - x_0}{h}\right)$$

- x_0 와의 표준화 거리가 가까울수록 높은 가중치를 할당한다.
- x_0 의 이웃을 제외한 나머지 데이터의 가중치는 0이다.
- h는 가중치 함수의 적용 범위를 결정하는 하이퍼파라미터이다.

[3] y_i 에 대한 x_i 의 가중 최소제곱(weighted least squares) 회귀 적합

$$\arg\min_g \sum_{i=1}^{n} K_{i0}\left(y_i - g(x_i)\right)^2$$

[4] x_0 에서의 해 $\hat{g}(x_0)$ 도출

$$\hat{g}(x_0) = \sum_{i=1}^{n} w_i(x_0) \cdot y_i, \quad \text{여기서} \quad w_i(x_0) = \frac{K_{i0}}{\sum_{j=1}^{n} K_{j0}}$$

[5] [1] ~ [4]의 과정을 모든 x_0 에 대해 반복

$$\hat{g}(x) = \text{ Combine } \{\hat{g}(x_i) \text{ for each } x_i \in \{x_1, x_2, \ldots, x_n\}\}$$

두 개의 하이퍼파라미터 s와 h 그리고 가중 함수에 의하여 로컬 회귀의 적합이 결정된다. s는 이웃(neighborhood)의 비율을 나타내며, 국소 적합에 사용될 근접 데이터의 범위를 결정한다. s가 클수록 국소 적합에 더 많은 데이터가 포함된다. h를 밴드폭(Bandwidth)이라고 하며, 이는 적합된 곡선의 매끄러움을 결정한다. h가 작을수록 추정선은 거칠고 복잡해 지며, h가 클수록 추정선은 더 매끄럽고 단순해진다. 가중 함수는 다양한 함수와 커널이 가능하지만 주로 가우시안(Gaussian) 커널이 주로 사용된다. 대부분의 **R**패키지에서는 두 파라미터의 상호 관계를 이용하여 하나의 파라미터만 지정할 수 있도록 배려한다. 예를 들어, loess() 함수에서는 s(span)만 설정하면 h는 내부적으로 자동 조정된다.

[20] 이는 둘다 로우리스라고 읽는다. 여기서는 이 둘을 구별하기 위하여 다르게 표기하였다.

[21] 알고리즘(algorithm)이란 특정 문제를 해결하기 위해 실행해야 할 단계적인 절차를 말한다.

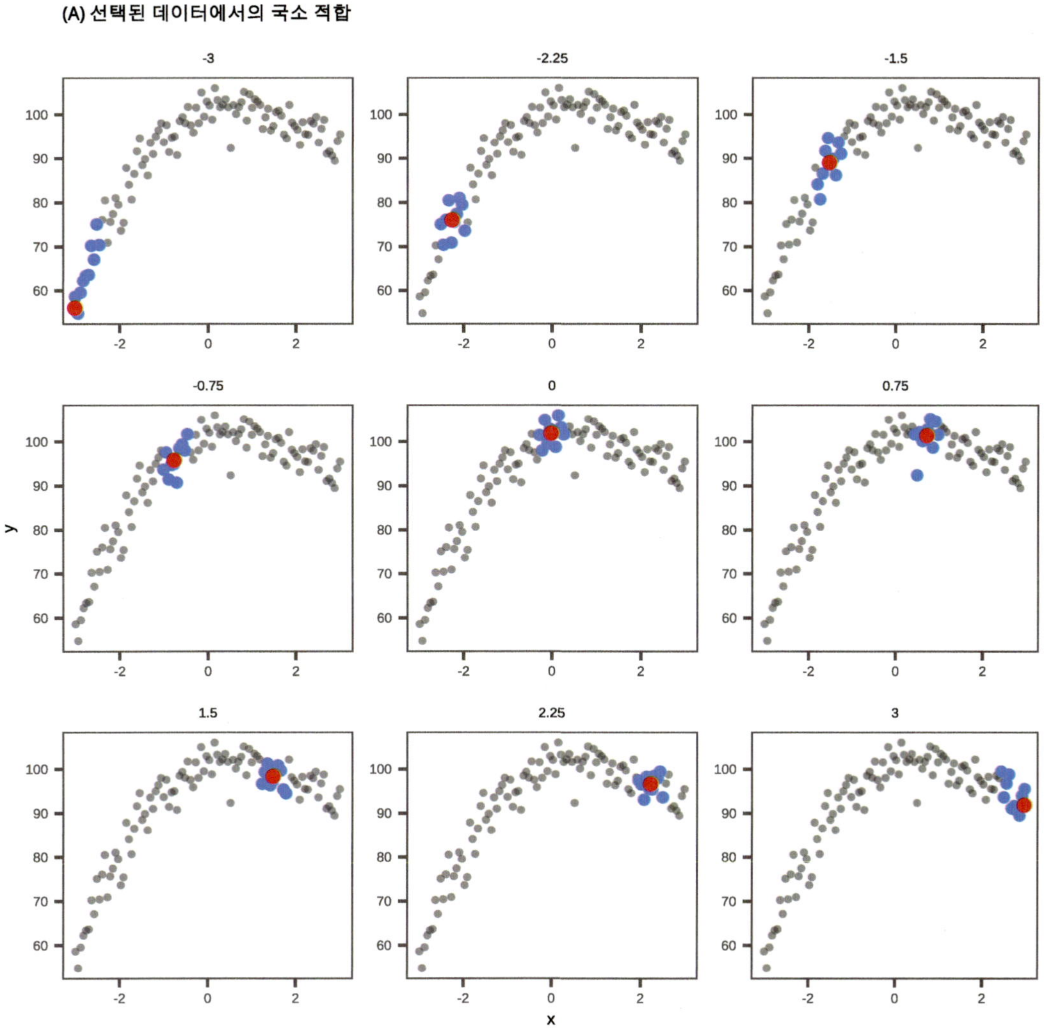

그림 6.8: 개별 x_0 에서의 국소 적합(예시)

[그림 6.8]은 선택된 일부 x_0 에서 $s = 0.1(10\%)$ 의 이웃(파란색)을 이용하여 국소 적합된 결과값(빨간색)을 보여주며, [그림 6.9]는 모든 x 에서 적합된 결과를 통합한 전체 데이터에 대한 로컬 회귀 적합 결과를 보여준다. 여기서, 이웃 비율 s 를 변경하면 적합 결과의 매끄러움을 조정할 수 있다. [그림 6.10]은 서로 다른 이웃 비율에 대한 로컬 회귀 적합 결과이다. $s = 0.05$ 의 경우에는 거칠고 복잡한 패턴을 적합하였고, $s = 0.2$ 는 패턴의 거침의 정도와 복잡도가 줄어 들었으며, $s = 0.7$ 은 매끄럽고 간단한 패턴이 적합됨을 확인할 수 있다.

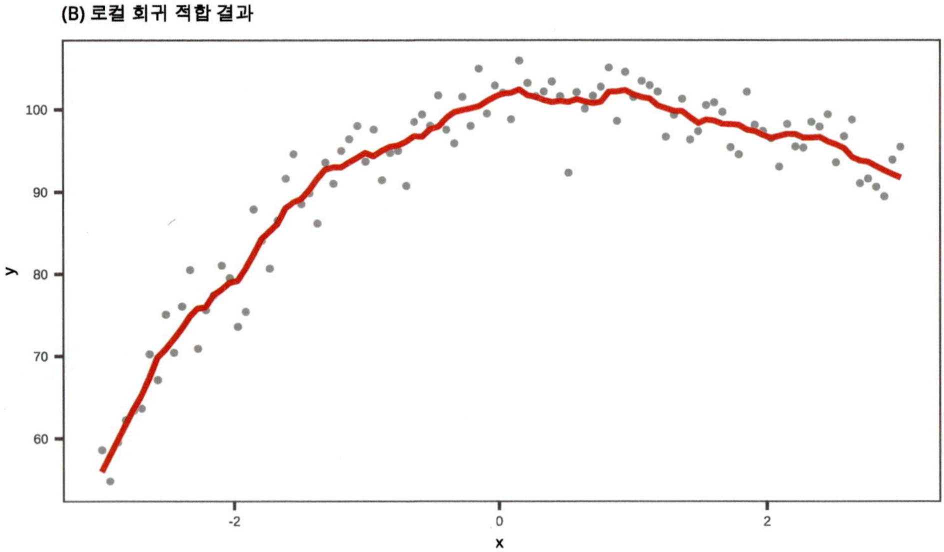

그림 **6.9:** 국소 적합에 기초한 전체 적합 결과

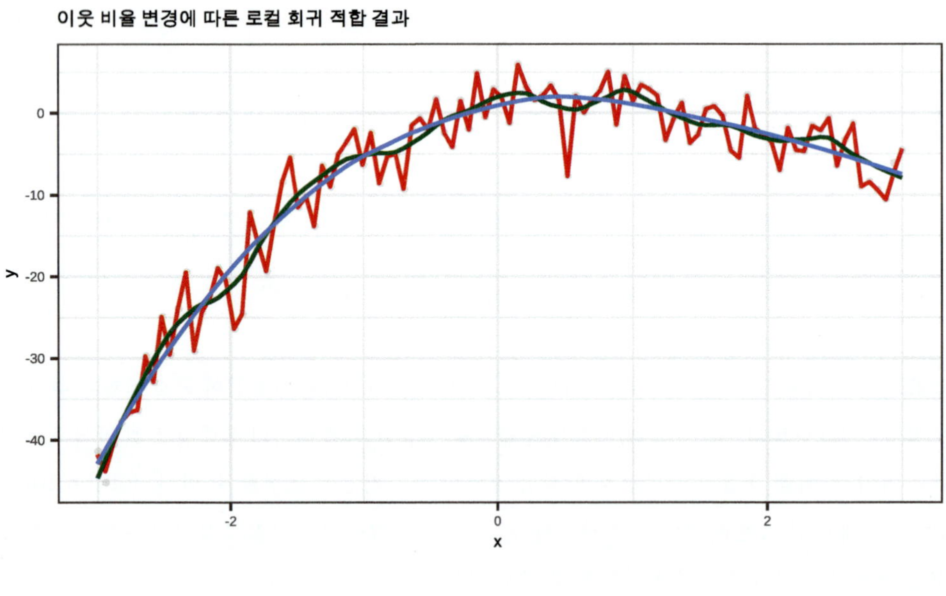

그림 **6.10:** 이웃 비율(s) 변화에 따른 로컬 회귀 적합 결과

로컬 회귀는 데이터의 개별 영역에서 개별적인 해석을 가능하게 한다. 그러나 로컬 회귀는 모든 데이터에서 국소 모형을 적합해야 하므로 데이터의 규모가 큰 경우 계산 비용이 높다. 또한, 로컬 회귀는 국소 관계를 추정하여 통합하므로 데이터의 전체 패턴을 해석하는데는 한계가 있다.

`LOWESS(Locally Weighted Scatterplot Smoothing)`와 `LOESS(Locally Estimated Scatterplot Smoothing)`는 로컬 회귀의 대표적인 방법으로 데이터의 국소 특성을 반영하여 선형 또는 비선형 회귀를 적합하여 패턴을 추정하는 방법이다[22,23]. LOWESS(1979)는 LOESS(1988)의 초기 버전으로 이웃 데이터의 로컬 회귀 적합에서 단순 선형 회귀를 적용한다. 이는 구조가 간단하여 해석과 적용이 용이하지만, 복잡한 비선형 패턴을 포착하는 데는 한계가 있다. LOESS는 단순 선형 회귀 대신에 다항 회귀를 적용한다. 따라서, LOESS는 LOWESS보다 더 복잡한 비선형 패턴을 모형화할 수 있다. [그림 6.11]은 2차 형태를 갖는 데이터에 동일한 평활화 모수를 적용한 두 방법의 결과이다. LOWESS는 올바로 적합하지 못하지만, LOESS는 패턴을 올바로 적합하는 것을 확인할 수 있다.

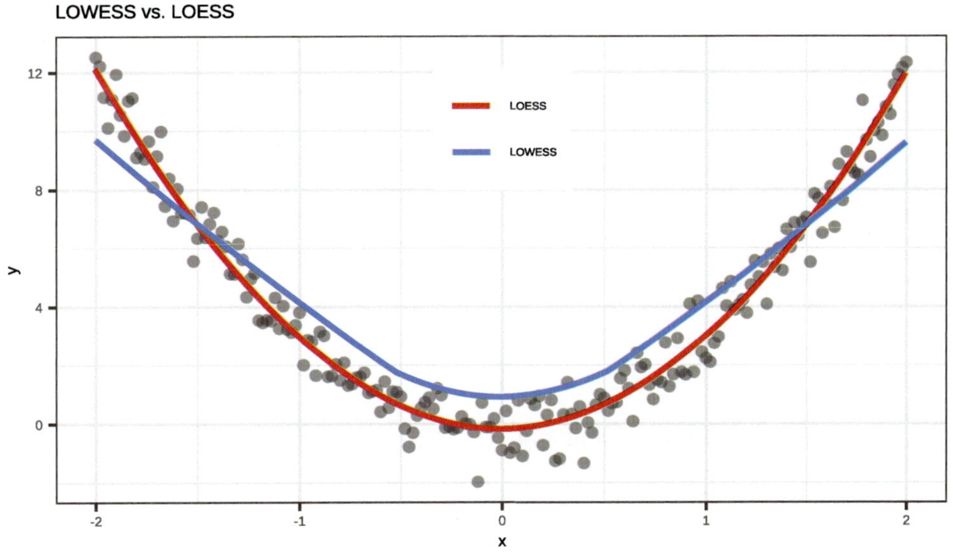

그림 6.11: 동일한 평활화 모수에서의 LOWESS와 LOESS 적합

[22] Cleveland, W. S. (1979). Robust locally weighted regression and smoothing scatterplots. Journal of the American statistical association, 74(368), 829-836.

[23] Cleveland, W. S., & Devlin, S. J. (1988). Locally weighted regression: an approach to regression analysis by local fitting. Journal of the American statistical association, 83(403), 596-610.

LOWESS 알고리즘

[1] $X = x_0$ 에 가장 근접한 $s = \frac{k}{n}$ 비율의 $\{x_i\}$ 를 x_0 의 이웃으로 선택

- s는 이웃(neighborhood)의 크기를 조절하는 하이퍼파라미터이다.

[2] 선택된 이웃 데이터에 가중치 할당: 트라이큐브(Tricube) 커널

$$w_{i0} = \left(1 - \left|\frac{x_i - x_0}{h}\right|^3\right)^3$$

- 표준화된 거리 $\frac{x_i - x_0}{h}$ 가 중심점에서 가까울 수록 높은 가중치를 할당한다.
- x_0 의 이웃을 제외한 모든 데이터의 가중치는 0이다.
- h는 가중치 함수의 범위를 결정하는 하이퍼파라미터이다.

[3] y_i 에 대한 이웃 데이터 $\{x_i\}$의 가중 최소제곱(weighted least squares) 회귀 적합

$$\arg\min_{\beta} \sum_{i=1}^{n} w_{i0} \left(y_i - \beta_0 - \beta_1 x_i\right)^2$$

[4] x_0 에서의 해 $\hat{g}(x_0)$ 도출

$$\hat{g}(x_0) = \hat{\beta}_0 + \hat{\beta}_1 x_0$$

여기서

$$\hat{\beta}_0(x_0) = \bar{y}_0 - \hat{\beta}_1(x_0)\bar{x}_0 \quad \text{그리고} \quad \hat{\beta}_1(x_0) = \frac{\sum_{i=1}^{n} w_{i0}(x_i - \bar{x}_0)(y_i - \bar{y}_0)}{\sum_{i=1}^{n} w_{i0}(x_i - \bar{x}_0)^2}$$

$$\bar{x}_0 = \frac{\sum_{i=1}^{n} w_{i0} x_i}{\sum_{i=1}^{n} w_{i0}}, \quad \bar{y}_0 = \frac{\sum_{i=1}^{n} w_{i0} y_i}{\sum_{i=1}^{n} w_{i0}}$$

[5] [1] ~ [4]의 과정을 모든 x_0 에 대해 반복

$$\hat{g}(x) = \text{ Combine } \{\hat{g}(x_i) \text{ for each } x_i \in \{x_1, x_2, \ldots, x_n\}\}$$

LOESS 알고리즘

[1] $X = x_0$ 에 가장 근접한 $s = \frac{k}{n}$ 비율의 $\{x_i\}$를 x_0의 이웃으로 선택

- s는 이웃(neighborhood)의 크기를 조절하는 **하이퍼파라미터**이다.

[2] 선택된 이웃 데이터에 가중치 할당: 가우시안(Gaussian) 커널

$$w_{i0} = \exp\left(-\frac{(x_i - x_0)^2}{2h^2}\right)$$

- 표준화된 거리 $\frac{x_i - x_0}{h}$ 가 중심점에서 가까울수록 높은 가중치를 할당한다.
- x_0 의 이웃 외의 데이터도 0이 아닌 가중치를 가질 수 있다.
- h는 가중치 함수의 범위를 결정하는 **하이퍼파라미터**이다.

[3] y_i 에 대한 이웃 데이터 $\{x_i\}$의 가중 최소제곱(weighted least squares) 회귀 적합

회귀를 적합하여 다음을 최소화하는 함수 도출

$$\arg\min_{\beta} \sum_{i=1}^{n} w_{i0} \left(y_i - \sum_{j=0}^{d} \beta_j x_i^j\right)^2$$

[4] x_0 에서의 적합치 계산

$$\hat{g}(x_0) = \sum_{j=0}^{d} \hat{\beta}_j x_0^j,\ j = 0, 1, \ldots, d,\ \text{여기서}\ \hat{\beta}_j = \left(X_j^T W X_j\right)^{-1} X_j^T W Y$$

[5] [1] ~ [4]의 과정을 모든 x_0 에 대해 반복

$$\hat{g}(x) = \text{Combine}\ \{\hat{g}(x_i)\ \text{for each}\ x_i \in \{x_1, x_2, \ldots, x_n\}\}$$

[그림 6.12]의 (A)는 LOWESS의 가중치 함수 그리고 (B)는 LOESS의 가중치 함수이다. 두 그림 모두 밴드폭(bandwidth) h에 따라 어떻게 변화하는지를 확인할 수 있다. (A)는 트라이큐브 커널(Tricube Kernel)을 사용하여 중심점 x_0와 가까운 데이터에 높은 가중치를 부여하고, 중심점에서 멀어질수록 가중치가 급격히 감소하는 형태를 갖는다. 또한 $h = 0.5$와 $h = 1.5$를 비교했을 때, h가 작을수록 중심 영역에 가중치가 집중되고 나머지 데이터는 가중치가 거의 0에 가깝다는 것을 확인할 수 있다. 이를 통하여 LOWESS가 국소적인 데이터 중심의 분석에서 유리하며, h가 작을수록 국소 패턴에 집중한다는 것을 알 수 있다. (B)는 가우시안 커널(Gaussian Kernel)을 사용하여, 중심점으로부터 멀어질수록 가중치가 점진적으로 감소하는 형태를 갖는다. $h = 0.5$와 $h = 1.5$를 비교해 보면, h가 클수록 가중치가 더 넓은

범위의 데이터에 적용된다. 이는 LOESS가 전체적인 데이터 패턴 적합에 유리하며, LOWESS와 비교할 때 비선형 패턴을 더 잘 포착할 수 있다는 것을 확인할 수 있다.

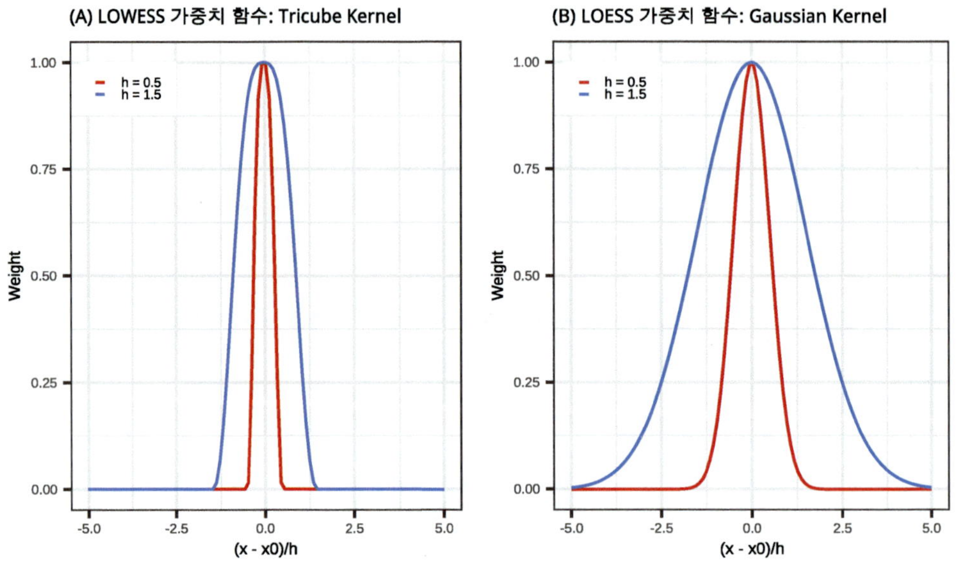

그림 **6.12:** LOWESS와 LOESS의 가중치 함수

두 모형은 데이터의 특정 패턴을 모형화하는데 유용하지만, (1) 계산 비용이 높아 대규모 데이터에는 적합하지 않고 (2) 하이퍼 파라미터의 선택이 결과에 큰 영향을 미치며 (3) 국소적인 패턴에 집중하므로 전체적인 데이터의 패턴 해석이 어려울 수 있다는 단점을 공유한다.

practice tools 연습 30. 긴장도와 반응 속도 <fatigue_response.csv>

다음은 특정 환경 노출로 조절된 긴장도(x)와 특정 자극에 대한 반응 속도(y; ms)를 조사한 데이터이다. 이에 대한 전체적인 패턴과 함께 환경 변화에 따른 반응 속도의 국소 패턴 해석의 필요성을 확인해 보고자 한다.

데이터 로딩

```
data <- read.csv(paste0(data_path, "fatigue_response.csv"))
str(data)
```

```
# 'data.frame': 200 obs. of  2 variables:
```

```
#  $ x: num  203 201 199 197 195 193 191 189 187 185 ...
#  $ y: num  12.5 12.2 11.2 10.1 11.1 ...
```

LOWESS/LoESS 모형의 적합

- `stats::lowess(x, y, f =` α`)`는 LOWESS 모형을 적합한다.
  - $\alpha \in (0, 1]$이며, 이 값이 클수록 더 많은 국소 데이터를 사용한다.
  - f를 지정하지 않는 경우, $\alpha = 0.67$을 가정한다.

```
lowess_fit <- lowess(data$x, data$y, f = 0.67)              # f 탐색 필요
data <- data %>%                                              # 예측값과 잔차
  mutate(
    lowess_pred = lowess_fit$y,
    lowess_residuals = y - lowess_pred,
  )
ggplot(data, aes(x = x, y = y)) +                            # 데이터와 적합선
  geom_point(color = "gray") +
  geom_line(aes(y = lowess_pred), color = "blue", size = 1) +
  labs(title = "[LOWESS] 관찰값 vs. 적합치",x = "긴장도",y = "반응 속도") +
  theme_bw()
ggplot(data, aes(x = lowess_pred, y = lowess_residuals)) +    # 잔차 진단단
  geom_point(color = "red") +
  labs(title = "[LOWESS] 잔차 vs. 적합치", x = "적합치(Fitted)", y = "잔차") +
  theme_bw()
```

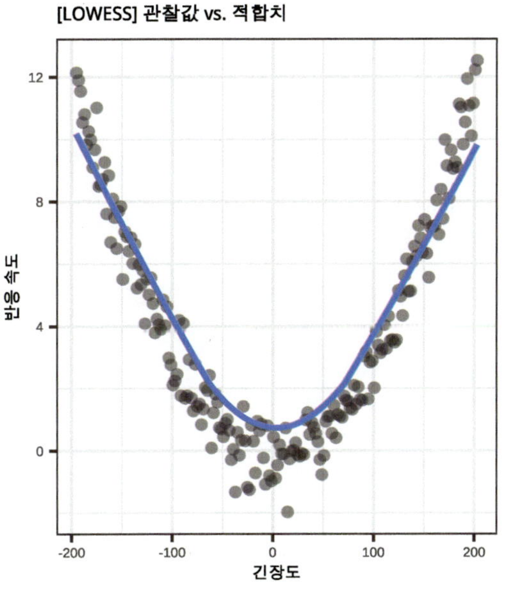

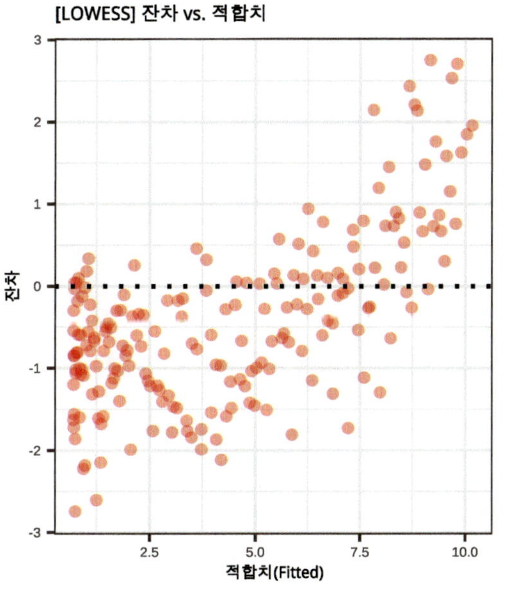

현재의 적합은 기본 f = 0.67을 적용한 결과이다. 적합된 값에서 긴장도(x)가 0을 중심으로 근처 값들에서 과대 추정 되었고, 이는 0보다 작은 값의 잔차로 표현되었다. 추가적으로 f를 조정해 볼 필요가 있다.

LOESS 모형의 적합

- stats::loess(model, span = α, degree = d)은 LOESS 모형을 적합한다.
  - $\alpha \in (0, 1]$이며, 이 값이 클수록 더 많은 국소 데이터를 사용한다.
  - span을 지정하지 않는 경ㅇ, $\alpha = 0.75$을 가정한다.
  - d는 다항식의 차수이며, 일반적으로 1(선형) 또는 2(이차 다항식)를 적용한다.

```
loess_fit <- loess(y ~ x, data = data, span = 0.75)            # span 탐색 필요
data <- data %>%                                                # 예측값과 잔차
  mutate(
    loess_pred = predict(loess_fit),
    loess_residuals = y - loess_pred  )
ggplot(data, aes(x = x, y = y)) +                               # 데이터와 적합선
  geom_point(color = "gray") +
  geom_line(aes(y = loess_pred), color = "blue", size = 1) +
  labs(title = "[LOESS] 관찰값 vs. 적합치", x = "긴장도",  y = "반응 속도") +
  theme_bw()
ggplot(data, aes(x = loess_pred, y = loess_residuals)) +    # 잔차 진단단
  geom_point(color = "red") +
  labs(title = "[LOESS] 잔차 vs. 적합치", x = "적합치(Fitted)", y = "잔차") +
  theme_bw()
```

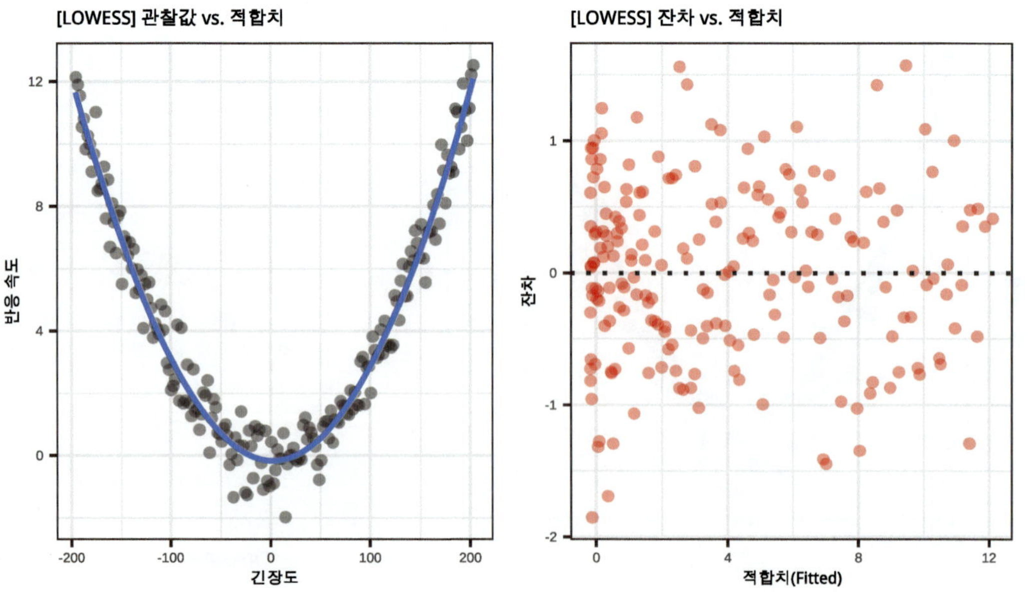

기본값인 span = 0.75에서도 비선형 패턴이 잘 적합되었다. 이는 잔차 그림에서 랜덤한 산점 형태로 확인할 수 있다. 현재 LOESS 추정은 비교적 큰 span 값에서 적합도가 높다. 이는 데이터가 전역적 특성을 가지고 있다는 것을 의미한다. 반면, 작은 span 값에서 적합도가 높다면 데이터가 국소적 특성이 강하여 세부적인 국소적 해석이 필요하다는 의미이다. 따라서, 현재 데이터는 전역적 특성을 보이고 있으므로 전체적인 패턴을 중심으로 해석해도 별 문제가 되지 않는다. 이는 LOWESS의 경우에도 동일하게 적용된다. 또한 잔차의 패턴에 대한 LOESS 재적합을 통하여 이를 객관적으로 검증해 볼 수 있다.

[검증] 잔차에 대한 LOESS 재적합

```
loess_fit_residuals <- loess(loess_residuals ~ x, data = data)
data$loess_smooth_residuals <- predict(loess_fit_residuals)
ggplot(data, aes(x = x, y = loess_residuals)) +
  geom_point(color = "blue") +
  geom_line(aes(y = loess_smooth_loess_residuals), color = "red", size = 1) +
  labs(title = "긴장도 vs. LOESS Residuals with LOESS Fit",
       x = "긴장도",
       y = "LOESS Residuals") +
  theme_bw()
```

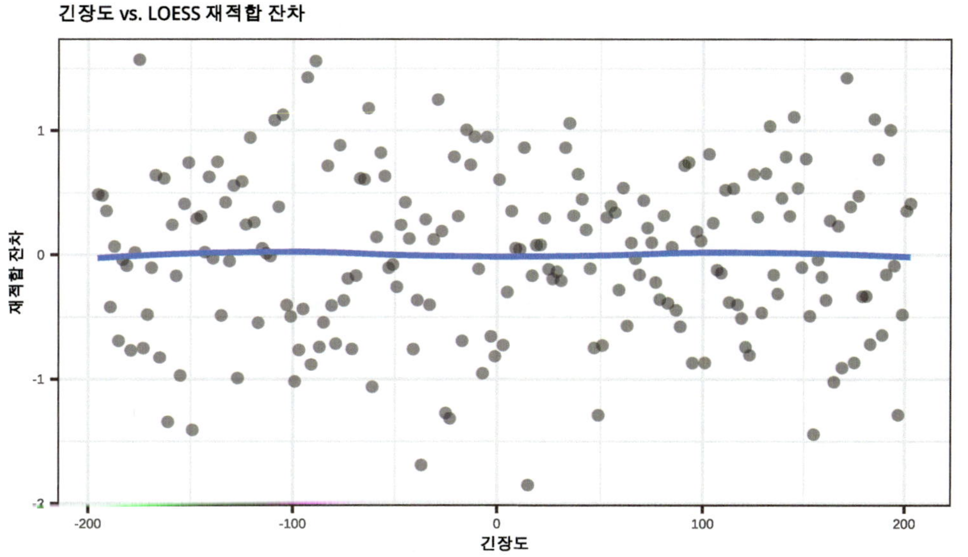

LOESS 잔차에 대해 다시 LOESS를 적합한 결과, 잔차들이 긴장도(x)의 전 영역에서 일관된 패턴을 보이며, 잔차의 평균이 0에 가까운 값을 유지하고 있다. 이는 잔차가 특정 패턴이나 트렌드를 따르지 않으며, 모형이 긴장도(x)에 대한 전반적인 경향을 잘 포착하고 있음을 나타낸다.

6.3 커널 방법 Kernel Methods

커널 방법(Kernel Methods)은 데이터 분석과 기계 학습(Machine Learning)에서 비선형 데이터의 적합을 위하여 널리 사용되는 방법이다. 이는 커널 함수(Kernel Function)를 이용해 데이터를 고차원 특성 공간으로 매핑(mapping)하고, 그 공간에서 선형 분리나 분석을 적용한다. 이러한 변환을 통하여 입력 공간에서 복잡한 비선형 문제를 단순한 선형 문제로 전환할 수 있다.

커널 함수(Kernel Function)

- 두 데이터 간의 유사도를 계산하는 함수

$$K(x, x') = \phi(x) \cdot \phi(x')$$

여기서, $\phi(x)$ 는 입력 벡터 x 를 고차원 특성 공간으로 매핑하는 함수

대표적인 커널 함수

- 가우시안(Gaussian) 커널

$$K_G(x, x') = \exp\left(-\frac{\|x - x'\|^2}{2h^2}\right)$$

- 에파네치니코프(Epanechnikov) 커널

$$K_E(x, x') = \begin{cases} \frac{3}{4}\left(1 - \frac{\|x-x'\|^2}{h^2}\right) & \text{if } \|x - x'\| \le h \\ 0 & \text{otherwise} \end{cases}$$

-박스(Uniform) 커널

$$K_U(x, x') = \begin{cases} \frac{1}{2h} & \text{if } \|x - x'\| \le h \\ 0 & \text{otherwise} \end{cases}$$

여기서, h는 커널 폭(bandwidth)을 나타낸다.

[그림 6.13]은 $h = 0.5,\ 1$에서의 커널 함수의 형태를 보여 준다. 가우시안과 아파네치니코프 커널은 커널의 범위 내에서 표준화된 거리 0을 중심으로 점진적으로 감소하며, 영향을 주는 범위는 h에 의하여 결정된다. 박스 커널은 단순한 형태로, 주어진 범위 내에서 일정한 값을 갖고, 범위를 벗어나면 0이 된다.

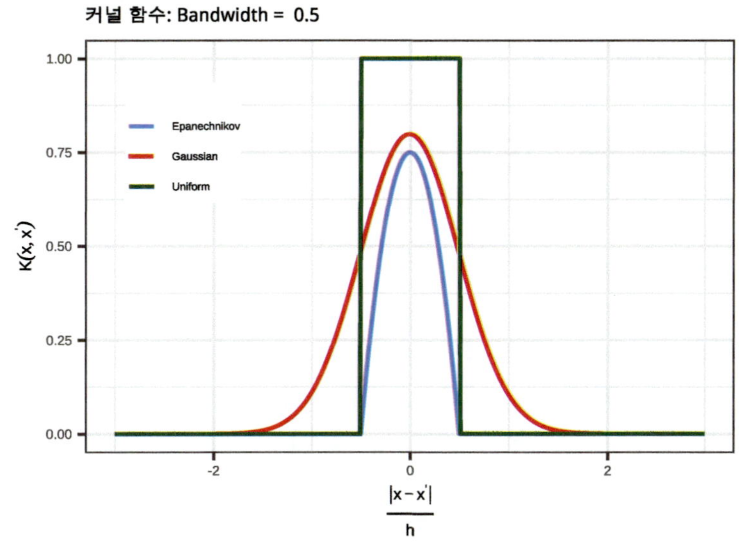

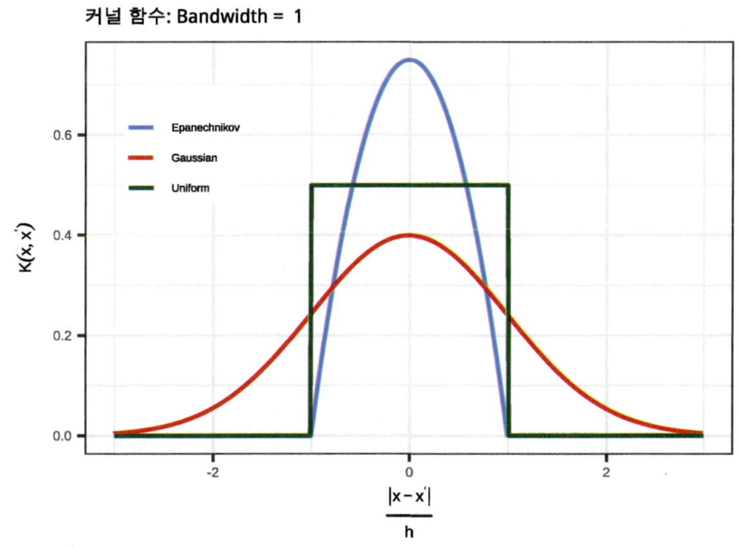

그림 6.13: 커널 폭(bandwidth) $h = 0.5,\ 1.0$에서의 대표적인 커널 함수의 형태

커널 방법은 비선형 데이터를 효과적을 분석할 수 있고, 분석 목적에 적합한 다양한 커널 함수들을 선택하여 적용할 수 있다. 그러나 **커널 함수의 선택**과 **하이퍼파라미터 h의 선택**에 따라 모형의 성능이 영향을 크게 받는다. 또한, 대규모 데이터에서는 계산 비용이 증가할 수 있고, 고차원 공간에서의 연산 과정이 직관적이지 않아 해석이 어려울 수 있다.

6.3.1 커널 회귀 Kernel Regression

커널 회귀(Kernel Regression)는 비선형 회귀 문제를 해결하기 위한 방법으로, 커널 함수를 사용해 데이터 포인트 간의 유사도를 계산하고 이에 기반한 예측값을 제공한다[24]. 이 방법은 데이터를 지역적으로 모형화하여 특정 영역에서의 추정에 유용하며[25], 각 데이터가 예측에 기여하는 정도를 쉽게 계산할 수 있다. 커널 회귀 의 적합도는 적절한 커널 함수와 하이퍼파라미터의 선택에 따라 크게 달라질 수 있으므로, 데이터의 특성에 맞는 커널 함수와 하이퍼파라미터를 신중하게 선택해야 한다.

커널 회귀(Kernel Regression)

[1] 주어진 데이터 x_0 에서의 유사도 계산

- $K(x_i, x_0)$ 를 사용하여 x_0 와의 유사도를 계산한다.

  여기서, $K(x_i, x_0)$는 중심점 x_0 과 각 데이터 x_i 사이의 유사도를 측정하는 커널 함수이다.

[2] 각 데이터 x_i 에 가중치 할당

$$w_{i0} = \frac{K(x_i, x_0)}{\sum_{j=1}^{n} K(x_j, x_0)}$$

- 중심점 x_0 와 가까울수록 높은 가중치를 부여하고, 멀어질수록 가중치가 감소한다.
- w_{i0} 는 x_0 에서의 예측값에 대한 각 데이터의 기여도를 나타낸다.

[3] 예측 대상 x_0 에서의 출력값 $\hat{y}(x_0)$ 를 가중 평균으로 계산

$$\hat{y}(x_0) = \sum_{i=1}^{n} w_{i0} \cdot y_i$$

[4] [1] ~ [3]의 과정을 모든 x_0 에 대해 반복

- 각 x_0 에서 계산된 예측값 $\hat{y}(x_0)$ 를 결합하여 전체 데이터의 추정된 회귀선을 도출한다.

가중치 w_{i0} 는 데이터 x_i 와 예측 대상 x_0 간의 유사도를 반영하며, 유사도가 높을 수록 더 큰 가중치가 부여된다. 따라서, x_0 에 가까운 데이터일수록 예측에 더 큰 영향을 주게 된다.

---

[24] 커널 회귀는 커널화 회귀(Kernelized Regression)와 구별된다. 커널 회귀는 비모수적 방법으로, 데이터 주변의 국소적 패턴을 민감하게 반영하여 예측을 수행한다. 반면, 커널화 회귀는 모수적 방법으로, 커널 함수를 사용해 데이터를 고차원 특징 공간으로 변환한 후 그 공간에서 선형성을 활용해 회귀 분석을 적용한다.

[25] 이러한 형태를 Nadaraya-Watson 추정기라고도 부른다. Nadaraya, E. A. (1964). On estimating regression. Theory of Probability & Its Applications, 9(1), 141-142.

practice tools 연습 31. 다양한 커널 함수의 적용 <rpractice_k.csv>

데이터 로딩

```
data <- read.csv(paste0(data_path, "rpractice_k.csv"))
```

커널 회귀(Kernel Regression) 모형의 적합

- np::npreg(y ~ x, data, regtype, ckertype)은 커널 회귀 모형을 적합한다.
  - ckertype은 커널 함수의 종류를 지정한다.
    "gaussian", "epanechnikov", "uniform" 등을 선택할 수 있다.
  - regtype는 회귀 유형을 지정한다.
    "ll"은 로컬 선형 회귀, "lc"는 로컬 상수 회귀를 의미한다.
  - bw는 커널폭(bandwidth)를 지정한다.
    지정하지 않을 경우, 데이터에 따라 자동으로 최적화된 값이 사용된다[26].

```
library(np)
model_gaussian <- npreg(y ~ x, data = data, regtype = "ll", ckertype = "gaussian")
summary(model_gaussian)
```

```
#
# Regression Data: 100 training points, in 1 variable(s)
#                    x
# Bandwidth(s): 21.1
#
# Kernel Regression Estimator: Local-Linear
# Bandwidth Type: Fixed
# Residual standard error: 0.313
# R-squared: 0.844
#
# Continuous Kernel Type: Second-Order Gaussian
# No. Continuous Explanatory Vars.: 1
```

현재의 커널 회귀 모형은 100개의 데이터와 1개의 설명 변수를 사용하였다. 고정된 커널폭(bandwidth) 21.1을 가진 가우시안 커널을 사용해 국소 선형 회귀를 수행한 결과이다. 모형의 결정 계수 R^2는 0.844이며, 잔차의 표준 오차는 0.313이다.

[26] npreg() 함수는 Cross-validation 등을 통하여 주어진 데이터에 가장 적합한 커널폭을 자동으로 결정한다. 하지만, 분석 목적 또는 모형의 성능 개선 등을 위해 개별적으로 bw를 최적화해야 하는 경우가 많다.

적합 결과 시각화

```
data$prediction <- predict(model_gaussian, newdata = data)
#
ggplot(data, aes(x = x, y = y)) +
  geom_point(color = "gray") +
  geom_line(aes(x = x, y = prediction), color = "red") +
  labs(title = "[Kernel Regression] 가우시안 커널",
       x = "x",
       y = "y") +
  theme_bw()
```

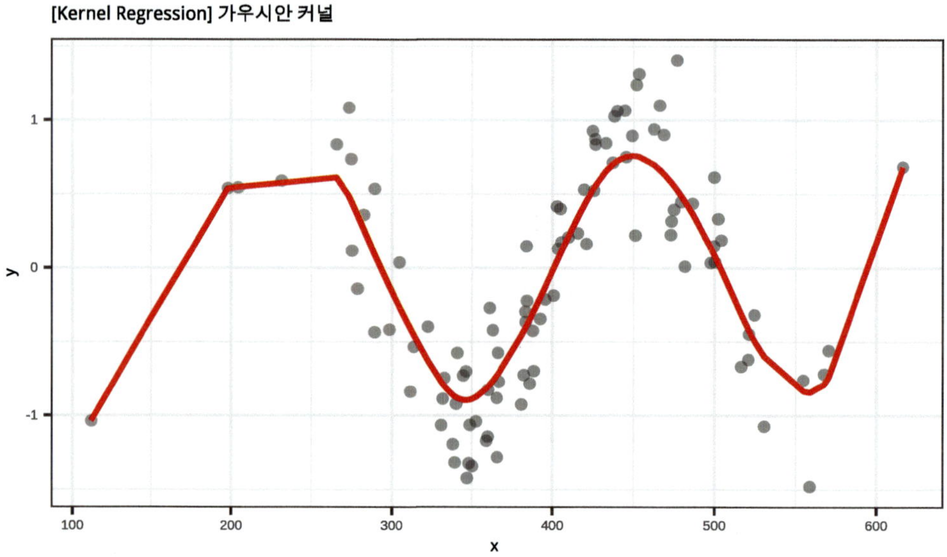

일반적으로 매끄러운 적합을 위해서는 Gaussian 커널이 적합하며, Epanechnikov 커널은 국소적인 패턴에 더 민감하게 반응하여 특정 구간에서의 변화를 강조한다. Uniform 커널은 급격한 변화를 포착하는 특성을 가지며, 이는 커널 함수의 특성에 기인한다. [그림 6.14]는 이러한 특성을 비교한 결과를 보여준다. 고려된 커널 함수인 Gaussian, Epanechnikov, Uniform 모두 비슷한 결과를 제공하지만, Uniform 커널은 다른 커널 함수에 비하여 더 거친 결과를 나타낸다.

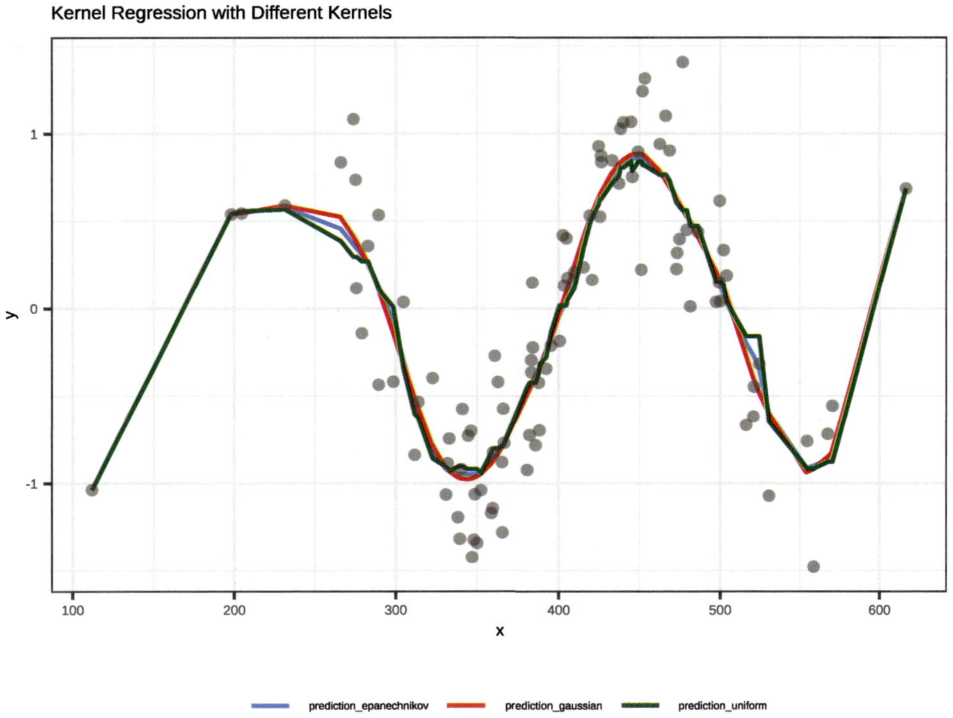

그림 6.14: 서로 다른 커널을 이용한 적합 결과

6.3.2 k-NN 회귀 k-Nearest Neighbors Regression

k-NN 회귀(k-Nearest Neighbors Regression)는 주어진 데이터 값에서 가장 가까운 k개의 이웃 데이터를 기준으로 예측값을 계산하는 비모수적(non-parametric) 회귀 방법이다. 이 알고리즘은 매우 직관적이며 비선형 데이터를 유연하게 적합할 수 있다. 하지만, 모든 데이터에서 계산이 실행되므로 규모가 큰 데이터에서는 계산 비용이 높아 질 수 있다.

k-NN 회귀(k-Nearest Neighbors Regression)

[1] x_0에 가장 가까운 k개의 이웃 데이터를 선택

- k는 이웃(neighborhood)의 수를 결정하는 **하이퍼파라미터**이다.
- 거리 $d(x_0, x_i)$의 계산은 주로 **유클리드(Euclidean) 거리** 를 사용한다.
  분석 목적에 따라, **맨해튼(Manhattan) 거리**, **체비쇼프(Chebyshev) 거리** 등을 사용할 수

있다.

[2] 선택된 이웃 데이터에 거리 기반 가중치를 적용

$$w_i = \frac{1}{d(x_0, x_i)}$$

- 거리가 가까울 수록 높은 가중치를 부여한다.

[3] 예측 대상 x_0 에서의 $\hat{y}(x_0)$ 는 가중 평균 또는 단순 평균으로 계산

$$\hat{y}(x_0) = \sum_{i=1}^{k} w_i \cdot y_i \quad \text{또는} \quad \hat{y}(x_0) = \frac{1}{k}\sum_{i=1}^{k} y_i$$

[4] [1] ~ [3]의 과정을 모든 x_0 에 대해 반복

- 각 x_0 에서 계산된 예측값 $\hat{y}(x_0)$ 를 결합하여 전체 데이터의 추정된 회귀선 도출

대표적인 거리 계산 방법

- 유클리드 거리(Euclidean Distance)

$$d_E = \|x_0 - x\|_2 = \sqrt{\sum_{i=1}^{d} (x_{0i} - x_i)^2}$$

- 두 점 사이의 직선 거리를 계산

- 맨해튼 거리(Manhattan Distance)

$$d_M = \|x_0 - x\|_1 = \sum_{i=1}^{d} |x_{0i} - x_i|$$

- 각 차원에서의 절대 거리의 합을 계산

- 체비쇼프 거리(Chebyshev Distance)

$$d_C = \|x_0 - x\|_\infty = \max_{i=1,\ldots,d} |x_{0i} - x_i|$$

- 모든 차원에서 최대 절대 거리를 사용하여 계산

[그림 6.15]는 원점 $(0, 0)$ 으로부터 유클리드, 맨해튼, 체비쇼프 거리가 1 이 되는 점 (x, y) 를 연결한 것이다. 유클리드 거리는 두 점 사이의 직선 거리를 측정하므로, 원점에서 거리가 1이 되 는 점들은 원(파란색)의 형태를 갖는다. 맨해튼 거리는 두 점 사이의 수직과 수평 거리의 합으로 계산하므로, $|x| + |y| = 1$ 을 만족하는 점들은 사각형(빨간 색)의 형태를 갖는다. 체비쇼프 거리는 두 점 사이의 좌표 축 방향에서 최대 거리를 측정하므로, $\max(|x|, |y|) = 1$ 을 만족하는 점들은 마름모(녹색) 형태로 나타난다. 이러한 거리 측정 방법은 k-NN 회귀에서 이웃 선택 결과에 영향을 준다[27].

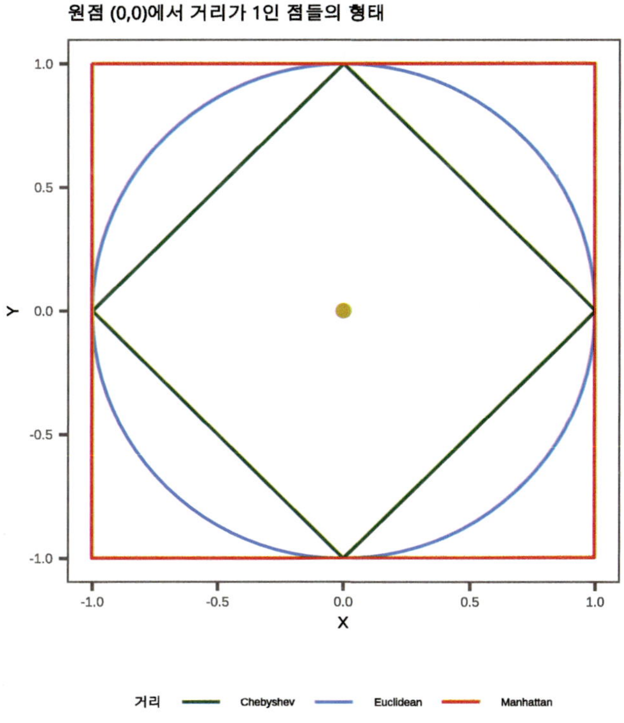

그림 6.15: 원점 (0,0)으로 부터 거리가 1인 점들

k-NN 회귀 적합의 결과는 거리 계산 방법과 하이퍼파라미터 k 값에 따라 그 결과가 달라진다. k가 작은 경우에는 국소적으로 민감하게 적합하여 잡음(noise)의 영향을 크게 받을 수 있어서 과적합(overfitting)의 위험을 증가시킨다. 반면, k가 큰 경우에는 모형이 더 넓은 범위의 데이터를 (가중)평균하여 예측하므로, 더 일반화된 적합 결과를 기대할 수 있지만, 중요한 세부 구조를 반영하지 못할 수 있다.

[27] 입력 변수가 1차원인 경우에는 이들 거리 계산 방법은 동일한 결과를 제공한다.

practice tools 연습 32. k-NN회귀의 적합 <rpractice_k.csv>

데이터 로딩

```
data <- read.csv(paste0(data_path, "rpractice_k.csv"))
```

k-NN 회귀(K-Nearest Neighbors Regression) 모형의 적합

- kknn::train.kknn(formula, train, test, k, distance, kernel)은 k-NN 회귀 모형을 적합한다.
  - k는 가장 가까운 이웃의 수를 지정한다.
  - distance는 거리 측정 방법을 지정한다.
    1은 맨해튼 거리, 2는 유클리드 거리이며 다른 거리 방법도 지정 가능하다.
  - kernel은 가중치를 부여하는 커널 함수의 종류를 지정한다.
    "rectangular", "triangular", "epanechnikov" 등 다양한 커널 함수를 적용할 수 있다.

```
library(kknn)
k <- 7
model_knn <- kknn(y ~ x,
                  train = data,
                  test = data,
                  k = k,
                  distance = 2,
                  kernel = "rectangular"
                  )
summary(model_knn)
```

```
#
# Call:
# kknn(formula = y ~ x, train = data, test = data, k = k, distance = 2,     kernel = "rectangular")
#
# Response: "continuous"
```

특별한 결과를 제공하지 않는다.

k-NN 적합 결과 시각화

```
data$predicted_y <- model_knn$fitted.values
#
ggplot(data, aes(x = x, y = y)) +
```

```
geom_point(color = "blue") +
geom_line(aes(y = predicted_y), color = "red", size = 1) +
labs(title = paste("[k-NN Regression] k =", k),
     x = "X",
     y = "Y") +
theme_minimal()
```

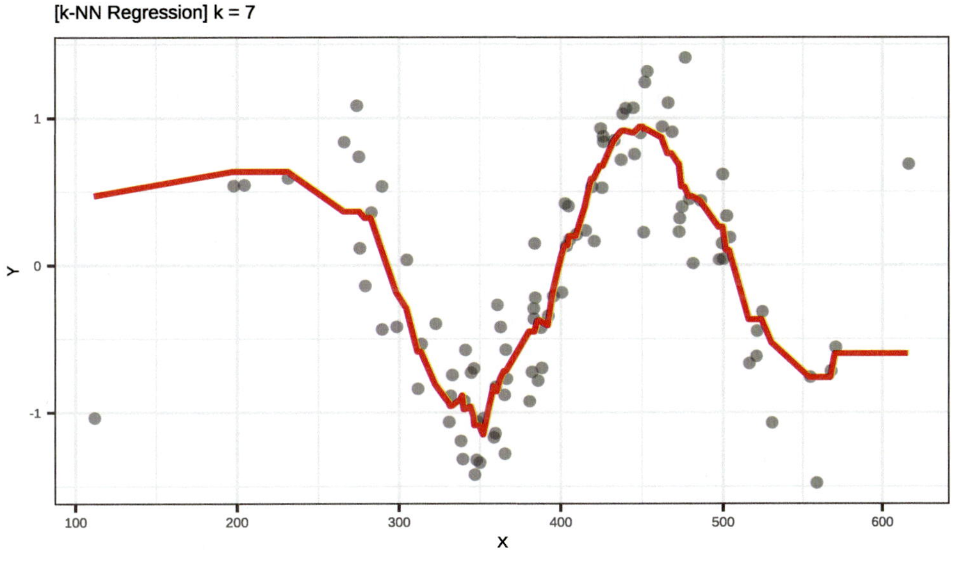

그림 6.16: k-NN 적합 결과

[그림 6.16]에서 적합된 형태가 계단식으로 표현되는 것은 k-NN회귀의 특징 중의 하나이다. 이는 이웃의 수를 기준으로 지역적인 평활화 값으로 예측하므로 나타나는 패턴이다. 이러한 특성은 데이터가 복잡한 함수나 규칙에 의하여 생성되는 경우의 초기 분석 단계에서 데이터의 변화 구간을 이해하는데 도움이 된다. 또한 유사성 기반의 예측 방법은 이상점(outliers)의 탐지에도 도움이 될 수 있다. 현재 결과에서는 100 근처 그리고 550 근처에 있는 데이터들이 잠재적인 이상점일 수 있다.

통계 학습을 이용한 k의 최적화

다음은 통계 학습(Statistical Learning)에서 예측 성능 향상을 목적으로 적용하는 **홀드 아웃(Hold-out)** 방법을 사용하여 k 값을 최적화하는 예이다. 이 방법은 데이터를 일정 비율로 훈련 데이터와 테스트 데이터로 나누고, **훈련(training) 데이터**에서 적합된 모형이 **테스트(test) 데이터**에서 얼마나 잘 일반화되는지를 평가한다. 이를 통해 **일반화 성능(generalization performance)**이 높은 모형을 선택한다.

이 과정에서 하이퍼파라미터 최적화는 모형의 예측 성능을 높이기 위한 중요한 단계이다. 이는 다양한 대안이 존재하므로 예증을 위한 간단한 코드와 결과만을 제시한다.

훈련 데이터와 시험 데이터의 분할 - 70:30(%)

```
library(kknn)
library(caret)
n <- nrow(data)
train_idx <- sample(1:n, size = 0.7 * n)
train_data <- data[train_idx, ]
test_data <- data[-train_idx, ]
```

k값에 따른 Test RMSE 계산 및 최적 k의 선택

```
library(kknn)

k_values <- seq(1, 20, by = 1)

rmse_values <- numeric(length(k_values))

for (i in seq_along(k_values)) {
  k <- k_values[i]

  model_knn <- kknn(y ~ x,
                    train = train_data,
                    test = test_data,
                    k = k, distance = 2,
                    kernel = "rectangular"
                    )
  predictions <- fitted(model_knn)

  rmse_values[i] <- sqrt(mean((test_data$y - predictions)^2))
}

optimal_k <- k_values[which.min(rmse_values)]
print(optimal_k)

rmse_df <- data.frame(k = k_values, RMSE = rmse_values)

ggplot(rmse_df, aes(x = k, y = RMSE)) +
  geom_line(color = "blue") +
  geom_point(color = "red", size = 2) +
```

```
geom_vline(xintercept = optimal_k, linetype = "dashed", color = "black") +
labs(title = "Test RMSE 기준의 최적 k 선택",
     x = "k",
     y = "RMSE") +
theme_bw()
```

```
# [1] 7
```

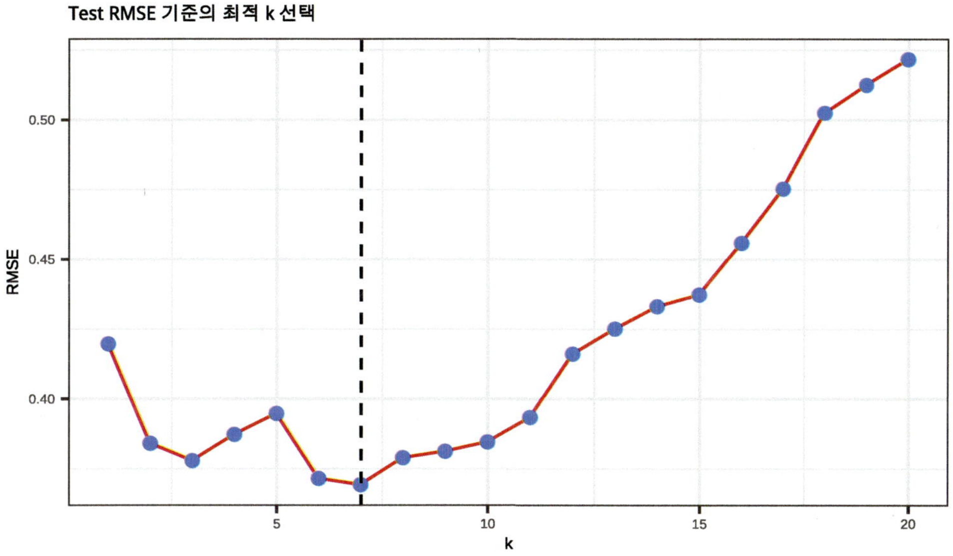

지금까지 설명된 회귀 분석의 확장 방법과 비선형 회귀 방법의 장단점을 정리하면 [표 6.5]와 같다. 고려한 각 방법은 특정 유형의 문제에서 유용할 수 있지만, 다른 유형의 문제에서는 그렇지 않을 수 있으므로, 분석 목적과 데이터의 특성을 고려하여 신중하게 선택되어야 한다[28].

No Free Lunch!

[28]Wolpert, D. H., & Macready, W. G. (1997). No free lunch theorems for optimization. IEEE transactions on evolutionary computation, 1(1), 67-82.

표 6.5: 선형 확장 모형과 비선형 회귀 모형의 하이퍼파라미터, 장점 그리고 단점

방법	하이퍼파라미터	장점	단점
`Polynomials`	다항식 차수(degree)	비선형 전역 관계 적합	과적합 위험, 외삽 어려움
`Step Functions`	분할점(cutpoints)	비선형 관계 적합, 계산 간단	불연속성, 해석 어려움
`Regression Splines`	너트(knots), 다항식 차수(degree)	연속적이고 유연한 적합	너트와 차수 선택에 민감
`B-splines`	너트(knots), 다항식 차수(degree)	유연하고 효율적인 적합, 연속성 유지	너트 선택에 민감, 해석 어려움
`Smoothing Splines`	스무딩 파라미터(λ)	미분 가능한 연속적 비선형 적합	파라미터 값에 민감
`LOESS`	이웃(neighborhood) 비율, 다항식 차수(degree)	유연한 비선형 적합	큰 데이터에서 느린 속도
`LOWESS`	이웃(neighborhood) 비율	유연한 비선형 적합	큰 데이터에서 느린 속도
`Kernel Regression`	커널 함수, 밴드폭(bandwidth)	가중치의 유연성	파라미터 선택에 민감
`k-NN Regression`	이웃(neighborhood) 크기, 거리 측정 방법	구조 단순, 이해 쉬움	큰 데이터에서 비효율적, 고차원에서 성능 저하

부록 Appendix

A R 시스템

R은 통계 계산(statistical computing)과 그래프(graphs) 생성을 위한 무료 소프트웨어 환경이다.

R은 1980년대 초 Becker와 Chambers에 의하여 개발된 통계 프로그래밍 언어 S와 상용 제품인 S-PLUS에 기초를 두고 있다(Becker, 1984)[1]. 이는 교육 목적으로 S의 축약형을 정리하고자 했던 뉴질랜드 오클랜드 대학교의 Ross Ihaka와 Robert Gentleman에 의하여 개발되었고, 1995년 GPL 하에서 소스 코드(source code)가 처음 공개되었다(Ihaka and Gentleman, 1996)[2,3]. [그림 A.1]의 CRAN(The Comprehensive R Archive Network)에서 Microsoft Windows XP 이상, Apple Macintosh OS X 그리고 다양한 Unix 및 Linux 플랫폼용을 제공하고 있다.

그림 A.1: The R Project Homepage: <https://www.r-project.org/>'

[1] Becker, R.A.and Chambers, J.M. (1984). S: An Interactive Environment for Data Analysis and Graphics. Pacific Grove, CA, USA: Wadsworth & Brooks/Cole

[2] Ross Ihaka & Robert Gentleman (1996) R: A Language for Data Analysis and Graphics, Journal of Computational and Graphical Statistics, 5:3, 299-314

[3] GPL이란 사용자에게 소프트웨어를 실행, 연구, 공유 및 수정할 수 있는 자유를 보장하는 일련의 무료 소프트웨어 라이선스를 말한다, <https://en.wikipedia.org/wiki/GNU_General_Public_License>

A.1 R의 설치

R은 [그림 A.2]의 (A) 단계를 거쳐서 설치할 수 있고, 정상적으로 설치된 경우 (B)의 초기 화면을 만날 수 있다. **R**을 처음 설치하는 경우, install R for the first time 옵션을 선택하여 설치한다. 이는 **R**의 기본 시스템과 기본 패키지들을 동시에 설치한다. 기존 사용자가 최신 버전의 **R**을 설치하거나 재설치할 때는 base 설치 파일만을 설치하면 된다. 만일 **R**패키지의 컴파일을 필요로 하거나 패키지를 개발한다면, Rtools도 함께 설치한다.

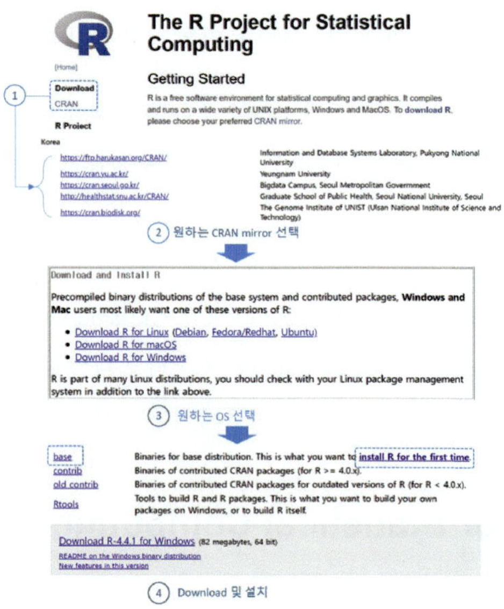

(A) R의 설치 방법

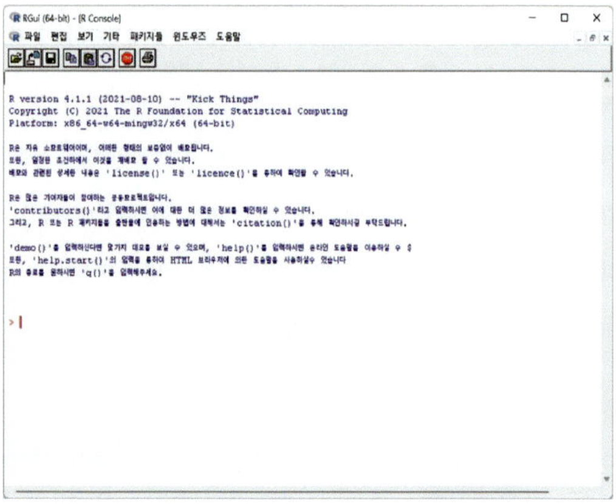

(B) R의 초기 화면

그림 A.2: R의 설치 방법과 초기 화면 <https://www.r-project.org/>

R에서 제공하는 콘솔(console)은 작동에는 문제가 없지만, 코드 편집과 실행이 분리되어 있어 불편하고, 그래프 결과를 실시간으로 제공하는 플롯 창과 데이터 뷰어가 별도로 제공되지 않는다. 따라서 대부분의 경우, 다양한 프로그래밍 도구들을 제공하는 통합 개발 환경인 RStudio를 사용한다.

A.2 RStudio 설치

RStudio는 **R**을 위한 통합 개발 환경(Integrated Development Environment; IDE)으로 콘솔(console), 구문 강조 에디터(editor), 그림(plotting) 도구, 명령 히스토리(history), 디버깅(debugging) 그리고 워크플레이스(workspace) 관리 등을 위한 다양한 도구를 제공한다. 이는 오픈 소스와 상용 버전으로 구분되며, Desktop용(Windows, Mac 그리고 Linux), RStudio Server 또는 RStudio에 연결된 workbench에서 실행이 가능하다[4]. Desktop의 windows용 RStudio는 [그림 A.3]의 (A)에서 다운로드 할 수 있고, 화면 안내에 따라 쉽게 설치할 수 있다. 설치가 완료되고 RStudio 아이콘을 실행하면 (B)의 초기 화면을 만날 수 있다. RStudio는 기본적으로 4 개의 창으로 분할되며, 각 창은 사용자의 편의를 돕기 위한 다양한 실행과 분석 관련 정보를 제공한다.

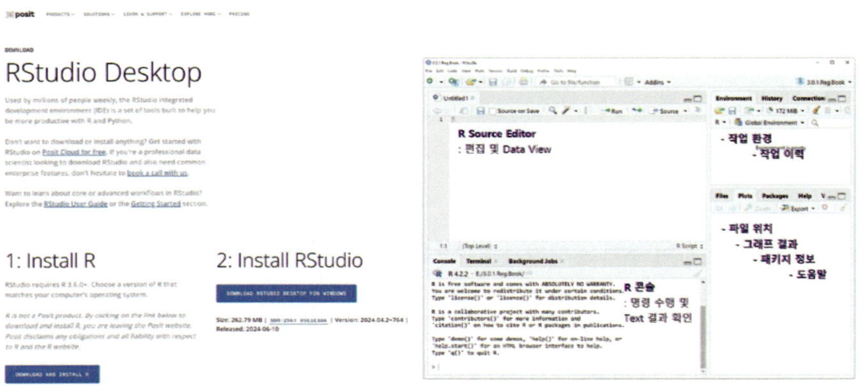

(A) RStudio의 설치 (B) RStudio의 초기 화면

그림 A.3: RStudio의 다운로드 화면과 초기 화면 <https://posit.co/download/>

A.3 Add-on Package의 선택과 설치

🛟 패키지(package)는 한번만 설치하면 된다.

R을 설치하면 [표 A.1]의 패키지(package)들이 기본적으로 설치된다. 이는 데이터 분석에 필요한 다양한 기능과 함수 그리고 실습을 위한 데이터 세트(data set)를 포함하고 있다[5]. 이들 기본 패키지 (base::)들은 **R**을 구동하면 자동으로 실행 준비 상태가 된다. 여기서 패키지(package)란 사용하기 편한 번들(bundle) 형태로 제공되는 함수와 데이터의 모음을 말한다.

표 A.1: R의 기본 패키지

base	compiler	datasets	graphics	grDevices	grid	methods
parallel	splines	stats	stats4	tcltk	tools	utils

[4] RStudio는 2022년 open-source data analysis의 효율성을 위하여 R뿐만 아니라 Python 등과 같은 다양한 언어도 함께 작업할 수 있는 all-in-one solution을 제공한다는 목표하에 사명을 posit으로 변경하였다.

[5] 특별히 구분할 필요가 없는 경우, 데이터 세트는 간단히 데이터로 표현한다.

기본 패키지(base::)에서 제공하지 않는 기능과 함수들은 `install.packages()` 함수를 이용하여 추가적으로 설치할 수 있다[6]. 이때 package 명 앞뒤에 반드시 따옴표(" 또는 ')를 추가해야 한다. 예를 들어, tidyverse라는 패키지를 추가로 설치하고자 한다면, 다음의 명령을 실행한다.

```
install.packages("tidyverse")
```

사용자가 설치한 패키지는 컴퓨터 내의 특정 폴더에 저장된다. 이는 `library()` 함수를 이용하여 현재의 실행 환경에 추가한다.

```
library(tidyverse)
```

`library()`를 이용하여 추가된 패키지들은 **R**을 종료하면 함께 종료된다.

이러한 환경 설정 방법은 **R**을 실행할 때 마다 필요한 패키지들을 매번 `library()`를 통하여 실행 환경에 불러들여야 한다는 불편함이 있지만, 개별 분석에서 필요한 패키지만을 선택적으로 사용할 수 있다는 장점을 제공한다. 다음 함수를 이용하면 현재 자신의 컴퓨터에 설치된 패키지를 확인할 수 있다. [그림 A.4]는 그 결과 중 일부이다.

```
library()
```

```
다음은 라이브러리 에 있는 'C:/Users      AppData/Local/R/win-
library/4.2' 패키지들입니다:

abind           Combine Multidimensional Arrays
akoini          What the Package Does (Title Case)
ape             Analyses of Phylogenetics and
                Evolution
aplpack         Another Plot Package: 'Bagplots',
                'Iconplots', 'Summaryplots', Slider
                Functions and Others
arm             Data Analysis Using Regression and
                Multilevel/Hierarchical Models
askpass         Safe Password Entry for R, Git, and
                SSH
assertthat      Easy Pre and Post Assertions
backports       Reimplementations of Functions
                Introduced Since R-3.0.0
base64enc       Tools for base64 encoding
bit             Classes and Methods for Fast
                Memory-Efficient Boolean Selections
bit64           A S3 Class for Vectors of 64bit
                Integers
```

그림 **A.4:** library() 실행 결과 중 일부

[6] 설치된 package를 삭제하고자 하는 경우에는 `remove.packages("package_name")` 그리고 갱신(update)하고자 할때는 `update.packages("package_name")`를 실행한다.

R의 장점은 다양한 패키지를 쉽게 활용할 수 있다는 것이다. 2024년 7월 현재 CRAN의 package 저장소는 다양한 분야에 기여하는 약 21,000개의 패키지를 제공한다.[7].

특정 package내의 function을 지정하고자 하는 경우, pakage.name::function.name의 형식으로 명령을 입력한다.

추가 패키지 사용에서 주의할 점은 서로 다른 기능을 제공하지만 동일한 function.name으로 정의될 수 있다는 것이다. 이를 피하기 위해서는 function과 data 앞에 다음과 같이 package 이름을 명시적으로 지정하면 된다. 다음은 dplyr:: 패키지 내에 있는 mutate() 함수를 적용하는 명령이다.

```
dplyr::mutate(new = 2*old)
```

A.4 R의 작업 환경

R프로그래밍 과정과 연관된 용어와 함수명 등은 **영문 용어를 그대로 사용**한다.

- 국문 번역이 도움이 된다고 판단된 용어들에 대해서는 국문 용어를 첨부한다.

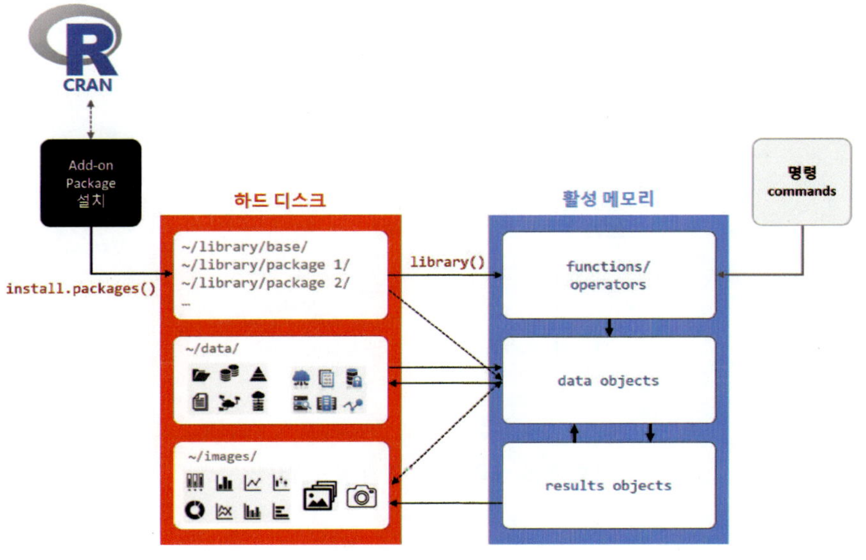

그림 A.5: R의 실행 구조

[7]<https://cran.r-project.org/web/packages/>

R의 실행 구조를 간단히 표현하면 [그림 A.5]와 같다. R은 모든 data, variables(변수), functions(함수), results(결과) 등의 대상을 명명된 객체(named object)로 활성 메모리에 저장한다[8]. 사용자는 이들 object에 operators(연산자)와 function(함수)을 적용하여 원하는 작업을 실행할 수 있다. 사용 가능한 함수들은 C:/Program Files/R/R_Home/library/에 위치하고, 추가로 설치한 패키지는 동일 이름의 폴더에 저장된다(Ripley, 2021).

실행 환경에 함수를 적재하는 방식에서 명령의 실행 속도는 컴퓨터의 RAM(Random Access Memory) 크기에 영향을 받는다[9]. 최근의 컴퓨터 성능을 고려해 볼때, 규모가 크지 않은 데이터를 이용한 분석에서는 문제가 되지 않지만, 대용량의 데이터를 정제 또는 분석하고자 하는 경우에는 문제가 발생할 수 있다. 이러한 경우에는 다양한 하드웨어/소프트웨어적 해결책을 고려할 수 있지만, 개인 사용자인 경우에는 다음의 명령을 이용하여 메모리 사용량을 관리할 수 있다[10].

- 메모리(memory)의 확인
  - memory.limit()는 사용 가능한 메모리의 양을 반환한다.
  - memory.size()는 현재 사용 중인 메모리 양을 반환한다.

작업 환경의 구조화는 효율적인 데이터 분석을 위한 필요 작업이다. 특히 codes, data, images 등을 동시에 고려한다면, Project 별로 [그림 A.6]과 같이 working dir을 생성하고 하위 dir에 codes, data, images 등의 결과물을 구분하여 관리하는 것이 바람직하다[11]. 이때, 디렉토리 구분자는 다음을 사용해야 한다.

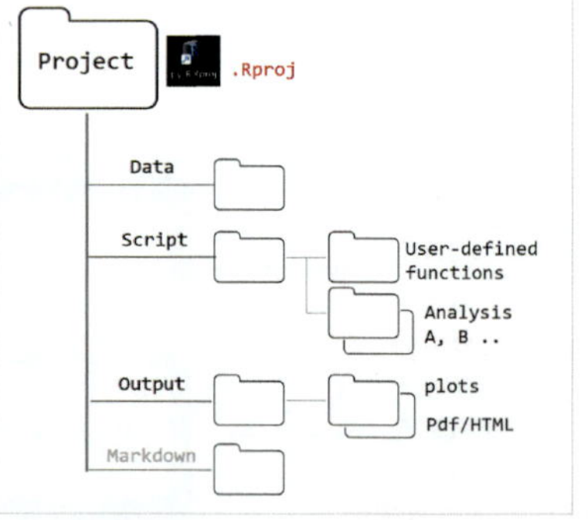

그림 A.6: R Project 정의 및 구성(예)

[8] R의 메모리 사용량은 운영 체제에 의하여 결정되며, 32bit 버전인 경우에는 최대 4GB 그리고 64bit 윈도우즈에서 최대 8TB까지 지원한다. <https://www.r-project.org/>

[9] 컴퓨터의 CPU가 처리할 프로그램이나 데이터가 임시로 저장되는 곳을 말하며, 전원이 꺼지면 저장된 내용이 모두 지워진다.

[10] gc(reset=TRUE)는 불필요한 메모리를 제거한다. 하지만, 최근의 R은 메모리를 자동으로 관리한다. 즉, 필요할 때 자동으로 gc() 명령을 수행한다. 따라서, 사용자가 이를 명시적으로 호출할 필요는 없다. 하지만, 대용량 객체를 제거하거나 서로 다른 프로그램의 성능을 비교할 때는 이 명령을 사용할 수 있다.

[11] RStudio를 이용하면, 특정 디렉토리를 지정하는 .RProj를 생성하고, 해당 프로젝트를 선택하면, .RProj가 존재하는 위치로 자동 변경된다. working directory를 확인할때는 getwd() 그리고 변경하고자 할때는 setwd() 함수를 사용한다.

directory separateor(디렉토리 구분자)[12]

- backslash(\)는 Window system에서 사전 지정된 특수 문자이다.
- R에서는 이를 double backslash(\\) 또는 forward slash(/)로 지정해야 한다.

  (예) C:\temp\를 C:\\temp\\ 또는 C:/temp/로 지정한다.

프로그래밍 작업에서 영어만을 사용한다면 큰 문제가 없지만, 만일 한글 또는 기타 언어를 함께 이용한다면, 사전에 코드 구성 요소의 **문자 인코딩(text/character encoding)** 표준을 지정해야 한다[13]. [표 A.2]는 중요 운영체계의 대표적인 인코딩 표준이다. [그림 A.7]과 같이 인코딩 방법은 RStudio의 Tools > Global Options...의 Code에서 현재의 Defalt text encoding을 확인하고 변경할 수 있다.

표 A.2: OS별 기본 인코딩 방법

OS	인코딩(encoding) 방법
Linux	UTF-8
MS Windows	CP949(한글), CP1251(영문), UTF-16
Mac OS X	UTF-16LE

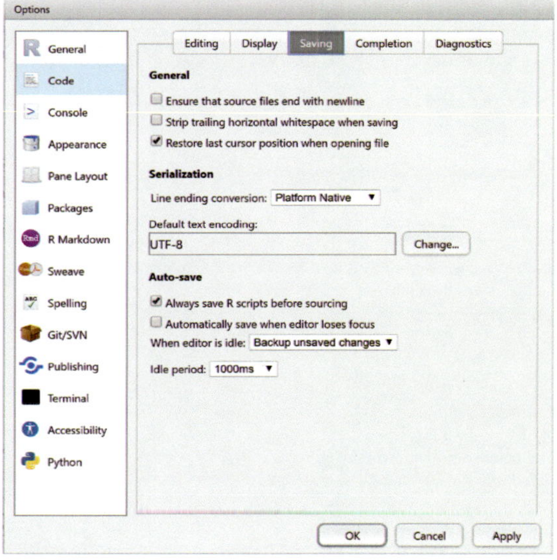

그림 A.7: R의 Code Text Encoding의 확인과 변경

[12] Windows 시스템에서 디렉토리 경로를 표시하는 \는 R과 python 등의 프로그래밍 언어에서는 특수 문자(이스케이프)로 인식한다. 따라서, 이를 문자열로 사용하기 위해서는 \\ 또는 Unix 기반 스타일인 /을 사용한다.

[13] 웹(web)에서는 80 % 이상이 UTF-8을 사용한다. R의 character vector는 각 element마다 별도의 Encoding 방법을 적용할 수 있다.

B R 언어의 특징

R Programming Language

- R에서 모든 것은 object(객체)이다.
- R에서 모든 것은 function calls(함수 호출)이다.

R은 실행 환경에서 object(객체)에 name(이름) 을 부여하여 구별한다. 이를 할당(assignment)이라고 하고, 할당 연산자(operator)「<-」를 사용한다[1]. R에서는 다음의 연산자를 구별해서 사용해야 한다.

명령	의미
x <- y	x는 object(객체) y를 얻는다.
x = y	x는 y로 정의된다. - 주로 function의 인수 정의에서 사용한다.
x == y	x와 y의 일치 여부를 TRUE/FALSE로 반환한다. - 주로 조건식에서 사용한다.

R은 object 할당에서 다음의 규칙을 따른다.

R의 name(이름) 규칙

- name은 대소문자의 구별한다(case-sensitive). (예) xt ≠ Xt
- 숫자 또는 기호로 name을 시작할 수 없다. (예) 1x, -x 등
- name 중간에 빈칸(blank space)을 사용할 수 없다. (예) study stat 등

R은 코드 입력에서 특정 형식의 들여쓰기 형식(indentation style)을 요구하지 않는다. 하지만, 코드의 가독성을 높이고 코드의 수정/관리의 용이성을 위해서는 tidyverse R style 등을 참조하여 표준 형식으로 입력하는 것을 추천한다[2].

[1] 「=」 역시 사용 가능하다. 기호 사용은 일관성이 중요하며, 협업의 경우, 사용 기호를 사전에 명시하고 모든 구성원들이 공통적으로 사용해야 한다.

[2] <https://style.tidyverse.org/> The tidyverse style guide

B.1 기초 연산 Basic Calculations

기초 연산에 자주 사용되는 연산자(operators)와 내장 함수(built-in functions)는 [표 B.2]와 같다(Crawley, 2012)[3,4].

R에서는 자연 로그 함수인 ln() 기호가 없고, log()가 자연 로그 함수를 의미한다.

표 B.2: R의 기본 연산자와 함수들

연산	수학 기호	R 명령	결과
덧셈 addition	$1 + 2$	`1 + 2`	3
뺄셈 subtraction	2 - 1	`2 - 1`	1
곱셈 multiplication	2×2	`2*2`	4
나눗셈 division	$2 \div 2$	`2/2`	1
정수 나눗셈, integer division	$\lfloor 5 \div 2 \rfloor$	`5 %/% 2`	2
나머지 연산, MOD	$5 \bmod 2$	`5 %% 2`	1
지수 exponent	3^2	`3^2`	9
	$3^{(-2)}$	`3^(-2)`	0.11
	$4^{1/2}$	`4^(1/2)`	2
제곱근 squre root	$\sqrt{4}$	`sqrt(4)`	2
로그 logarithm	$ln(e)$	`log(exp(1))`	1
	$log_{10}(100)$	`log10(100)`	2
	$log_2(4)$	`log2(4)`	2
	$log_k(4)$	`log(4, base = k)`	$\log(4, 4) = 1$
삼각함수	$sin(\pi/2)$	`sin(pi/2)`	1
trigonometry	$cos(90)$	`cos(pi/2)`	0
파이 상수 pi constant	π	`pi`	3.14159
자연 상수 e constant	e	`exp(1)`	2.71828

특정 함수(또는 명령)에 대한 정보와 설명이 필요한 경우, 해당 함수 앞에 「?」를 추가하여 실행하면, RStudio의 Files/Plots ...창은 참조할 R Documentation를 보여 준다.

[3] Crawley, M. J. (2012). The R book. John Wiley & Sons.

[4] 연산은 BODMAS - Bracket, Other(powers/indices or roots), Division, Multiplication, Addition, Subtraction - 의 순서로 실행한다.

```
?log
```

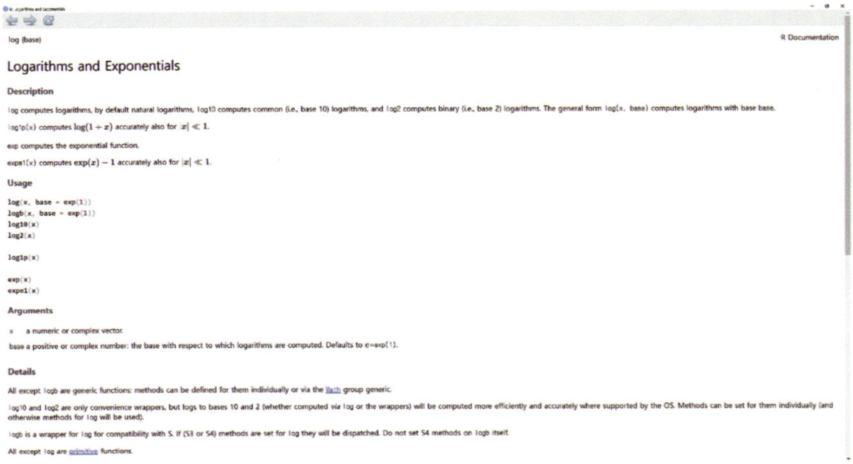

그림 **B.1:** ?log의 결과

올바른 데이터 분석을 위해서는 (1) `variable(변수)별 데이터 유형(data type)` (2) 변수들의 상호 통합 결과인 `데이터 구조(data structure)` 그리고 (3) 분석 목적을 달성할 수 있는 다양한 `데이터 처리(data manipulation)` 방법을 이해해야 한다.

B.2 데이터 유형 Data Type

모든 입력은 `vector(벡터)`로 가정한다.

원시 데이터의 데이터 유형은 [표 *B*.3]과 같이, 숫자형, 정수형 , 문자형, 논리형으로 정의되고[5], `typeof()`로 확인한다.

표 **B.3:** 데이터의 유형

구분	예시	설명
숫자형 double	2.5, 15e-3	실수
정수형 integer	2L, 15L	정수, 숫자 뒤에 L 추가
문자형 character	"study", "u00b5"	'또는 "로 정의
논리형 logical	TRUE, FALSE	반드시 대문자 입력
		- TRUE = 1, FALSE = 0을 가정

[5] 이외에도 complex(복소수형)와 raw(원시형)가 있지만, complex는 통계 분석에서 거의 사용되지 않고, raw는 binary(이진) 데이터를 다룰때 필요한 특수한 유형이다. 이 역시 자주 사용되지 않는다.

```
typeof(1.5 + 2.5)
#> [1] "double"
typeof(1L+2L)
#> [1] "integer"
typeof("study")
#> [1] "character"
typeof(TRUE)
#> [1] "logical"
typeof(True)                          # TRUE/FALSE는 반드시 대문자로 입력
#> Error
```

R은 모든 데이터를 vector 기반으로 정의된다. vector는 모든 구성 원소가 동일한 유형을 갖는 원자 벡터(atomic vector)와 서로 다른 유형으로 구성된 리스트(리스트)로 구분된다. NULL은 벡터는 아니지만 길이가 0(zero)인 벡터로 가정한다.

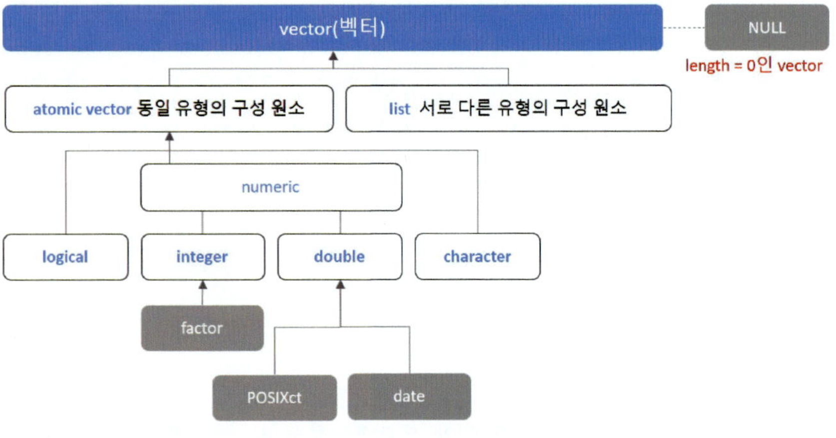

그림 **B.2:** object(객체)의 데이터 유형

factor형은 사전에 정의된 제한된 수의 정수 값을 갖는다.

[그림 B.2]에서 factor형는 범주형(categorical) 데이터를 정의하기 위한 것으로 사전에 정의된 일정한 수의 제한된 정수 값만을 사용한다. 이때, 사전 정의된 값들은 levels()를 이용하여 확인할 수 있다. 이는 범주형 데이터의 범주 별 분석에서 유용하게 사용된다. 만일 factor형으로 정의된 값들을 문자열(character)로 처리하고자 한다면, as.character()를 이용하여 문자형 vector로 전환한 후 적용한다[6].

[6]forcats::는 factor형에 대한 다양한 함수를 제공한다.

```
x <- factor(c("A1", "A2", "A3"))
levels(x)
#> [1] "A1" "A2" "A3"
x[3] <- "A4"
#> Warning in `[<-.factor`(`*tmp*`, 3, value = "A4") :
#> 요인의 수준(factor level)이 올바르지 않아 NA가 생성되었습니다.
x
#> [1] A1   A2   <NA>
#> Levels: A1 A2 A3
is.character(x)
#>[1] FALSE
```

만일 명목형(nominal) 이 아닌 순서형(ordinal) 척도를 정의하고자 한다면 factor를 ordered()를 이용하여 정의한다. 또한 순서를 역순으로 하기 위해서는 lebels를 정의할 때 rev()를 적용한다.

```
degree <- ordered(c("low", "medium", "medium", "high"),
                  levels = c("low", "medium", "high")
                  )
degree
#> [1] low    medium medium high
#> Levels: low < medium < high
#
degree_rev <- ordered(c("low", "medium", "medium", "high"),
                  levels = rev(c("low", "medium", "high"))
                  )
degree_rev
#> [1] low    medium medium high
#> Levels: high < medium < low
#
degree_un <- factor(c("low", "medium", "medium", "high"),
                    levels = c("low", "medium", "high")
                    )
degree_un
#> [1] low    medium medium high
#> Levels: low medium high
```

Date는 1970-01-01로 부터의 시간(초)의 수로 정의된다.[7].

```
today <- Sys.Date()
today
```

[7]1970-01-01은 Unix Epoch라고 알려진 특정 시간이다.

```r
#> [1] "2022-04-06"
typeof(today)
#> [1] "double"
```

date-time 정보는 calendar time을 나타내는 POSIXct와 local time을 나타내는 POSIXlt로 표현한다[8]. POSIXct는 double형 vector로 구축되고, 그 값은 1970-01-01 이후의 시간(초)를 나타낸다[9]. tz = 는 date-time 정보의 형식만을 제공하며, 자정(midnight)인 경우 시간을 인쇄하지 않는다[10].

```r
now_ct <- as.POSIXct("2022-07-01 15:00", tz = "UTC")
now_ct
#> [1] "2022-07-01 15:00:00 UTC"
typeof(now_ct)
#> [1] "double"
local_ct <- as.POSIXct("2022-07-01 15:00")
local_ct
#> [1] "2022-07-01 15:00:00 KST"
```

모든 object는 attributes(속성)를 갖는다.

모든 객체는 일종의 메타데이터(metadata)인 attribtues(속성))를 갖는다[11]. 대부분의 속성은 object가 수정될 때 상실되지만, name(이름), dimension(차원) 그리고 class(클레스)는 제거되지 않는다[12].

- attr()을 이용하여 속성을 부여한다.
- attributes()를 이용하여 속성을 확인한다.
- str()를 이용하여 object의 유형, 구조 그리고 속성을 확인한다.

```r
x <- 1:10
attr(x, "x_attr") <- "길이 10인 벡터"
attributes(x)
#> $x_attr
# [1] "길이 10인 벡터"
```

[8]POSIX는 Portable Operating System Interface의 약자로 플랫폼간 표준 중의 하나이다.

[9]lubridate::는 date-time과 관련된 유용한 함수를 제공한다.

[10]협정 표준시(Universal Time Coordinated; UTC)는 그리니치 평균시(Greenwich Mean Time; GMT)에 기반한 국제 표준 시간이다. 한국은 UTC+9 시간대에 속한다.

[11]메타데이터(metadata)란 데이터에 관한 구조화된 데이터로써 다른 데이터를 설명해 주는 데이터를 말하며 속성 정보라고도 한다.

[12]차원(dimension)은 vector의 확장인 matrix/array와 dataframe을 결정하고, class()는 S3 형식의 factor, date and times, data frames 그리고 tibble 등의 객체 시스템과 연결시켜 준다.

```
str(x)
#>  int [1:10] 1 10 6 9 4 3 10 2 1 3
#> - attr(*, "x_attr")= chr "길이 10인 벡터"
```

R에서 상수(constants)는 다음과 같이 표현한다.

R에서 상수(scalar)는 1×1 원자 벡터로 가정한다. 하지만 다음의 경우에는 상수(constant) 형태의 값을 정의한다.

- 논리형은 TRUE/FALSE 또는 T/F로 정의한다.
- 실수형은 십진형(12.3), 공학형(1.23e1), 16진형(0x176b3)의 형식으로 지정이 가능하며, 부동 소수점 표준에 의하여 3 개의 특별한 값 - -Inf, Inf , NaN(not a number) - 을 포함한다.
- 정수형은 실수형과 비슷하게 정의되지만 반드시 L을 숫자 끝에 추가해야 한다. 예를 들면, 12L, 12e1L, 0x176b3과 같다.
- 문자열(strings)은 "(쌍 따옴표) 또는 '(외 따옴표)로 감싸야 하며, 특수 문자는 (back slash)를 앞에 추가해야 한다. 이를 escape character라고 한다[13].

결측값은 반드시 NA로 입력되어야 한다.

결측값(missing values) 또는 알려지지 않은 값들은 Not Available의 약자인 NA를 사용한다. 이는 길이가 1인 논리형 vector이며, NA가 포함된 연산의 결과는 항상 NA로 반환한다.

```
NA > 1
#> [1] NA
10 * NA
#> [1] NA
!NA
#> [1] NA
```

만일 NA를 벡터에서 사용하면 적절한 형태로 강제 변환(coercion)되며, NA_* 형태로 저장된다.

```
x <- c(1L, NA, 2L)
x[2]
#> [1] NA
typeof(x[2])
```

[13] 특별한 용도를 갖는 문자를 지정하는 것을 말하며, /n(start new line), /t(tab) 등의 escape seqence에 적용된다.

```
#> [1] "integer"
x <- c(NA, 1, NA, "Sun")
x == NA
#> [1] NA NA NA NA
typeof(x[1])
#> [1] "character"
```

하지만 다음과 같은 특수한 경우가 존재한다.

```
NA ^ 0
#> [1] 1
NA | TRUE
#> [1] TRUE
NA & FALSE
#> [1] FALSE
```

결측값은 `is.na()`로 간단히 확인할 수 있으며, 만일 결측값을 모두 0으로 할당하고자 한다면 `x[is.na(x)] <- 0`로로 지정한다.

```
x <- c(1, 2, NA, 4, 5)
is.na(x)
#> [1] FALSE FALSE  TRUE FALSE FALSE
x[is.na(x)] <- 0
x
#> [1] 1 2 0 4 5
```

B.3 데이터 구조 Data Structure

개별 '변수(variable)는 동일한 데이터 유형의 값들로 구성되어야 한다. 하지만 이들의 상호 통합 구조에서는 서로 다른 변수가 더로 다른 데이터 유형을 가질 수 있다. 대표적인 데이터 구조는 [그림 B.3]와 같고, 이를 차원(dimension)에 따라 구분하면 [표 B.4]와 같다.

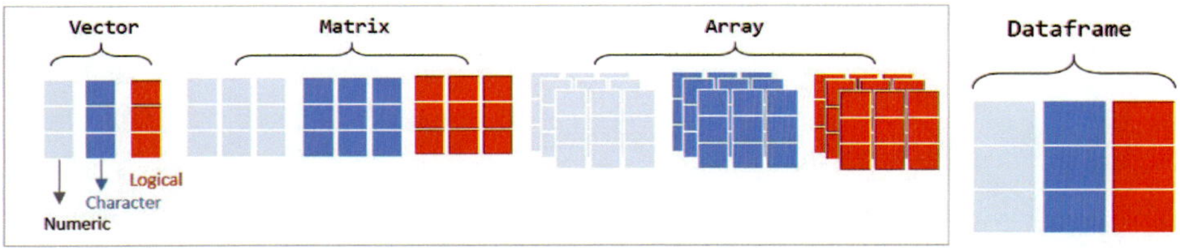

그림 B.3: R의 대표적인 데이터 구조

표 B.4: 차원과 유형별 R의 데이터 구조

차원	동일 유형 통합	다른 유형 통합
1	vector	list
2	matrix	dataframe
≥ 3	array	-

B.3.1 벡터 Vectors

vector의 유연성은 character > double > integer > logical의 순서로 높다.
- 2개 이상의 원소로 구성된 vector는 반드시 c()을 사용한다[14].

```
mean(2, 100, -4, 3, 230, 5)
#> [1] 2
mean(c(2, 100, -4, 3, 230, 5))
#> [1] 56
```

vector를 구성하는 원소(elements)의 수 $k \geq 1$를 vector의 **차원(dimensionality)**이라고 하며, 나열된 형태에 따라 row/column vector로 구분한다. 만일 row/column 여부를 명확히 명시하지 않은 경우에는 표현 방식과 관계없이 column vector로 가정한다. vector의 표현 형식은 (...) 또는 [...]을 사용한다. vector는 다음 함수를 이용하여 생성할 수 있다.

[14] c()는 combine 또는 concatenate를 의미한다.

$$\mathbf{a} = \begin{pmatrix} a_1 & a_2 & \cdots & a_k \end{pmatrix} \quad \text{또는} \quad \mathbf{b} = \begin{pmatrix} b_1 \\ b_2 \\ \vdots \\ b_k \end{pmatrix}$$

벡터 생성 함수

- c(a, b, c, ...)는 여러 값을 결합한다.
- start:end/k는 정수로 정의되는 [start, end]에서 k 간격의 정수 시퀀스를 생성한다.
- seq(from = start, to = end, by = kr)는 [start, end]에서 kr씩 증가하며 일정 간격으로 시퀀스를 생성한다.
  - kr은 정수와 실수 모두 가능하다.
- rep(V, time =n)은 V(단일값 또는 벡터)를 n번 반복하여 생성한다.

```
c(1, 2, 3, 4, 5)
#> [1] 1 2 3 4 5
```

일련의 숫자를 나열해야 하는 경우 : 연산자를 사용하면, 정수값들 사이의 모든 정수값을 나열할 수 있다. 생성된 vector의 인덱스(index)는 1부터 시작하고[15], 결과에서 [1]은 첫번째 원소임을 의미한다. 차원이 큰 vector의 경우에는 [m]으로 시작하여 추가 행으로 표시한다. 여기서 m는 해당 행의 첫번째 원소의 index를 의미한다.

```
c(1:30)
#> [1]  1  2  3  4  5  6  7  8  9 10 11 12 13 14 15 16 17 18 19 20 21 22 23 24
#>[25] 25 26 27 28 29 30
```

만일 정수가 아닌 증가분을 갖는 vector를 원한다면 seq() 함수를 적용한다. 이때, 각 인수의 입력 순서를 준수한다면 다음과 같이 간단히 생성할 수 있다[16].

```
seq(1, 2, 0.1)
#> [1] 1.0 1.1 1.2 1.3 1.4 1.5 1.6 1.7 1.8 1.9 2.0
```

[15] python의 경우에는 0부터 시작한다.

[16] **R**에서 함수의 인수는 (1)name (2) 순서 (3) name의 부분 매칭으로 지정할 수 있다. 따라서, 순서를 준수하는 경우, 인수의 name을 지정하지 않아도 된다.

동일한 값을 반복하는 vector의 경우, rep(V, times = n)을 이용할 수 있다. 이는 vector의 반복에서도 동일하게 적용할 수 있다.

```
rep("K", 10)
#> [1] "K" "K" "K" "K" "K" "K" "K" "K" "K" "K"
x <- c(1, 2, 3, 4, 5)
rep(x, 3)
#> [1] 1 2 3 4 5 1 2 3 4 5 1 2 3 4 5
```

지금까지 설명된 vector의 생성 함수와 연산자들은 모두 함께 사용될 수 있다.

```
vec <- c(x, rep(1:3, 2), c(10, 20, 30), rep(seq(1, 5, 2), 2), 17)
vec
#> [1]  1  2  3  4  5  1  2  3  1  2  3 10 20 30  1  3  5  1  3  5 17
```

생성된 vector는 names()를 통하여 개별 원소에 이름을 부여할 수 있고, length( )와 str( ) 함수로 확인할 수 있다.

```
names(vec) <- LETTERS[1:21]
vec
#>  A  B  C  D  E  F  G  H  I  J  K  L  M  N  O  P  Q  R  S  T  U
#>  1  2  3  4  5  1  2  3  1  2  3 10 20 30  1  3  5  1  3  5 17
attr(vec, "vec") <- "이름이 부여된 벡터"
length(vec)
#> [1] 21
str(vec)
#> Named num [1:21] 1 2 3 4 5 1 2 3 1 2 ...
#>  - attr(*, "names")= chr [1:21] "A" "B" "C" "D" ...
#>  - attr(*, "vec")= chr "이름이 부여된 벡터"
```

만일 서로 다른 데이터 유형을 갖는 값들을 vector로 통합하는 경우, 가장 유연성이 높은 유형으로 전환된다. 이를 강제 전환(coercion)이라고 한다.

```
c(1, 2, 3, "study", TRUE)
#> [1] "1"     "2"     "3"     "study" "TRUE"
```

✪ vector는 dim()을 이용하여 matrix와 array로 확장할 수 있다.

dim()를 이용하여 matrix 또는 array로 전환되는 경우, vector에 적용되었던 함수 names()와 length()는 [표 $B.5$]와 같이 일반화된다.

표 B.5: 벡터 속성의 확장과 관련 함수들

	벡터 vector	행렬 matrix	배열 array
이름	names()	rownames(), colnames()	dimnames()
길이	length()	nrow(), ncol()	dim()
확장	c()	rbind(), cbind()	abind()
전치	--	t()	aperm()
확인	is.null(dim())[17]	is.matrix()	is.array()

B.3.2 행렬 Matrices

✪ matrix(행렬)는 [행의 수, 열의 수]로 정의된다.

- matrix()를 이용하여 생성하거나 사전 정의된 vector를 대상으로 cbind( ), rbind( )를 적용하여 생성한다.

$$A_{n\times p} = \begin{pmatrix} a_{11} & a_{12} & \cdots & a_{1p} \\ a_{21} & a_{22} & \cdots & a_{2p} \\ \vdots & \vdots & \ddots & \vdots \\ a_{n1} & a_{n2} & \cdots & a_{np} \end{pmatrix}$$

```
values <- seq(1, 12, by = 2)
mat <- matrix(values, nrow = 2, ncol = 3)
mat
```

```
#      [,1] [,2] [,3]
# [1,]    1    5    9
# [2,]    3    7   11
```

[17] dim 속성이 없는 vector는 1 차원으로 가정되지만, 실제로는 NULL dimension을 갖는다.

```
x <- c(1, 5, 9)
y <- c(3, 7, 11)
mat_2 <- rbind(x, y)
mat_2
```

```
#   [,1] [,2] [,3]
# x    1    5    9
# y    3    7   11
```

```
mat_3 <- cbind(x,y)
mat_3
```

```
#      x  y
# [1,] 1  3
# [2,] 5  7
# [3,] 9 11
```

transposed matrix(전치 행렬)는 t( )을 이용하여 정의한다.

```
t(mat)
```

```
#      [,1] [,2]
# [1,]    1    3
# [2,]    5    7
# [3,]    9   11
```

colnames(), rownames()를 이용하여 열과 행의 이름을 지정할 수 있다.

```
colnames(mat) <- c("X", "Y", "Z")
rownames(mat) <- c("A", "B")
mat
```

```
#   X Y  Z
# A 1 5  9
# B 3 7 11
```

nrow( )와 ncol( )을 이용하여 행과 열의 수를 확인하고, length( )를 이용하여 matrix의 모든 원소의 수를 확인할 수 있다.

```
ncol(mat)
#> [1] 3
nrow(mat)
#> [1] 2
length(mat)
#> [1] 6
```

object가 matrix인지 여부는 is.matrix( )를 이용하여 확인한다.

```
is.matrix(mat)
#> [1] TRUE
is.matrix(mat_2)
#> [1] TRUE
```

다른 데이터 구조를 matrix로 변환하기 위해서는 as.matrix( )를 하고[18], 유형이 서로 다른 경우에는 가장 유연성이 높은 유형으로 강제 전환한다.

```
mat_3 <- cbind(c(1, 2), c("a", "b"))
as.matrix(mat_3)
```

```
#      [,1] [,2]
# [1,] "1"  "a"
# [2,] "2"  "b"
```

B.3.3 배열 Arrays

배열(array)이란「1개 이상의 배열 index로 구별 가능한 원소들로 구성된 데이터 구조」를 말한다.

array는 array( ) 또는 dim( )을 이용하여 생성할 수 있다.
- 차원은 (행, 열, 층)의 순서로 정의된다.

```
arr_1 <- seq(1, 18, by = 1)
arr_1
```

```
#  [1]  1  2  3  4  5  6  7  8  9 10 11 12 13 14 15 16 17 18
```

[18] 이러한 object간의 변환은 Built-in 그리고/또는 package내의 function이 특정 형식을 요구하는 경우 유용하다. 분석자의 의도와는 달리 vector가 matrix 또는 array의 형태로 저장될 수 있기 때문이다.

```
dim(arr_1) <- c(2, 3, 3)          # 차원 지정(행, 열, 층)
arr_1
```

```
# , , 1
#
#      [,1] [,2] [,3]
# [1,]    1    3    5
# [2,]    2    4    6
#
# , , 2
#
#      [,1] [,2] [,3]
# [1,]    7    9   11
# [2,]    8   10   12
#
# , , 3
#
#      [,1] [,2] [,3]
# [1,]   13   15   17
# [2,]   14   16   18
```

```
dim(arr_1) <- c(3, 3, 2)
arr_1
```

```
# , , 1
#
#      [,1] [,2] [,3]
# [1,]    1    4    7
# [2,]    2    5    8
# [3,]    3    6    9
#
# , , 2
#
#      [,1] [,2] [,3]
# [1,]   10   13   16
# [2,]   11   14   17
# [3,]   12   15   18
```

각 차원별 이름은 list를 생성하여 dimnames( )으로 지정한다.

```r
arr_3 <- array(1:48, dim=c(3, 8, 2)) # 3차원 배열(행, 열, 층)
dimnames(arr_3) <- list(
        c("id1", "id2", "id3"),
        c("A", "B", "C", "D", "E", "F", "G", "H"),
        c("L1", "L2")
        )
arr_3
```

```
# , , L1
#
#     A B C  D  E  F  G  H
# id1 1 4 7 10 13 16 19 22
# id2 2 5 8 11 14 17 20 23
# id3 3 6 9 12 15 18 21 24
#
# , , L2
#
#      A  B  C  D  E  F  G  H
# id1 25 28 31 34 37 40 43 46
# id2 26 29 32 35 38 41 44 47
# id3 27 30 33 36 39 42 45 48
```

생성된 array의 transpose(전치)는 `aperm( , c(1,2,3 ...))`로 실행한다.

```r
dim(arr_3)
#> [1] 3 8 2
aperm(arr_3)
dim(aperm(arr_3))
#> [1] 2 8 3
arr_4 <- aperm(arr_3, c(2, 1, 3))
dim(arr_4)
#> [1] 8 3 2
```

B.3.4 리스트 Lists

- list는 서로 다른 유형의 데이터로 구성될 수 있고 1차원 `key-value 구조`를 갖는다.
  - key내에서는 반드시 동일한 data type을 유지해야 한다.
  - list는 list내에 list를 포함할 수 있는 계층적 구조가 가능하다.

indent - list 선택 결과는 항상 list로 반환된다.

- list는 `list()`로 생성할 수 있다.

```r
lst_a <- list(c(1,2), "study", TRUE)
lst_b <- list(
 a = c(3,"check"),
 b = "study",
 c = TRUE
 )
```

unlist() 를 통하여 list 구조를 해체하고, 그 결과는 가장 유연성 높은 유형의 vector로 **강제 전환**된다.

```r
unlist(lst_a)
#> [1] "1"     "2"     "study" "TRUE"
```

B.3.5 데이터프레임 Dataframe

- matrix와 동일한 [행, 열] 구조를 갖는다.
  - 각 열(column)은 서로 다른 데이터 유형으로 정의될 수 있다.

- data.frame( )은 새로운 데이터프레임을 생성한다.
  - 입력되는 벡터는 반드시 **동일한 길이**를 가져야 하고, 각 벡터는 열에 할당된다.
- as.data.frame()은 기존의 다른 데이터 구조를 데이터프레임을 강제 전환한다.
  - 리스트, 행렬, 벡터 등 다양한 데이터 구조를 반영할 수 있다.
  - 서로 다른 길이를 통합할 수 있고, 짧은 열의 나머지 요소들은 NA로 입력된다.

```r
students <- c("Kim", "Park", "Ko", "Lee")
test.results <- c(76, 82, 84, 67)
test.grade <- c("B", "A", "A", "C")
#
class.df <- data.frame(students, test.results, test.grade)
head(class.df)
```

```
#   students test.results test.grade
# 1      Kim           76          B
# 2     Park           82          A
# 3       Ko           84          A
# 4      Lee           67          C
```

```r
student_ID <- c("2016012571", "2018056280", "2021096493", "2020032567")
class.df <- cbind(student_ID, class.df )
class.df
```

```
#   student_ID students test.results test.grade
# 1 2016012571      Kim           76          B
# 2 2018056280     Park           82          A
# 3 2021096493       Ko           84          A
# 4 2020032567      Lee           67          C
```

cbind()로 vector들을 통합하는 경우, vector들은 가장 유용성이 높은 데이터 유형으로 강제 전환되고 결과는 matrix로 저장된다.

```
class.df2 <- cbind(students, test.results, test.grade, student_ID)
class.df2
```

```
#      students test.results test.grade student_ID
# [1,] "Kim"    "76"         "B"        "2016012571"
# [2,] "Park"   "82"         "A"        "2018056280"
# [3,] "Ko"     "84"         "A"        "2021096493"
# [4,] "Lee"    "67"         "C"        "2020032567"
```

```
str(class.df2)  #[1] 'character matrix'
```

```
#  chr [1:4, 1:4] "Kim" "Park" "Ko" "Lee" "76" "82" "84" "67" "B" "A" ...
#  - attr(*, "dimnames")=List of 2
#   ..$ : NULL
#   ..$ : chr [1:4] "students" "test.results" "test.grade" "student_ID"
```

결합하고자 하는 대상들 중에서 1개 이상의 dataframe이 존재하면, cbind( ) 결과도 dataframe으로 반환된다.

```
student_ID <- as.data.frame(student_ID)
class.df3 <- cbind(students, test.results, test.grade, student_ID)
str(class.df3)
```

```
# 'data.frame': 4 obs. of  4 variables:
#  $ students    : chr  "Kim" "Park" "Ko" "Lee"
#  $ test.results: num  76 82 84 67
#  $ test.grade  : chr  "B" "A" "A" "C"
#  $ student_ID  : chr  "2016012571" "2018056280" "2021096493" "2020032567"
```

B.4 object의 부분 선택 Subsetting an object

- R은 [, [[그리고 $의 부분 선택 연산자를 갖는다.
  - [는 모든 object에 적용이 가능하다.
  - 부분 선택 결과는 vector, list, matrix, dataframe 그리고 factor에서 서로 다를 수 있다.

R의 가장 기본적인 부분 선택 연산자(subsetting operator)는 모든 object에 적용 가능한 "["이다. 이는 object의 일부를 선택할 수 있고, 할당 연산자 <-와 함께 새로운 object를 생성할 수 있다. 가장 기본은 x[i] <- value의 형태이다. 이때, value의 길이는 반드시 x[i]의 길이와 동일해야 하며, i는 유일해야 한다. 그렇지 않은 경우, R은 **재활용 원칙**에 따라 의미 없는 값을 반복 할당할 수 있다. [[은 단일 원소만을 반환하고 list로 부터 일부 요소를 선택할 수 있다. $ 선택 연산자는 문자와 결합된 [[의 축약형이다. 예를 들어, x[["var"]]은 x$var와 동일한 결과를 제공한다.

B.4.1 벡터 Subsetting a Vector

- [는 총 5가지 방법으로 적용할 수 있다(Wickham, 2019)[19].

1. 양의 정수를 이용한 특정 위치의 원소를 선택한다. 이때, 중복된 index는 반복된 값을 반환한다.

```
x <- c(2.1 , 4.2 , 3.3 , 5.4)  # 소수점 이하 값은 순서를 의미
x[c(1, 3)]
#> [1] 2.1 3.3
x[c(2,2)]
#> [1] 4.2 4.2
```

2. 음의 정수를 이용한 특정 위치의 원소를 배제한다. 단, **양/음의 정수를 동시에 사용할 수 없다.**

```
x[-c(1, 3)]
#> [1] 4.2 5.4
x[c(-3, 1)]
#> Error in x[c(-3, 1)] : only 0's may be mixed with negative subscripts
```

3. 논리형 vector에서 TRUE인 위치의 원소를 선택한다. 길이가 짧은 경우에는 재사용되고 NA는 결과에서도 NA로 반환된다.

```
x[c(TRUE, FALSE, TRUE, FALSE)]
#> [1] 2.1 3.3
```

---

[19] Wickham, H. (2019). Advanced R. 2nd Edition, CRC press. <https://adv-r.hadley.nz/>

```
x[c(TRUE, FALSE)]
#> [1] 2.1 3.3
x[c(TRUE, FALSE, TRUE, NA)]
#> [1] 2.1 3.3  NA
```

4. 문자형 vector와 일치하는 name의 원소를 선택한다. 이때, 반드시 정확한 name을 지정해야 한다.

```
y <- setNames(x, c("a", "b", "c", "d"))
y[c("a", "b")]
#>   a   b
#> 2.1 4.2
y[c("a", "a", "a")]
#>   a   a   a
#> 2.1 2.1 2.1
z <- c(abc = 1, def = 2)
z[c("a", "d")]
#> <NA> <NA>
#>   NA   NA
```

5. 공백([ ])을 이용하여 원 vector 전체를 선택할 수 있고, [0]를 이용하여 길이가 0인 vector를 정의할 수 있다.

```
x[]
#> [1] 2.1 4.2 3.3 5.4
x[0]
#> numeric(0)
```

factor형의 경우, levels()에서 정의된 문자열이 아니라 factor를 정의한 정수형 vector를 이용하여 선택한다.

```
x <- factor(c("A1", "A2", "A3"))
levels(x)
x["A1"]
#> [1] <NA>
x[1]
#> [1] A1
```

B.4.2 행렬/배열 Subsetting a Matrix/Array

- dim()은 row(행), column(열), layer(층)의 순서로 정의된다.

matrix와 array는 dim()에 의하여vector로 부터 정의된 object이다. 따라서 쉼표(,)로 구분된 각 차원의 index를 통하여 부분 선택할 수 있다. 만일 특정 차원을 지정하지 않으면, 원래의 행, 열, 층의 모든 원소를 반환한다.

```
mat_4 <- matrix(1:9 , nrow = 3)
colnames(mat_4) <- c("A" , "B" , "C")
mat_4[1:2, ]                                  # 행을 선택
#> A B C
#> [1 ,] 1 4 7
#> [2 ,] 2 5 8
mat_4[c(TRUE , FALSE , TRUE), c("B" , "A")]   # (1, 3)행과 ("B", "A) 열을 선택
#> B A
#> [1 ,] 4 1
#> [2 ,] 6 3
mat_4[0 , -1]                                 # 행 원소 없이 "A"열 제외
#> B C
```

B.4.3 리스트 Subsetting a list

- vector와 동일한 방법으로 부분 선택할 수 있다,
  - 결과는 항상 list로 반환한다.
  - list' 내의 개별 원소를 선택하기 위해서는 반드시 [[연산자를 적용해야 한다.

만일 list에서 [를 사용하면 list의 개별 구성 원소를 반환할 수 없다. list의 구성 원소를 부분 선택할 때는 반드시 [[를 사용해야 한다. [[는 하나의 값을 반환하며, 양의 정수 또는 문자열 중 하나로 지정할 수 있다[20].

```
lst_a <- list(c(1,2), "study", TRUE)
lst_b <- list(
 a = c(3,"check"),
 b = "study",
 c = TRUE
 )
```

[20] 만일 vector에서 [[를 사용하는 경우에는 재귀적으로 적용된다. 즉, x[[c(1, 2)]]는 x[[1]][[2]]와 동일한 결과를 제공한다.

```r
lst_a[1]
#> [[1]]
#> [1] 1 2
str(lst_a[1])                # list_a의 첫번째 원소: list
#> List of 1
#> $ : num [1:2] 1 2
str(lst_a[[1]])              # list_a의 첫번째 원소의 구성 요소들: numeric
#> num [1:2] 1 2
lst_a[[1]][2]                # list_a의 첫번째 원소의 구성 요소의 2번째 값: numeric
#> [1] 2
lst_b$a                      # lst_b["a"] 역시 동일한 결과 제공
#> [1] "3"       "check"
lst_b[["a"]][1]
#> [1] "3"
```

다음의 계층적 구조를 갖는 list에서의 구성 원소의 선택과 반환된 결과는 [그림 B.4]와 같다.

```r
lst_c <- list(1, list(2, list(3)), lst_a)
lst_c[1:2]
lst_c[3]
lst_c[[3]]
lst_c[[3]][2]
lst_c[[3]][[2]]
```

list에서 구성 원소를 제거하기 위해서는 `x[[i]] <- NULL`을 사용하고, NULL로 대체하기 위해서는 `x[i] <- list(NULL)`을 사용한다.

```r
x <- list(a = 1, b = 2)
x[["b"]] <- NULL
str(x)
#> List of 1
#> #> $ a: num 1
y <- list(a = 1, b = 2)
y["b"] <- list(NULL)
str(y)
#> List of 2
#> $ a: num 1
#> $ b: NULL
```

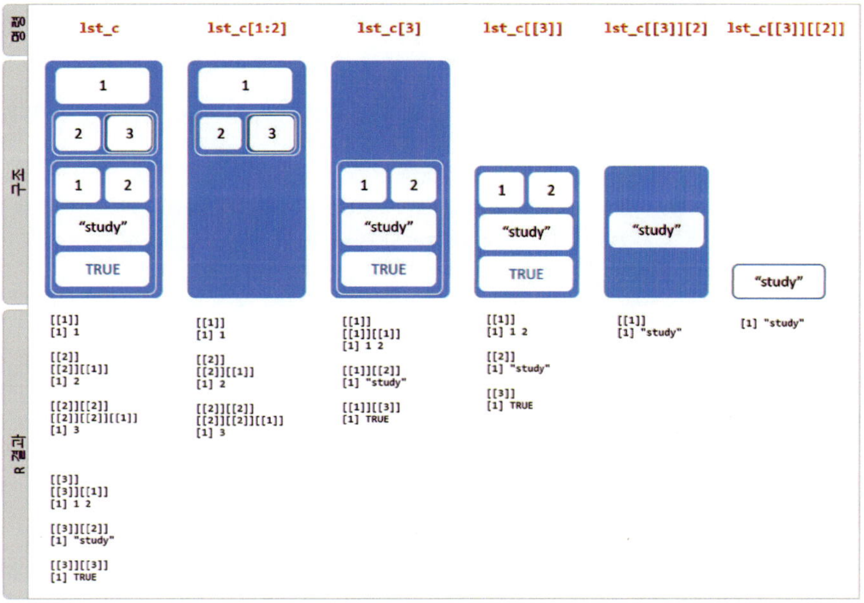

그림 **B.4:** list의 구성 원소 선택 방법(예)

B.4.4 데이터프레임 Subsetting a dataframe

- dataframe은 list와 matrix의 특성을 공유한다.
  - dataframe은 열로 구성된 list이므로 list와 동일한 방법을 적용할 수 있다.

```
df <- data.frame (x = 1:3 , y = 3:1 , z=letters[1:3])
# 행의 선택
df[df$x == 2, ]
#>   x y z
#> 2 2 2 b
#
df[c(1, 3), ]
#>   x y z
#> 1 1 3 a
#> 3 3 1 c
# 열의 선택
df[c("x", "z")]
#>   x z
#> 1 1 a
#> 2 2 b
#> 3 3 c
df[, c("x", "z")]    # 결과 동일
```

dataframe으로 부터 1개의 열을 선택하는 경우에는 그 방법에 따라 차이를 보인다. 기본적으로 [는 가능한 한 간단한 차원으로 반환한다. 단일 index로 부분 선택을 하는 경우에는 list와 동일하게 적용되며 column(열) 중심으로 반환된다. 만일 matrix 부분 선택과 같이 차원이 정의된 경우에는 차원을 단순화하여 결과를 반환한다.

```
df <- data.frame (x = 1:3 , y = 3:1 , z=letters[1:3])
str(df["x"])
#>'data.frame': 3 obs. of  1 variable:
#> $ x: int  1 2 3
str(df[,"x"])
#>  int [1:3] 1 2 3
```

✿ x$y는 x[["y"]]와 동일한 결과를 반환한다.

이는 변수명을 알고 있는 경우, 특정 변수를 지정하고자 할때 유용하다. $는 왼쪽으로 부터의 부분 일치 (partial matching) 방법으로 변수를 선택할 수 있다[21].

```
x <- list(abc = 1)
x$a
#> [1] 1
x[["a"]]
#> NULL
options(warnPartialMatchDollar = TRUE)
x$a
#> 경고: partial match of 'a' to 'abc'[1] 1
```

변수명을 문자열로 저장하고 이를 사용하여 데이터프레임의 열을 참조할 때는 반드시 x[[var]]를 사용해야 한다. 이때, $는 명시적으로 지정된 열 이름을 탐색한다. 따라서 새로 저장된 문자열 변수를 인식하지 못한다.

```
var <- "cyl"
mtcars$var
#> NULL
mtcars[[var]]
#> [1] 6 6 4 6 8 6 8 4 4 6 6 8 8 8 8 8 8 4 4 4 4 8 8 8 8 4 4 4 8 6 8 4
```

[21] 이 경우, global option에서 options(warnPartialMatchDollar = TRUE)를 설정하면, 부분 일치가 적용될 때마다 warnning message을 제공한다.

B.4.5 논리연산자와 함수의 활용 Subsetting with Logical Operators and Functions

- 논리 연산자가 적용된 결과는 원소별 논리값을 갖는 논리형 vector로 반환한다.

vector의 원소들 중에서 특정 조건을 만족하는 구성 원소들을 선별하거나 서로 다른 vector들을 비교하고자 할 때 [표 B.6]의 논리 연산자(logical operators)를 적용할 수 있다[22].

표 B.6: 논리 연산자

연산자	설명	수학 기호	R 명령	결과
$a < b$	less than	$1 < 2$	1 < 2	TRUE
$a > b$	greater than	$1 > 2$	1 > 2	FALSE
$a \leq b$	less than or equal to	$1 \leq 2$	1 <= 2	TRUE
$a \geq b$	greater than or equal to	$1 \geq 2$	1 >= 2	FALSE
$a = b$	equal to	$1 = 2$	1 == 2	FALSE
$a \neq b$	not equal to	$1 \neq 2$	1 != 2	TRUE
$\sim a$	not	$\sim (1 > 2)$	!(1 > 2)	TRUE
$a \vee b$	or	$(1 > 2) \vee (3 < 4)$	(1 > 2)|(3 < 4)	TRUE
$a \wedge b$	and	$(1 > 2) \wedge (3 < 4)$	(1 > 2) & (3 < 4)	FALSE

논리 연산자를 대신하여 isTRUE() 함수를 사용할 수 있고 논리값으로 구성된 결과는 as.numeric() 함수를 이용하여 numeric vector로 전환할 수 있다.

```
x <- c(10, 20, 30, 40, 50)
x == 30
#> [1] FALSE FALSE  TRUE FALSE FALSE
!(x == 30)
#> [1]  TRUE  TRUE FALSE  TRUE  TRUE
(x == 30)|(x != 30)
#> [1] TRUE TRUE TRUE TRUE TRUE
(x == 30)&(x != 30)
#> [1] FALSE FALSE FALSE FALSE FALSE
x > 30
#> [1] FALSE FALSE FALSE  TRUE  TRUE
as.numeric(x > 30)
```

[22] and(&)와 or(|)는 vector형 불(boolean) 연산자이며, 상수형인 경우, &&와 ||을 사용한다. 이는 if-else에서 사용된다.

```
#>  [1] 0 0 0 1 1
sum(x > 30)
#> [1] 2
isTRUE(sum(x > 30) > 3)
#> [1] FALSE
```

논리 연산자는 부분 선택 연산자([)와 함께 사용하여 특정 원소들을 선택할 수 있다. 이때 index 확인을 위하여 which() 그리고 다양한 내장 함수들을 함께 사용할 수 있다(Crawley, 2012)[23].

```
x[x > 30]
#> [1] 40 50
which(x > 30)
#> [1] 4 5
max(x)
#> [1] 50
which(x == max(x))
#> [1] 5
which.max(x)
#> [1] 5
x[which(x > 30)]
#> [1] 40 50
sum(x[which(x > 30)])
#> [1] 90
```

B.5 함수 Functions

DRY - Do not Repeat Yourself!

function은 동일 작업의 반복을 줄이거나 프로그램의 복잡도를 줄이고자 할 때 사용된다. 반복해야 할 명령들은 중괄호(curly brackets) {...}내에 포함한다. 이때, 포함되는 명령의 수에는 제한이 없다. **R**에서의 모든 함수는 다음의 구조를 갖는다. 여기서, body는 반드시 1개 이상의 명령을 포함해야 하고 arguments(인수) 그리고/또는 결과값(return values)은 포함되지 않을 수도 있다.

```
f <- function (arg1, arg2, ...) {
    # body
    return(...)
}
```

[23] Crawley, M. J. (2012). The R book. John Wiley & Sons.

다음은 2개의 숫자를 더하는 함수이다. 여기서, x + y는 body이고, x와 y는 arguments이다. return을 명시적으로 지정하지 않으면, 연산된 마지막 값을 반환한다.

```
fun_sum <- function(x, y) {
  x + y
}
fun_sum(1,2)
#> [1] 3
```

B.5.1 내장 함수 Built-In Functions

R의 내장(built-in) function은 value(값) 또는 position(위치)을 이용하여 arguments를 결정한다. function의 구조는 간단히 이름을 입력하여 확인할 수 있다. 예를 들어, base::에서 제공하는 내장 함수 sd의 구조는 다음과 같다.

```
sd
```

```
# function (x, na.rm = FALSE)
# sqrt(var(if (is.vector(x) || is.factor(x)) x else as.double(x),
#     na.rm = na.rm))
# <bytecode: 0x0000026424871dc0>
# <environment: namespace:stats>
```

내장 함수의 종류

- general - cbind(), rbind(), sort(), order() 등
- numeric(mathematical) - abs(), log(), exp(), sqrt() 등
- statistical - mean(), var(), quantile(), summary() 등

B.5.2 사용자 정의 함수 User-defined Functions

function name은 내장(built-in) 함수의 name과 동일하지 않아야 한다.

사용자 정의(user-defined) function 역시 name(이름)-arguments(인수)-body(본체)로 구성된다. 정의된 function은 어느 곳에서나 사용할 수 있고 필요한 경우 rm( )을 이용하여 제거할 수 있다.

```
function_name <- function(argument1, argument2, ...)
{
    # 명령 1
    # 명령 2
    # ...
}
```

다음은 단일 argument[24] 인 n의 제곱(square)을 구하는 function이다. 이때 변수 n 의 유형을 제한하지 않았으므로 integer, vector 또는 matrix를 모두 사용할 수 있다.

```
square<- function(n)
{
  n^2
}

square(4)
#> [1] 16
square(matrix(1:9, 3, 3))
#>      [,1] [,2] [,3]
#> [1,]    1   16   49
#> [2,]    4   25   64
#> [3,]    9   36   81
```

arguments가 2 개 이상인 경우에는 반드시 순서(order)를 고려해야 한다.

```
div <- function(x,y) {
  x/y
}
# 순서 중요
div(2,4)
```

```
# [1] 0.5
```

```
#> [1] 0.5
div(4,2)
```

```
# [1] 2
```

[24] 실행 인자인 argument(인수)는 직접 입력되는 값(value)을 의미하고, parameter(파라미터)는 매개 변수로서 임의의 값을 말한다.

```
#> [1] 2
```

실습 1. 사용자 정의 함수의 생성

다음의 함수를 고려해 보자.

$$z = \frac{x - \bar{x}}{sd(x)}$$

먼저 간단한 data를 생성하여 저장하면 다음과 같다. 여기서 rnorm()은 **정규 확률 난수**를 생성하는 함수이다.

```
# Create a data frame
set.seed(311)
c1 <- rnorm(50, 5, 1.5)
c2 <- rnorm(50, 3, 1.5)
c3 <- rnorm(50, 2, 1.5)
df_s <- data.frame(c1, c2, c3)
```

주어진 데이터에 적용될 함수 생성을 위하여 다음을 고려해야 한다.

- 함수 생성시 고려 사항
  - function name의 결정: std()
  - argument의 수 검토: 변수 지정을 위한 1개의 argument 필요
  - function body: 결과를 제공받고자 하는 연산식
  - 결과 제공 형태: 새로운 object 또는 화면 출력(print)

1. 분자(nominator)의 정의 : sdev <- sd(x)
2. 분모(denominator)의 정의: center <- x - mean(x)
3. 분모와 분자를 이용한 최종 연산식: std <- center/sdev
4. function call에 의하여 반환될 return() 지정: return(std)
5. 모든 단계와 절차를 bracket({ }) 내에 포함

```
std <- function(x){
  sdev <- sd(x)
  center <- x - mean(x)
```

```
  std <- center/sdev
  return(std)
}
```

6. 결과 확인

```
std_1 <- std(df_s$c1)
head(std_1, 3)
#> [1] 0.1809524 0.4101656 0.6556025
```

B.6 흐름 제어 Control Flows

흐름 제어(control flow)는 [표 B.7]과 같이 선택(choice)과 반복(loop)으로 구분된다.

표 B.7: control flow를 위한 함수들

방법	기본 조	비고
choice 선택	1. if (condition) true_action else false_action	else 생략 가능
	2. ifelse(condition, true_action, false_action)	vectorized if
	3. switch(expression, list)	
loop 반복	1. for(item in vector) perform_action - next: 현재 실행 종료 - break: for-loop 종료	
	2.repeat(action)	

B.6.1 조건별 action 선택 if-else, ifelse, switch

- if - else는 단일 조건을 평가하고, 결과에 따라 특정 코드(블록)을 실행한다.
  - else 조건을 생략할 수 있으며, 이 경우, FALSE를 만나도 아무 실행을 하지 않는다.
- ifelse()는 벡터화된 조건 평가를 수행하고, 각 요소에 대한 조건 평가 결과를 반환한다.
  - 이를 vectorized if라고도 부른다.

- vector 입력이 가능하므로, 대규모 데이터 처리가 가능한다.

```r
grade <- function(x) {
  if (x >= 90) {
    "A"
  } else if (x >= 80) {
    "B"
  } else if (x >= 70) {
    "C"
  } else if (x >= 60) {
    "D"
  } else {
    "F"
  }
}
#
grade_2 <- function(x) {
  if (x >= 60) {
    "Pass"
  }
}
grade_3 <- function(x) {
  ifelse(x >= 60, "Pass", "Fail")
}
```

```r
score <- c(30, 60, 100, 90, 70)
#
grade(score)
#> Error in if (x >= 90) { : the condition has length > 1
grade(83)
#> [1] "B"
grade(50)
#> [1] "F"
grade_2(95)
#> [1] "Pass"
grade_2(55)
#> NULL
grade_3(score)
#> [1] "Fail" "Pass" "Pass" "Pass" "Pass"
```

switch()는 특정 문자열들의 모임 중 하나를 선택해야 할 때 유용하다.

```r
books <- function(x) {
  switch(x,
    "1학년" = 2,
    "2학년" = 6,
    "3학년" = 10,
    "4학년" = 15,
    stop("Unknown input")
  )
}
books("1학년")
#> [1] 2
books("대학생")
#> Error in books("대학생") : Unknown input
```

B.6.2 반복 실행 for, while, repeat

반복(loop)의 유연성은 for < while < repeat의 순서로 높다.
- 반복되는 원소의 수를 알고 있는 경우에는 for가 유용하다.

for는 반복되는 원소의 수를 알고 있는 경우에 vector의 각 원소별로 반복적인 작업을 수행한다. 이는 정의된 vector의 각 원소에 따라 제시된 명령(perform_action)을 수행하고 자동으로 다음 원소를 선택한다. 만일 모든 원소를 고려하기 전에 종료를 원할 경우, next 또는 break 명령을 사용하여 인위적으로 for의 실행을 종료할 수 있다.

```r
for (i in 1:10) {
  if (i < 3) next
  else
   print(i)
  if (i >= 5) break
}
#> [1] 3
#> [1] 4
#> [1] 5
```

사전에 반복되는 원소의 수를 알수 없다면, while 또는 repeat를 사용한다.

```r
set.seed(311)
test <- function(n) {
        sample(x = c(1:10), n, replace = T, prob = rep(0.1, 10))
```

```
}

x <- test(10)
#
i <- 1
while(x[i] < 8) {
 print(x[i])
 i <- i + 1
}
#
i <- 1
repeat{
  print(x[i])
  i <- i + 1
  if(x[i] >= 8) {
  break
  }
}
```

```
# [1] 9
```

B.7 범함수 Functional Operators

- 범함수(functional)란 입력된 function의 출력을 vector를 반환하는 함수를 말한다.
- R의 apply-계열 함수들의 핵심 기능은 loop-hiding 이다.

가장 널리 사용하는 범함수는 apply-계열 함수로, 이는 for-loop의 대안으로 사용된다. apply-계열 함수는 분할-적용-결합(split-apply-combine)과 같이 공통적인 데이터 조작 작업을 **캡슐화**(encapsulation)하여 다양한 연산을 수행할 때 유용하다[25]. 내부적으로 for-looping을 사용하므로 실제 실행 시간은 (올바르게 작성된) for-loop과 큰 차이는 없다. 그러나, apply-계열 함수는 그 목적이 명확하여 for-loop의 기본 구조를 검증할 필요가 없어 실제 프로그래밍 작성과 검증에서 효과적이다. 또한, 함수 실행 결과가 list이고 일부 구성 요소가 NULL인 경우 for loop은 문제가 될 수 있지만, apply 계열 함수는 올바른 결과를 도출한다.

lapply()는 dataframe의 구성 원소에 반복적인 작업을 할 수 있는 함수이다. 이는 list인 x와 function f를 이용하여 lapply(x, f, ...)의 형식을 갖는다. 다음과 같이 for-loop와 동일한 기능을 수행한다.

[25] 캡슐화는 다른 모든 object에서 사용할 수 있는 인터페이스에서 작업 및 상태 구현을 숨김으로써 외부에서 object를 확인하는 것과 내부에서의 object의 구조를 명확히 분리되도록 한다.

```
lapply_r <- function(x, f, ...) {
 result <- vector("list", length(x))
 for(i in seq_along(x)) {
  result[[i]] <- f(x[[i]], ...)
 }
 result
}
```

예를 들어, dataframe에 -99로 입력된 결측값을 NA로 전환하는 방법을 function으로 작성하면 다음과 같다.

```
df <- list(c(1, 2, 3, -99), c(2, 3, 4, -99))
#
fix_missing <- function(x, na.value) {
x[x == na.value] <- NA
x
}
#
fix_missing(df, "-99")
```

```
# [[1]]
# [1]   1   2   3 -99
#
# [[2]]
# [1]   2   3   4 -99
```

앞서 정의된 fix_missing()을 이용하여 lapply()를 적용하면 다음과 같다.

```
df[] <- lapply(df, fix_missing, na.value = -99)
df
```

```
# [[1]]
# [1]  1  2  3 NA
#
# [[2]]
# [1]  2  3  4 NA
```

또한 다양한 함수들의 리스트를 작성할 수 있다. 다음은 lapply()에 적용하여 통계적 요약값을 계산하는 함수이다. 이때, lapply()의 결과는 list이므로, vector로 변환하기 위해서는 unlist()를 적용한다.

```r
data <- list(c(1, 2, 3, 4), c(2, 3, 4, 5))
# 함수 1
my_summary <- function(x) {
c(mean(x , na.rm = TRUE),
  median(x , na.rm = TRUE),
  sd(x, na.rm = TRUE),
  mad(x , na.rm = TRUE),
  IQR(x , na.rm = TRUE)
  )
}
#
unlist(lapply(data, my_summary)[1])
```

```
# [1] 2.50 2.50 1.29 1.48 1.50
```

```r
unlist(lapply(data, my_summary)[2])
```

```
# [1] 3.50 3.50 1.29 1.48 1.50
```

기본적인 apply-계열 함수의 특징을을 정리하면 [표 B.8]과 같다.

표 B.8: apply-계열 함수의 특징

함수	특징
lapply()	다양한 데이터 구조에 적용하여 요소 별 함수 적용
	- list로 반환
sapply()	lapply()와 유사, 간단한 출력 제공
	- 반환값들이 단일값이면, vector 반환
	- 반환값들이 동일 길이의 벡터이면, matrix 반환
	- 길이가 다르거나 벡터 변환 불가하면, list 반환
vapply()	sapply()와 유사, **출력 형식 지정**하여 오류 방지
	- 대규모 데이터 처리 시 안정성 높음

다음은 **R**내장 데이터인 mtcars에서 각 변수들이 숫자형(**is.numeric()**) 여부를 확인하기 위하여 각 함수들을 적용한 결과이다. 모두 동일한 결과를 제공한다.

```r
data(mtcars)
result <- lapply(mtcars, is.numeric)
unlist(result)
```

```
#  mpg  cyl disp   hp drat   wt qsec   vs   am gear carb
# TRUE TRUE TRUE TRUE TRUE TRUE TRUE TRUE TRUE TRUE TRUE
```

lapply()는 각 열에 대해 is.numeric 함수를 적용하고, 결과를 list로 반환한다. unlist()를 사용하여 list를 벡터로 반환한 결과를 제공한다.

```r
sapply(mtcars, is.numeric)
```

```
#  mpg  cyl disp   hp drat   wt qsec   vs   am gear carb
# TRUE TRUE TRUE TRUE TRUE TRUE TRUE TRUE TRUE TRUE TRUE
```

sapply()는 lapply()와 유사하지만, 결과를 가능한 한 간단한 형태로 반환한다. 여기서는 반환값이 모두 단일값이므로 벡터로 반환하였다.

```r
vapply(mtcars, is.numeric, logical(1))
```

```
#  mpg  cyl disp   hp drat   wt qsec   vs   am gear carb
# TRUE TRUE TRUE TRUE TRUE TRUE TRUE TRUE TRUE TRUE TRUE
```

vapply()는 sapply()와 유사하지만, 결과 형식을 명시적으로 지정한다. 여기서는 logical(1) - 논리값 1개(TRUE 또는 FALSE) - 을 지정하여, 각 열에 대한 is.numeric() 적용 결과를 논리값 벡터로 반환되도록 지정하였다. 이러한 명시적 정의는 예상치 못한 형식 오류를 방지할 수 있다. 다음은 이들을 이용한 데이터 요약 방법의 예이다.

```r
# 함수의 리스트 작성
summary_func <- list(
  mean = function(x) mean(x, na.rm = TRUE),
  median = function(x) median(x, na.rm = TRUE),
  sd = function(x) sd(x, na.rm = TRUE),
  mad = function(x) mad(x, na.rm = TRUE),
  IQR = function(x) IQR(x, na.rm = TRUE)
)
# apply 적용 함수
apply_summary_func <- function(df) {
  lapply(df, function(column) {                    # 각 열을 순회(열별 벡터를 리스트로 통합)
```

```
    sapply(summary_func, function(f) f(column))  # 각 열별 요약 통계 계산(벡터로 반환)
  })
}

apply_summary_func(mtcars)
```

```
# $mpg
#   mean median     sd    mad    IQR
#  20.09  19.20   6.03   5.41   7.38
#
# $cyl
#   mean median     sd    mad    IQR
#   6.19   6.00   1.79   2.97   4.00
#
# $disp
#   mean median     sd    mad    IQR
#    231    196    124    140    205
#
# $hp
#   mean median     sd    mad    IQR
#  146.7  123.0   68.6   77.1   83.5
#
# $drat
#   mean median     sd    mad    IQR
#  3.597  3.695  0.535  0.704  0.840
#
# $wt
#   mean median     sd    mad    IQR
#  3.217  3.325  0.978  0.767  1.029
#
# $qsec
#   mean median     sd    mad    IQR
#  17.85  17.71   1.79   1.42   2.01
#
# $vs
#   mean median     sd    mad    IQR
#  0.438  0.000  0.504  0.000  1.000
#
# $am
#   mean median     sd    mad    IQR
#  0.406  0.000  0.499  0.000  1.000
#
# $gear
```

```
#    mean median     sd    mad    IQR
#   3.688  4.000  0.738  1.483  1.000
#
# $carb
#    mean median     sd    mad    IQR
#    2.81   2.00   1.62   1.48   2.00
```

B.8 Tidyverse 통합 패키지 tidyverse::

tidyverse::는 Data Analysis Workflow 구현을 위한 통합 package 이다(Wickham, 2022).

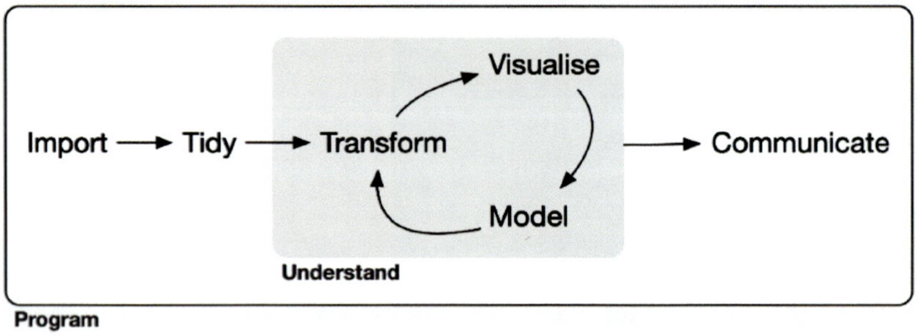

그림 B.5: Data Analysis Workflow <https://CRAN.R-project.org/package=dplyr>

Data Analysis Workflow의 기본 실행 단계는 [그림 B.5]와 같다. tidyverse::는 이를 구현하기 위하여 개발된 통합 package로 18개의 Core package와 이들에 종속된 다양한 dependencies로 구성된다 (Wickham et al., 2022b).

```
install.packages("tidyverse")
```

```
library(tidyverse)

Registered S3 methods overwritten by 'dbplyr':
-- Attaching packages --------------------------------- tidyverse 1.3.0 --
□□ ggplot2 3.3.2      □□ purrr   0.3.4
□□ tibble  3.0.3      □□ dplyr   1.0.2
□□ tidyr   1.1.1      □□ stringr 1.4.0
□□ readr   1.3.1      □□ forcats 0.5.0
-- Conflicts ---------------------------------- tidyverse_conflicts() --
x dplyr::filter() masks stats::filter()
x dplyr::lag()    masks stats::lag()
```

tidyverse::를 설치하고 library()를 실행하면, [표 B.9] 에서의 8개 기본 package들이 사용 가능 상태가 된다(붉은색). 나머지 10개의 package(파란색)는 필요에 따라 library()로 추가하여 사용할 수 있다.

표 B.9: tidyverse 패키지의 구성

단계	이름	용도
Import	readr	text, csv 등의 입력
	readxl	MS Exel(.xls, .xlsx) 입력
	haven	Statistical SW data 입력
Tidy	tibble	Upgraded data.frame
	tidyr	Tidy data formats
Transform	dplyr	Data Manipulation
	forcats	Factor Handling
	stringr	Characters Handling (with regex)
	lubridate	Date Handling
	hms	Time Handling
Visualize	ggplot2	Graphics and Models
Model	modelr	Bootstrapping/Cross Validation Extract predicted/Residuals
	broom	Access model quality
Program	purrr	Iterations
Commnicate	Rmarkdown	R + latex/html/pdf
	Shiny	

이중에서 데이터 처리에서 자주 사용하는 dplyr::의 중요 function 들에 대하여 확인해 보기로 한다. 먼저 다음을 만족하는 data set을 tidy data라고 한다(Wickham, 2014).

타이디(Tidy) 데이터

- 모든 column(열)은 variable(변수)이다. 변수는 1개의 column(열)에 저장된다.
- 모든 row(행)은 case(관찰값)이다. 관찰값은 고유의 단일 행에 저장된다.
- 모든 cell(셀)에는 오직 1 개의 값만 갖는다.

dplyr::은 tidy한 dataframe의 처리에 유용한 함수들을 제공하는 패키지이다. 이 함수들은 row-wise(관찰값 중심)와 column-wise(변수 중심)으로 구분할 수 있으며, 여러 함수들을 순차적으로 적용할 수 있는 pipe operator %>%를 포함한다. 또한 group_by()와 summarize()를 통하여 다양한 데이터 요약 결과를 쉽게 도출할 수 있다. forward pipe 연산자는 다양한 함수들을 연속적으로 적용할 수 있어서 데이터 처리 과정을 직관적으로 적용할 수 있다[26].

파이프 연산자(pipe operator), %>%

- h(g(f(x)))는 x %>% f%>% g %>% h와 동일하다.
  - x %>% f는 f(x)와 동일하다.
  - x %>% f(y)는 f(x, y)와 동일하다.
  - x %>% f(y, .)는 f(y, x)와 동일하다.

R내장 data sets 중의 하나인 mtcars를 이용하여 dplyr::의 중요 함수들을 확인해 보도록 하자. 고려된 변수들은 [표 B.10]과 같다.

mtcars는 R에 내장된 데이터로 1974년도 미국의 Motor Trend US Magazine에 수록된 1973~1974년 출시 자동차의 다양한 특징들이 기록되어 있다.

고려된 변수들과 데이터의 유형은 [표 B.10]와 같다.

표 B.10: mtcars의 변수와 범주 그리고 데이터 유형

변수명	설명	데이터 유형
mpg	Miles/Gallon, 연비	연속형
cyl	No. of Cylinders, 엔진의 기통수	이산형
disp	배기량($inch^3$)	연속형
hp	Gross Horsepower, 마력	연속형
drat	Rear axle ratio, 뒤차축비	연속형
wt	Weight(1000lbs), 무게	연속형
qsec	1/4 Mile time, 402m 도달시간	연속형
vs	V or Straight Engine, 엔진형태	범주형
am	0 = auto, 1 = manual, 변속기어 종류	범주형

[26] 이는 migrittr::에서 제공하는 것으로 library(migrittr)을 실행하면 %T>%(T-pipe), %<>%(forward-backward pipe), %$%(no-argument pipe) 등을 사용할 수 있다.

변수명	설명	데이터 유형
gear	No. of Forward Gears, 전진 기어 단계의 수	이산형
carb	No. of Carburetors, 기화기의 수	이산형

```
data(mtcars)          # R Datasets에 기본 저장되어 있는 데이터
str(mtcars)
```

```
# 'data.frame': 32 obs. of  11 variables:
#  $ mpg : num  21 21 22.8 21.4 18.7 18.1 14.3 24.4 22.8 19.2 ...
#  $ cyl : num  6 6 4 6 8 6 8 4 4 6 ...
#  $ disp: num  160 160 108 258 360 ...
#  $ hp  : num  110 110 93 110 175 105 245 62 95 123 ...
#  $ drat: num  3.9 3.9 3.85 3.08 3.15 2.76 3.21 3.69 3.92 3.92 ...
#  $ wt  : num  2.62 2.88 2.32 3.21 3.44 ...
#  $ qsec: num  16.5 17 18.6 19.4 17 ...
#  $ vs  : num  0 0 1 1 0 1 0 1 1 1 ...
#  $ am  : num  1 1 1 0 0 0 0 0 0 0 ...
#  $ gear: num  4 4 4 3 3 3 3 4 4 4 ...
#  $ carb: num  4 4 1 1 2 1 4 2 2 4 ...
```

```
dim(mtcars)
#> [1] 32 11
```

B.9 행 중심 함수 Row-wise Functions

- **filter()**는 row(행) 기준의 부분 집합을 추출할 때 사용한다[27].

```
cyl_4 <- mtcars %>% filter(cyl == 4)
dim(cyl_4)
#> [1] 11 11
cyl_4_am <- mtcars  %>% filter(cyl == 4 & am == 1)
dim(cyl_4_am)
#> [1]  8 11
```

- **arrange()**는 특정 변수에서 row(행)들의 순서(order)를 재정렬할 때 사용한다.

[27] row의 범위에 따른 모든 변수들을 지정하고자 할 때는 **dpylr::slice()**가 유용한다.

```
cyl_4_mpg <- mtcars  %>% arrange(mpg)         # mpg 변수의 오름차순 정렬
head(cyl_4_mpg, 3)
```

```
#                      mpg cyl disp  hp drat   wt qsec vs am gear carb
# Cadillac Fleetwood  10.4   8  472 205 2.93 5.25 18.0  0  0    3    4
# Lincoln Continental 10.4   8  460 215 3.00 5.42 17.8  0  0    3    4
# Camaro Z28          13.3   8  350 245 3.73 3.84 15.4  0  0    3    4
```

```
cyl_4_rmpg <- mtcars  %>% arrange(desc(mpg)) # mpg 변수의 내림차순 정렬
head(cyl_4_rmpg, 3)
```

```
#                 mpg cyl disp hp drat   wt qsec vs am gear carb
# Toyota Corolla 33.9   4 71.1 65 4.22 1.83 19.9  1  1    4    1
# Fiat 128       32.4   4 78.7 66 4.08 2.20 19.5  1  1    4    1
# Honda Civic    30.4   4 75.7 52 4.93 1.61 18.5  1  1    4    2
```

B.10 열 중심 함수 Column-wise Functions

- select()는 variable name만으로 원하는 변수들을 선택할 수 있다[28].

```
perform_1 <- mtcars  %>% select(mpg, cyl, hp)        # 선택할 변수 지정
head(perform_1, 3)
```

```
#                mpg cyl  hp
# Mazda RX4     21.0   6 110
# Mazda RX4 Wag 21.0   6 110
# Datsun 710    22.8   4  93
```

```
perform_2 <-mtcars  %>% select(-c(disp, drat:carb)) # 제외할 변수 지정
head(perform_2, 3)
```

```
#                mpg cyl  hp
# Mazda RX4     21.0   6 110
# Mazda RX4 Wag 21.0   6 110
# Datsun 710    22.8   4  93
```

- rename()은 변수명을 변경할 때 사용한다.

[28] 이는 data$var_name, data["var_name"]과 같은 indexing의 적용 없이 가능하다.

```r
str(mtcars)
perform_3 <- mtcars  %>%
 rename(cylinder = cyl, horse_power = hp)  %>%
 select(mpg, cylinder, horse_power)
head(perform_3, 3)
```

mutate()는 변수들의 연산/변환을 통하여 새로운 변수를 생성한다.

- 생성된 변수들은 dataframe의 마지막 변수 뒤에 추가된다.

- 1 gallon = 3.78541 litters
- 1 mile = 1.60934 Km
- $(1inch)^3 = 16.387cm^3$

```r
perform_4 <- mtcars  %>% mutate(kml = (mpg * 1.60934) / 3.78541,
                                cdisp = disp*16.387
                                )
head(perform_4, 3)
```

```
#                mpg cyl disp  hp drat   wt qsec vs am gear carb  kml
# Mazda RX4     21.0   6  160 110 3.90 2.62 16.5  0  1    4    4 8.93
# Mazda RX4 Wag 21.0   6  160 110 3.90 2.88 17.0  0  1    4    4 8.93
# Datsun 710    22.8   4  108  93 3.85 2.32 18.6  1  1    4    1 9.69
#               cdisp
# Mazda RX4      2622
# Mazda RX4 Wag  2622
# Datsun 710     1770
```

B.11 부분군(subgroup) 처리 Handling Subgroups

group_by()는 변수들의 범주로 부분군을 정의한다.

- summarize()는 연산/함수를 적용하여 새로운 변수를 생성하고, 결과 변수만을 반환한다.
- 기존의 변수는 반환하지 않는다.

```r
perform_5 <- mtcars  %>%
 group_by(cyl)  %>%
 summarize(mean_mpg = mean(mpg, na.rm = TRUE))
head(perform_5, 3)
```

```
# # A tibble: 3 x 2
#     cyl mean_mpg
#   <dbl>    <dbl>
# 1     4     26.7
# 2     6     19.7
# 3     8     15.1
```

B.12 그래프의 생성 Creating Graphs

그래프(graphs)는 데이터의 탐색과 도출된 결과의 요약을 위하여 유용한 도구이다. 이는 현상에 대한 시각적 이해를 돕고 분석을 통하여 발견된 다양한 정보들을 함축적으로 표현할 수 있다는 장점을 갖는다. **R**은 유용하고 다양한 기본 plot()을 제공한다. 하지만 ggplot2:: 패키지를 이용하면, 좀더 직관적이고 효과적으로 그래프를 생성할 수 있다(Wickham, 2016).

ggplot2::에 내장된 midwest data를 이용하여 ggplot의 생성 과정을 확인해 보도록 하자(Wickham et al., 2022a).

```
data("midwest", package = "ggplot2")
```

midwest data는 [그림 B.6]와 같이 미국 중서부(Midwest)의 437개 카운티(county)[29]에서 28개 변수를 조사한 것으로 그 중 일부 변수는 [표 B.11]과 같다[30].

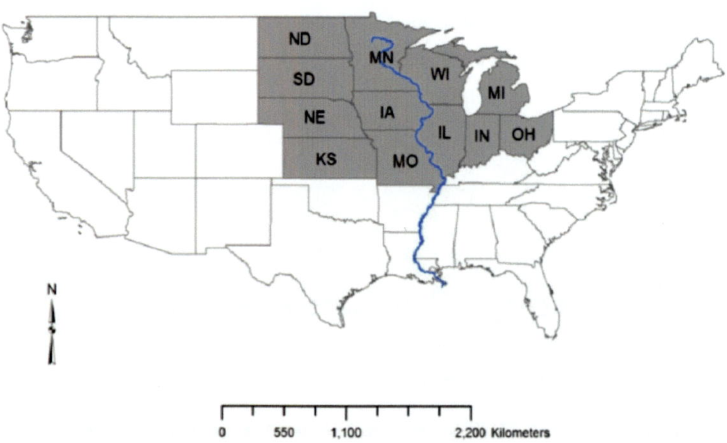

The twelve states of the Midwest study area denoted in gray: Illinois (IL), Indiana (IN), Iowa (IA), Kansas (KS), Michigan (MI), Minnesota (MN), Missouri (MO), Nebraska (NE), North Dakota (ND), Ohio (OH), South Dakota (SD), Wisconsin (WI). The Mississippi River is shown in blue.

그림 B.6: 미국의 midwest 지역과 주

[29] 미국의 주 정부 서비스를 제공하는 정치 및 행정 구역
[30] http://goo.gl/G1K41K

표 B.11: ggplot2::midwest의 일부 변수들

variable	설명
PID	고유 번호
county	카운티 이름
state	소속 주
area	면적
poptotal	총 인구
⋮	⋮
⋮	⋮
percollege	대학 졸업자 비율
percprof	전문가 비율
⋮	⋮

ggplot()은 g0와 같은 empty plot에서 시작한다. g0를 기본으로 다양한 building block을 +를 이용하여 원하는 만큼 추가할 수 있다. 다음은 이에 대한 예시이다.

```
ggplot2::ggplot(midwest, aes(x=poptotal, y=percollege)) +
labs(title="g0: 빈 그림")
```

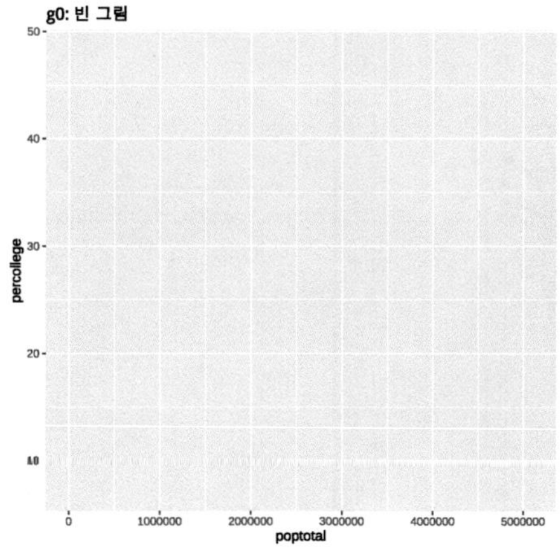


```
ggplot2::ggplot(midwest, aes(x=poptotal, y=percollege)) +
 geom_point() +
 labs(title="g1: 점 추가")
```

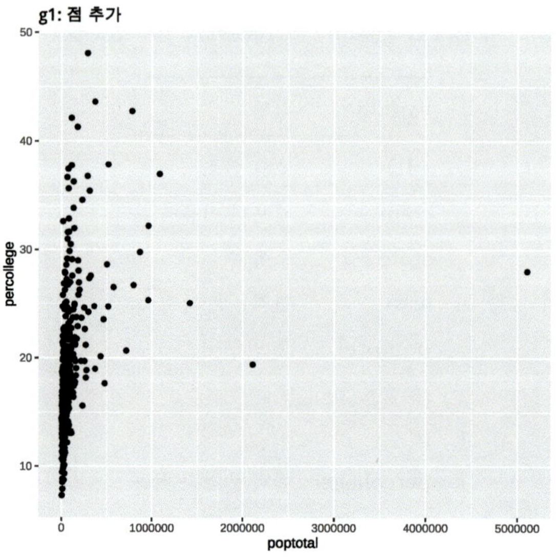


```
ggplot2::ggplot(midwest, aes(x=poptotal, y=percollege)) +
 geom_point() +
 xlim(c(0, 6000000)) + ylim(c(0, 50)) +
 labs(title = "g2:(x, y) 한계 지정 ")
```

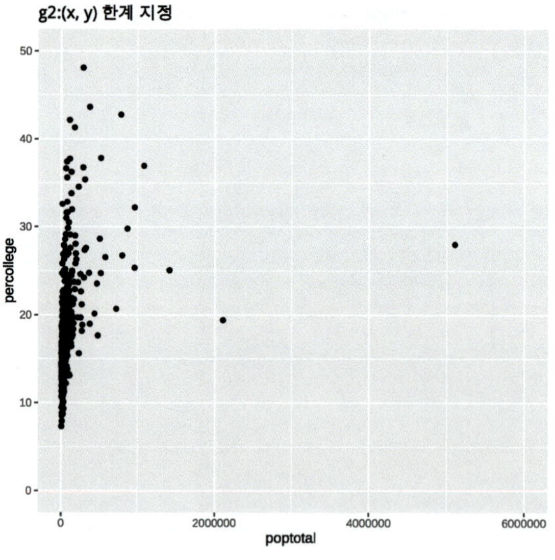


```
ggplot2::ggplot(midwest, aes(x=poptotal, y=percollege)) +
 geom_point() +
 xlim(c(0, 6000000)) + ylim(c(0, 50)) +
 geom_smooth(method="lm")  +
```

```
labs(title="g3: 선형 회귀 적합",
     subtitle="midwest",
     y="대졸자 비율",
     x="인구",
     caption="미 중서부 인구 조사"
     )
```

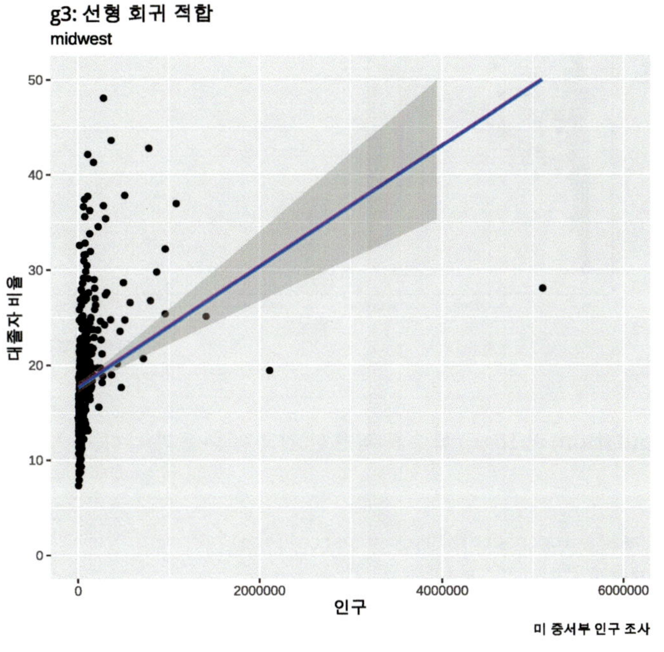

색상을 조정하고 theme를 반영하면 다음과 같은 plot을 생성할 수 있다.

```
ggplot(midwest, aes(x=poptotal, y = percollege)) +
     geom_point(col="steelblue", size=2) +
     geom_smooth(method="lm", col="firebrick") +
 labs(title="g4: 테마 적용",
          subtitle="midwest",
          y="대졸자 비율",
          x="인구",
          caption="미 중서부 인구 조사"
     ) +
 theme_bw()
```

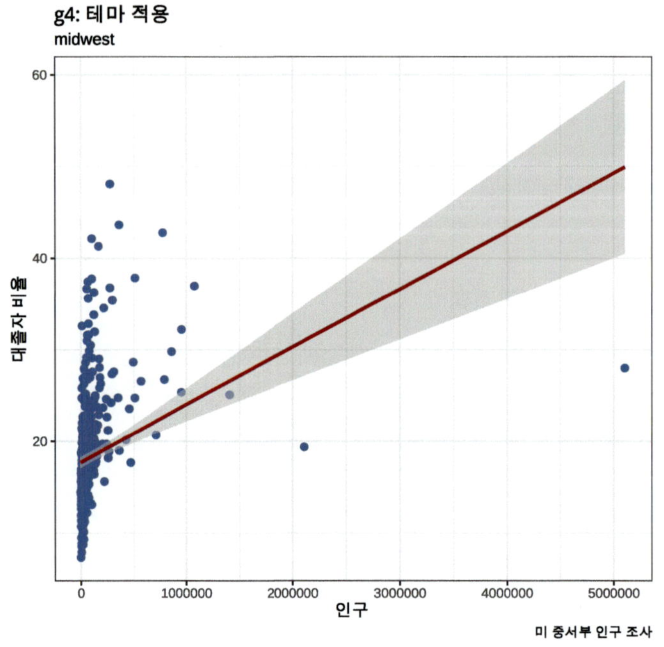

ggplot에서 인구(population)의 log() 함수를 적용한 결과는 다음과 같다.

```
ggplot(midwest, aes(x=log(poptotal), y = percollege)) +
       geom_point(col="steelblue", size=2) +
       geom_smooth(method="lm", col="firebrick") +
       geom_smooth(method = "loess",
                   span = 0.75,
                   alpha = 0.2,
                   col="blue"
                   ) +                            # loess fitted line
       labs(title="g5: log(인구) vs. 대졸자 비율",
            subtitle="midwest",
            y="대졸자 비율",
            x="인구",
            caption="미 중서부 인구 조사"
            ) +
  theme_bw()
```

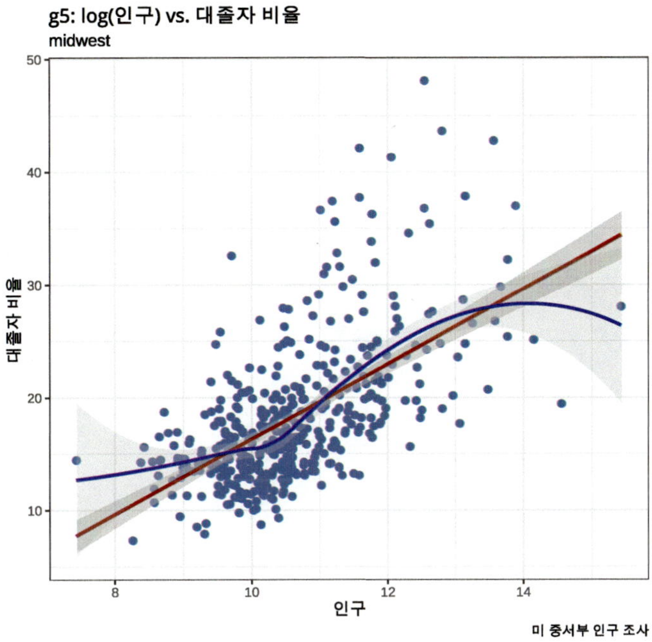

현재의 분석 결과를 각 주(state)별로 적용하면 다음과 같다.

```
ggplot(midwest, aes(x=log(poptotal), y = percollege)) +
       geom_point(col="steelblue", size=1) +
       geom_smooth(method="lm",
                   color = "firebrick",
                   se = FALSE
                   ) +
       geom_smooth(method = "loess",
                   span = 0.75,
                   alpha = 0.2,
                   col="blue"
                    ) +
       labs(title="g6: 주별 log(인구) vs. 대졸자 비율",
            subtitle="midwest",
            y="대졸자 비율",
            x="인구",
            caption="미 중서부 인구 조사"
            ) +
  theme_bw()  +
  facet_wrap(~state)
```

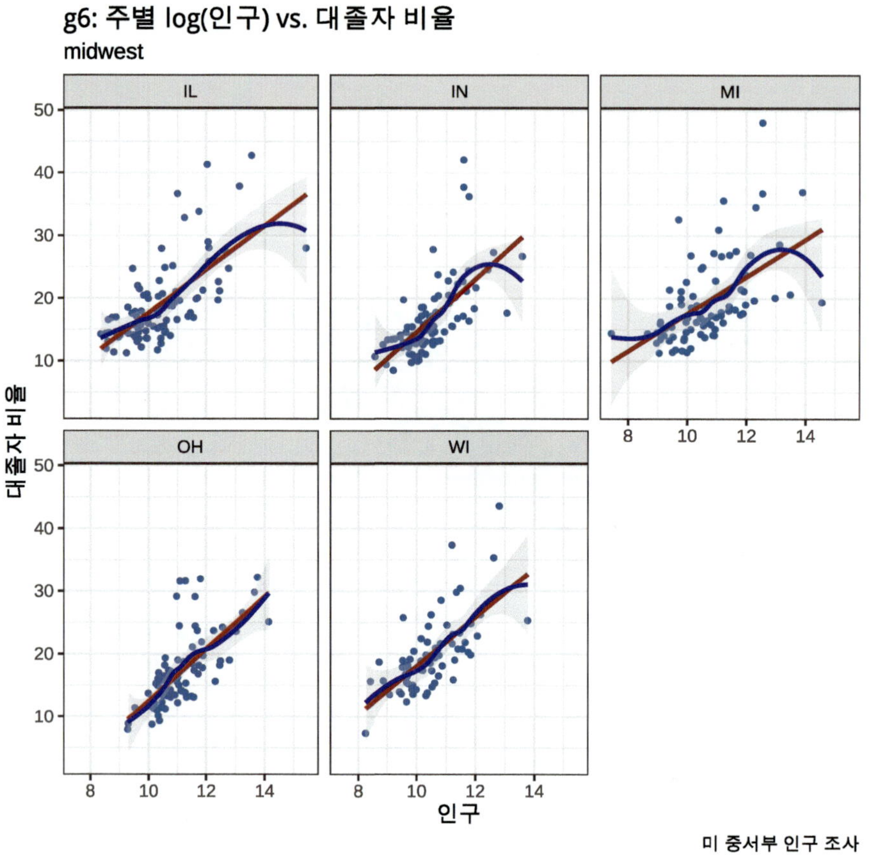

이와 같이 ggplot()은 원하는 형태와 통계적 모형 적합 결과를 동시에 표현할 수 있으며, 추가할 수 있는 레이어(layer)의 수는 제한이 없다. ggplot() 그리고 다양한 tidyverse 패키지의 명령과 함수를 간단히 정리한 cheat sheet은 <https://posit.co/resources/cheatsheets/>에서 제공한다.

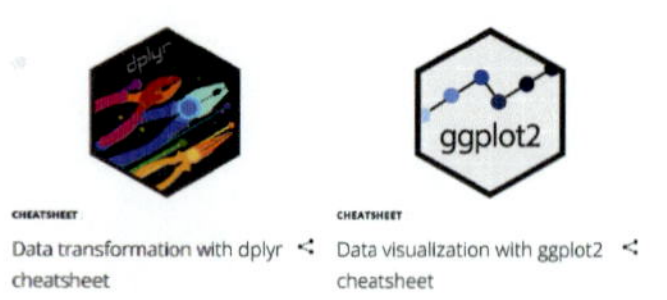

참고 문헌

Anscombe, F. J. (1973). Graphs in statistical analysis. *The American Statistician*, 27(1):17–21.

Becker, R.A.and Chambers, J. (1984). *S: An Interactive Environment for Data Analysis and Graphics*. Wadsworth and Brooks/Cole.

Box, G. E. e. a. (1964). An analysis of transformations. *Journal of the Royal Statistical Society Series B: Statistical Methodology*, 26(2):211–243.

Crawley, M. J. (2012). *The R book*. John Wiley and Sons.

Ihaka, R. and Gentleman, R. (1996). A language for data analysis and graphics. *Journal of Computational and Graphical Statistics*, 5(3):299–314.

Johnson, M. P. e. a. (1973). Species number and endemism: The galapagos archipelago revisited. *Science*, 179:893–895.

Ripley, B. (2021). *MASS: Support Functions and Datasets for Venables and Ripley's MASS*. R package version 7.3-54.

Wickham, H. (2014). Tidy data. *The Journal of Statistical Software*, 59.

Wickham, H. (2016). *ggplot2: Elegant Graphics for Data Analysis*. Springer-Verlag New York.

Wickham, H. (2019). *Advanced R. 2nd Edition*. CRC press, second edition.

Wickham, H. (2022). *tidyverse: Easily Install and Load the Tidyverse*. R package version 1.3.1.

Wickham, H., Chang, W., Henry, L., Pedersen, T. L., Takahashi, K., Wilke, C., Woo, K., Yutani, H., and Dunnington, D. (2022a). *ggplot2: Create Elegant Data Visualisations Using the Grammar of Graphics.* R package version 4.1.3.

Wickham, H., François, R., Henry, L., and Müller, K. (2022b). *dplyr: A Grammar of Data Manipulation.* R package version 1.0.7.

고승곤 (2020). 프로젝트 기반의 통계적 문제 해결. 교우사.

고승곤 (2024). *R*을 활용한 통계 분석 - 확증적 방법을 중심으로. 교우사.

고승곤, 오현숙, and 양완연 (2003). 새 일반통계학. 교우사.

국문 찾아보기

영문 찾아보기

R function 찾아보기

저자 약력

고 승곤

(현) 가천대학교 응용통계학과 교수

(미) Iowa State University, 통계학 박사

(주요 저서)

새 일반통계학, 교우사, 1998, 2003
마케팅 조사방법론, 율곡출판사, 2000
엑스 이노베이션, 엘빅미디어, 2011
액션 리더, 엘빅미디어, 2012
통계적 사고 방법, 교우사, 2014
통계적 문제 해결, 교우사, 2020
탐색적 데이터 분석, 교우사, 2023
R의 활용한 회귀 분석과 진단, 교우사, 2024

R을 활용한 **회귀 분석**

초판발행 2024년 6월 25일

지은이 고승곤
펴낸이 오판근
펴낸곳 (주) 교우
주 소 서울시 동대문구 약령시로 8 교우빌딩 2층 (주)교우
전 화 02-925-2861 / **팩 스** 070-7966-8610, **편집부** 02-925-2825
홈페이지&북스토어 www.kyowoo.co.kr / **이메일** kyowoo@kyowoo.co.kr

등 록 1994년 3월 24일 제1994-000013호
ISBN 979-11-251-0399-8 (93310)

Published by Kyowoo Co., Ltd. Printed in Korea

(주) 교우는 보다 혁신적이고 참신한 도서를 다양하게 기획하고 있습니다.
책으로 펴내고자 하는 아이디어나 원고는 메일로 보내주세요.
(주) 교우는 전과정을 책임지고 최선을 다하겠습니다.

값 35,000원

교우미디어는 (주) 교우의 Imprint 사입니다.
수학정원 · 과학정원은 (주) 교우의 새로운 브랜드명입니다.

잘못된 책은 구입하신 서점에서 교환해 드립니다.